중국의 계약책임법

채 성 국

景仁文化社

머리말

한국과 중국 사이에 경제교류가 활발히 진행됨에 따라 중국법에 대한 한국의 관심도 날로 높아지고 있다. 한국 기업이 중국에서 경제활동을 하려면 투자정책 등과 관련된 세부적인 법규들을 알고 있어야 할 뿐만 아니라, 중국의 기본적인 법체계와 그 내용을 이해할 필요가 있다. 특히, 私法에 대한 이해가 더욱 필요하다. 중국은 과거에 계획경제정책을 실행했기 때문에 법에서도 이러한 면을 많이 반영하고 있었다. 그러나 중국은 현재 시장경제정책을 실행하고 있고, 또 그와 더불어 시장경제정책에 맞게 법도 많이 바뀌고 있으나, 여전히 시장경제를 실행하고 있는 다른 국가의 법과도 다소 구별되는 특징을 보이고 있다. 이는 계획경제에서 시장경제로 전환하는 과정에 법을 제정하면서 여전히 일부 계획경제적인 요소를 버리지 못한 이유도 있겠으나, 시장경제를 바탕으로 한 입법 경험이 거의 없는 상황에서, 짧은 기간 내에 외국법에 대한 충분한 연구와 깊은 이해가 없이 법을 제정하였기 때문이다. 따라서 학술적으로도 중국법이 외국법을 계수하면서 어떠한 특징을 보이고 있는지, 구체적으로 외국의 법제도가 도입되면서 생긴 변화와 그 이유는 무엇인지, 그리고 도입된 법제도나 규정 중에서 어떤 문제를 다시 검토할 필요가 있는지 등을 살펴볼 필요가 있다.

종래부터 중국은 민법전을 제정하지 않고 일련의 단행법을 제정하여 민사관계를 규율하고 있다. 본격적으로 시장경제정책을 실시한 후에 제일 처음으로 제정된 법이 "中華人民共和國合同法"(계약법)이다. 그만큼

계약법은 종래의 법에 비해 시장경제적인 요소를 가장 많이 담고 있고, 또 외국의 법제도도 대폭적으로 참조한 법이다. 계약법은 최근에 제정된 물권법과 함께 민사법의 핵심적인 부분을 다루고 있으며, 종래의 법에 비해 구성이 비교적 체계적이고 많은 내용을 다룬 만큼 검토가 필요한 부분도 적지 않다.

필자는 서울대학교 대학원에서 2007년 2월 "中國 合同法(契約法)에서의 契約責任에 관한 研究 — 韓國民法과의 比較를 中心으로 — "라는 논문으로 법학박사학위를 취득하였는데, 이 책은 필자의 학위논문을 바탕으로 중국 계약법에서의 계약책임에 관하여 한국 민법과 비교·검토한 것이다.

박사학위논문을 쓰는 과정에서 많은 분으로부터 도움을 받았다. 우선 논문주제의 선정에서부터 세부적인 부분까지 일일이 지도하여 주신 필자의 지도교수님이신 서울대학교 법과대학의 김재형 교수님께 진심으로 감사드린다. 논문심사위원으로서 많은 조언을 주신 같은 대학의 양창수 교수님, 남효순 교수님, 최봉경 교수님과 서강대학교 법과대학의 엄동섭 교수님께도 진심으로 감사드린다. 그리고 많은 도움을 주시고, 또 항상 관심을 가져주신 서울대학교 법과대학의 이호정 교수님, 윤진수 교수님, 안경환 교수님, 최종고 교수님, 권오승 교수님, 호문혁 교수님, 정긍식 교수님께 진심으로 감사드린다. 본서 출판을 허락한 서울대학교 법학연구소와 세심하게 편집하여 주신 경인문화사 편집부께도 감사의 뜻을 표한다. 적극적인 지지를 아끼지 않는 사랑하는 부모님과 가족들에게도 감사드린다.

2008년 9월
채성국

〈凡 例〉

1. 조 문

(1) 조문은 중국합동법 제○조, 한국민법 제○조의 형식으로 표시한다. 기타의 법은 특별한 설명이 없는 한 모두 중국법을 가리킨다.

(2) ( )안의 조문의 경우, 法名을 밝히지 않은 것은 모두 중국합동법의 조문을 가리킨다.

2. 판 례

大判 1994.10.14, 94다38182(공 1994, 2988) ← 大法院 1994.10.14 선고 94다38182 判決(법원공보 1994년, 2988면)

3. 각 주

각주번호는 절별로 반복 부여한다. 단행본 및 논문은 매 절을 기준으로 처음 인용하는 경우에는 관련정보를 모두 표시하고, 그 다음부터는 저자와 그 단행본 또는 논문이 그 절에서 처음 인용된 각주의 번호만 표시한다.

〈목 차〉

제1장 서론

I. 연구배경 및 연구대상

중국은 아직 한국에서와 같은 단일한 민법전을 갖고 있지 않다. 1949년에 중화인민공화국이 건립된 이래, 몇 차례 민법전 起草作業이 있었으나, 모두 결실을 맺지 못하였다. 결국에는 민법의 내용을 여러 단행법으로 나누어 입법하는 방식을 취하게 되었다. 현재 중국에서 시행되고 있는 민사 성문법에는 "民法通則", "擔保法", "合同法"(契約法),[1] "物權法", "婚姻法", "繼承法"(相續法), "收養法"(入養法) 등이 있다.[2] "民法通則"은

---

[1] 중국법에서는 일반적으로 "契約"과 "合同"을 동일한 의미로 사용하고 있다. 특히, 법조문에서는 전부 "合同"으로 표현하고 있다. 중화인민공화국 건립 이전에 입법, 법학저서 등에서 계약을 일반적으로 모두 "契約"으로 표현하였다. 중화인민공화국이 건립된 이후, 70년대까지 "契約"과 "合同"을 혼용하다가, 70년대 이후부터 주로 "合同"을 사용하였고, "契約"은 거의 사용하지 않았다. 陳靜嫻, 『合同法比較硏究』, 中國人民公安大學出版社, 2006, 5면. "契約"을 점차 "合同"으로 바꾸어 사용한 이유로 다음과 같은 점을 들고 있다. 중화인민공화국이 건립된 이후, 중국대륙은 變革의 시대를 맞이하였는바, 번자체를 간자체로 변화시키는 文字改革을 진행하였을 뿐만 아니라 일부 用語에 대한 사용에서도 변화를 가져왔다. 그 시대에는 보편적으로 "새로운 사회에서 새로운 언어를 사용하여야 한다"는 생각을 갖고 있었다. 그러한 시대적 배경 하에 "契約"을 점차 "合同"으로 바꾸어 사용하게 되었다. 韓世遠, 『合同法總論』, 法律出版社, 2004, 11면. 이하 法名을 제외하고는 모두 "契約"으로 표현한다. "合同法"의 정식명칭은 "中華人民共和國合同法"이며, 이 글에서는 완전하게 인용할 필요가 있는 경우를 제외하고, 중국합동법으로 약칭한다.

가족관계를 제외한 민사의 전반을 규율대상으로 하고 있으나, 많은 문제에 관하여 규정하고 있지 않거나, 극히 기본적인 규정만을 두고 있어, 내용상 미흡한 점이 많다. 따라서 "民法通則"은 민사에 관한 기본법이나, 민법전으로 보기는 어렵다. "擔保法"은 물적 담보, 보증 및 定金(계약금)에 관하여 규정하고 있고, "婚姻法", "繼承法"(相續法), "收養法"(入養法)은 혼인, 상속, 입양에 관한 법으로서 가족관계를 규율하고 있다. 최근에는 물권법이 제정되어 2007년 10월 1일부터 시행되고 있다.

종전에 계약법은 "經濟合同法", "涉外經濟合同法", "技術合同法" 등 3개의 합동법으로 구분되어 있었다. 그러다가 1999년에 하나의 새로운 합동법이 제정됨과 동시에 종래의 3개의 합동법은 폐지되었다. 1999년에 제정된 법이 현행 계약법(중국합동법)이다. 중국합동법은 中國立法史上 처음으로 학자들에 의하여 최초의 초안이 작성되었고,[3] 또 외국의 입법례와 이론을 대폭적으로 참조하여 제정되었다.[4] 무엇보다 중국 민사법 중에서 가장 긍정적인 평가를 받고 있는 법이다.[5] 그런데 중국합동법의 해석에 관하여 학설이 대립하는 부분이 많고, 검토해야 할 부분도 적지 않다. 또한 立法적으로 보완해야 할 부분도 있다. 그리고 기존에 존재하는 학설도 정리가 잘 되어 있지 않다. 따라서 우선 기존의 학설을 정리하고, 이를 토대로 중국합동법의 해석과 관련된 문제들을 연구할 필요가 있다.

---

2) 그 밖에 헌법에서의 민사관련 내용, 민사관련 최고인민법원의 사법해석(有權解釋), 행정법규, 관습법, 국제조약 등도 중국 민사법의 法源이다. 판례와 조리의 法源性에 대하여는 학설이 대립하고 있다. 이에 대하여 제2장 제2절 Ⅲ. 중국 계약법의 法源 및 민사법체계 부분에서 상세히 서술한다.

3) 渠濤, "中國民法典立法中的比較法問題", http://www.civillaw.com.cn/weizhang/ default.asp?id=14488, 검색일자: 2006.11.30, 이 글의 三. 民事立法中學者的作用 이하.

4) 이에 관하여는 제3장 제1절 Ⅱ. 내용상의 특징 부분을 참조.

5) 중국합동법은 중국의 민사법 중에서 가장 우수한 법으로서 국내외 전문가와 학자들로부터 좋은 평가를 받고 있다고 한다. 渠濤(註3), 이 글의 三. 民事立法中學者的作用 이하.

중국합동법은 총 23개 장, 428개 조항을 갖고 있으며, 總則, 分則(契約各論)6) 및 附則으로 구분되어 있다. 총칙은 계약에 관한 일반 규정이며, 계약의 성립부터 그 이행까지 발생할 수 있는 법적 문제에 관하여 규정하고 있다. 分則(契約各論)은 15종의 典型契約에 관하여 구체적으로 규정하고 있다. 附則에는 한 개의 조항만 있으며, 중국합동법의 시행일자(1999.10.1)를 정하고, 종래의 합동법을 폐지하고 있다. 비교법적으로 볼 때, 중국합동법은 한국민법전 <第3編 債權 第2章 契約>에 상응하는 내용을 규정하고 있을 뿐만 아니라, 동법 <第3編 債權 第1章 總則>과 <第1編 總則>에 포함되는 내용에 대하여도 규정하고 있다. 따라서 중국합동법의 내용은 비교적 방대하다.

중국합동법에서 계약위반에 대한 구제는 중요한 문제이다. 계약불이행시에 계약당사자가 부담하는 책임을 중국합동법에서는 "違約責任"(이하 계약책임)7)이라고 한다. 중국합동법에서 계약책임은 원칙상 엄격책임이며, 담보책임을 포섭하고 있다.8) 계약책임에는 기본적으로 강제이행, 손해배상, 해제, 추완 및 대금감액 등이 포함된다. 손해배상의 범위는 계약체결시에 채무자가 예견하였거나 또는 예견하였어야 할 손해로 한정되며, 해제는 당사자의 귀책사유를 요하지 않는다. 목적물에 하자가 있는 경우에 구제수단으로서 추완 및 대금감액이 인정된다. 중국합동법에서의 계약책임은 한국민법에서의 채무불이행책임에 대응하는 것으로 담보책임을 포함하고 있다. 한국민법은 채무불이행책임과 담보책임을 구분하고 있다. 채무불이행책임에는 손해배상과 해제가 포함된다. 손해배상책임은 채무자의 귀책사유를 요건으로 하며, 채무자의 과실은 추정

---

6) 중국합동법에서의 分則은 한국민법에서의 契約各論 부분에 해당하는 내용이다.
7) 이에 관하여는 제4장 제1절 Ⅰ. 1. 중국합동법 부분을 참조.
8) 이에 관하여는 제4장 제3절 Ⅰ. 2. 중국합동법에서의 계약책임의 주관적 요건 및 제4장 제4절 Ⅲ. 물건의 하자 및 권리의 하자의 책임의 성질 부분을 참조.

된다. 이행불능의 경우에 당사자의 고의·과실이 있는 경우에 해제가 인정되나, 이행지체의 경우에는 당사자의 과실이 있어야 해제가 인정되는지에 관하여 학설이 대립하고 있다. 강제이행은 채무자의 과실을 요건으로 하지 않는다. 한국민법은 채무불이행의 유형으로 이행불능과 이행지체에 대하여 규정하고 있으며, 이외에도 학설상 불완전이행, 이행거절 등 채무불이행의 유형이 인정되고 있다. 담보책임은 당사자의 귀책사유를 요건으로 하지 않으며, 담보책임에 관한 규정은 매매를 비롯한 유상계약에 적용된다. 담보책임과 채무불이행책임은 성립요건(과실필요여부), 계약해제와 손해배상의 요건, 손해배상의 범위, 권리행사기간 등에서 구별된다.

이 글은 중국합동법에서의 계약책임을 한국민법과 비교·검토하기 위한 것이다.

Ⅱ. 연구목적과 연구방법

중국 고대법은 刑을 중심으로 여러 법들이 혼합된 상태이었다. 즉 刑에 관한 법규범을 중심으로 법전이 편찬되었고, 동시에 민사, 행정, 소송에 관한 법규범들이 혼재되어 있었다. 또한 중국 고대법에 민사법규범이 존재하였는지에 관하여 논란이 있다.9) 중국의 법제는 淸朝末期의 법제개혁을 시점으로 변화하기 시작하였다. 즉 중국은 淸朝末期의 법제개혁을 시점으로 민사법을 포함한 대부분의 법 영역에서 외국법을 계수하기 시작하였다. 계수의 대상을 놓고 볼 때, 1930년에 "中華民國民法典"이

---

9) 梁慧星, "中國對外國民法的繼受", http://www.civillaw.com.cn/weizhang/default.
asp?id=12761, 검색일자: 2006.11.30, 이 글의 註1 참조. 이 글은 孫憲忠 主編,
『制定科學的民法典-中德民法典立法硏討會文集』, 法律出版社, 2002에 수
록되어 있다.

제정되기까지 민법전의 제정은 주로 대륙법인 독일, 일본 등 자본주의 국가의 민법을 모델로 하였고, 중화인민공화국이 건립되면서부터 시장경제를 본격적으로 실행하기 전까지 기본적으로 공유제와 계획경제의 특성을 반영한 사회주의 국가의 민법을 모델로 하였다. 그러나 시장경제가 발전함에 따라 과거 계획경제하에 제정된 민사법들은 점차 시장경제의 원활한 발전을 보장할 수가 없게 되었고, 시장경제를 위한 법제도의 정비가 필요하였다. 그 일환으로 중국합동법이 제정되었다. 중국합동법을 제정함에 있어서 외국의 법제도와 이론들을 참조하였으며, 참조의 대상에 있어서 대륙법에 국한시키지 않고, 영미법과 "United Nations Convention on Contracts for the International Sales of Goods(국제물품매매에 관한 유엔 협약)"(이하 CISG) 등 국제조약의 내용도 많이 참조하였다.10)

중화인민공화국이 건립된 이후의 중국 민사법은 주로 개혁개방 이후에 제정된 것이다. 그 전에는 정치, 경제적인 이유로 민사법이 거의 제정되지 못하였다. 따라서 건국이후의 중국 민사법의 발전은 그 역사가 길지 않다. 또한 입법방식에서도 민사법의 내용을 민법전이 아닌 여러 단행법으로 나누어 입법하는 방식을 취하고 있다.

현행 중국 민사법은 다음과 같은 특징이 있다. 우선 계수법의 성질을 가지며, 계수의 대상이 되는 법제가 점차 확대되고 있다. 즉 중국 민사법은 외국법을 모델로 하여 입법되었으며, 법이론도 외국의 연구 성과를 토대로 하고 있다.11) 다음으로 법제도와 법학연구 발전의 시발점이 상대적으로 더디고 입법과 법학연구에 관한 역사가 길지 않다. 따라서 아직도 법학이론에 대한 깊은 이해와 많은 연구가 필요하고, 입법적으로 보완해야할 부분도 많다. 또한 입법방식에서 있어서도 민법전이 아닌 단행 입법의 방식을 채택하였고, 또 사전에 계획된 체계적인 구상을 기초로 하여 법을 제정한 것이 아니므로 단행법 간에 법규정상 서로 조화되지

---

10) 이에 관하여는 제3장 제1절 Ⅱ. 내용상의 특징 부분을 참조.
11) 이에 관하여는 제3장 제1절 Ⅱ. 내용상의 특징 부분을 참조.

않는 부분도 적지 않다. 이런 의미에서 볼 때, 중국합동법을 검토함에 있어서 비교법적 연구를 할 필요가 있다.

중국합동법이 제정된 후에 解釋書를 중심으로 중국합동법에 관한 책과 논문들이 많이 나왔다. 그런데 내용상 大同小異한 부분이 많고, 글의 구성상 중국합동법에 관한 해석론과 입법론, 그리고 외국의 이론·학설에 대한 소개가 구분이 잘 되지 않는 경우도 있다. 더 나아가 중국합동법이 제정되기 전에 입법론적으로 언급한 학설인지 아니면 중국합동법에 대한 해석인지도 분명하지 않거나 또는 학설의 출처가 명확하지 않은 경우도 있다. 이러한 맥락에서 이 글은 중국합동법에서의 계약책임을 중심으로 중국합동법에 관한 학설을 우선 정리·검토하고자 한다. 지금까지 계약책임을 전반적으로 다루는 글은 많지 않고, 중국합동법 전반을 해석하면서 계약책임 관련 내용을 언급하거나 또는 계약책임에서의 일부 주제를 다루는 글이 다수 있다.

비교법적으로 볼 때, 중국 고대법은 여러 주변 국가들의 법제도에 영향을 미쳤다. 한반도의 법제도 중국 고대법의 영향을 받았는데, 한반도에서 興亡한 여러 왕조의 입법은 중국 고대법을 모법으로 하였다.12) 한반도의 전통적인 법제는 公私法이 구분되지 않았고, 행정과 형벌에 관한 규정을 중심으로 법전이 편찬되었고, 사법규정은 거의 없었으며, 있더라도 백성의 권리체계가 아니라 국가에 대한 의무체계로 규정되어 있었다.13) 그러다가 1894년 7월부터 시작된 甲午更張을 시점으로 西洋法을 수용한 근대적인 立法의 시도가 있었다.14) 그러나 한일합방 이전에 민법전을 편찬하려는 두 차례의 시도는 모두 결실을 맺지 못하였다. 또한 1910년에 한일합방이 된 이후에는 1912년의 朝鮮民事令에 의해 일본의

---

12) 시마다 마사오·임대희 등 옮김, 『아시아법사』, 서경, 2004, 182면.

13) 鄭肯植, 『韓國近代法史攷』, 博英社, 2002, 209면.

14) 이하 梁彰洙, "民法의 歷史와 民法學" 『民法研究』 제3권, 博英社, 1995, 117면 이하 ; 金相容, "韓國民法의 史的發展" 『法史學研究』 제9호, 1988, 67면 이하.

민법전과 각종의 특별법 및 부속법 등이 依用되었다. 1945년에 해방된 후, 美軍政이 시작되었고, 일본민법은 朝鮮民事令에 의하여 依用되는 한에서는 여전히 효력이 있었다. 그러나 美軍政 시대부터 민법을 제정하는 작업이 시작되었고, 1948년 8월에 정부가 수립된 이후에도 계속되었다. 그 결과 1958년 2월 22일에 정식으로 민법이 공포되었고, 1960년 1월 1일부터 시행되고 있다. 그 이후에 수차의 개정을 거쳐 현재에 이르렀다. 한국은 독자적인 민법전을 제정하는 과정에 당시의 일본민법을 토대로 하였고, 동시에 의용민법과는 구별되는 중요한 제도의 전환을 도모하였을 뿐만 아니라, 한국 고유의 제도들도 민법전에 입법을 하였다. 한국민법은 대륙법 그 중에서도 독일민법을 주로 계수하였다.[15]

중국합동법과 한국민법은 모두 계수법에 속하고, 또 대륙법적인 법제도와 법리 등 면에서 많은 유사성을 가진다. 그리고 한국민법은 중국합동법에 비해 그 역사가 길고, 많은 연구업적과 판례가 누적되었다. 따라서 한국민법의 내용이 중국합동법을 해석함에 있어서 유용한 도구가 될 수 있고, 동시에 입법상의 보완을 위한 시사점도 제시하여 줄 수 있다.

이 글은 우선 계약책임을 중심으로 중국합동법의 규정과 기존의 학설을 정리·검토하고, 이를 토대로 중국합동법을 정확히 해석하는 것을 목적으로 한다. 다음으로 한국민법과의 비교를 중심으로 비교법적 연구를 통하여 중국합동법의 해석 및 입법상의 보완을 위한 示唆点을 제시하고자 한다.

---

15) 金相容, "韓國·中國·北韓民法의 基本原則과 主要內容의 比較"『法學硏究』 (延世大) 제13권 제2호, 2003, 30～31면.

Ⅲ. 이 글의 구성

이 글은 모두 6개의 章으로 구성되었으며, 다음과 같은 내용을 포함한다.

제2장에서는 중국 민사법과 중국 계약법의 연혁에 대하여 서술한다. 중국합동법을 해석하고, 비교연구를 하려면 우선 중국 민사법의 특징을 살펴볼 필요가 있다. 중국은 민사에 관하여 민법전이 아닌 여러 단행법으로 규정하고 있고, 最高人民法院의 司法解釋 등도 계약법의 法源이 된다. 그리고 중국합동법이 제정되기 전에도 3개의 합동법이 있었으나, 모두 계획경제체제 하에 제정된 법으로서 시장경제를 기초로 하는 중국합동법과는 구별된다. 이러한 맥락에서 본 장에서는 중화인민공화국 건립 이전의 민사입법과 그 이후의 민사입법, 특히 중국합동법이 제정되기까지의 과정을 살펴보고, 동시에 중국 민사법체계의 내용을 개괄한다.

제3장에서는 이 글의 연구대상인 계약책임을 고찰하기에 앞서 우선 중국합동법의 체계와 기본원칙, 그리고 계약의 성립과 효력, 계약내용의 확정 및 계약당사자의 항변권, 채무소멸의 사유 등 계약책임과 관련된 내용을 고찰하여 본다.

제4장에서는 이 글의 연구대상인 계약책임에 관하여 살펴본다. 즉 중국합동법에서의 계약책임의 체계 및 내용, 계약위반의 유형, 계약책임에서 채무자의 과실이 필요한지 여부, 중국합동법에 독립적인 책임체계로서의 담보책임이 존재하는지 여부 등의 문제를 다룬다. 그 밖에 제3자로 인한 계약위반,16) 중국합동법에 제3자를 위한 계약에 관한 규정이 존재하는지 여부, 계약책임과 불법행위책임의 경합의 문제 등에 관하여도 고찰하여 본다.

제5장에서는 계약위반의 구제수단에 관하여 구체적으로 서술한다. 중

---

16) 이에 관하여는 제4장 제5절 Ⅱ. 제3자로 인한 계약위반 부분을 참조.

국합동법에서 계약위반의 구제수단에 강제이행, 손해배상, 해제, 추완 및 대금감액 등이 포함된다. 또한 해제 및 손해배상에서 원칙적으로 당사자의 고의 또는 과실은 요건이 아니며, 이는 중국합동법의 특징 중의 하나이다.

제6장 결론 부분에서는 앞에서 비교·고찰한 중국합동법에서의 계약책임과 상응하는 한국민법의 내용을 요약하고, 계약책임과 관련하여 한국민법이 示唆하는 바에 대하여 밝힌다.

제2장 중국 민사법과 중국 계약법

    중국합동법은 제정된 지 얼마 되지 않으며, 그 역사가 길지 않다. 1949년에 建國되었음에도 불구하고 정치, 경제적인 이유로 그 후 50년이 지난 1999년에 이르러서야 비교적 긍정적인 평가를 받을 수 있는 중국합동법이 제정되었다. 무엇보다 시장경제를 기초로 하는 법이라는 점에서 의미가 있다. 그리고 대륙법계에 속하면서도 기타 대륙법 국가의 법과는 달리 민법전이 아닌 단행법으로 계약관계를 규율하고 있다. 이러한 중국합동법의 특징을 이해하려면, 우선 중국 민사법의 연혁을 살펴보아야 한다. 중국 민사법의 연혁은 시간적으로 크게 중화인민공화국 건립이전과 그 이후로 나누어 살펴볼 수 있다.

제1절 중국 민사법의 연혁

중국 고대법은 刑을 중심으로 법전이 편찬되었고 민사, 행정, 소송 등에 관한 내용도 포함하고 있었다. 그리고 중국 고대법전 중에 농지, 금전채무관계, 호적, 혼인 등 민사에 관한 내용도 포함되었으나, 법전 중에서 차지하는 비중이 작았고, 법조문도 비교적 간단하였다.[1] 이는 국가에서 공포한 법률뿐만 아니라, 국가가 인정한 오랜 기간에 걸쳐 형성된 관습과 유가사상에 의하여 형성된 禮가 민사관계를 규율하는 데 중요한 작용을 발휘한 것과 관련이 있다고 한다.[2] 이러한 중국 고대법의 전통은 淸末의 법제개혁을 통하여 외국의 법을 계수함에 따라 점차 사라지게 된다. 이하에서는 淸末 법제개혁 이후의 중국 민사법의 발전사에 대하여 살펴보기로 한다.

Ⅰ. 중화인민공화국 건립 이전의 민사법의 발전

중화인민공화국이 건립되기 전, 3차례의 민법전 起草作業이 있었다. 그 과정을 구체적으로 살펴보면 다음과 같다.[3]

---

1) 張晋藩, 『中國法律史論』, 法律出版社, 1982, 16면.
2) 張晋藩(주1), 16～17면.
3) 이하 梁慧星, "中國對外國民法的繼受", http://www.civillaw.com.cn/weizhang/default.asp?id=12761, 검색일자: 2006.11.30, 이 글의 二, 從20世紀初期至40年代的立法 이하.

1. "大淸民律草案"

이 시기 민법전을 제정하는 목적은 領事裁判權의 폐지와 變法維新이었다. 청조말기 서방열강들의 세력이 침입하면서 중국은 강대국으로 발전하려면 법제개혁을 해야 되고, 그 개혁은 서방의 법률제도를 도입하는 것으로부터 시작하여야 함을 인식하였다. 1902년에 光緒皇帝는 외국법을 참조하여 법률을 개정할 것을 명하였다. 민법전 起草作業은 1908년에 시작되어 1910년에 草案이 완성되었고, 이를 "大淸民律草案"이라고 한다. 이 초안은 總則, 債權, 物權, 親屬, 相續 등 5編, 그리고 총 1,569개의 조항으로 구성되었다. 總則, 債權, 物權 등 前 3編은 東京抗訴法院의 일본판사 松岡義正이 기초하였고, 親屬, 相續 編은 陳錄, 高種, 朱獻文 등 중국학자들이 기초하였다. 이 민법전초안의 체계와 前 3編의 내용은 독일민법전과 일본민법전을 모델로 한 것이었다. 1911년에 초안에 대한 심의과정에 들어갔으나, 신해혁명에 의한 淸王朝의 멸망으로 인하여 민법전의 제정은 결실을 맺지 못하였다. 그러나 이번 민법전초안의 작성은 대륙법계, 특히 독일민법의 체계와 개념을 중국민법에 도입하는 계기가 되었고, 중국 근현대민법과 민법학의 발전방향에 영향을 주었다.[4]

2. "民國民律草案"

1912년에 中華民國이 건립된 후, 다시 민법전 제정 작업이 진행되었다. 이번 민법전초안은 "大淸民律草案"에 대한 수정작업을 통하여 1925년에 완성되었다. 이 초안은 "大淸民律草案"과 마찬가지로 總則, 債權, 物權, 親屬, 相續 등 5編으로 구성되었고, 총 1,745개의 조항을 포함하였

---

4) 梁慧星(주3), 이 글의 二, 從20世紀初期至40年代的立法, (一) 第一次民法典編纂: ≪大淸民律草案≫ 부분.

다. 그 내용을 볼 때, 채권편의 내용이 비교적 많이 개정되었고, 스위스
채무법의 일부 원칙과 제도를 새롭게 도입하였다. 그러나 이번에도 민법
전이 정식으로 공포되지 못하였다. 그런데 당시 사법부는 법원이 실무에
서 이 민법전초안의 규정을 조리로써 인용할 것을 명하였다. 그 결과 비
록 민법전은 정식으로 공포·시행되지 못하였으나, 재판실무에서 외국
법의 원칙과 이론이 간접적으로 중국 재판실무에 영향을 주었다.5)

3. "中華民國民法"

1927년에 남경국민정부가 수립된 후, 민법전 제정 작업이 다시 시작되
었다. 즉 1928년 12월에 입법원이 설립되었고, 입법원은 1929년 1월에
民法起草委員會를 조직한 후, 동년 2월 1일부터 민법전 起草作業을 시
작하였다. 1930년 12월 26일에 민법전이 공포되었다. 이를 "中華民國民
法"이라고 한다. 이 민법전은 29개 章, 1,225개의 조항을 포함하였으며,
總則, 債, 物權, 親屬, 相續 등 5編으로 구성되었다. 이 민법전은 "民國民
律草案"을 기초로 제정되었고, 독일민법전의 체계와 내용을 모델로 하
였으며, 그리고 일본, 스위스, 러시아 및 태국 등 국가의 민법도 참조하
였다. "中華民國民法"은 남경국민정부 통치지역에서 20년 동안 시행되
었고, 많은 판례와 해석도 누적되었다.6)

중국공산당은 국민당과의 전쟁(1946.7~1949.9)에서 승리한 후, 1949년
9월에 각 民主黨派와 社會團體가 참가한 中國人民政治協商會議 第1次
會議를 소집하였다. 이 회의에서 통과된 "中國人民政治協商會議共同綱
領"은 臨時憲法의 역할을 하였는데, 동 綱領에 의하여 "中華民國民法"
을 포함한 남경국민정부시기 제정된 법률이 모두 폐지되었다.7) "中華民

---

5) 梁慧星(주3), 이 글의 二, 從20世紀初期至40年代的立法, (二) 第二次民法典編
纂: ≪民國民律草案≫ 부분.
6) 張俊浩 主編, 『民法學原理』, 中國政法大學出版社, 1997, 59면.

國民法"은 대만에서 여전히 시행되고 있다.

Ⅱ. 중화인민공화국 건립 이후의 민사법의 발전

중화인민공화국이 건립된 이후, "中華民國民法"을 포함한 남경국민정부시기의 모든 법률이 폐지되었고, 소련민법을 계수하기 시작하였다. 建國이래 중국 민사법의 발전은 순탄하지 않았다. 국가경제정책과 정치운동의 영향으로 인하여 중국 민사법은 지속적인 발전을 하지 못하고, 개혁개방정책이 실행되면서부터 본격적으로 발전하기 시작하였다. 70년대 말 개혁개방이 시작되기 전까지 50년대와 60년대에 두 차례의 민법전 起草作業이 있었으나, 정치운동의 영향으로 인하여 모두 결실을 맺지 못하였다. 또한 개혁개방 이후에도 한 차례의 민법전 起草作業이 있었으나 정치, 경제적인 이유로 중단되었다. 그런데 상품경제의 발전을 위해서 민사법을 제정할 필요가 있었다. 이런 상황에서 우선 단행법을 제정하여 민사관계를 규율하고, 민법전은 향후 시기가 성숙되면 제정하는 입법방침을 세우게 되었다.

1. 개혁개방 이전의 민사법

1) 1950년대 민법전초안의 기초

중화인민공화국이 건립된 이후, 1954년부터 민법전 起草作業이 시작되었고, 1956년 12월에 첫 번째 민법전초안이 완성되었다. 이 초안은 총

---

7) 柳經緯, 『我國民事立法的回顧與展望』, 人民法院出版社, 2004, 2면.

칙, 소유권, 채, 상속 등 4편으로 구성되었고, 총 525개의 조항을 포함하고 있었다. 그러나 정치운동의 영향으로 인하여 민법전 起草作業은 계속 진행되지 못하고 중단되었다.[8] 이번 민법전 제정은 과거의 민법전 제정과 비교할 때 계수의 대상에서 변화가 생겼다. 즉 독일, 일본 등 자본주의 국가의 민법전을 모델로 하던 전통을 버리고, 사회주의 국가의 민법전인 1922년의 소련민법전을 모델로 하였다.[9] 소련민법전을 참조한 것으로 親屬 부분을 민법전에서 제외시킨 점, 自然人을 公民의 개념으로 대체한 점, 取得時效에 관하여 규정하지 않은 점 등을 들 수 있다.

2) 1960년대 민법전초안의 기초

1962년에 중국은 자연재해 등으로 인하여 경제적으로 곤란에 빠지게 되었고, 이는 중국정부로 하여금 상품생산과 상품거래 발전의 필요성을 인식하게 하였다.[10] 이런 배경 하에 민법전 起草作業이 시작되었고, 1964년 7월에 민법전초안이 나왔다.[11] 이번 민법전초안은 외국의 법을 전혀 참조하지 않는다는 전제 하에 작성되었다. 중국과 소련 간의 우호적인 외교관계가 파괴됨에 따라 소련민법의 계수도 받아들일 수 없었기 때문이었다.[12] 그러나 역시 정치운동의 영향으로 인하여 민법전 起草作業은 계속되지 못하고 중단되었다.[13]

이 시기 민법전의 제정이 실패한 이유는 정치운동의 영향, 그리고 공제와 계획경제 정책이었다.[14] 즉 제품의 생산과 자원의 배분은 모두 국가계

---

8) 梁慧星, 『民法總論』(第二版), 法律出版社, 2001, 20면.
9) 梁慧星(주8), 20면.
10) 梁慧星(주8), 20면.
11) 梁慧星(주8), 20면.
12) 梁慧星(주3), 이 글의 三, 20世紀50和60年代的立法 (二) 60年代的民法草案 부분.
13) 梁慧星(주8), 20면.
14) 이하 梁慧星(주3), 三, 20世紀50和60年代的立法 (三) 小結 부분.

획에만 의존하고 있었으므로 민법이 거의 필요하지 않았다. 이 시기 정식으로 공포·시행된 민사법으로 유일하게 "婚姻法"이 있다. 또한 각급 법원이 수리한 사건들은 주로 이혼사건과 人身傷害로 인한 손해배상관련 사건이었고, 법원은 "婚姻法"과 "民事政策"에 근거하여 판결하였다.

2. 개혁개방 이후의 민사법

중국은 1978년 12월 중국공산당 제11기 3중 전회 이후, 개혁개방정책을 실시함에 따라 상품경제가 점차 발전하였고, 대외경제거래도 증가하기 시작하였다. 이런 상황에서 국가계획에만 의존하여 경제관계를 규율한다는 것은 불가능하였고, 경제관계에서 기업과 개인의 자율성을 보장해 줄 필요가 있었다. 따라서 민법의 중요성을 인식하였고, 이때부터 중국 민사법의 새로운 발전이 시작되었다.

1979년 11월에 民法起草小組가 형성된 후, 민법초안 起草作業이 시작되었고, 1982년 5월까지 4개의 초안이 나왔다.15) 마지막 네 번째 초안은 1962년의 蘇聯民事立法綱要, 1964년의 소련민법전, 그리고 1978년의 헝가리민법전을 참조하여 작성하였다.16) 그러나 민법전 起草作業은 또 중단되게 되고, 결국에 민법전은 제정되지 못한다. 중국의 입법자들은 경제개혁이 시작되어서부터 민사에 관한 새로운 문제들이 계속 발생하고 있고, 민법과 경제법의 관계를 둘러싼 논쟁이 해결을 보지 못한 상황에서 민법전을 제정하기에는 시기상조라는 판단을 하였고, 민법전은 시기가 성숙되었을 때에 제정하고, 그 전에는 단행법을 제정하여 민사관계를 규율하는 입법방침을 세웠다.17) 따라서 그 이후로는 민사에 관한 일련의

---

15) 梁慧星(주3), 四, 改革開放以來 (1978年~) 的立法 (一) 1982年的 ≪民法草案 (第四稿)≫ 부분.

16) 梁慧星(주3), 四, 改革開放以來 (1978年~) 的立法 (一) 1982年的 ≪民法草案 (第四稿)≫ 부분.

17) 張俊浩 主編(주6), 63면 ; 梁慧星(주8), 21면 ; 孔祥俊, 『合同法敎程』, 中國人

단행법들을 제정하게 된다. 중국합동법도 여러 민사단행법 중의 하나이다. 이하에서는 중국 계약법의 沿革에 대하여 보기로 하겠다.

제2절 중국 계약법의 연혁

I. 중국합동법 제정 전의 계약법

개혁개방 이전에 중국은 장기간 상품생산과 상품거래를 허용하지 않았기 때문에 계약제도는 필요하지 않았다. 일시적으로 상품경제와 상품거래를 허용하는 때도 있었으나, 국가계획의 틀 안에서 기업의 자율성을 어느 정도 보장하였을 뿐이었다. 이 시기에 계약에 관한 일련의 행정법규들이 제정되었으나, 계약자유의 원칙을 인정하고 있는 자본주의 민법에서의 계약제도와는 구별되었다.

개혁개방 이후에 중국은 경제발전에 주력하였고, 상품경제가 발전하기 시작하였다. 그러나 개혁개방 초기 국가경제는 계획경제가 위주였고, 따라서 계약에 관한 법들은 계획경제체제의 특징을 많이 반영하였다.

개혁개방 이후에 제정된 첫 중국 계약법은 "中華人民共和國經濟合同法"[1](이하 "經濟合同法")이다. 이 법은 1981년 12월 13일 제5기 전국인민대표대회 제4차 회의에서 통과되었고, 1982년 7월 1일부터 시행되었다. 이 법은 주로 法人 간의 경제계약관계에 적용되었다. 그리고 비교적 농후한 계획경제 색채를 띠었고, 규율범위가 작았으며, 많은 규정들이 시장경제발전에 적합하지 않았기에 1993년에 비교적 많은 부분이 수정되었다.[2]

계약관계를 대내계약관계와 대외계약관계로 구분하여 법을 제정한

---

1) "經濟合同"이라는 개념은 계획경제의 산물로서 경제에 대한 국가의 "計劃性"을 강조하는 의미에서 나온 것이다. 全國人大常委會法制工作委員會民法室 編著, "'中華人民共和國合同法'及其重要草稿介紹", 法律出版社, 2000, 3면 참조.
2) 孔祥俊, 『合同法教程』, 中國人民公安大學出版社, 1999, 33면.

것이 과거 계약입법 특징 중의 하나이다. "經濟合同法"이 제정된 후, 1985년 3월 21일 제6기 전국인민대표대회 제10차 회의에서 "中華人民共和國涉外經濟合同法"(이하 "涉外經濟合同法")이 통과되었다. 이 법은 동년 7월 1일부터 시행되었고, 중국기업, 기타 경제조직과 외국기업, 기타 경제조직 또는 개인 간의 경제계약관계에 적용되었다. 그러나 국제운송계약에는 적용되지 않았다(동법 제2조).

1979년부터 1986년 사이에 민법과 경제법의 관계를 놓고 학자들 간에 치열한 논쟁이 있었다. 즉 민법전을 제정할 것이 아니라, 經濟法典을 제정하여야 한다는 주장, 經濟法典과 민법전을 모두 제정하여야 한다는 주장, 그리고 심지어 "민법"이라는 용어를 사용하지 말고, 이를 "公民權利法"으로 대체하자는 주장도 있었다.3) 이는 경제계약의 귀속에 관한 논쟁으로서, 그 실질은 자유와 통제(계획)의 문제였다.4) 즉 경제계약관계를 자유평등이라는 민법의 원칙으로 규율하는 것이 옳은가, 아니면 계획원칙이라는 경제법의 원칙으로 규제하는 것이 타당한가의 문제였다. 이러한 논쟁은 "中華人民共和國民法通則"이 제정됨으로써 해결되었다. 즉 입법을 통하여 경제계약을 민법의 규율대상에 포함시켰다. 1986년 4월 12일 제6기 전국인민대표대회 제4차 회의에서 "中華人民共和國民法通則"(이하 "民法通則")이 통과되었고, 1987년 1월 1일부터 시행되었다. 이 법은 민사활동의 일반원칙과 일반규정에 대하여 규정하였고, 계약에 관한 규정도 두었다.

그 후, 1987년 6월 23일 제6기 전국인민대표대회 상무위원회 제21기 회의에서 법인 사이, 법인과 개인 또는 개인 간의 기술개발, 기술양도, 기술자문과 기술서비스에 관한 계약관계를 규율하는 "中華人民共和國技術合同法"이 통과되었고, 동년 11월 1일부터 시행되었다.

---

3) 梁慧星, "中國對外國民法的繼受", http://www.civillaw.com.cn/weizhang/default.asp?id=12761, 검색일자: 2006.11.30, 註20 참조.
4) 蘇在先, "中國 契約法上 契約自由의 原則－中國 合同法 제정 이전의 상황에서－" 『國際法務硏究』 제6호, 2002, 63면.

계약법에는 기본적으로 "經濟合同法", "涉外經濟合同法", "技術合同法" 등 3개의 합동법이 있었고, "民法通則"의 계약관련 규정들은 위 합동법의 적용범위에 속하지 않는 私人 간의 계약관계에 적용되었다.

그러나 국가경제에서의 시장의 역할이 확대됨에 따라 계획경제의 특징을 대량으로 반영한 "經濟合同法"은 시대적으로 뒤떨어진 법이 되었고, 따라서 동법을 개정할 필요가 있었다. 1987년부터 "經濟合同法"에 대한 개정작업이 시작되었고, 1993년에 동법은 개정되었다. 이번 개정을 통하여 계약관계에 대한 국가의 간섭을 줄이고, 계약자유를 확대하였으며, 동법의 적용범위를 넓히는 등 시장경제의 발전에 적합하지 않은 내용들을 수정하였다.[5]

동법을 개정하는 과정에 한 때는 법개정을 통하여 합동법 總則의 성질을 가지는 법을 만들려고 했었다. 그 결과 1993년 봄에 "中國合同法"이라는 草案이 나왔다. 그러나 동법에 대한 개정을 통하여 시장경제에 적합한 단일한 합동법을 만들기는 어렵다는 판단을 하였고, 동법의 개정과 합동법을 통합하는 작업을 서로 분리한다는 입법방침을 세웠다.[6]

"經濟合同法"의 개정을 통하여 동법과 시장경제발전 간의 모순을 어느 정도 해결했으나, 기존 합동법에는 여전히 많은 문제점들이 존재하고 있었다. 이러한 문제들을 해결하기 위해서는 무엇보다 종래의 합동법을 통합할 필요가 있었다. "經濟合同法"이 개정된 지 얼마 되지 않아 중국의 법학자들은 하나로 통합한 합동법을 제정할 시기가 성숙되었다고 판단하였고, 곧 새로운 합동법 제정을 위한 준비 작업에 들어갔다.[7]

중국합동법의 제정 배경, 제정 과정, 제정 의의에 대하여 이하에서 구체적으로 보기로 하겠다.

---

5) 全國人大常委會法制工作委員會民法室 編著(주1), 4~5면.
6) 全國人大常委會法制工作委員會民法室 編著(주1), 4면.
7) 全國人大常委會法制工作委員會民法室 編著(주1), 5면.

Ⅱ. 중국합동법의 제정

1. 제정 배경

중국은 1993년 3월 헌법개정에서 "국가는 사회주의 시장경제를 실행한다"(헌법 제15조)고 규정함으로써 진일보의 경제개혁을 위한 법적 토대를 마련하였다. 시장경제의 본격적인 발전과 함께 이에 적합한 법제도를 마련할 필요가 있었다. 특히, 私法 영역에서 그러한 요구가 절실하였다. 그 이후 많은 民商관련 단행법들이 제정되었거나 개정되었다. 상법으로는, "公司法"(회사법), "票据法"(어음수표법), "保險法", "證券法", "海商法" 등이 제정되었다. 민법으로는, "擔保法"이 제정되었고, "經濟合同法"이 개정되었다. 그러나 "經濟合同法"의 개정은 기존 합동법에 존재하는 많은 문제들을 해결하지 못하였다. 이런 상황에서, 全國人民代表大會常務委員會 法制工作委員會(이하 法制工作委員會)가 주최한 한 차례의 전문가회의에서 새로운 합동법의 제정을 결정하게 되었고, 곧바로 합동법 제정을 위한 준비 작업에 들어갔다.8)

중국합동법의 제정 배경을 다음과 같이 개괄할 수 있다.9)

첫째, 종래의 3개의 합동법은 사회주의 시장경제발전에 적합하지 않았다. 중국은 건국이후 상당한 기간 줄곧 계획경제체제를 유지하여왔다. 따라서 법제도도 계획경제의 특징을 반영하고 있었다. 중국민법 이론은 50년대 소련민법을 계수한 것이었고, 개혁개방 이후에 일련의 변화가 있었으나, 여전히 시대에 뒤떨어지고 합리적이지 못한 부분들이 입법에 반영되었다. 종래의 3개의 합동법도 계획경제체제에서 시장경제체제로 전

---

8) 全國人大常委會法制工作委員會民法室 編著(주1), 5면.
9) 梁慧星, "從'三足鼎立'走向統一的合同法"『中國法學』第3期, 1995, 10~11면 참조.

환하는 시기에 제정된 것으로 계획경제의 특징을 반영한 원칙과 제도들
이 적잖게 있었다. 중국경제에서의 시장의 역할이 확대됨에 따라 종래의
3개의 합동법과 경제제도 간의 모순이 점차 뚜렷해지기 시작하였다. "經
濟合同法"의 개정을 통하여 이러한 모순을 어느 정도 완화하였으나, 여
전히 많은 문제를 해결하지 못하였다. 1990년대 초부터 시장경제가 본격
적으로 발전하기 시작하면서 하나로 통합한 합동법을 제정하는 것을 더
이상 미룰 수가 없었다.

  둘째, 종래의 3개의 합동법은 서로 조화되지 못하였다. 종래의 3개의
합동법은 서로 다른 시기에 제정되었고, 起草作業을 주도한 주체[10]도 동
일하지 않았기에 법의 체계와 규정에 있어서 서로 조화를 이루지 못하
였다. 특히, 불필요하게 중복되어 규정되었거나 서로 모순되는 규정도
있었다. 이는 합동법을 3개의 법으로 구분한 기준이 타당하지 않았기 때
문이다.

  셋째, 계약관계를 규율하는 데 필요한 규정들이 없거나 너무 간단하였
고, 경제성장과 과학기술의 발전과 함께 기존 합동법으로 규율할 수 없는
문제들이 발생하였으며, 따라서 기존 합동법을 보완할 필요가 있었다.

2. 제정 과정[11]

  중국합동법은 초안의 작성에서부터 종래의 입법과 구별되었다. 과거
의 입법은 초안의 작성과 수정이 모두 행정부서의 주도하에 진행되었는
데,[12] 중국합동법은 우선 법학자들에 의하여 立法方案이 나오고, 그에

---

10) 과거 대부분 단행법은 國務院(최고행정기관)의 한 개 혹은 여러 개의 部 또
   는 委員會에 의하여 起草되었다. 각 부 또는 위원회는 입법을 함에 있어서
   모든 문제를 일일이 고려할 수 없었다.
11) 全國人大常委會法制工作委員會民法室 編著(주1), 5면 ; 崔建遠 主編, 『合同
   法』(第三版), 法律出版社, 2004, 10면.
12) 梁慧星, "合同法的成功與不足(上)"『中外法學』第6期, 1999, 13면.

기초하여 최초의 초안이 작성되었다. 또한 이후 초안의 수정과정에서도 학자들의 영향력이 비교적 컸다. 즉 전국인민대표대회 상무위원회는 몇 차례 중국합동법 관련 토론회를 소집하여 중국합동법초안에 대한 학자와 전문가들의 의견을 수렴하였다.[13]

1993년 9월에 "經濟合同法"이 개정된 후, 얼마 지나지 않아 法制工作委員會가 주최한 한 차례의 전문가회의에서 하나로 통합한 합동법의 제정을 결정하게 되었다. 法制工作委員會는 우선 8명의 전문가에게 立法方案의 작성을 의뢰하였다. 이 立法方案은 1993년 11월에 法制工作委員會에 의하여 개최된 북경의 일부 전문가들이 참석한 토론회와 1994년 1월에 전국의 주요 전문가들이 참석한 토론회에서 논의를 거친 후에 최종적으로 확정되었다. 법의 起草作業이 시작되기 전에 먼저 立法方案이 작성되었다는 점에서도 과거의 입법과 구별된다.

立法方案이 나온 후, 法制工作委員會는 12개의 대학과 연구기관에 새로운 合同法의 起草作業을 위탁하였고, 1995년 1월에 전국의 학자와 전문가에 의해 起草된 중국합동법 제1초안이 法制工作委員會에 제출되었다. 1995년 10월에 이를 토대로 法制工作委員會 民法室이 起草한 제2초안이 나왔다. 1995년 5월 27일부터 6월 7일 사이 法制工作委員會는 북경의 전문가, 학자와 주요부서의 대표들이 참석한 중국합동법 초안에 대한 토론회의를 소집하였고, 그 결과 중국합동법 제3초안이 나왔다. 그 후, 제3초안에 대한 수정작업이 있었고, 1997년에 5월 14일에 제4초안이 나왔다. 그리고 1997년 6월 9일부터 18일 사이 法制工作委員會는 한 차례 북경의 학자, 전문가와 주요부서의 대표들이 참석한 중국합동법 초안에 관한 토론회의를 소집하였고, 기존 초안을 일부 수정하였다.

초보적으로 형성된 중국합동법 초안은 제9기 전국인민대표대회 상무위원회 제4차, 제5차, 제6차 회의에서 審議를 거쳤고, 그 과정에 일부 내용이 수정되었다. 제9기 전국인민대표대회 상무위원회 제7차 회의에서

---

13) 全國人大常委會法制工作委員會民法室 編著(주1), 218면 이하 참조.

여러 차례 審議를 거친 중국합동법 초안을 재차 審議한 후 제9기 전국인민대표대회 제2차 회의에 제출하기로 결정하였다. 1999년 3월 15일 제9기 전국인민대표대회 제2차 회의에서 "中華人民共和國合同法"이 통과되었고, 동년 10월 1일부터 효력을 발생하였다. 동시에 종래의 3개의 합동법은 폐지되었다(제428조).

3. 중국합동법 제정의 의의

중국합동법의 제정은 다음과 같은 의미를 가진다.

첫째, 중국합동법이 제정됨과 동시에 3개의 합동법의 공존관계가 끝났고, 중국합동법의 체계화가 실현되었다. 동시에 중국합동법은 외국의 선진 법제도와 이론을 대량으로 받아들여 계약을 포함한 민법전반에 걸쳐 법제도의 선진화를 위한 기초를 마련하였고, 세계 선진 입법례를 참조하여 제정하였기 때문에 중국합동법의 많은 부분에서 세계추세를 반영하였다. 또한 중국합동법은 종래의 3개의 합동법에 비해 계획경제를 기초로 하는 사회주의 법의 특징을 거의 반영하지 않았고, 처음으로 시장경제를 기초로 하여 제정된 법으로서 중국의 民事立法史上 획기적인 입법이라고 할 수 있다.

둘째, 중국합동법은 과거의 입법과는 달리 입법과정에 학자들의 영향이 비교적 컸다는 점에서 의미를 가진다. 학자가 입법에 관여하였다는 것은, 우선 중국합동법이 과거의 입법에 비해 전문성이 보장되었음을 말해주고, 또한 향후 학자가 입법에 영향력을 발휘할 수 있는 가능성을 갖게 함으로써 학자들의 법학연구의 동력으로 되었고, 이는 이후의 민사입법을 위한 학문적 기초를 마련하였다.

셋째, 중국합동법은 시장경제의 발전을 법적으로 보장하기 위하여 제정된 법이다. 실제 극히 적은 부분을 제외하고는 계획경제의 특징을 거의 반영하지 않았다. 중국합동법은 중국의 시장경제 발전에 도움이 될 것이다.

III. 중국 계약법의 法源 및 민사법체계

중국 계약법의 法源을 파악하려면 중국 민사법의 法源 및 체계를 살펴볼 필요가 있다. 그 이유는 민사법의 法源 중에서 계약관련 내용이 중국 계약법의 法源으로 되기 때문이다. 중국 민사법은 다음과 같은 체계를 이루었다.

첫째, 민사 성문법에는 "民法通則", "擔保法", "合同法", "物權法", "婚姻法", "繼承法"(相續法), "收養法"(入養法) 등 법이 포함된다.

둘째, 중국은 商法典을 갖고 있지 않으며, 상인·상행위에 관한 규정이 없다. 회사, 보험, 해상, 어음수표, 증권 등에 관하여는 각각 단행법을 제정하여 규율하고 있다. 중국합동법은 商事契約에도 적용되며, 운송계약, 위탁매매계약, 중개계약 등 상사전형계약에 관한 규정을 두고 있다.

셋째, 중국은 일반적으로 지적재산권법도 민상법 분야에 포함시키고 있다. 지적재산권법으로, "中華人民共和國著作權法"(1990.9.7 제정, 2001.10.27 개정), "中華人民共和國專利法"(특허법)(1984.3.12 제정, 1992.9.4 1차 개정, 2000.8.25 2차 개정) "中華人民共和國商標法"(1982.8.23 제정, 1993.2.22 1차 개정, 2001.10.27 2차 개정) 등 단행법들이 있다.

넷째, 중국은 제정법에 의하여 해결할 수 없는 문제를 최고인민법원의 司法解釋(有權解釋)14)을 통하여 해결하고 있고, 따라서 司法解釋은 法源으로서 중요한 위치에 있다.15) 많은 민사단행법들도 司法解釋에 의

---

14) 최고인민법원의 사법해석은 "解釋", "規定", "批復" 등 3가지 형식으로 분류된다. "司法解釋에 관한 最高人民法院의 若干의 規定"(1997년 6월 23일 公布)(제9조 제1항).

15) 최고인민법원의 사법해석의 법적 효력을 인정하는 법규정은 없다. 그런데 "司法解釋에 관한 最高人民法院의 若干의 規定"에서 사법해석의 법적 효력을 인정하고 있다. 즉 "최고인민법원이 制定·公布한 사법해석은 법적 효력을 가지며"(동 규정 제4조), "사법해석 및 관련 법률을 인민법원 판결의

하여 보완되고 있다. 실제 적잖은 사법해석의 내용은 제정법에 대한 해석의 차원을 넘어서 立法의 수준에 가깝다. 이는 중국법의 특징이라고 할 수 있다. 비교적 중요한 만사관련 사법해석으로, "最高人民法院의 <中華人民共和國民法通則>에서의 若干의 問題들의 貫徹執行에 관한 意見"(1988.1.26)(이하 "民法通則에 관한 司法解釋"), "最高人民法院의 <中華人民共和國擔保法>의 適用에 관련된 若干의 問題들에 관한 解釋"(2000.9.29)(이하 "擔保法에 관한 司法解釋"), "最高人民法院의 <中華人民共和國合同法>의 適用에 관련된 若干의 問題들에 관한 解釋(一)"[16] (1999.12.1)(이하 "契約法에 관한 司法解釋") 등이 있다.

다섯째, 헌법의 민사관련 규정,[17] 국무원(최고행정기관)과 국무원 관련 부서 및 각 위원회의 行政法規,[18] 地方의 人民代表大會가 제정한 地方性法規,[19] 民族自治地方의 人民代表大會가 제정한 自治條例 및 單行條例[20]의 민사관련 규정도 민사법의 法源이 된다.

여섯째, 관습법의 法源性을 인정하는 일반적인 규정은 없으나, 관습법도 중국 민사법의 法源으로 될 수 있다. 즉 중국합동법의 규정에 의하면,

---

근거로 할 때, 司法文書에서 援用하여야 한다."(동 규정 제14조 제1항)

16) 이에 관하여는 이상욱 역, 『중국계약법전』(中華人民共和國合同法), 영남대학교출판부, 2005, 211면 이하 참조.

17) 민사에 관한 헌법규정으로 광물자원, 산지, 초원 등 자연자원은 모두 국가 소유에 속한다고 규정하고 있는 헌법 제9조, 토지의 국가소유에 관하여 규정하고 있는 헌법 제10조, 그리고 남녀평등에 관한 헌법 제48조 제1항 및 부모와 자녀 간의 부양의무에 관한 헌법 제49조 제3항 등이 있다.

18) 중국 계약법의 法源으로 "中華人民共和國技術進出口管理條例"(2002년 1월 1일부터 시행), "物業管理條例"(2003년 9월 1일부터 시행) 등 행정법규가 있다.

19) 地方性法規는 헌법 및 기타법률, 행정법규와 저촉되어서는 아니되며, 해당 행정구역 내에서만 효력을 발생한다("立法" 제63조).

20) 민족자치지방의 인민대표대회는 해당 지역 민족의 정치, 경제, 문화 등 특징에 따라 일부 법적 문제에 대하여 법률 및 행정법규와 다른 自治條例 및 單行條例를 제정할 수 있다. 그러나 自治條例 및 單行條例는 상급 인민대표대회 상무위원회의 비준을 받아야 효력을 발생한다("立法" 제66조).

거래관습도 법원의 재판근거로 될 수 있다. 이러한 거래관습은 법원의 판결을 통하여 법적 효력이 인정되는 경우에 관습법으로 될 수 있다.[21] 따라서 관습법도 法源으로 될 수 있다. 그러한 규정으로, 거래관습에 의하여 당사자가 일정한 행위로써 승낙의 표시를 할 수 있다는 규정(제22조), 매매계약에서 매도인이 매수인에게 목적물을 수령할 수 있는 증서 이외의 증서 및 자료를 교부할 의무가 있다는 규정(제136조), 여객운송계약에서 운송인이 여객에게 표를 교부할 때에 계약이 성립하나, 당사자가 달리 약정하거나 다른 거래관습이 있는 경우에 그에 따라야 한다는 규정(제293조) 등을 들 수 있다. 그리고 일부 거래관습은 최고인민법원의 사법해석을 통하여 법적 효력이 인정된다. 전형적인 예가 사법해석을 통하여 典權[22]에 관한 관습의 법적 효력을 인정한 것이다. 이러한 맥락에서 관습법이 민법의 法源으로 된다고 한다.[23]

　일곱째, 중국이 가입한 國際條約도 중국 민사법의 法源으로 인정된다("民法通則" 제142조 제2항). 중국이 가입한 중요한 민사법관련 국제조약으로는, CISG 등이 있다.

---

21) 韓世遠, 『合同法總論』, 法律出版社, 2004, 25면.
22) 典權은 중국 고유의 법률제도로서 유구한 역사를 갖고 있다. 典權은 오랜 기간 동안 관습법의 형태로 존재하다가 "中華民國民法"(1930년)에서 처음으로 성문화되었다. 동법 제911조는 "典權은 典價를 지급하고 타인의 부동산을 점유, 사용 및 수익할 수 있는 권리"라고 규정하고 있다. 그런데 중화인민공화국이 건립되면서 국민당정부에 의하여 제정된 법률이 모두 폐지되어 典權은 성문법적 근거를 잃게 되었다. 그러나 典權은 여전히 사회생활에서 이용되고 있었기에 국가는 사법해석 또는 행정법규를 통하여 典權에 관한 규범을 제시함으로써 典權制度를 인정하였다. 물권법 제정 과정에 典權에 관한 규정을 둘 것인가를 놓고 견해의 대립이 있었으나, 결국에는 물권법에 典權에 관한 규정을 두지 않았다. 梁慧星, "對物權法草案(征求意見稿)的不同意見及建議"『河南省政法管理干部學院學報』第1期, 2006, 7면 이하 ; 張秀芹·陳建偉, "論我國典權制度的歷史變遷"『鄂州大學學報』, 2004.4, 37면 이하.
23) 梁慧星, 『民法總論』(第二版), 法律出版社, 2001, 25면.

그 밖에 판례와 조리가 중국 민사법의 法源으로 될 수 있는지가 문제된다.

우선 중국은 성문법국가로서 판례는 法源이 아니다.[24] 최고인민법원의 판례가 하급심 법원의 판결에 영향을 미칠 수 있으나, 법적 효력을 가지는 것은 아니다. 최고인민법원의 판례가 실제상 하급법원에 영향을 줄 수 있다는 점을 근거로 최고인민법원의 판례를 상대적 法源이라고 하는 견해[25]가 있다. 그리고 최고인민법원의 사법해석을 판례로 보는 견해[26]가 있으나, 법원의 판결에 대하여 법적 구속력을 가지는 사법해석과 법적 구속력이 없는 판례는 구별되는 것으로 보아야 할 것이다.

다음으로 조리가 중국 민사법의 法源인지에 대하여 학설이 대립하고 있다. 조리의 法源性을 인정하는 법규정은 없다. 그러나 제정법이 미비한 상황에서 조리는 법원의 재판근거로 되었다. 특히 "民法通則"이 제정되기 전에 법원은 장기간 교과서의 내용을 근거로 재판을 하였고, 그 이후에도 원칙적인 규정만 있는 상황에서 조리는 법원의 재판근거가 되었다.[27] 그런데 조리가 법원의 재판근거로 된다는 점을 놓고 서로 달리 해석하고 있다. 즉 조리를 민사법의 法源으로 보는 견해,[28] 직접적인 法源은 아니나 간접적인 法源이라는 견해,[29] 그리고 조리가 민사법의 法源은 아니나, 실제상 법원의 재판에 영향을 미친다는 견해[30]가 있다.

---

24) 孔祥俊(주2), 21면.
25) 韓世遠(주21), 25면.
26) 梁慧星(주23), 25면.
27) 孔祥俊(주2), 21면.
28) 梁慧星(주23), 25면.
29) 孔祥俊(주2), 21면.
30) 魏振瀛 主編, 『民法』, 北京大學出版社·高等敎育出版社, 2000, 16면.

제3장 중국합동법의 개관

제1절 중국합동법의 구성, 내용상의 특징 및 효력발생범위

I. 중국합동법의 구성

중국합동법은 구성상 크게 總則, 分則(契約各論) 및 附則으로 나누어져 있고, 총 23개 장 428개 조항을 포함하고 있다.

總則은 계약관계에 보편적으로 적용되는 일반 법리에 관하여 규정하고 있는데, 그 구성을 보면 다음과 같다. 즉 제1장 일반규정(제1조~제8조), 제2장 계약의 체결(제9조~제43조), 제3장 계약의 효력(제44조~제59조), 제4장 계약의 이행(제60조~제76조), 제5장 계약의 변경 및 양도(제77조~제90조), 제6장 계약상의 권리의무의 소멸(제91조~제106조), 제7장 계약책임(제107조~제122조), 제8장 기타 규정(제123조~제129조) 등으로 구성되었다.

分則(契約各論)은 15종의 전형계약에 관하여 구체적으로 규정하고 있는데, 그 구성을 보면 다음과 같다. 즉 제9장 매매계약(제130조~제175조), 제10장 電氣, 用水, 가스, 열에너지 공급사용계약(제176조~제184조), 제11장 증여계약(제185조~제195조), 제12장 금전소비대차계약(제196조~제211조), 제13장 임대차계약(제212조~제236조), 제14장 融資租賃契約[1)]

(리스계약)(제237조~제250조), 제15장 도급계약2)(제251조~제268조), 제
16장 건설공사계약3)(제269조~제287조), 제17장 운송계약(제288조~제
321조), 제18장 기술계약4)(제322조~제364조), 제19장 任置契約(제365조~
제380조), 제20장 창고보관계약5)(제381조~제395조), 제21장 위임계약(제
396조~제413조), 제22장 行紀契約6)(위탁매매계약)(제414조~제423조), 제
23장 중개계약(제424조~제427조) 등으로 구성되었다.

　附則에는 한 개의 조항(제428조)만 있는데, 중국합동법이 1999.10.1일
부터 효력을 발생하고, 동시에 "中華人民共和國經濟合同法", "中華人民
共和國涉外經濟合同法", "中華人民共和國技術合同法"이 폐지됨을 밝히
고 있다.

---

1) "融資租賃契約이란 매도인 및 임차물에 대한 임차인의 선택에 따라 임대인
　이 매도인으로부터 임차물을 구매하여 임차인에게 사용하게 하고 임차인이
　차임을 지급하는 계약이다."(제237조)
2) 중국합동법 제251조의 규정에 의하면, 도급계약이란 당사자 일방이 상대
　방에게 일정한 일의 완성을 맡기고 상대방의 일의 완성에 대하여 보수를
　지급하는 계약이다. 이러한 일에는 보통 가공, 제작, 수리, 복제 등이 포함
　된다.
3) "건설공사계약도 도급계약에 속한다. 그러나 계약주체, 목적가액, 국가정책
　과의 관련성 등 건설공사계약의 특수성을 고려하여 특별히 기타의 도급계
　약과 구분하여 규율하고 있다. 다만 건설공사계약도 도급계약에 속하기에
　도급계약에 관한 규정을 준용한다."(제287조)
4) "기술계약은 계약당사자가 기술의 개발, 양도, 자문 또는 서비스 등에 관하
　여 권리의무관계를 확정하는 계약이다."(제322조)
5) 창고보관계약은 내용상 任置契約과 유사하다. 낙성, 유상계약이라는 점에서
　任置契約과 구별된다.
6) 중국합동법 제414조에 의하면, 行紀契約이란 行紀人이 자신의 명의로 위탁
　인을 위하여 무역활동에 종사하고 위탁인이 보수를 지급하는 것을 내용으
　로 하는 계약이며, 내용상 위탁매매계약에 속한다.

Ⅱ. 내용상의 특징

중국합동법은 내용상 다음과 같은 특징이 있다.

첫째, 중국합동법은 종래의 3개의 합동법과 비교할 때 내용상 다음과 같은 특징이 있다. 우선 중국합동법에서 계획경제를 기초로 하는 "經濟 合同"(경제계약)이라는 개념이 사라졌고, 중국합동법은 자연인을 포함한 모든 계약주체에 동일하게 적용되는 규정을 두어 계약법(합동법)의 통합을 실현하였다(제2조). 다음으로 중국합동법에서 계약자유의 원칙, 신의 성실의 원칙 등이 비교적 철저하게 관철되었다(제4조ㆍ제6조ㆍ제12조 등). 마지막으로 종래의 3개의 합동법의 내용상의 결함을 대폭 보완하였다. 즉 계약의 성립부터 그 이행에 이르기까지의 여러 문제에 관하여 종래의 3개의 합동법에 비해 상세하게 규정하였다.[7]

둘째, 중국합동법은 외국법을 참조하여 제정한 것이며, 그 참조의 대상이 비교적 광범위하다. 주로 독일, 일본 등 대륙법국가의 법을 참조 모델로 하면서, 영미법상의 제도도 도입하였다. 또한 CISG, "국제상사계약 원칙"(이하 PICC), "유럽계약법원칙"(이하 PECL) 등 국제조약도 참조하였다.[8] 구체적으로 契約締結上의 過失責任(제42조ㆍ제43조), 同時履行抗辯 權(제66조), 不安의 抗辯權(제68조ㆍ제69조), 債權者代位權(제73조), 債權 者取消權(제74조) 등은 독일, 일본, 대만의 민법을 참조하여 제정한 것이고,[9] 계약책임을 엄격책임으로 규정한 것(제107조), 이행거절(제108조),

---

7) 예를 들면, 청약과 승낙에 관한 규정, 채권자대위권과 채권자취소권에 관한 규정 등이 추가되었다.

8) 梁慧星, "中國對外國民法的繼受", http://www.civillaw.com.cn/weizhang/default. asp?id=12761, 검색일자: 2006.11.30, 四, 改革開放以來 (1978年~) 的立法 (五) 1999年的新 ≪合同法≫ 부분.

9) 渠濤, "從中國契約法的歷史和現狀看中ㆍ韓ㆍ日三國賣買法的統一問題－以 民法的視點爲中心", http://www.civillaw.com.cn/weizhang/default.asp?id=13643, 검 색일자: 2006.11.30, 이 글의 (三) 改革開放後的民事立法 이하. 검색일자:

강제이행(제110조), 손해배상법위에 관하여 당사자의 예견가능성을 기준으로 한 것(제113조) 등은 CISG, PICC, PECL를 참조한 결과이다.[10]

셋째, 중국합동법은 여러 면에서 현대 계약입법의 발전추세를 따랐다. 중국합동법을 제정하면서 CISG 등 선진입법을 비교적 많이 참조하였기에 여러 면에서 현대 계약입법의 특징을 반영할 수 있었다. 예를 들면, 계약의 해제요건으로 당사자의 귀책사유를 요구하지 않는 점(제94조), 계약책임을 엄격책임으로 규정한 점(제107조), 담보책임을 계약책임에 포섭시킨 점[11] 등을 들 수 있다.

넷째, 중국합동법은 계약유지의 원칙을 반영하고 있다. 즉 중국합동법은 가급적이면 계약이 유효하게 성립하는 것으로 규정하고 있는데, 이는 경제거래를 촉진할 수 있어 경제의 발전에 유리한 것으로 판단되고 있다.[12]

다섯째, 중국합동법은 소비자, 노동자 등 경제적 약자를 보호하기 위한 규정을 두고 있다. 예를 들면, 약관계약에 관하여 규정하면서 소비자에게 유리하도록 규정하고 있고(제39조~제41조), 경영자가 소비자에게 상품 또는 서비스를 제공함에 있어서 詐欺가 있는 경우에 일반적인 손해배상책임과는 달리 倍額賠償을 인정하고 있다(제113조 제2항, "中華人民共和國消費者權益保護法"(이하 "消費者權益保護法" 제49조). 또한 신체상해에 대한 면책특약을 무효로 규정하고 있는데(제53조), 이는 특히 근로자의 이익을 보호하는 데 유리하다.[13] 그 밖에 매매가 임대차관계에

2006.11.30.

10) 渠濤(주9), 이 글의 (三) 改革開放後的民事立法 이하.

11) 제4장 제4절을 참조.

12) 王利明·崔建遠, 『合同法新論·總則』, 中國政法大學出版社, 2000, 113면 이하.

13) 중국은 경제발전과 함께 대량의 노동력이 필요하게 되었고, 인구의 다수가 농촌인구인 상황에서 대량의 농민출신의 노동자가 건축업, 제조업 등 분야에서 주로 힘들고 위험한 일에 종사하고 있다. 그런데 이들은 경제적 지위, 권리보호의식의 부족 등으로 인하여 고용주로부터 이익을 침해받는 경우가 많다. 예를 들면, 노동과정에 발생한 人身傷害에 대하여 아무런 책임도 지

영향을 미치지 않는다는 규정(제229조)과 건물임차인이 사망시 공동거주자[14]가 임차권을 승계할 수 있다는 규정(제234조)은 경제적 약자의 지위에 있는 임차인의 거주권을 보호할 수 있다.

여섯째, 중국합동법은 상사계약에도 적용되며, 상사전형계약에 관한 규정도 두고 있다. 중국합동법에서 규정하고 있는 상사전형계약으로 운송계약(제17장), 위탁매매계약(제22장), 중개계약(제23장) 등이 있다.

Ⅲ. 중국합동법의 적용범위

1. 중국합동법의 효력발생 시점 및 소급효 인정여부

중국합동법은 동법 제428조(附則)에 따라 1999년 10월 1일부터 효력을 발생하였다. "立法法" 제84조에 의하면, 특별한 규정이 없는 한, 모든 법률은 소급효를 가지지 않는다. 중국합동법은 소급효를 가지는지에 대하여 규정하고 있지 않으나, "契約法에 관한 司法解釋"에서 이에 관하여 규정하고 있다. 동 해석 제1조에 의하면, 중국합동법은 동 해석이 달리 규정한 경우를 제외하고는 소급효를 가지지 않는다. 그러나 중국합동법 이전의 법률에 해당 사안에 적용할 수 있는 법규정이 없는 경우에는 중

지 않는다는 조항을 노동계약에 두는 경우이다.

14) 중국합동법은 공동거주자의 범위에 대하여 규정하고 있지 않다. 학설은 대부분 공동으로 거주하던 임차인의 親屬 또는 近親屬에 한정되는 것으로 해석하고 있다. 江平 主編, "中華人民共和國合同法精解", 中國政法大學出版社, 1999, 179면 ; 郭明瑞·房紹坤, 『新合同法原理』, 中國人民大學出版社, 2000, 521면 ; 房紹坤·郭明瑞 主編, 『合同法要義與案例』(分則), 中國人民大學出版社, 2001, 227면. 그러나 공동으로 거주하던 임차인의 親屬에 한정시킬 필요가 없으며, 친구 등도 포함되는 것으로 해석하는 견해도 있다. 隋彭生 主編, 『合同法案例教程』, 中國法制出版社, 2003, 331면.

국합동법의 관련규정을 적용할 수 있다. 그리고 동 해석 제2조에 의하면, 계약이 중국합동법 시행이전에 성립되었으나, 이행기가 중국합동법 시행이후까지 계속되거나 또는 중국합동법 시행이후인 경우, 계약이행 관련 분쟁에 대하여는 중국합동법 제4장(계약의 이행)의 관련규정을 적용한다. 또한 동 해석 제3조에 의하면, 중국합동법 제정 전에 성립한 계약이 중국합동법 이전의 법률에 의하면 무효이나 중국합동법에 의하면 유효일 때에는 중국합동법을 적용하여야 한다.

한국민법은 중국합동법과 달리 원칙적으로 소급효를 가진다. 즉 부칙 제2조에서 "本法은 특별한 規定 있는 경우 외에는 本法施行日 전의 事項에 대하여도 이를 適用한다"고 규정함으로써 遡及效를 인정하고 있다. 그러나 부칙 제2조 但書는 "그러나 이미 구법에 의하여 생긴 효력에 영향을 미치지 아니한다"고 규정하고 있기 때문에 실질적으로는 不遡及의 原則을 채용한 거나 크게 다르지 않다고 한다.[15]

2. 중국합동법의 효력이 미치는 공간적 범위

중국합동법은 전국인민대표대회(최고 입법기관)에서 제정된 법으로서, 중국의 영토, 영해, 영공 등에서 보편적으로 효력을 발생한다("民法通則" 제8조). 그러나 홍콩과 마카오 지역은 "中華人民共和國香港特別行政區基本法"과 "中華人民共和國澳門特別行政區基本法"에 의해 독립적인 行政管理權, 立法權, 司法權 등을 갖고 있기 때문에, 중국합동법의 적용을 받지 않는다.

한국민법은 한국의 전 영토 내에 그 효력이 미친다.[16]

---

15) 郭潤直, 『民法總則』(第七版), 博英社, 2002, 43면.
16) 郭潤直(주15), 44면.

3. 중국합동법의 적용대상

종래의 3개의 합동법과는 달리, 중국합동법은 自然人을 포함한 모든 계약주체 간의 계약관계에 적용된다(제2조). 중국합동법의 적용대상에는 우선 中國人, 中國法人이 포함된다. 다음으로 섭외계약관계에서 중국합동법이 準據法으로 되는 경우에 중국합동법은 외국인, 무국적인, 외국법인에 대하여도 적용된다. 이 점에서는 한국민법도 동일하다.[17)

4. 중국합동법과 "民法通則"의 관계

위에서 보다시피, 중국합동법이 제정되기 전에 시행되던 계약관련 법률로는 주로 3개의 합동법과 "民法通則"이 있었다. 그런데 3개의 합동법은 중국합동법의 시행과 함께 폐지되었으나(제428조), "民法通則"은 여전히 효력을 발생하고 있다. 따라서 계약 관련 법규정과 관련하여, 이 두 법의 관계를 어떻게 파악할 것인가가 문제된다. 이 문제를 살펴보기 앞서 우선 "民法通則"의 구조에 관하여 보기로 한다.

"民法通則"은 가족관계를 제외한 민사의 전반을 규정대상으로 하고 있으며, 다음과 같은 구조를 갖고 있다. 동법은 모두 9개의 章으로 구성되었으며, 156개의 조항을 포함하고 있다. 구체적으로, 제1장 基本原則(제1조~제8조) ; 제2장 公民(自然人)(제9조~제35조) ; 제3장 法人(제36조~제53조) ; 제4장 民事法律行爲와 代理(제54조~제70조) ; 제5장 民事權利(제71조~제105조) ; 제6장 民事責任(제106조~제134조) ; 제7장 訴訟時效(제135조~제141조) ; 제8장 涉外民事關係의 法律適用(제142조~제150조) ; 제9장 附則(제151조~제156조) 등으로 구성되었다. 중국합동법과의 관계가 문제되는 동법의 내용은 주로 제2장 公民(自然人) 제1절

---

17) 郭潤直(주15), 44면.

民事權利能力과 民事行爲能力, 제4장 民事法律行爲와 代理 제1절 民事法律行爲 및 제2절 代理, 제5장 民事權利 제2절 債權, 제6장 民事責任 제1절 일반규정 및 제2절 契約違反의 民事責任, 그리고 제7장 訴訟時效 부분에 포함되어 있다.

그런데 중국합동법의 규정과 "民法通則"의 관련규정을 비교할 때, 표현에 있어서는 다소 차이가 있으나, 법적 효과 있어서는 대부분 동일하다. 특히, 계약의 이행, 계약책임에 관한 규정은 거의 동일하다. 즉 중국합동법과 "民法通則"에 서로 중복되는 규정이 존재한다. 그러나 "民法通則"에는 계약에 관한 일부 규정만 있고, 계약과 관련되는 대부분 문제에 관하여 규정하고 있지 않기에, 동법의 규정만으로 계약관계를 규율하기에는 미흡하다. 결국에는 대부분의 경우에 중국합동법의 적용만을 받게 된다.

동시에 중국합동법과 "民法通則"은 서로 모순되는 규정도 두고 있다. 예컨대, 중국합동법 제47조에 의하면, 한정민사행위능력자[18]가 체결한 계약은 법정대리인의 추인이 있으면 유효한 계약으로 될 수 있으나, "民

---

18) 중국 민사법에서의 민사행위능력은 민사행위무능력자와 한정민사행위능력자로 구분된다. 만 10세 이하의 미성년자는 민사행위무능력자에 속하고, 만 10세 이상 만 18세 이하의 미성년자는 한정민사행위능력자에 속한다. 단, 만 16세 이상 만 18세 이하의 미성년자가 생활비의 대부분을 자신의 노동에 의하여 마련하는 경우에는 민사행위능력자로 간주된다. 만 18세 이상의 성년은 기본적으로 민사행위능력자이나, 자신의 행위를 완전히 辨識하지 못하는 자는 민사행위무능력자로 인정되고, 자신의 행위를 부분적으로 辨識하지 못하는 자는 한정민사행위능력자로 인정된다("民法通則" 제11조~제13조). 한정민사행위능력자는 자신의 나이, 지능에 적합한 민사활동을 할 수 있고, 기타 만사활동은 법정대리인이 대리하거나 그의 동의하에 스스로 할 수 있다. 민사행위무능력자의 민사활동은 그의 법정대리인이 대리한다("民法通則" 제12조·제13조). 민사행위무능력자 또는 한정민사행위능력자가 獎勵, 贈與, 報酬 등을 받는 경우에 상대방은 행위자의 민사행위무능력 또는 한정민사행위능력을 이유로 행위의 무효를 주장할 수 없다("<民法通則>에 관한 사법해석" 제6조).

法通則" 제12조 제1항, 제13조 제2항 및 제58조 제1항 제2호에 의하면, 한정민사행위능력자가 행한 법률행위는, 그의 나이, 지능수준 또는 정신 상태에 맞는 행위가 아닌 한, 무효이다. 또한 중국합동법 제54조 제2항에 의하면, 계약을 체결하면서 당사자 일방의 상대방에 대한 사기, 강박이 존재하고, 그러한 계약체결이 국가이익에 손해를 입힌 경우에 계약은 무효가 되나, "民法通則" 제58조 제1항 제3호에 의하면, 사기, 강박이 존재하는 법률행위는 언제나 무효이다. 그리고 중국합동법 제80조에 의하면, 계약상의 권리를 양도함에 있어서 채무자에 대한 채권양도의 통지만 있으면 채무자에 대하여 채권양도의 효력이 발생하나, "民法通則" 제91조에 의하면, 채권양도에 대한 채무자의 동의가 없으면 채권양도는 효력이 없게 된다. 이러한 경우에 어느 규정을 적용할 것인가가 문제되는데, 특별규정이 일반규정에 우선하고, 新規定이 舊規定에 우선한다는 "立法法" 제83조에 의하면, 중국합동법은 "民法通則"보다 후에 제정된 법으로서 중국합동법의 규정은 상응하는 "民法通則" 규정의 새로운 규정으로 볼 수 있기 때문에, 이 경우에 중국합동법의 규정이 적용되어야 한다.[19] 그러나 일부 문제에 관하여 중국합동법이 규정을 두고 있지 않는 경우에는 "民法通則"의 규정이 적용될 수 있다. 예를 들면, 중국합동법은 復代理人, 任意代理와 法定代理의 소멸 사유 등에 관하여 규정을 두고 있지 않으나, "民法通則" 제68조 내지 제70조 및 "<民法通則>에 관한 司法解釋"에서 위 문제에 관하여 규정하고 있는데, 이 경우에 "民法通則"의 관련 규정이 적용되게 된다.

중국합동법과 "民法通則"에 상호 모순 또는 중복되는 규정이 존재하

---

19) 중국합동법의 규정을 상응하는 "民法通則" 규정의 특별규정으로는 볼 수 없다. 다만, 이론적으로 계약의 무효·취소 사유에 관한 중국합동법의 규정을 법률행위의 무효·취소 사유에 관한 "民法通則" 규정의 특별규정으로 볼 수도 있겠으나, 계약과 계약을 제외한 기타 법률행위의 유효요건을 구별할 이유가 없다고 본다. 따라서 중국합동법의 규정과 "民法通則"의 규정은 서로 중복 또는 상호 모순되는 규정이다.

는 이러한 입법상태는 다음과 같은 이유에서 비롯되었다고 볼 수 있다. "民法通則"은 개혁개방 이후에 경제주체의 자율성이 어느 정도 보장된 상황에서 제정된 법이나, 당시 국가경제는 여전히 계획경제가 위주였고, 또 앞으로 경제체제가 어떻게 바뀔지 정해지지 않은 상황에서 시장경제를 기초로 하는 비교적 완전한 계약법을 제정하는 것은 불가능하였다. 또한 국가가 시장경제정책을 본격적으로 실행하기 시작한 이후에 시장경제제도를 법적으로 보장하기 위한 일련의 立法이 있었는데, 민사에 관하여 중국 입법자들은 체계적인 구성을 가진 민법전을 제정하지 않고, 중국합동법을 포함한 일련의 단행법을 제정한 것도 이러한 법체계의 혼란을 야기하였다고 볼 수 있다. 이러한 문제는 이후 법개정 또는 새로운 입법에 의하여 해결되어야 할 것이다.

제2절 중국합동법의 내용

중국합동법은 내용상 크게 總則과 分則(契約各論)으로 구분된다. 總則에서는 모든 전형계약에 공통으로 적용되는 일반 법리에 관하여 규정하고 있으며, 分則(契約各論)에서는 15종의 전형계약에 관하여 구체적으로 규정하고 있다. 이하에서는 총칙을 중심으로 중국합동법의 내용을 살펴본다.

Ⅰ. 일반규정

중국합동법 제1장에서는 "一般規定"이라는 表題 하에 입법목적, 계약의 개념 및 중국합동법의 적용범위, 중국합동법에서 적용되는 기본원칙 등에 관하여 규정하고 있다.

1. 입법목적 및 중국합동법의 적용범위

중국합동법 제1조는 "당사자의 합법적 권익을 보호하고, 사회경제질서를 유지하며, 사회주의 현대화건설을 촉진하기 위하여 本法을 제정한다"고 규정하여, 당사자의 권익보호와 경제 질서의 유지가 本法의 주된 입법목적임을 밝히고 있다. 또한 중국합동법 제정 전에 중국은 이미 헌법개정(1993년 개정)[1]을 통하여 시장경제정책을 실시함을 명백히 밝혔

---

1) 중국은 1993년의 헌법 개정에서 "사회주의 공유제를 기초로 계획경제를 실행한다"는 동법 제15조의 내용을 "국가는 사회주의 시장경제를 실행한다"고 개정함으로써 계획경제체제에서 시장경제체제로의 전환을 명시적으로

는바, 여기서 말하는 경제질서는 시장경제질서를 의미한다.

중국합동법 제2조는 계약법의 적용범위에 관하여 규정하고 있다. 우선 계약주체와 관련하여 중국합동법은 自然人과 法人을 모두 계약주체에 포함시키고 있다. 종래의 3개의 합동법 중 "技術合同法"을 제외한 기타의 법에서 개인은 계약당사자로 될 수 없었다. "民法通則"은 계약주체에 개인을 포함시키고 있으나, 개인을 헌법상의 개념인 "公民"2)으로 규정하고 있다. 중국합동법 초안에서도 당초 "公民"으로 규정하였다가, 심의과정에 계약주체에 외국인과 무국적인도 포함시켜야 한다는 의견을 받아들여 "自然人"으로 수정하였다.3)

중국합동법이 규율하고 있는 계약에는 혼인, 입양, 후견 등 신분관계에 관한 합의는 포함되지 않는다(제2조 제2항). 그런데 물권계약이 중국합동법의 적용범위에 포함되는지에 대하여 견해의 대립이 있다. 당초 중국합동법 초안에서는 계약을 채권채무관계에 관한 합의라고 규정하였으나, 심의과정에 민사권리의무관계에 관한 합의라고 수정하였다. 중국합동법이 규율하는 것은 채권계약이라는 견해4)가 있으나, 다수의 견해5)가 중국합동법 제2조를 근거로 물권계약도 중국합동법의 적용범위에 포함되는 것으로 보고 있다. 비록 중국합동법에서의 대부분 규정이 채권계약을 전제로 하고 있으나, 물권계약에 대한 중국합동법의 적용가능성을 배제할 필요는 없다고 본다. 중국합동법에서의 계약의 성립 및 계약의 효력에 관한 규정은 물권계약에도 적용될 수 있을 것이다.

밝혔다.

2) 公民은 중국 국적을 가진 자를 말하는 것이며, 한국에서의 國民에 상응하는 개념이다.

3) 全國人大常委會法制工作委員會民法室 編著, "'中華人民共和國合同法' 及其重要草稿介紹", 法律出版社, 2000, 224면.

4) 江平 主編, "中華人民共和國合同法精解", 中國政法大學出版社, 1999, 3면.

5) 郭明瑞・房紹坤, 『新合同法原理』, 中國人民大學出版社, 2000, 7면 ; 韓世遠, 『合同法總論』, 法律出版社, 2004, 5~6면 ; 曹三明 외 16인, 『合同法原理』, 法律出版社, 2000, 7면.

2. 平等原則

중국합동법 제3조는 "계약당사자는 법률상 지위가 평등하고, 당사자 일방은 자신의 의사를 상대방에게 강요할 수 없다"고 규정하고 있다. 학설은 이를 平等原則이라고 한다.[6] 종래의 3개의 합동법에 이와 유사한 규정이 있었고, "民法通則"(제3조)도 민사관계에서의 당사자의 법률상 지위의 평등을 일반조항으로 규정하고 있다. 법률상 지위가 평등하다는 것은 민사상의 권리를 향유하고 또는 의무를 부담함에 있어서 모든 권리주체가 동등하게 취급되어야 한다는 것을 의미한다.[7] 계약관계에서는 구체적으로 다음과 같은 면에서 표현된다. 계약을 체결하고 이행함에 있어서 계약당사자는 동등하게 법률의 구속을 받으며, 누구도 특권을 가질 수 없다.[8] 계약관계는 당사자 간의 管理와 被管理 또는 명령과 복종의 관계가 아니라 평등한 관계이다.[9] 따라서 당사자 일방은 자신의 의사를 상대방에게 강요할 수 없다.

개혁개방 이전에 장기간 계약제도가 존재하지 않았으며, 국가경제는 행정관계에 의해 운영되었다. 따라서 계약제도에 대한 사람들의 관심과 이해가 부족하였다고 할 수 있다. 이러한 점을 감안하여, 개혁개방 이후의 계약입법에서 당사자의 법률상의 지위의 평등을 강조한 것으로 보인다.

3. 自願原則(계약자유의 원칙)

중국은 개혁개방 이후, 경제발전에 주력하였다. 순수한 계획경제 모델

---

6) 孔祥俊, 『合同法教程』, 中國人民公安大學出版社, 1999, 7~8면 ; 曹三明 외 16인(주5), 12~13면.
7) 江平 主編(주4), 4면.
8) 江平 主編(주4), 4면.
9) 孔祥俊(주6), 8면.

에 의하여서는 국가경제를 발전시킬 수 없었기 때문에 경제거래에서의 기업과 개인의 자율성을 보장해 줄 필요가 있었다. 그러나 개혁개방 초기 계획경제가 위주였기 때문에 계약자유의 원칙은 인정될 수 없었고, 국가는 "經濟合同"이라는 개념을 빌어 극히 제한적인 범위 내에서 계약당사자의 자율성을 법적으로 인정하였다. 즉 1981년의 "經濟合同法"은 한편으로는 "경제계약을 체결함에 있어서, 반드시 平等互利, 協商一致의 원칙10)에 따라야하고, 계약당사자 일방은 자신의 의사를 상대방에게 강요하여서는 아니된다. 어떠한 單位(단체, 기관)와 개인도 불법적으로 간섭하지 못한다"(동법 제5조)고 규정하여 계약당사자의 자율성을 어느 정도 인정하면서도, 다른 한편으로는 입법목적 중의 하나가 국가계획의 실행을 보장하는 것이라고 규정하는 동시에 계약자유를 제한하는 일련의 규정을 두었다. 1986년 "民法通則"이 제정될 당시 국가경제구조는 변화하여 시장경제의 비중이 점차 증가하는 추세였다. 따라서 "民法通則"을 제정하는 과정에 계약자유의 원칙을 명시적으로 규정하자는 요구도 있었으나, 당시 여전히 계획경제가 위주였기 때문에 계약자유의 원칙을 일반규정으로 규정하기에는 어려움이 많았다.11) 결국에는 국가계획의 제한을 받는 범위 내에서 계약자유가 인정된다는 의미에서 "自由"가 아닌 "自願"이라는 표현을 사용하여 일정한 범위 내에서 계약당사자의 의사자치가 인정됨을 일반조항으로 규정하였다. 학설에서는 이를 "自願原則"이라고 하였다.

중국합동법 제정 과정에 계약자유의 원칙은 중요한 문제로 인식되었다. 왜냐하면 계약자유의 원칙이 인정되느냐의 여부가 중국합동법의 구체내용, 기능 등과 밀접한 관련이 있기 때문이었다.12) 중국합동법 제정과정에 학자들은 일반적으로 계약자유의 원칙이 인정되어야 한다는 입

---

10) 동 원칙은 계약당사자의 지위의 평등과 계약자유를 내용으로 한다.
11) 江平・程合紅・申衛星, "論新合同法中的合同自由原則與誠實信用原則"『政法論壇』(中國政法大學學報) 第1期, 1999, 4면.
12) 江平・程合紅・申衛星(주11), 2면.

장이었다. 학자들에 의하여 작성된 중국합동법의 立法方案에 계약자유의 원칙이 포함되어 있었고, 중국합동법 최초의 초안에도 계약자유의 원칙이 일반조항으로서 규정되어 있었다. 학계에서는 보편적으로 이를 지지하였으나, 法律委員會[13] 등의 지지를 얻지 못하여 "自由"가 "自願"으로 수정되었다.[14] 즉 중국합동법 제4조는 "당사자는 自願에 의하여(자유의사로) 계약을 체결할 권리가 있으며, 어떠한 단체와 개인도 간섭하지 못한다"고 규정하고 있다. 이에 대하여 중국합동법이 "自願原則"을 규정한 것이라 하면서, 계약자유의 원칙이 절대적으로 인정되지 않는다는 맥락에서 "自由" 대신 "自願"으로 표현하였다고 하는 견해[15]도 있으나, 중국합동법의 전반내용을 볼 때 계약자유의 원칙이 관철되었다고 볼 수 있다. 한국민법에서도 계약자유의 원칙이 인정된다. 중국합동법에 국가의 행정력에 의하여 당사자의 계약자유를 제한하는 규정[16] 등이 있어 계약자유가 어느 정도 제한을 받을 수 있으나 중국합동법에서도 계약체결의 자유(제13조), 내용결정의 자유(제12조), 방식의 자유(제10조)가 원칙적으로 인정되고 있다. 중국합동법은 한국민법과 비교할 때 계약자유의 정도에 있어서 차이가 있을 수 있으나 그 내용에 있어서는 큰 차이가 없다고 본다.

중국합동법은 "一般規定" 부분에 계약자유의 원칙에 대한 제한규정도 두고 있다. 중국합동법 제7조는 "당사자는 계약을 체결하고 이행하면서

---

13) 전국인민대표대회(최고입법기관)의 常設 專門委員會 중의 하나이다. 현재 전문위원회에는 民員會, 法律委員會, 財政經濟委員會 등 9개의 위원회가 있으며, 각 위원회는 전국인민대표대회 또는 전국인민대표대회 閉會期間에는 전국인민대표대회 상무위원회의 지도하에 관련 議案을 研究, 審議, 作成한다(헌법 제70조).

14) 江平・程合紅・申衛星(주11), 3면.

15) 曹三明 외 16인(주5), 14면.

16) 중국합동법 제38조는 "국가가 수요에 따라 指令性 임무 또는 국가예매임무를 하달한 경우, 관련 法人 및 기타 조직은 관련 법률 또는 행정법규가 정한 권리와 의무에 따라 계약을 이행하여야 한다"고 규정하고 있다.

법률, 행정법규를 준수하고, 사회공덕을 존중하여야 한다. 또한 사회경제질서를 파괴하거나 사회공공이익을 해하여서는 아니된다"고 규정하고 있는데, 이는 계약자유의 원칙에 대한 제한으로 볼 수 있다. 따라서 강행법규, 사회공덕, 사회경제질서 등에 반하는 계약은 효력을 발생하지 못한다. 중국합동법 제52조에 의하면 이러한 계약은 무효이다. 이는 선량한 풍속 기타 사회질서(공서양속)에 반하는 법률행위를 무효로 하고 있는 한국민법의 규정(제103조)과 같은 차원에서 이해할 수 있다. "民法通則" 제7조에서도 민사활동을 함에 있어서 "사회공덕" 및 "사회공공이익"에 반하여서는 안 된다고 규정하고 있다. 이러한 중국합동법과 "民法通則"의 규정을 공서양속에 관한 규정으로 보는 견해[17]가 있으며, 조문에서 "공서양속 및 선량한 풍속"으로 표현하지 않은 것은 소련민법의 영향을 받았기 때문이라고 한다. 또한 통설에 의하면 중국합동법, "民法通則"에서 규정하고 있는 "社會公共利益" 및 "社會公德"은 그 성질과 역할에 있어서 공서양속에 상당하다고 한다.[18]

또한 중국합동법 제5조는 "당사자는 공평의 원칙에 따라 쌍방의 권리와 의무를 확정하여야 한다"고 규정하고 있는데, 이를 공평의 원칙이라고 한다.[19] 공평의 원칙은 다음과 같은 규정에서 구체적으로 반영되고 있다. 즉 중국합동법 제54조에 의하면 계약당사자 간의 채권채무관계가 현저히 공평을 잃은 경우에 계약을 변경하거나 취소할 수 있고, 중국합동법 제114조에 의하면 위약금이 실제 발생한 손해액에 비하여 과도하게 많거나 적을 경우에 위약금의 감액 또는 증액이 인정된다.

---

17) 梁慧星, 『民法總論』(第二版), 法律出版社, 2001, 47면.
18) 梁慧星(주17), 47면.
19) 孔祥俊(주6), 10면 ; 曹三明 외 16인(주5), 14면 ; 江平 主編(주4), 6면.

4. 誠實信用原則(신의성실의 원칙)

중국합동법 제6조에 의하면, 당사자는 권리를 행사하고 의무를 이행함에 있어서 誠實信用原則에 따라야 한다. 이는 내용상 한국민법에서의 신의성실의 원칙과 동일한 것으로 보인다(이하에서는 모두 신의성실의 원칙으로 표현한다). 처음으로 신의성실의 원칙을 규정한 법은 "民法通則"(제4조)이다. 그러나 중국합동법과는 달리 신의성실의 원칙을 일반조항으로 규정하였을 뿐, 이를 구체화한 규정은 없었다. 중국합동법에서 부수적 의무(제60조 제2항), 계약해석(제125조 제1항)에 관한 규정을 신의성실의 원칙을 구체화환 규정으로 볼 수 있다.

5. 法律拘束力原則

중국합동법 제8조는 "법에 따라 성립한 계약은 당사자에 대하여 법적 구속력을 가진다. 당사자는 약정에 따라 자신의 의무를 이행하여야 하며, 일방적으로 계약을 변경하거나 해제하여서는 아니된다. 법에 따라 성립한 계약은 법률의 보호를 받는다"고 규정하고 있다. 학설은 동조의 내용을 法律拘束力原則[20] 혹은 合同神聖原則[21]으로 개괄하고 있는데, 이는 "계약은 지켜져야 한다"는 원칙을 천명한 것으로 보인다. 종래의 3개 합동법에도 이와 유사한 규정[22]이 있었고, "民法通則"(제57조·제85조 제2항)[23]에서도 이러한 내용을 반영하고 있다.

---

20) 孔祥俊(주6), 12면.
21) 郭明瑞·房紹坤(주5), 78~81면.
22) "經濟合同法" 제6조는 "법에 따라 성립한 경제계약은 법적 구속력을 가진다. 당사자는 계약에 규정된 의무를 완전하게 이행하여야 하며, 당사자는 任意로 계약을 변경하거나 해제하여서는 아니된다"고 규정하고 있다. "涉外經濟合同法"(제16조)과 "技術合同法"(제16조)도 이와 동일한 규정을 두고 있다.

6. 계약유지의 원칙

일반조항에 의하여 명시적으로 규정한 것은 아니나, 계약유지의 원칙도 중국합동법에서 관철된 하나의 원칙이라고 할 수 있다.[24] 계약유지의 원칙이란 계약의 성립 등에 관하여 규정함에 있어서 가급적이면 계약관계가 유지되도록 규정하는 것을 말하는 것으로, 중국합동법에서 다음과 같은 규정을 통하여 반영되고 있다.

첫째, 중국합동법은 승낙에 관하여 규정하면서, 승낙자가 청약을 변경하여 승낙하더라도, 그 변경이 실질적이지 아닌 한, 계약이 성립하는 것으로 규정하고 있다(제30조). 이는 승낙이 청약과 일치하여 한다는 요건을 완화한 것으로 계약의 성립을 유도할 수 있다.

둘째, 법률, 행정법규 또는 당사자의 약정에 따라 서면으로 계약을 체결하여야 하는 경우, 서면으로 계약이 체결되지 않았으나 당사자 일방이 이미 계약상의 주요의무를 이행하고, 상대방이 그 이행을 받아들인 경우에 계약은 성립한다(제36조).

셋째, "民法通則"에 의하면, 상대방에 대하여 당사자 일방의 사기 강박이 있는 계약은 언제나 무효이다. 중국합동법은 그러한 계약이 국가이익에 손해를 주지 않는 한 변경 또는 취소할 수 있는 계약으로 된다고 규정하였다(제52조·제54조). 따라서 계약이 무효로 될 수 있는 가능성이 상대적으로 줄었다고 볼 수 있다.

---

23) "民事法律行爲는 成立時로부터 법적 구속력을 가진다. 당사자는 법률의 규정에 의하거나 또는 상대방의 동의가 없이 임의로 변경 또는 해제할 수 없다."("民法通則" 제57조)

"법에 따라 성립한 계약은 법률의 보호를 받는다."("民法通則" 제85조 제2항)

24) 崔建遠 主編, 『合同法』(第三版), 法律出版社, 2004, 18～19면 ; 王利明·崔建遠, 『合同法新論·總則』, 中國政法大學出版社, 2000, 113면 이하.

II. 계약의 성립

계약은 청약과 승낙의 과정을 거쳐 성립하며(제13조), 그 방식은 법률에 예외적인 규정이 없는 한, 제한을 받지 않는다. 즉 계약은 서면, 구두 또는 기타의 방식에 의하여 체결할 수 있다(제10조 제1항). 법률 또는 행정법규가 서면으로 체결할 것을 요구한 때에는 그 규정에 따라야 한다(제10조 제2항). 서면에 의한 방식에는 계약서, 우편 및 전보, 이메일, 팩스 등 전자통신이 포함된다(제11조). 그러나 법률, 행정법규 또는 당사자의 약정에 의하여 서면으로 계약을 체결하여야 하는 경우에 계약을 서면으로 체결하지 않았으나 당사자 일방이 계약상의 주요의무를 이행하고, 상대방이 그 이행을 수령한 때에는 계약이 성립한 것으로 본다(제36조).

1. 청 약

청약은 계약의 체결을 원하는 의사로서, 그 내용은 구체적이고 확정적이어야 하며, 청약을 받는 자의 승낙이 있는 경우에 그 의사표시의 구속을 받을 의사가 표명되어야 한다(제14조). 청약은 청약을 받는 자에게 도달하는 때에 효력을 발생한다(제16조 제1항). 중국합동법은 전자거래를 통하여 계약을 체결하는 경우에도 청약의 효력발생시기에 관하여 도달주의를 취하고 있다(제16조 제2항). 그리고 전자거래의 특성상 청약의 도달여부가 문제될 수 있는데, 중국합동법 제16조 제2항에 의하면, 청약을 받는 자가 사전에 지정한 특정의 시스템에 도달하는 때에 청약이 도달한 것으로 보며, 청약을 받는 자의 지정이 없는 때에는 청약을 받는 자의 임의의 한 시스템에 도달한 첫 시점을 청약이 도달한 시기로 본다. 승낙에 관하여도 동 규정이 적용된다(제26조 제2항).

한국민법에서도 청약에 관하여 도달주의 원칙이 적용된다(동법 제111

조). 전자거래에서의 수신에 관하여는 한국민법에는 규정이 없고 한국의 전자거래기본법에서 규정하고 있다. 즉 전자거래기본법 제6조 제2항에 의하면, 전자문서는 다음과 같은 경우에 수신된 것으로 본다. 첫째, 수신 자가 전자문서를 수신할 정보처리시스템을 지정한 경우에는 지정된 정 보처리시스템에 입력된 때. 다만, 전자문서가 지정된 정보처리시스템이 아닌 정보처리시스템에 입력된 경우에는 수신자가 이를 출력한 때를 말한다. 둘째, 수신자가 전자문서를 수신할 정보처리시스템을 지정하지 아니한 경우에는 수신자가 관리하는 정보처리시스템에 입력된 때.

청약의 철회가 인정되지 않는 한국민법에서와는 달리(동법 제527조), 중국합동법에서는 청약은 철회할 수 있다(제17조). 철회의 통지는 청약 이 도달하기 전 또는 청약과 동시에 상대방에게 도달하여야 한다(제17 조). 또한 청약이 상대방에게 도달한 후에도 취소할 수 있다(제18조). 즉 청약이 효력을 발생한 후에도 청약이 없었던 상태로 되돌릴 수 있다. 다만, 다음과 같은 경우에는 예외이다(제19조). 첫째, 청약자가 승낙기한을 정하였거나 또는 기타의 방법으로 청약이 취소되지 않음을 明示한 경우, 둘째, 청약을 받는 자가 청약이 취소되지 않는다고 믿을 만한 이유가 존 재하고, 또한 이미 계약의 이행을 준비한 경우이다.

또한 중국합동법 제20조에 의하면, 다음과 같은 경우에 청약은 효력 을 잃는다. 첫째, 상대방의 청약에 대한 거절의 의사표시가 청약자에게 도달하는 때, 둘째, 상대방이 승낙의 기한 내에 승낙의 의사를 표시하지 않는 때, 셋째, 상대방이 청약의 내용에 대하여 실질적인 변경을 하여 승 낙하는 때. 승낙의 기한이 정해지지 않은 경우에 비격지 간의 계약이면 계약당사자 간에 특별한 약정이 없는 한 즉시 승낙하여야 계약이 성립 하고(제23조 제2항 제1호), 격지자 간의 계약이면 합리적 기간 내에 승낙 의 의사표시가 청약자에게 도달되어야 계약이 성립한다(제23조 제2항 제2호).

2. 승 낙

승낙은 청약을 받는 자가 청약에 동의하는 의사표시이다(제21조). 승낙은 통지로써 행하여져야 하나, 거래관행 또는 청약에 의하여 일정한 행위를 통하여 승낙할 수 있는 경우에는 통지가 없어도 된다(제22조). 즉 승낙의 통지가 없더라도 거래관행 또는 청약에 의하여 일정한 행위를 하는 때에 승낙을 한 것으로 본다. 승낙으로서의 효력도 일정한 행위 시에 발생한다(제26조 제1항). 이는 한국민법 제532조에서 규정하고 있는 의사실현에 의한 계약의 성립을 인정한 것으로 볼 수 있다.

승낙은 청약자에게 도달하는 때에 효력을 발생한다(제26조 제1항). 즉 중국합동법은 승낙의 효력발생시기에 관하여 도달주의를 취하고 있다. 이는 격지자 간의 계약의 성립에서 승낙의 효력발생기에 관하여 발신주의를 취하고 있는 한국민법과 구별되는 점이다(한국민법 제531조).[25] 그러나 한국민법에서도 승낙이 승낙기간 내에 또는 상당한 기간 내에 청약자에게 도달하지 않으면 효력을 잃는다(동법 제528조 제1항·제529조). 그리고 중국합동법에서 승낙은 청약과 마찬가지로 철회할 수 있고, 철회의 통지는 승낙과 함께 또는 승낙이 도달하기 전에 청약자에게 도달하여야 한다(제27조). 승낙의 효력발생시기에 관하여 발신주의를 취하고 있는 한국민법에서는 승낙의 발신이 있는 때에 이미 계약이 성립하기에 승낙은 철회할 수 없게 된다.

중국합동법에서 기한 내에 도달하지 못한 승낙은, 청약자가 지체 없이 승낙자에게 승낙이 유효함을 통지하지 않는 한, 새 청약으로 본다(제28조). 그런데 청약자가 지체 없이 승낙자에게 승낙이 유효함을 통지하는 경우에 승낙이 유효하다는 규정은 별 의미가 없다고 본다. 왜냐하면 延着된 승낙의 의사표시를 새 청약으로 볼 수 있고, 승낙이 유효하다는

---

25) 한국민법개정안 제531조에서는 "隔地者間의 契約은 承諾의 通知가 到達한 때에 成立한다"고 규정하고 있다.

통지는 결국에는 새 청약에 대한 승낙으로 볼 수 있기 때문이다.26) 한국
민법에서도 延着된 승낙은 청약자가 이를 새 청약으로 볼 수 있다(동법
제530조). 또한 정상적인 경우라면 승낙이 기한 내에 도착할 수 있었으
나, 기타의 이유로 실제 기한 내에 도착하지 못한 경우에, 청약자가 기한
초과를 이유로 승낙이 유효하지 않음을 승낙자에게 지체 없이 통지하지
않는 한, 그 승낙은 유효하다(제29조).

　유효한 승낙이 되려면, 내용상 청약과 일치하여야 한다(제30조). 만일
청약과 승낙이 일치하지 않는 경우에 어떻게 처리할 것인가에 대하여
중국합동법은 다음과 같은 태도를 취하고 있다. 즉 승낙자가 청약에 대
하여 실질적인 변경을 한 때에는 새 청약으로 보나(제30조), 청약에 대한
실질적인 변경이 아니더라도, 청약자가 지체 없이 거절의 의사를 표시하
거나 또는 청약에서 어떠한 내용도 변경할 수 없음을 밝힌 경우에는 승
낙은 효력을 발생하지 않는다(제31조). 한국민법 제534조는 "승낙자가
청약에 대하여 조건을 붙이거나 변경을 가하여 승낙한 때에는 그 청약
의 거절과 동시에 새로 청약한 것으로 본다"고 규정함으로써 승낙은 청
약과 내용상 일치할 것을 요구하고 있다. 따라서 청약에 조건을 붙이거
나 또는 대금의 감액을 요구하는 등 청약의 내용을 변경해서 하는 승낙
은 청약과 객관적 합치를 이루지 못하기 때문에 승낙으로서의 효력이
없고, 다만 한국민법 제534조에 따라 원 청약에 대한 거절로,27) 그리고
내용이 충분히 확정될 수 있는 때에는 거절자의 새로운 청약으로 간주
된다. 청약의 양적 일부에 관하여서만 승낙을 하는 경우, 분할승낙이 가
능한 때에는 청약의 일부에 대한 승낙은 유효하지만, 분할승낙을 허용하
지 않는 때에는 한국민법 제534조가 적용된다.28) 그러나 통상의 상품거
래에 있어서는 분할승낙은 일반적으로 허용된다고 새겨야 하며, 그 승낙

---

26) 韓世遠(주5), 110면.
27) 한국민법 제534조에 의한 거절은 종국적인 것이며, 승낙기간 내의 사후의
　　승낙은 효력이 없다. 郭潤直, 『債權各論』(第六版), 博英社, 2003, 40면.
28) 郭潤直(주27), 40면.

의 범위 내에서 계약의 성립을 인정하여야 한다.[29]

중국합동법에서 청약에 대한 실질적인 변경인지를 판단하는 기준에 관하여 계약의 목적, 목적물의 수량 및 질, 가격 또는 보수, 이행기한, 이행장소, 이행방식, 계약책임, 분쟁해결방법 등에 대하여 변경하는 때에 청약에 대한 실질적인 변경이 되는 것으로 규정하고 있다(제30조). 그런데 중국합동법 제30조가 예시하고 있는 사항에 대한 변경만이 청약에 대한 실질적인 변경인지에 대하여 학설이 대립하고 있다. 하나는 청약에 대한 실질적인 변경인지 여부를 판단하는 기준을 중국합동법 제30조가 예시하고 있는 사항에 한정시키는 견해[30]이고, 다른 하나는 중국합동법 제30조가 예시하고 있는 사항 이외의 것에 대한 변경도 청약에 대한 실질적인 변경이 될 수 있다는 견해[31]이다. 이에 관하여 중국합동법 제30조와 유사하게 규정하고 있는 CISG 제19조 제3항의 내용과 이에 대한 해석을 참조할 수 있다. CISG 제19조 제3항에 의하면, 가격, 대금지급, 물품의 품질 및 수량, 인도의 장소 및 시기, 당사자 일방의 상대방에 대한 책임의 범위 또는 분쟁의 해결에 관한 부가적 조건이나 상이한 조건은 청약을 본질적으로(materially) 변경하는 것으로 본다. CISG 제19조 제3항이 예시하고 있는 본질적 변경이 될 수 있는 사항 중에서 '당사자 일방의 상대방에 대한 책임의 범위'는 중국합동법 제30조가 예시하고 있지 않은 사항이다. 중요한 것은 CISG 제19조 제3항이 예시하고 있는 사항에 대한 변경은 청약에 대한 본질적 변경으로 추정되는 것이기에[32] 거래관행이나 당사자들에 의하여 확립된 관습에 의하여 어떤 조건이 계약의 묵시적 조건에 해당하는 의무였다는 사실이 있는 경우에는 그 조건이 본질적이지 않은 것으로 될 수도 있다.[33] 또한 CISG 제19조 제3항

---

29) 郭潤直(주27), 40면.

30) 孔祥俊(주6), 103면 ; 曹三明 외 16인(주5), 52면.

31) 王利明 主編, 『合同法要義與案例析解』(總則), 中國人民大學出版社, 2001, 65면.

32) PETER SCHLECHTRIEM, Commentary on the UN Convention of the International Sale of Goods(CISG), C. H. Beck · München, 1998, 140~141면.

이 예시하고 있지 않는 사항에 대한 변경도 본질적 변경이 될 수 있으며, 특정사항에 대한 변경이 본질적인 변경인지는 계약의 내용, 주문의 크기, 당사자 간의 관계, 당사자의 경제적 지위 등을 고려하였을 때에 계약 및 계약당사자에 대하여 가지는 중요성에 의하여 판단할 수 있다.[34] 이런 맥락에서 볼 때, 중국합동법에서 청약에 대한 실질적인 변경인지를 판단함에 있어서 중국합동법 제30조가 예시하고 있는 사항들에 대한 변경을 무조건 실질적인 변경으로 보거나 또는 그 이외의 사항에 대한 변경을 비실질적인 것으로 보는 것은 타당하지 않을 것이다.

청약에 대한 실질적인 변경이 아닌 경우에는 승낙의 내용을 기준으로 계약은 성립한다(제31조).

3. 계약의 성립

중국합동법 제25조에 의하면, 계약은 승낙이 효력을 발생하는 때에 성립한다. 즉 승낙의 의사표시가 청약자에게 도달하는 때에 또는 승낙자가 거래관행 또는 청약에 의하여 승낙으로 볼 수 있는 행위를 하는 때에 계약이 성립한다(제26조 제1항). 그런데 중국합동법 제32조에 의하면, 계약서에 의하여 계약을 체결하는 경우에는 당사자 쌍방이 서명 또는 날인하는 때에 계약이 성립한다. 이 규정을 청약과 승낙에 의한 합의가 있더라도 사후에 계약서를 갖추는 경우에는 승낙이 효력을 발생하는 때가 아닌 계약서에 서명 또는 날인하는 때에 계약이 성립하는 것으로 해석하는 견해[35]가 있으나, 이 규정은 단지 서면에 의하여 계약이 성립하는 때의 청약과 승낙의 표시방식에 대하여 규정한 것으로 보는 것이 타당

---

33) 존호놀드 著, 吳元奭 譯, 『UN統一賣買法』, 三英社, 1998, 204면.
34) PETER SCHLECHTRIEM(주32), 141면.
35) 孔祥俊(주6), 110면 ; 韓世遠(주5), 136면 ; 陳靜嫻, 『合同法比較研究』, 中國人民公安大學出版社, 2006, 59면.

하다고 본다.36) 이미 승낙의 효력발생과 함께 계약이 성립(제25조)한 상황에서 사후에 서면형식을 갖춘다고 해서 계약의 성립시기를 승낙의 효력발생시가 아닌 계약서에 서명 또는 날인하는 때로 보는 것은 모순이며, 이 경우에 계약서를 확인서로 보는 것이 타당하다. 다만, 계약서에 서명 또는 날인하기 전에 계약이 성립되었음을 주장하는 자가 이를 입증하지 못하게 되면, 결국에는 계약서에 서명 또는 날인한 시기를 계약의 성립시기로 보게 될 것인데, 이는 입증의 문제이다.

중국합동법 제33조에 의하면, 우편이나 전자거래에 의하여 계약을 체결하는 경우에 당사자는 계약이 성립하기 전에 確認書를 체결할 것을 요구할 수 있다. 계약은 確認書를 체결하는 때에 성립한다. 동 규정을 우편이나 전자거래를 통한 청약과 승낙이 있은 후에 당사자가 확인서를 체결한다면, 계약의 성립시기가 확인서를 체결한 때임을 규정한 것으로 해석하는 견해37)가 있으나, 동 규정에서 규정하고 있는 확인서를 계약서로 보는 것이 타당하다. 즉 동 규정은 우편이나 전자거래를 통하여 계약체결에 관하여 초보적인 협상이 있은 후에 계약서 방식으로 계약을 체결하는 경우에 계약이 성립하는 시기에 관하여 규정한 것이다.38) 만일 우편이나 전자거래를 통한 청약과 승낙이 있고, 승낙의 효력도 인정된다면 그 이후에 확인서가 있다고 하여 확인서가 체결된 시기를 계약의 성립시기로 볼 수 없다.

따라서 중국합동법 제32조와 제33조는 계약의 성립시기에 관한 중국합동법 제25조의 예외규정이 아니다. 즉 모두 승낙이 효력을 발생하는 때에 계약이 성립하는 것으로 규정하였다. 한국민법에서는 당사자의 합의만으로 성립하는 낙성계약을 원칙으로 하고 있고 합의에는 아무런 방

---

36) 중국합동법 제37조에 의하면, 계약서에 의하여 계약을 체결하는 경우에 계약서에 서명이나 날인을 하지 않았으나, 당사자 일방이 계약상의 주요의무를 이행하고, 상대방이 그 이행을 수령하는 때에 계약은 성립한 것으로 본다.
37) 孔祥俊(주6), 111면 ; 韓世遠(주5), 136면.
38) 江平 主編(주4), 26~27면.

식도 요구하지 않으므로 계약서의 작성은 원칙적으로 합의를 증명하는 증거문서로 해석된다.[39] 그러나 경우에 따라서는 당사자의 구두에 의한 청약이나 승낙은 장차 계약서 작성시 확정적 의사표시를 한다는 사전약속의 의미로 하고, 진정한 청약 또는 승낙의 의사표시는 계약서에 서명날인할 때 비로소 생기기도 하는데, 이 경우 사전의 구두청약과 구두승낙은 실제로는 청약과 승낙이 아니고, 다만 계약체결의 준비·교섭단계에 해당할 뿐이라고 한다.[40]

III. 계약의 효력

한국민법의 경우 일반적으로 계약의 효력이란 유효한 계약의 효력을 말하고, 무효인 계약은 여기에 포함되지 않는다. 한국민법전(제3편 제2장 제2관)은 계약의 효력에서 유효한 계약의 효력만을 논하고 있다. 이에 비하여 중국합동법(제52조)은 계약의 무효도 계약의 효력 편에서 규정하고 있다.

중국합동법에서 계약은 일반적으로 成立時로부터 효력을 발생한다(제44조 제1항). 법률, 행정법규가 비준 또는 등기를 계약의 효력요건으로 규정한 경우에는 비준 또는 등기의 절차를 밟아야 한다(제44조 제2항). 그리고 조건부계약이나 시기부계약인 경우, 조건이 성취한 때 또는 기한이 도래한 때로부터 계약은 효력을 발생한다(제45조·제46조).

중국합동법에서 효력요건을 완전하게 갖추지 못한 계약은 무효인 계약, 변경·취소할 수 있는 계약, 효력이 미정인 계약으로 나누어진다.

---

39) 李銀榮, 『債權各論』(第5版), 博英社, 2005, 91면.
40) 李銀榮(주39), 91면.

1. 무효인 계약

다음과 같은 경우에 계약은 무효이다.

첫째, 중국합동법 제9조에 의하면, 계약이 성립하려면 계약당사자가 권리능력과 행위능력이 있어야 한다. 중국합동법은 계약당사자가 한정민사행위능력자인 경우에 효력이 미정인 계약으로 된다고 명시적으로 규정하고 있으나(제47조), 계약당사자가 민사행위무능력자인 경우에 계약의 효력발생 여부에 대하여는 규정하고 있지 않다. 한정민사행위능력자인 경우와 마찬가지로 효력이 미정인 계약으로 보아야 한다는 견해도 있으나, "民法通則" 제58조 제1호에서 당사자의 행위능력을 법률행위의 효력요건으로 규정하고 있기 때문에 무효인 계약으로 보는 것이 타당하다.

둘째, 당사자 일방이 상대방에 대한 사기나 강박에 의해 계약을 체결하고, 그 계약체결이 국가이익을 해한 경우에 계약은 무효가 된다(제52조 제1호). 그런데 "民法通則"(제58조 제3호)에서 사기, 강박이 존재하는 법률행위는 언제나 무효이다. 또한 종래의 "經濟合同法"(제7조), "涉外經濟合同法"(제10조), "技術合同法"(제21조)에서도 당사자의 사기, 강박이 있는 계약은 언제나 무효이었다. 중국합동법은 국가이익을 해하지 않아야 된다는 점을 전제로 당사자의 사기, 강박이 있는 계약을 무효가 아닌 취소할 수 있는 계약으로 규정하고 있다(제54조 제2항). 국가이익을 해하는 경우에는 계약은 무효로 처리된다. 그러나 이는 불필요한 규정이라고 본다. 왜냐하면 계약의 내용이 국가이익에 반할 경우에는 법률 또는 행정법규에 반하는 계약(제52조 제5호)으로 무효로 처리될 수 있기 때문이다. 군이 당사자의 사기, 강박이 있는 경우와 연관시킬 필요는 없다. 중국합동법이 당사자의 사기, 강박이 있는 계약을 언제나 무효로 되게 규정하지 않은 것은, 계약유지의 원칙을 관철하였다고 볼 수 있고, 동시에 계약당사자의 의사자치의 범위가 넓어져 계약자유의 원칙이 철저히 관철되었음을 보여준다.

한국민법에서는 사기나 강박에 의한 의사표시는 언제나 최소할 수 있다(동법 제110조).

셋째, 악의로 공모하여 계약을 체결하고, 그러한 계약체결이 국가, 集體(이하 集團)⁴¹⁾ 또는 제3자의 이익을 해하는 경우에 계약은 무효가 된다(제52조 제2호).

넷째, 합법적 형식에 의하여 불법의 목적을 숨긴 계약은 무효이다(제52조 제3호).

다섯째, 사회공공이익을 해하는 계약은 무효이다(제52조 제4호).

여섯째, 법률, 행정법규의 강행법규에 반하는 계약은 무효이다(제52조 제5호).

그리고 다음과 같은 면책조항은 무효이다(제53조). 첫째, 상대방의 人身傷害에 대한 면책조항은 무효이다. 둘째, 고의 또는 중대한 과실로 인한 상대방의 재산손해에 대한 면책조항은 무효이다.

중국합동법이 이러한 규정을 둔 이유를 人身保護, 경제적 약자에 대한 보호 등에서 찾을 수 있다. 위에서 언급했다시피 人身傷害에 대한 면책조항을 무효로 규정한 것은 노동자의 이익을 보호하는 데 유리하다.

여기서의 재산손해란 재산권이 침해받은 경우를 말한다. 즉 침해결과를 놓고 말하는 것은 아니다. 왜냐하면 침해결과가 재산적인가 비재산적인가를 기준으로 판단한다면, 人身傷害로 인하여 발생하는 손해도 재산상의 손해가 될 수 있기 때문이다. 중국합동법 제53조가 人身傷害의 경우, 고의는 물론, 과실의 경우에도 면책을 허용하지 않는 것은 가급적 계

---

41) 헌법 제6조에 의하면, 중국은 경제제도에 있어 私有制의 법적 지위를 인정하고 있으나, 公有制經濟가 여전히 주도적인 지위를 차지하며, 公有制經濟에는 全民所有制經濟와 勞動群衆集體所有制經濟가 있다. 勞動群衆集體所有制에서 農村經濟組織은 하나의 소유제 주체로 인정되며, 농촌경제조직 즉 集體는 全民所有(國家所有) 이외의 토지, 자연자원을 소유한다(동법 제9조 제1항·제10조 제1항). 이러한 맥락에서 중국 민사법에서도 종래부터 集體를 하나의 이익주체로 파악하여 규정하고 있다. 이 글에서는 "集體"를 "集團"으로 표현한다. 사법연수원, 『중국법』, 2002, 58면 참조.

약당사자의 人身을 보호하기 위한 것이지, 침해결과가 비재산적이기 때문은 아니다.

그런데 중국합동법 제53조가 계약책임의 면제에 관한 규정인지, 아니면 불법행위책임의 면제에 관한 규정인지가 문제된다. 이 규정은 불법행위책임의 면제에 관한 규정이라는 견해[42]도 있으나, 동 규정의 입법취지나 중국합동법의 관련규정으로부터 볼 때, 양 책임 모두에 적용되는 규정으로 보는 것이 타당하다고 본다. 즉 계약책임에 관한 면책조항도 중국합동법 제53조의 적용을 받는다.

2. 취소·변경할 수 있는 계약

다음과 같은 경우에 계약은 변경 또는 취소할 수 있다(제54조).

첫째, 계약체결에 관하여 당사자의 중대한 오해가 있는 경우에 계약은 변경 또는 취소할 수 있다. 중대한 오해란, "<民法通則>에 관한 사법해석" 제71조에 의하면, 행위자가 행위의 성격, 상대방, 목적물의 종류, 성질, 규격, 수량 등에 대하여 잘못 인식하여 행위의 결과와 행위자의 의사가 일치하지 않게 되고, 그로 인하여 행위자가 비교적 큰 손실을 입게 되는 경우이다.

둘째, 현저하게 공정을 잃은 계약은 변경 또는 취소할 수 있다.

셋째, 당사자 일방이 상대방에 대한 사기, 강박을 통하여 또는 상대방의 窮迫을 이용하여 체결한 계약은 변경 또는 취소할 수 있다.

계약을 취소할 수 있는 경우, 중국합동법은 이해당사자에게 계약에 대한 변경권도 부여하고 있다. 즉 이해당사자는 취소권과 변경권 중에서 임의로 택일하여 행사할 수 있다. 이해당사자가 계약의 변경을 청구하는 경우에 법원 또는 중재기구는 계약을 취소할 수 없다(제54조 제3항). 또한 취소권과 변경권은 법원이나 중재기구를 통하여서만 행사할 수 있다.

---

42) 王利明, 『違約責任論』, 中國政法大學出版社, 2003, 384면.

그리고 중국합동법 제55조에 의하면, 취소권자가 취소의 사유를 알았거나 알았어야 하는 날로부터 시작하여 1년 내에 행사하지 않으면, 소멸한다. 취소권자는 명확한 의사표시나 행위로써 취소권을 포기할 수 있다. 변경권에 관하여는 명문의 규정이 없으나 취소권에 관한 중국합동법 제55조가 유추 적용될 수 있다.

한국민법에서는 당사자의 窮迫, 輕率 또는 無經驗으로 인하여 현저하게 공정을 잃은 법률행위는 무효이다(동법 제104조).

3. 무효 · 취소의 효과

계약이 무효 또는 취소된 경우에 처음부터 법적 구속력이 없었던 것으로 본다(제56조). 계약이 부분적으로 무효가 된 경우, 무효부분이 나머지 부분의 효력에 영향이 없으면 나머지 부분은 여전히 유효하다(제56조). 또한 계약이 무효 또는 취소되거나 소멸하여도 독립적으로 존재하는 분쟁해결에 관한 조항의 효력에는 영향을 미치지 않는다(제57조). 그리고 계약이 무효 또는 취소된 경우에 계약을 통하여 재산을 얻은 당사자는 상대방에게 반환하여야 하고, 원물반환이 불가능하거나 필요 없는 때에는 그 가액을 반환하여야 한다(제58조). 악의로 공모하여 계약을 체결한 경우, 계약체결을 통하여 얻은 재산은 국가, 집단 또는 제3자에게 반환하여야 한다(제59조).

4. 효력이 未定인 계약

다음과 같은 경우에 효력이 미정인 계약으로 된다.

첫째, 계약당사자가 한정민사행위능력자인 경우, 계약은 효력이 미정인 계약이다. 한정민사행위능력자가 체결한 계약은 법정대리인의 추인이 있는 때에 유효한 계약으로 된다(제47조 제1항). 그러나 계약당사자가 이득만을 얻는 계약이거나 계약당사자의 나이, 지능, 정신건강상태에 적합한 계약은 법정대리인의 추인이 없어도 유효한 계약으로 본다(제47조 제1항). 善意의 상대방은 추인이 있기 전에 계약을 취소할 수 있다(제47조 제2항). 또한 법정대리인의 추인이 있기 전에 법정대리인에게 추인할 것을 최고할 수 있고, 1개월 내에 추인하지 않으면 추인을 거절한 것으로 본다(제47조 제2항).

둘째, 무권대리의 경우, 계약은 효력이 미정인 계약이다(제48조 제1항). 즉 계약을 체결하는 자가 대리권이 없거나 대리권의 범위를 초과하여 또는 대리권이 소멸한 후에 본인의 명의로 계약을 체결하는 경우, 본인의 추인이 있는 때에 유효한 계약으로 된다. 또한 본인의 추인에 대한 상대방의 최고와 善意의 상대방의 계약에 대한 최소권도 인정된다(제48조 제2항). 추인에 대한 상대방의 최고가 있는 경우에 본인이 1개월 내에 추인하지 않으면 추인을 거절한 것으로 본다(제48조 제2항). 그러나 무권대리의 경우에도 상대방이 계약을 체결하는 자에게 대리권이 있다고 믿을 만한 사유가 있으면 본인의 추인이 없어도 계약은 계약체결시부터 유효한 것으로 인정된다(제49조). 즉 중국합동법은 표현대리에 관하여 규정하고 있는데, 이는 종래의 합동법에 없던 제도를 처음으로 규정한 것이다.

셋째, 중국합동법 제51조에 의하면, 무권리자가 타인의 재산을 처분하는 계약은 효력이 미정인 계약이다. 즉 무권리자가 타인의 재산을 처분하는 경우, 권리자의 추인이 있거나 또는 무권리자가 계약체결 후에 처분권을 취득하면 재산처분계약은 유효한 계약으로 된다.

Ⅳ. 계약의 이행

1. 계약내용의 확정

계약당사자는 약정에 따라 계약상의 의무를 완전하게 이행하여야 한다(제60조 제1항). 또한 계약당사자는 계약상의 주된 급부의무뿐만 아니라, 신의성실의 원칙, 계약의 성질, 계약의 목적, 거래관행에 따른 통지, 협력, 비밀유지 등 부수적 의무도 부담한다(제60조 제2항).

계약이 유효하게 성립한 후, 당사자가 목적물의 품질, 가격 또는 보수, 이행장소 등에 관하여 약정하지 않거나 약정이 명확하지 아니한 경우, 당사자는 이에 관하여 합의하여 보충할 수 있고, 합의를 하지 못하면 중국합동법의 관련조항 또는 거래관행에 의하여 확정한다(제61조). 이와 관련된 임의의 규정으로 중국합동법 제62조가 있으며, 동조는 다음과 같이 규정하고 있다.

첫째, 목적물의 품질에 관한 약정이 명확하지 아니한 경우, 국가표준, 업계표준에 따라 이행하여야 하며, 국가표준, 업계표준이 없으면 통상적인 표준 또는 계약의 목적에 부합하는 특정표준에 따라 이행하여야 한다.

둘째, 대금 또는 보수에 관한 약정이 명확하지 아니한 경우, 계약체결시의 이행지의 시장가격에 따라 이행하여야 하며, 법에 따라 국가가 지정한 가격 또는 국가가 정한 가격범위에 따라 가격을 정하여야 하는 때에는 그 규정에 따라 이행하여야 한다.

셋째, 이행장소에 관한 약정이 명확하지 아니한 경우, 화폐를 지급하는 때에는 화폐를 지급 받는 당사자의 소재지에서 이행하여야 하고, 부동산을 인도하는 때에는 부동산의 소재지에서 이행하며, 그 밖의 목적물은 의무를 이행하는 당사자의 소재지에서 이행하여야 한다.

한국민법에서는 채무의 성질 또는 당사자의 의사표시로 변제장소를 정하지 아니한 때에는 특정물의 인도는 채권성립당시에 그 물건이 있던 장소에서 하여야 하고(동법 제467조 제1항), 특정물인도 이외의 채무변제는 채권자의 현주소에서 하여야 한다. 그러나 영업에 관한 채무의 변제는 채권자의 현영업소에서 하여야 한다(동법 제467조 제2항). 한국민법에서는 법률에 특별규정이 있는 경우를 제외하고는 持參債務를 원칙으로 한다. 이에 비하여 중국합동법에서는 화폐와 부동산을 목적으로 하는 채무를 제외하고는 推尋債務이다.

넷째, 이행기에 관한 약정이 명확하지 아니한 경우, 채무자는 언제든지 이행할 수 있고 채권자 또한 언제든지 이행을 청구할 수 있다. 그러나 상대방에게 이행에 필요한 준비시간을 주어야 한다. 또한 여기서 이행기가 명확하지 아니한 경우는 이행기가 없는 경우를 말한다.[43] 그리고 채권자는 이행기전의 채무이행에 대한 수령을 거절할 수 있다. 그러나 이행기전의 채무이행이 채권자의 이익을 해하지 않는 경우에는 채권자는 채무이행에 대한 수령을 거절할 수 없다(제71조 제1항). 이행기전의 채무이행이 채권자에게 추가의 비용을 부담시킬 경우, 그 비용은 채무자가 부담한다(제71조 제2항). 계약을 부분적으로 이행하는 경우에도 이행기전의 이행과 동일한 원칙에 의하여 처리한다(제72조). 한국민법에서는 당사자의 특별한 의사표시가 없으면 변제기전이라도 채무자는 언제든지 변제할 수 있다. 다만 그로 인한 상대방의 손해는 배상하여야 한다(동법 제468조). 한국민법에서 이행기전의 채무이행이 채권자에게 손해가 발생하게 하는 경우에도 원칙적으로 이행기전의 채무이행을 부정하지 않는 것은 이행기전의 채무이행 자체를 인정하지 않는 중국합동법과는 구별되는 점이다.

다섯째, 이행방식에 관한 약정이 명확하지 아니한 경우, 계약목적의 실현에 유리한 방식에 따라 이행하여야 한다.

여섯째, 이행비용의 부담에 관한 약정이 명확하지 아니한 경우, 의무

---

43) 이에 관한 자세한 내용은 제4장 제2절 Ⅱ. 2. 1) 이행기 부분을 참조.

를 이행하는 당사자가 부담하여야 한다.

그리고 법에 따라 국가가 지정한 가격 또는 국가가 정한 가격범위에 따라 가격을 정하여 이행하여야 하는 때에 다음과 같은 원칙이 적용된다. 첫째, 계약의 이행시에 계약체결시의 가격이 변화가 있으면, 계약의 이행시의 가격에 따라야 한다. 둘째, 이행기 후에 목적물을 인도할 경우, 가격이 인상되면, 원래의 가격에 따라 이행하여야 하고, 가격이 인하되면, 인하된 가격에 따라 이행하여야 한다. 이행기 후에 목적물을 가져가거나 대금을 지급할 경우에는 이와 반대되는 결과를 초래한다.

2. 계약당사자의 항변권

중국합동법의 규정에 의하면, 계약당사자는 다음과 같은 항변권을 가질 수 있다.

첫째, 계약당사자 간에 채무의 이행시기에 있어서 선후순서가 없는 경우, 계약당사자는 동시이행항변권을 가진다(제66조). 중국합동법이 제정되기 전, 중국법에서는 동시이행항변권이 인정되지 않았다. 즉 중국법은 계약을 이행하는 것은 계약당사자 쌍방의 의무라는 것을 강조하여 계약당사자 쌍방이 모두 채무를 이행하지 않은 경우에는 동시이행항변권의 존재여부와 관계없이 "雙方違約"으로 보아 계약당사자 쌍방이 모두 계약책임을 부담하게 하였다.[44]

둘째, 계약당사자 간에 채무의 이행시기에 있어서 선후순서가 있을 경우, 먼저 채무를 이행해야 하는 당사자가 채무를 이행하지 않으면 상대방은 자신의 채무이행을 거절할 수 있고, 먼저 채무를 이행해야 하는 당사자의 채무이행이 약정에 부합하지 않으면, 상대방은 그에 상응하는 자신의 채무이행을 거절할 수 있다(제67조).

셋째, 먼저 채무를 이행하여야 하는 당사자는 상대방에게 다음과 같

---

44) 王利明 主編(주31), 216면.

은 사유가 존재함을 입증할 수는 확실한 증거가 있으면, 자신의 채무이행을 중단할 수 있다(제68조). a) 경영상황이 심각하게 악화된 경우, b) 채무를 면하기 위하여 재산을 이전하거나 자금을 은닉한 경우, c) 상업신용을 상실한 경우, d) 채무변제능력을 상실하거나 또는 상실할 가능성이 있는 기타의 경우. 이와 같은 사유를 이유로 채무이행을 중단한 당사자는 이를 상대방에게 지체 없이 통지하여야 한다(제69조). 이 경우, 상대방이 적절한 담보를 제공하면, 이행을 중단한 당사자는 다시 채무이행을 개시하여야 한다(제69조). 또한 이행을 중단한 후, 상대방이 합리적 기간 내에 이행능력을 회복하지 못하고, 또 적절한 담보도 제공하지 않으면, 이행을 중단한 당사자는 계약을 해제할 수 있다(제69조).

Ⅴ. 계약상의 권리의무의 소멸

중국합동법 제91조에 의하면, 다음과 같은 경우에 계약상의 권리의무는 소멸한다.

첫째, 채무가 약정에 따라 이행된 때.

둘째, 계약이 해제된 때.

셋째, 채무가 상계된 때.

넷째, 채무자가 목적물을 법에 따라 공탁한 때.

다섯째, 채권자가 채무를 면제한 때.

여섯째, 채권채무가 동일인에게 귀속된 때(混同).

일곱째, 법률의 규정 또는 당사자 간의 약정에 의한 기타 소멸사유가 발생한 때.

중국합동법은 변제제공, 변제충당 등에 관하여 규정하고 있지 않다. 앞으로 보완해야 할 부분이라고 본다.

당사자가 서로 기한도래의 채무를 부담하고 있고, 목적물의 종류, 품질이 동일한 경우, 법률의 규정 또는 계약의 성질상 상계가 허용되지 않는 한, 당사자 일방은 자신의 채무를 상대방의 채무와 상계할 수 있다(제99조 제1항). 상계를 주장하는 자는 상계의 의사를 상대방에게 통지하여야 하고, 상계의 통지는 상대방에게 도달한 때로부터 효력을 발생한다(제99조 제2항). 또한 목적물의 종류, 품질이 동일하지 않는 경우에도 당사자 쌍방의 합의에 의하여 상계를 할 수 있다(제100조). 그리고 학설에 의하면, 상계는 소급효를 가진다.45) 즉 상계는 상계적상이 존재하는 때로부터 효력을 발생한다.

다음과 같은 경우에 채무자는 목적물을 공탁할 수 있다(제101조 제1항). 채권자가 정당한 이유 없이 수령을 거절한 경우, 채권자의 소재가 불명확한 경우, 채권자가 사망한 후 상속인이 확정되지 않았거나, 채권자가 행위능력을 상실한 후 후견인이 확정되지 않은 경우, 법률이 규정한 기타의 경우, 목적물을 공탁하기에 적합하지 않거나 과도한 비용이 드는 경우에 채무자는 목적물을 경매하거나 환가하여 그 가액을 공탁할 수 있다(제101조 제2항). 그리고 채무자는 목적물을 공탁한 후, 채권자의 소재가 불명확한 경우를 제외하고는 채권자 또는 채권자의 상속인, 후견인에게 지체 없이 통지하여야 한다(제102조). 목적물이 공탁된 후, 멸실, 훼손의 위험은 채권자가 부담하고, 공탁기간 동안에 발생한 목적물의 과실은 채권자에게 귀속되며, 공탁비용은 채권자가 부담한다(제103조). 채권자는 언제든지 목적물을 수령해갈 수 있다. 그러나 채권자가 채무자에 대하여 기한도래의 채무를 부담하고 있을 때, 채권자가 그 채무를 이행하지 않거나 또는 담보를 제공하지 않으면, 공탁기관46)은 채무자의 요구에 따라 채권자에 대한 목적물의 인도를 거절하여야 한다(제104조 제1항). 채권자가 공탁일로부터 5년 내에 목적물을 수령해가지 않으면 목적

---

45) 江平 主編(주4), 84면 ; 郭明瑞·房紹坤(주5), 310면.
46) 공탁기관은 채무이행지의 公證處(公證機構)이다. "提存(供託)公證規則"(行政法規), 제4조 제1항.

물을 수령해갈 수 있는 채권자의 권리는 소멸하고, 목적물은 국가의 소유로 된다(제104조 제2항).

채권자가 채무자의 채무를 전부 또는 부분적으로 면제하는 경우, 채무자의 채무는 전부 또는 부분적으로 소멸한다(제105조). 따라서 중국합동법에서 면제는 단독행위이다.

채권과 채무가 동일한 주체에 귀속되는 경우, 채권채무는 소멸한다. 단, 제3자의 이익에 관련되는 경우에는 예외이다(제106조).

VI. 계약체결 전 또는 계약관계가 종료된 후의 계약당사자의 책임

중국합동법에 의하면, 계약체결 전이나 계약관계가 종료된 후에도 일정한 경우에 계약당사자는 손해배상책임을 부담한다.

우선 계약체결 전, 당사자 일방의 다음과 같은 행위에 의하여 상대방에게 손해가 발생한다면, 그 당사자는 손해배상책임을 부담하여야 한다.

첫째, 계약을 체결할 의사가 없이 악의로 상대방과 협상을 한 경우.

둘째, 고의로 계약체결과 관련된 중요한 사실을 숨기거나 허위의 정보를 제공한 경우.

셋째, 기타 신의성실의 원칙에 반하는 행위(이상 제42조).

넷째, 계약체결을 위한 교섭단계에서 알게 된 상대방의 상업비밀을 누설하거나 부정당하게 사용한 경우(제43조).

계약관계가 종료된 후에도 선의성실의 원칙, 거래관행에 따라 통지, 협력, 비밀유지 등 의무를 부담한다(제92조). 명문의 규정은 없지만, 이러한 의무를 위반한 때에는 그로 인한 상대방의 손해를 배상하여야 할 것이다.

중국학자들은 일반적으로 계약체결 전 또는 계약이 체결된 후에 계약당사자가 부담하는 책임의 근거를 신의성실의 원칙 등으로부터 발생하는 의무의 위반에서 찾고 있다.[47] 그런데 학설은 중국합동법이 계약체결상의 과실책임을 규정하고 있고, 그 책임의 근거 역시 신의성실의 원칙으로부터 발생하는 의무의 위반에 있다고 보고 있으나, 계약체결상의 과실책임의 범위에 관하여는 통일된 입장을 보이지 않고 있다. 하나는 중국합동법 제42조를 계약체결상의 과실책임에 관한 규정으로 보는 견해[48]이고, 다른 하나는 중국합동법 제42조와 제43조, 그리고 그 외 계약체결 전에 계약당사자가 지는 기타의 책임을 계약체결상의 과실책임으로 보는 견해[49]이다. 그리고 학설은 일반적으로 이러한 의무를 法定 先契約義務라고 한다.[50] 또한 다수의 견해에 의하면, 계약이 성립하기 전 또는 소멸한 후에 당사자가 지는 책임은 계약상의 의무위반에 대한 책임인 바, 계약상의 의무에는 계약체결 전의 의무, 계약관계 존재시의 의무, 계약 소멸이후의 의무가 포함되며, 이를 계약상의 의무를 넓게 해석한 것으로 보고 있다.[51] 그러나 특히 계약이 성립되기 전에는 계약관계가 존재하지 않는바, 비록 그 의무가 급부의무와는 구별되는 법정의무라고 할지라도, 계약당사자에게 계약상의 의무가 존재한다는 것은 이론적으로 문제가 있다고 본다. 특히, 중국합동법에서 이러한 의무위반에 대한 책임은 과실책임으로서 엄격책임인 계약책임과는 구별되는 것이다.

한국민법 제535조에 의하면, 목적이 불능한 계약을 체결할 때에 그 불

---

47) 江平 主編(주4), 32·75면 ; 韓世遠, "合同責任的爭點與反思"『人民法院報』, 2001.6.22~23.

48) 郭明瑞·房紹坤(주5), 152~153면 ; 孔祥俊(주6), 135면 이하.

49) 李永軍, 『合同法』, 法律出版社, 2004, 157~158면 ; 崔建遠 主編(주24), 87면.

50) 韓世遠(주5), 149면 이하 ; 郭明瑞·房紹坤(주5), 150면.

51) 梁慧星, "合同法的成功與不足(上)"『中外法學』第6期, 1999, 22면 ; 韓世遠(주47) ; 柳經緯, "中國大陸合同法之制定與臺灣民法債編修訂之比較", http://www.civillaw.com.cn/weizhang/default.asp?id=24386, 검색일자: 2006.11.30, 이 글의 二 內容 (一) 中國大陸 이하. 이 글은『廈門大學法律評論』, 廈門大學出版社, 2001에 수록되어 있다.

능을 알았거나 알 수 있었을 자는 상대방이 그 계약의 유효를 믿었음으로 인하여 받은 손해를 배상하여야 한다. 학설은, 이 규정을 근거로 동조항이 규정하고 있는 경우에 한정하지 않고, 계약당사자 일방이 계약의 교섭과정 또는 성립과정에서의 過責으로 상대방에게 손해를 가한 경우에는 이를 배상하여야 한다는 법리, 즉 계약체결상의 과실책임을 일반적으로 인정할 수 있는지에 관하여 대립하고 있다.[52] 판례[53]는 계약체결상의 과실책임을 한국민법 제535조에서 규정하고 있는 범위 외에는 이를 인정하지 않는 입장을 취하고 있다.

---

52) 梁彰洙, 『民法注解』(IX), 博英社, 1995, 237면 이하 ; 崔興燮, 『民法注解』, 博英社, 1997, 229면 이하 참조.

53) 大判 1993.9.10, 92다42897(공 1993, 2728) ; 大判 1994.1.11, 93다26205(공 1994, 687).

제4장 계약책임

　계약이 유효하게 성립되어도 당사자 일방이 자신의 채무를 이행하지 않으면 상대방은 계약체결을 통하여 이루고자 하는 목적을 달성할 수 없다. 따라서 채무불이행시에 채권자를 법적으로 구제하는 것은 계약당사자의 이익을 보호할 뿐만 아니라, 계약체결을 원하는 자의 채무불이행에 대한 우려를 감소시킨다. 이는 종국적으로 계약을 통한 경제거래의 원활한 진행을 가능하게 한다.

　채무불이행시의 채권자에 대한 구제는 중국합동법에서 중요한 문제로 다루어지고 있다. 중국합동법은 제7장 "違約責任" 부분에서 이에 관하여 상세히 규정하고 있다. 제7장에서 규정하고 있는 구제수단에는 강제이행(强制履行), 損害賠償,[1] 추완청구권 및 대금감액 등이 있다. 그리고 중국합동법은 법규정의 구성에 있어서 계약의 해제를 계약의 소멸사유에 포함시키고 있으나, 채무불이행시의 채권자에 대한 구제수단으로도 파악할 수 있다.

---

1) 중국법에서는 "損害"와 "損失"을 구분하지 않고 있다. 중국합동법에서는 모두 "損失"로 표현하고 있다.

제1절 계약책임의 체계 및 내용

계약책임에 관한 입법례를 볼 때, 그 규정방식에 있어서 주로 두 가지로 분류할 수 있다. 하나는 계약위반을 여러 유형으로 세분화하여 개별 유형에 대응하는 구제수단을 규정하는 것이다. 다른 하나는 계약위반을 여러 유형으로 세분화하지 않고 모든 유형에 공통되는 구제수단을 규정하고, 각 구제수단의 적용요건으로서 일부 계약위반의 유형에 관하여 추가적으로 규정하는 방식이다. 계약위반의 유형을 중심으로 계약책임에 관하여 규정하는 전자의 방식을 "cause approach", 계약위반의 구제수단을 중심으로 그에 관한 규정을 두는 방식을 "remedy approach"라고 한다.1) 전자의 방식을 취하게 되면 다음과 같은 利點이 있다고 한다.2) 즉 이 방식을 취하게 되면, 채권자가 법규정에 더 쉽게 접근할 수 있다. 왜냐하면 만일 채권자가 물품을 약정된 기한 내에 받지 못하면, 그는 곧 이행지체에 관하여 여러 구제수단들이 규정되어 있기를 바라기 때문이다. 대부분 입법례에서 이 방식을 취하고 있다. 그러나 이 방식을 취하게 되면, 법규정의 중복을 초래하게 된다. 예컨대, 채권자는 여러 계약위반 유형의 동일한 상황에서 늘 동일한 구제수단을 행사하게 하게 된다. 따라서 이 방식을 취할 경우, 부득이 여러 구제수단에 관한 동일한 규정을 두게 되고, 이 문제는 후자의 방식을 취할 때 극복될 수 있다. 또한 구제수단을 중심으로 한 "remedy approach"를 취한다고 하여도, 계약위반을 여러 유형으로 분류하고, 이러한 계약위반의 유형을 파악할 필요가 있다. 모든 계

---

1) Ole Lando, "Principles of European Contract Law: An Alternative to or a Precursor of European Legislation?", the American Journal of Comparative Law Vol.40, 1992, 581면.
2) 이하 Ole Lando(주2), 582면.

약위반의 유형에 여러 계약위반의 구제수단이 모두 적용되는 것은 아니고, 동일한 구제수단이 적용되더라도 적용모습이 다를 수 있기 때문이다. 중국합동법은 계약책임을 규정하면서 한편으로는 강제이행(제109조·제110조), 해제(제94조) 등을 중심으로 규정함으로써 "remedy approach"를 채택하고 있는가 하면, 다른 한편으로는 불가항력으로 인한 이행불능(제117조) 및 목적물의 품질이 약정에 부합하지 않는 경우에 관하여 규정함으로써(제111조) "cause approach"도 채택하고 있다.

I. 중국합동법

1. 중국합동법

중국합동법은 계약위반시에 당사자가 지는 책임을 "契約違反의 責任"이라는 의미에서 "違約責任"이라고 한다. 즉 중국합동법은 제7장 "違約責任" 부분에서 강제이행, 손해배상, 추완 및 대금감액 등 "違約責任"에 대하여 규정하고 있다. 그리고 이러한 구제수단을 계약상의 의무의 "불이행" 또는 "약정에 부합하지 않는 이행"이라는 포괄적 개념 하에 일반조항으로 규정하고 있다. 즉 중국합동법은 계약위반(계약상의 의무의 위반)의 구체적인 형태로부터 출발하여 그에 적용될 수 있는 구제수단을 규정한 것이 아니라, 일단 포괄적인 개념으로서의 계약위반의 요건이 성립되면, 그에 적용될 수 있는 구제수단을 並存的으로 규정하고 있다. 구체적으로, 중국합동법은 제107조에서 "당사자 일방이 계약상의 의무를 이행하지 않거나 또는 계약상의 의무이행이 약정에 부합하지 아니할 때에 繼續履行(강제이행), 補救措置(추완, 대금감액 등), 손해배상 등 違約責任을 부담하여야 한다"고 규정하여, "불이행"과 "약정에 부합하지 않는 이행"에 모든 계약위반의 유형을 포섭시킬 수 있는 가능성을 열어두고 있고, 동시에 계약위반에 포섭되는 계약위반의 형태가 있는 경우에 적용될 수 있는 계약위반의 구제수단도 명시하고 있다. 이러한 구제수단은 다른 규정이 없는 한, 어떠한 계약위반의 형태에도 적용될 수 있다.

중국합동법 제107조에서는 당사자의 고의·과실이 계약책임 발생요건인지 여부를 밝히고 있지 않다. 이와 관련하여 학설이 대립하고 있으나, 손해배상을 포함한 위 구제수단을 적용함에 있어서 원칙상 당사자의 고의·과실은 요건으로 되지 않는 것으로 보아야 할 것이다.3) 그러나 불가항력으로 인한 이행불능의 경우에는 면책된다(제117조~제119조).

중국합동법은 제107조에서 계약위반의 구체적 형태와 계약위반의 구제수단에 관하여 개괄적으로 규정하였다면, 동조 이하에서는 중국합동법에서는 어떠한 계약위반의 형태가 인정될 수 있는지, 각 구제수단은 구체적으로 어떠한 요건 하에서 적용되는지에 대하여 구체적으로 규정하고 있다. 우선 중국합동법은 제108조에서 이행기전의 이행거절도 계약위반으로 인정하고 있으며, 제111조에서는 계약목적물의 품질에 관한 위반도 계약위반으로서 어떠한 구제수단이 적용될 수 있는지에 대하여 규정하고 있다. 다음으로 제109조 및 제110조에서는 강제이행의 적용요건에 관하여, 제113조 및 제114조에서는 손해배상의 범위와 違約金에 관하여 규정하고 있다. 그 밖에 중국합동법 제7장 "違約責任" 부분에서는 違約金과 契約金의 관계(제116조), 雙方違約(제120조),4) 제3자로 인한 계약위반(제121조),5) 계약책임과 불법행위책임의 관계(제122조)6) 등에 관하여 규정하고 있다.

그런데 중국합동법은 법규정의 구성상 계약의 해제를 제7장 "違約責任" 부분에서 규정하지 않고, 제6장 "契約上의 權利義務의 消滅" 부분에

---

3) 이에 관하여는 제4장 제3절 Ⅰ. 2. 중국합동법에서의 계약책임의 주관적 요건 부분을 참조.
4) 이에 관하여는 제5장 제2절 Ⅳ. 1. 1) (2) 과실상계 부분을 참조.
5) 이에 관하여는 제4장 제5절 Ⅱ. 제3자로 인한 계약위반 부분을 참조.
6) 이에 관하여는 제4장 제6절 계약책임과 불법행위책임의 경합 부분을 참조.

서 규정하고 있다(제91조 제2호 및 제92조~제98조). 중국합동법이 이와 같이 규정한 것은, 해제를 당사자의 책임이라는 의미보다는 급부장애가 있는 경우에 당사자를 계약관계에서 해방시킨다는 의미에서 규정하였기 때문이라고 본다. 그러나 해제는 여전히 계약위반의 구제수단으로서의 기능을 발휘할 수 있기 때문에 계약위반에 대한 책임으로 볼 수도 있다. 이런 맥락에서 이 글에서는 중국합동법의 구성과는 관계없이 해제도 계약책임의 범위에 포함시켜 논한다. 계약의 해제 역시 강제이행, 손해배상 등과 마찬가지로 계약위반의 구체적 형태로부터 출발하여 규정한 것이 아니고, 계약목적 달성의 불가능으로 규정하였다. 또한 당사자의 고의·과실은 해제의 요건이 아니다(제94조).

계약책임의 범위와 관련하여 다음과 같은 두 문제에서 논란이 있다.

우선 중국합동법은 分則(契約各論) 부분에서도 계약위반의 구제수단에 관하여 규정하고 있는데, 특히 매매계약에 대하여 제7장에서 규정하고 있는 구제수단에 관한 특칙을 두고 있다. 이와 관련하여 매매계약에서의 매도인의 책임이 독립적인 책임체계로서의 담보책임인가에 관하여 학설이 대립하고 있다.[7] 사견으로는, 중국합동법은 계약책임을 채무불이행책임과 담보책임의 이원체계로 규정한 것이 아니라 담보책임을 계약책임에 포섭시킨 것으로 보는 것이 타당하다고 생각한다.

다음으로 오래전부터 "違約責任"과 "合同責任"(계약책임)이 동일한 개념인지에 관하여 학설이 대립하고 있었다. 그 견해들을 다음과 같은 두 부류로 나눌 수 있다.[8]

첫째, 위약책임과 합동책임을 동일한 의미로 보는 견해이다. 이 견해에 의하면 위약책임은 내용상 합동책임과 동일하며, 계약상의 의무위반에 대한 민사책임이다. 또한 계약체결상의 과실책임은 계약의 유효한 성

---

7) 이에 관하여는 제4장 제4절 Ⅲ. 물건의 하자 및 권리의 하자의 책임의 성질 부분을 참조.
8) 王利明, 『違約責任論』, 中國政法大學出版社, 2003, 28면 참조.

립을 전제로 하지 않기에 위약책임에 포함되지 않는다.

둘째, 위약책임과 합동책임을 서로 다른 개념으로 보는 견해인데, 이 견해에 의하면 합동책임에는 위약책임을 제외한 기타의 민사책임이 포함되고, 따라서 합동책임은 위약책임의 상위개념이다. 즉 합동책임에는 위약책임 이외에도 계약체결상의 과실책임 등이 포함된다. 위약책임은 유효하게 성립된 계약을 위반한 책임이고, 계약이 유효하게 성립되기 전이나 계약이 소멸된 경우에도 계약당사자는 일정한 책임을 부담할 수 있는데, 이러한 책임도 합동책임에 포함시켜야 한다는 것이다.

이러한 견해대립의 실질은, 계약체결상의 과실책임 등을 인정할 필요가 있는지, 인정할 필요가 있다면 그 성질을 어떻게 파악할 것인지의 문제라고 본다.

중국합동법이 제정되기 전, 계약체결상의 과실책임을 일반적으로 인정하는 법규정은 없었고,9) 학계에서 논의 되었을 뿐이다.10)

중국합동법은 계약이 성립되기 전 또는 계약이 소멸된 후에도 당사자가 손해배상책임과 일정한 의무를 부담할 수 있음을 명시적으로 규정하고 있다. 다음과 같은 경우에 상대방에게 손해가 발생하면, 계약당사자는 손해배상책임을 부담한다. 첫째, 계약을 체결할 의사가 없이 악의로 상대방과 협상하는 경우(제42조), 둘째, 계약체결과정에 고의로 계약체결과 관련된 중요한 사실을 숨기거나 허위의 정보를 제공하는 경우(제42조), 셋째, 계약체결 교섭단계에서 알게 된 상업비밀을 누설하거나 부정당하게 사용하는 경우(제43조)이다. 그리고 계약당사자는 계약관계가 종료된 후에도 신의성실의 원칙, 거래관행에 의하여 통지, 협력, 비밀유지 등 의무를 부담한다(제92조). 또한, 이러한 의무를 위반하는 경우에 손해

---

9) "民法通則" 제61조 제1항과 "經濟合同法" 제16조 제1항에 의하면, 계약이 무효 또는 취소되는 경우, 이에 대하여 책임 있는 당사자가 상대방에 대하여 손해배상책임을 부담하는데, 이를 계약체결상의 과실책임과 같은 맥락에서 이해할 수 있다. 韓世遠, 『合同法總論』, 法律出版社, 2004, 138면.

10) 韓世遠(주10), 138~139면 참조.

배상책임이 발생하는 것으로 해석하여야 할 것이다. 다수의 견해에 의하면, 계약이 성립되기 전 또는 소멸된 후에 당사자가 지는 책임은 계약상의 의무위반에 대한 책임이다.[11] 즉 계약상의 의무를 넓게 해석하면서, 계약상의 의무에는 계약체결 전 의무, 계약관계 존재시의 의무, 계약 소멸이후의 의무가 포함되는 것으로 보고 있다.

　그러나 손해배상책임을 포함한 "違約責任"을 엄격책임으로 본다면, "違約責任"은 계약이 성립되기 전 또는 소멸된 후에 당사자가 지는 책임과 주관적 요건에 있어서 구별된다. 즉 전자의 경우에는 원칙상 손해배상책임의 경우에도 당사자의 고의 또는 과실을 요하지 않는다. 다만, 불가항력으로 인한 면책이 인정될 수 있을 뿐이다. 반면에 후자의 경우에는 손해배상책임만이 인정될 것인데, 여기서 당사자의 고의나 과실이 요건으로 된다고 보아야 할 것이다. 우선 당사자의 손해배상책임을 초래하는 계약이 성립되기 전에 발생한 사유에 관하여 보면, 당사자의 악의 또는 고의를 요건으로 하고 있고, 다음 계약관계가 소멸된 후에 당사자가 부담하는 비밀유지 등 의무의 위반으로 발생하는 손해배상책임도 당사자의 고의 또는 과실을 요건으로 한다고 보는 것이 타당하다. 따라서 이러한 책임을 "合同責任"(계약책임)이라는 개념 하에 포섭시키는 것은 타당하지 않다고 본다. 이런 맥락에서 이 글에서는 계약책임과 위약책임을 동일한 의미로 사용하기로 한다.

2. "民法通則"에서의 계약책임

　이 글의 연구대상은 중국 중국합동법에서의 계약책임이나, 중국합동

---

11) 梁慧星, "合同法的成功與不足(上)"『中外法學』第6期, 1999, 22면 ; 柳經緯, "中國大陸合同法之制定與臺灣民法債編修訂之比較", http://www.civillaw.com.cn/weizhang/default.asp?id=24386, 검색일자: 2006.11.30, 이 글의 二 內容 (一) 中國大陸 이하 ; 韓世遠, "合同責任的爭點與反思"『人民法院報』, 2001.6.22～23.

법이 시행된 후에도 계속 효력을 발생하고 있는 "民法通則"에도 계약책임에 관한 규정이 있기 때문에(비록 그 수는 적으나), "民法通則"에서의 계약책임의 내용을 살펴보고, 중국합동법에서의 계약책임과의 관계를 파악할 필요가 있다.12)

   "民法通則"의 계약책임관련 내용은 동법 제6장 民事責任 제1절 一般規定, 제2절 契約違反의 民事責任 및 제4절 民事責任負擔方式 부분에 규정되어 있다. 동법 제6장 제1절 一般規定 부분에서는 계약책임의 요건에 대하여 규정하고 있다. 동법 제106조 제1항에 의하면, 公民(自然人) 또는 法人은 계약을 위반하거나 기타의 의무를 이행하지 않는 경우에 민사책임(계약책임)을 부담한다. 여기서 기타의 의무가 무엇을 의미하는지를 명확히 밝히고 있지 않으나, 동법 제111조에 따르면 "계약을 완전하게 이행할 의무"로 이해할 수 있을 것이다. 그리고 불법행위책임의 경우에는 동법 제106조 제2항 및 3항에 의하면 당사자의 과실이 책임요건인 것이 명확하나, 계약책임의 경우에는 학설이 대립하고 있다.13) 또한 불가항력으로 인하여 이행불능이 되는 경우에 계약당사자는 민사책임(계약책임)을 부담하지 않는다(동법 제107조). 그 밖에 동법 제108조에 의하면, 채무자가 이행기에 無資力이어서 채무를 이행할 수 없는 경우에도 채권자의 동의 또는 법원의 결정에 의하여 채무자는 이행기 이후에 일정한 기간 동안 채무를 분할하여 변제할 수 있다. 동법에 명시적인 규정이 없으나, 채무자가 이행기에 채무를 이행하지 않음으로 인하여 채권자가 입은 손해를 채무자가 배상하는 것이 타당할 것이다.

   동법 제6장 제2절에서는 계약위반의 구제수단에 관하여 규정하고 있다. 동법 제111조에 의하면, 당사자 일방이 채무를 이행하지 않거나 채무이행이 약정에 부합하지 않는 경우에 상대방은 그 당사자에게 채무이

---

12) "民法通則"의 구조와 내용 및 중국합동법과 "民法通則"의 관계에 대하여는 제3장 제1절 Ⅲ. 4. 중국합동법과 "民法通則"의 관계 부분을 참조.
13) 이에 관하여는 제4장 제3절 Ⅰ. 1. 종래의 계약법에서의 계약책임의 주관적 요건 부분을 참조.

행(특정이행) 또는 채무이행에 대한 追完을 요구할 수 있으며, 동시에 손해배상도 청구할 수 있다. 계약위반(채무불이행)을 포괄적으로 규정하면서, 계약위반의 구제수단을 병존적으로 규정하고 있는 것은 중국합동법 제107조와 동일하다. 그런데 동법은 손해배상을 제외한 기타의 책임에 대하여는 별다른 규정을 두고 있지 않다. 특히, 주목할 만한 것은 동법은 해제권의 발생 등에 대하여 규정하고 있지 않으면서, 해제는 손해배상 청구권에 영향을 주지 않는다는 규정(동법 제115조)을 두고 있는 것이다. 동법 제115조에 의하면, 동법은 계약의 해제를 인정하면서, 해제의 요건과 해제의 효과 등에 대하여 규정하고 있지 않는데, 이는 해제에 관한 법규정의 흠결로 볼 수 있다. 손해배상책임에 대하여 보면, 계약위반으로 인한 손해배상의 범위는 채권자가 계약위반으로 인하여 입은 손해가 되며(동법 제112조 제1항), 채권자는 손해발생에 대하여 자신이 지체 없이 조치를 취하지 않음으로 인하여 손해가 확대된 경우에 그 확대된 손해에 대하여 손해배상을 청구할 수 없다(동법 제114조). 또한 쌍방당사자가 모두 계약을 위반한 경우에는 자신의 책임을 각자 부담한다(동법 제113조). 이를 학설에서는 雙方違約이라고 하는데, 과연 필요한 개념인지 의문이다.14) 그런데 손해배상의 범위와 관련하여 계약위반으로 인한 손해 자체가 어떠한 기준에 의하여 확정되는가에 따라 그 범위가 달라 질 수 있는데, 동법 제112조 제1항은 막연히 손해배상의 범위는 계약위반으로 인한 손해라고만 하고 있어, 이 규정만으로는 손해배상의 범위를 확정할 수 없다.15) 동법이 손해배상의 범위에 대하여 명확히 규정하고 있지 않음으로 인하여 발생하는 문제는 계약당사자 간의 약정에 의하여 사전에 막을 수 있다. 즉 동법 제112조 제2항에 의하면, 계약당사자 간에 당사자 일방이 계약을 위반할 경우에 상대방이 일정한 액수의 위약금을

---

14) 이에 관하여는 제5장 제2절 Ⅳ. 1. 1) (2) 과실상계 부분을 참조.
15) 이에 비하여 중국합동법은 손해배상의 범위에 관하여 구체적으로 규정하고 있다(제113조). 자세한 내용은 제5장 제2절 Ⅲ. 손해배상의 범위 부분을 참조.

지급할 것을 약정하거나, 계약위반으로 인한 손해배상액의 계산방법에 대하여 약정하는 것이 가능하다. 그리고 위에서 언급했다시피 불가항력으로 인한 이행불능의 경우에 채무자는 계약책임을 부담하지 않는데, 동법 제116조에 의하면 상급행정기관과 관련되는 사유로 인하여 이행불능이 되는 경우에는 여전히 상대방에 대하여 계약책임을 부담하기에 상급행정기관과 관련되는 사유는 그것이 상급행정기관과 관련된다는 이유만으로 불가항력이 될 수 없다.

동법 제6장 4절 제134조에서는 민사책임의 부담방식에 대하여 규정하고 있다. 그런데 동조 제1항은 여러 민사책임부담방식을 단순히 열거하고 있을 뿐, 그것이 계약책임과 불법행위책임에 모두 적용될 수 있는지, 아니면 일부 책임부담방식은 계약책임 또는 불법행위책임에만 적용될 수 있는지를 명확히 밝히고 있지 않다. 동조 제1항 제1호 내지 제10호에서 규정하고 있는 민사책임부담방식을 보면, 구체적으로 侵害停止, 妨害排除, 危險除去, 財産返還, 原狀回復, 修理・再製作・交換, 損害賠償, 違約金支給, 名譽回復, 謝罪 등이 있다. 이 중에서 修理・再製作・交換, 損害賠償, 違約金支給 등은 계약책임으로서 적용될 수 있을 것이다. 중국합동법에서도 修理・再製作・交換, 損害賠償, 違約金支給 등을 계약책임으로서 규정하고 있다.

3. 소 결

위에서 보다시피, 중국 현행법에서 계약책임에 관한 내용은 주로 중국합동법에 규정되어 있으며, "民法通則"에도 계약책임에 관한 규정이 있다. 그러나 "民法通則"에서의 계약책임규정은 그 내용이 완전하지 못하며, 중국합동법의 관련 규정과 대부분 동일하다. 따라서 중국합동법과 "民法通則"에서의 계약책임규정은 대부분 내용상 중복되는 것이며, 이는 입법적으로 해결해야 할 문제이다. 또한 두 법의 관련 규정이 서로 모순되는 경우에는 중국합동법의 규정이 적용된다. 이 글에서는 중국합동법에서의 계약책임을 연구대상으로 하고 있기 때문에 중국합동법에서의 계약책임을 중심으로 하여 서술하며, "民法通則"에서의 계약책임 관련 내용은 필요한 범위 내에서 附加的으로 언급한다.

Ⅱ. 한국민법

1. 현행 한국민법

한국민법은 계약불이행의 일반에 대하여 논하는 규정을 두고 있지 않고, 계약상의 채무의 불이행과 법정채무의 불이행에 모두 적용되는 채무불이행책임에 대하여 규정하고 있다. 채무불이행은 주로 계약에 기하여 발생한 채무의 불이행에서 문제되며,[16] 한국민법에서 계약불이행은 채무불이행책임에 의하여 규율된다. 중국합동법에서의 계약책임은 한국민법에서의 채무불이행책임에 대응하는 개념이다. 그리고 중국합동법에서의 계약책임은 상사매매에도 적용되나, 한국민법에서의 채무불이행책임은 상사매매에 대하여 한국상법 또는 商慣習法에 관련규정이 없는 경우에만 적용된다(한국상법 제1조). 그러나 상사매매에 관하여 한국상법에 5개의 특별규정(한국상법 제67조 내지 제71조)과 상행위총칙의 관련규정이 있을 뿐이기에 상인 간의 매매라고 해도 대부분은 한국민법이 적용될 것이다.[17] 이 글에서는 계약책임과 관련되는 한국상법의 규정은 관련

---

16) 채무불이행책임은 주로 계약으로부터 생긴 채무의 불이행을 문제삼으므로 계약책임이라고도 한다. 李銀榮, "債務不履行責任의 基礎理論"『考試界』, 2001.9, 47면.

17) 최홍섭, "국제물품매매계약에 관한 유엔협약과 우리법의 비교법적 검토"『비교사법』제11권 3호 · 통권26호, 2004, 12면.

부분에서 언급하기로 하고, 주로 한국민법에서의 계약책임을 중심으로 하여 서술한다.

한국민법은 모든 유형의 계약의 불이행의 일반에 적용되는 채무불이행책임에 대하여 규정하고 있으며, 동시에 매매계약을 비롯한 유상계약에 특별히 적용되는 담보책임에 관하여 규정하고 있다. 담보책임은 매매계약에서의 물건 또는 권리의 하자에 대하여 적용되는 채무불이행책임의 特則이다. 담보책임은 무과실책임이라는 점에서 원칙상 과실책임인 채무불이행책임과 구별된다. 또한 담보책임의 성질에 관하여 채무불이행책임설과 법정책임설이 대립하고 있다.[18] 구체적으로, 한국민법은 제390조 이하 및 제543조 이하에서는 채무불이행책임으로서의 손해배상과 해제에 대하여 규정하고 있고, 한국민법 제569조 내지 제584조에서는 매도인의 담보책의의 발생요건, 담보책임의 내용 및 매수인의 담보책임상의 권리의 행사 기간 등에 관하여 규정하고 있다. 또한 한국민법은 담보책임에 관한 규정을 매매 이외의 유상계약에 준용하고 있다(동법 제567조). 그리고 한국민법은 채무불이행시의 채권자에 대한 구제수단으로 강제이행을 규정하고 있다(동법 제389조). 그러나 채무불이행책임에는 손해배상과 해제만 포함되며,[19] 강제이행은 채무불이행책임에 포함되지 않는다. 강제이행은 채무자의 귀책사유의 유무와 관계없이 일단 채무의 불이행이라는 객관적인 사실이 존재하면 인정된다는 점에서 손해배상, 해제와 구별된다.

채무불이행책임과 관련하여 한국민법은 손해배상과 해제의 요건을 다르게 규정하고 있다. 손해배상과 관련하여 한국민법은 제390조에서 "채무자가 채무의 내용에 좇은 이행을 하지 아니한 때에는 채권자는 손해배상을 청구할 수 있다"고 규정하고 있고, 이는 채무불이행이 되는 경우를

---

18) 이에 관하여는 제4절 Ⅲ. 물건의 하자 및 권리의 하자의 책임의 성질 부분을 참조.
19) 梁彰洙, 『民法入門』(第4版), 博英社, 2006, 227면.

포괄적·일반적으로 규정한 것으로 해석되고 있다.[20] 따라서 "채무의 내용에 좇은 이행"이 아닌 때에는 채무불이행이 될 수 있고, 손해배상청구권이 발생한다. 동시에 "채무의 내용에 좇은 이행"이 아닌 것에 어떠한 유형의 채무불이행의 형태도 포섭시킬 수 있다. 한국민법의 규정에 의하면, 이행지체(동법 제387조, 제392조)와 이행불능(동법 제395조)이 채무불이행("채무의 내용에 좇은 이행"이 아닌 때)으로 될 수 있으며, 학설에서는 채무불이행의 구체적인 형태로 이행지체와 이행불능을 제외한 기타의 채무불이행의 유형도 인정하고 있다. 그러한 채무불이행의 유형으로 일반적으로 불완전이행이 인정되고 있으나,[21] 이행지체와 이행불능 이외에 이행거절, 불완전급부, 부수의무위반 등 채무불이행의 유형을 인정할 필요가 있다는 견해[22]도 있다. 채무불이행으로 인한 손해배상책임이 발생하려면 원칙적으로 채무자의 고의 또는 과실이 있어야 한다(동법 제390조 단서). 그런데 채무자의 과실[23]은 추정되기에 채무자가 자신에게 과실이 없음을 주장·입증함으로써 채무불이행책임을 면할 수 있다.[24] 판례도 동일한 입장이다. 예를 들면, "임차인의 임차물반환채무가 이행불능이 된 경우에 임차인이 그 이행불능으로 인한 손해배상책임을 면하려면 그 이행불능이 임차인의 귀책사유로 말미암은 것이 아님을 입증할 책임이 있으며, 임차건물이 그 건물로부터 발생한 화재로 소실된 경우에 있어서 그 화재의 발생원인이 불명인 때에도 임차인이 그 책임을 면하려면 그 임차건물의 보존에 관하여 선량한 관리자의 주의의무를 다하였음을 입증

---

20) 梁彰洙, 『民法注解』(Ⅸ), 博英社, 1995, 221면.
21) 安春洙, "債務不履行責任體系의 再檢討" 『韓國民法理論의 發展』(Ⅱ), 博英社, 1999, 480면.
22) 梁彰洙(주20), 190면 이하.
23) 여기서 과실이라 함은 선량한 관리자로서의 주의의무, 즉 채무자가 속한 직업이나 채무자가 참여하는 거래권에서 평균인에게 요구되는 주의의무를 게을리 하는 것을 말한다. 徐光民, "債務不履行에 있어서의 歸責事由" 『저스티스』 제30권 제3호, 46면.
24) 梁彰洙(주20), 205면 ; 金亨培, 『民法學講義』(第3版), 新潮社, 2003, 715면.

하여야 한다"고 판시하고 있다.25) 그러나 채무자가 자신에게 채무불이행에 대한 과실이 없음을 입증하더라도 언제나 채무불이행책임을 면할 수 있는 것은 아니다. 채무자가 자신의 法定代理人 또는 被用者에 의하여 채무를 이행하는 경우에는 이러한 이행보조자의 고의·과실을 채무자의 고의·과실로 보기에(동법 제391조), 채무자는 자신에게 과실이 없음을 입증하는 것만으로 언제나 면책되는 것은 아니다. 그리고 금전채무의 경우에는 채무자는 언제나 무과실책임을 지기에 채무자의 과실은 손해배상책임의 요건으로 되지 않는다(동법 제397조 제2항).

손해배상과는 달리, 한국민법은 해제를 통일적으로 규정하지 않고, 이행지체와 이행불능으로부터 출발하여 해제의 요건에 대하여 규정하고 있다(동법 제544조~제546조). 그리고 이행불능의 경우에는 "債務者의 責任있는 事由"가 해제의 요건임을 명시적으로 규정하고 있으나(동법 제546조), 이행지체에 대하여는 이러한 규정이 없다. 따라서 이행지체를 이유로 계약을 해제하는 경우에 채무자의 과실을 요하는가에 대하여 학설이 대립하고 있다.26) 그리고 한국민법은 계약을 소급적으로 소멸시키는 해제와는 다른, 계속적 계약을 장래에 향하여 소멸케 하는 解止에 대하여 규정하고 있다(동법 제543조, 제547조, 제550조 및 제551조). 즉 중국합동법과는 달리 계약관계를 소멸시킬 수 있는 권리를 解除權과 解止權으로 구별하고 있다. 해지권에 관하여도 한국민법은 일반조항으로써 규정하지 않고, 각종의 전형계약에서 개별적으로 해지권의 발생사유를 규정하고 있는데, 대부분 채무불이행을 이유로 인정되는 것이나, 그 밖에 信義則 違反을 이유로 인정되는 것도 있다.27)

---

25) 大判 1994.10.14, 94다38182(공 1994, 2988).
26) 이에 관하여는 제5장 제4절 Ⅱ. 1. 2) (2) 해제요건으로서의 당사자의 귀책사유 부분을 참조.
27) 郭潤直, 『債權各論』(第六版), 博英社, 2003, 110면.

2. 한국민법개정안에서의 계약책임의 규정

현행 한국민법전은 1958년 2월에 공포되어 1960년 1월 1일부터 시행된 것이다. 그동안 모두 9차례의 개정이 있었으나 그 중 8차례는 가족법과 부칙의 개정이었고, 재산 편 분야는 1984년에 전세권과 구분지상권에 대하여 단 한 차례의 부분적인 개정만을 하였다. 그 결과 오늘날 컴퓨터와 인터넷에 의한 정보화 물결로 급변하는 일상생활과 사회·경제적 현상을 규율하는 데 많은 어려움이 있어 왔다. 이와 같은 문제점을 깊이 인식하고 법무부에서는 이를 해결하는 동시 PICC, CISG을 중심으로 활발히 전개되고 있는 국제적인 사법통일 움직임 등 국제화 추세에 부응하기 위하여 민법재정 작업을 추진하게 되었다. 법무는 1999년 2월 법조계와 학계의 전문가 12인으로 「民法改正特別分科委員會」를 구성하여 약 5년 4개월간의 작업 끝에 2004년 6월 민법 재산 편 개정 법률안을 마련하여, 10월 21일 국회에 제출하였다.[28]

그동안 「民法改正特別分科委員會」는 총칙·물권·채권 편을 망라하는 재산법 전 분야를 이번 개정의 대상으로 삼아 총 141회의 모임을 통해 학계와 실무계로부터 다양한 의견을 수렴·검토하였다.[29]

한국민법개정안이 아직 정식으로 통과된 것은 아니나, 현재의 한국민법개정안의 내용도 현행 한국민법전에서의 관련내용에 비하여 체계적으로나 내용상 더 합리적이라고 볼 수 있기 때문에 중국합동법에서의 계약책임을 검토함에 있어서 한국민법개정안의 내용도 고찰하여 볼 필요가 있다.

2004년 10월 12일 국무회에서 의결되어 정부안으로 확정된 후, 동년

---

28) 이상 法務部, 『民法(財產編)改正資料集』, 2004, 1면 및 發刊辭 부분.
29) 法務部(주29), 發刊辭 부분. "民法改正特別分科委員會"의 작업의 목적과 경과 등에 대하여는 梁彰洙, "민법개정작업의 경과와 채권법의 개정검토사항 I (채권총칙)" 『民事法學』 제19호, 2001, 11면 이하 ; 梁彰洙, "民法改正作業의 지금까지의 經過" 『考試界』 제523호, 2000, 129면 이하 참조.

10월 21일 국회에 제출된 재산 편 개정 법률안에서 계약책임과 관련된 내용을 보면, 다음과 같은 점을 확인할 수 있다.[30)]

첫째, 채무불이행에 관하여 일반규정주의를 유지하였다(동 개정안 제390조). 다만, 한국민법 제390조에서 "그러나 채무자의 고의나 과실이 없이 이행할 수 없게 된 때에는 그러하지 아니하다"라고 정하던 것을 "그러나 채무자의 고의나 과실이 없이 그 이행이 이루어지지 아니한 때에는 그러하지 아니하다"로 개정하였다. 그 결과, "이행할 수 없게 된 때"라고 하여, 한국민법의 다른 규정(예컨대, 동법 제537조 등)의 문언에 비추어 보아 이행불능에 대하여만 면책사유를 정하고 있는 것으로 해석될 수 있는 소지가 없게 하였다. 그리고 채무불이행책임과 담보책임을 통합하자는 견해가 있었으나, 유책성을 전제로 하는 채무불이행책임과 유책성을 요구하지 않는 담보책임을 통합하는 것은 현재 한국의 법상황에 대한 대대적 변혁이고, 최근의 CISG 등에서 양자를 통합하고 있는 것은 계약불이행책임에 유책성을 원칙적으로 요구하지 않는 영미법의 태도를 특히 商事契約의 범위에서 수용한 데서 연유한 것으로, 대륙법계의 민법전으로 이러한 통합을 수행한 예는 없으며, 근자의 네덜란드민법전이나 최근 대 개정 후의 독일민법도 마찬가지인바, 이 문제는 장래의 연구과제로 하고, 이번 민법개정에서 고려하지 않음이 적절할 것으로 판단되어, 고려하지 아니하기로 하였다고 한다.

둘째, 해제권의 발생에 관한 현행 한국민법 제544조 내지 제546조를 삭제하고, 채무불이행으로 인한 해제를 포괄적으로 정하고 있는 제544조의2를 신설하였다. 즉 채무자가 채무의 내용에 좇은 이행을 하지 아니하고, 또 이에 대하여 채무자의 고의나 과실이 있는 때에는 채권자는 계약을 해제할 수 있다. 그러나 동시에 해제권의 행사는 원칙적으로 채무이행을 내용으로 하는 채무자에 대한 채권자의 최고를 요건으로 한다.

---

30) 法務部(주29), 568면 이하 및 781면 이하 ; 민법(재산편)개정안, 법무부홈페이지(www.moj.go.kr), 공지사항 277번.

다만, 예외적으로 채무자에 대한 최고 없이도 계약을 해제할 수 있다. 그리고 동 개정안 제544조의3에서는 해지권의 발생에 대하여도 일반조항으로써 포괄적으로 규정하고 있다. 즉 해지권의 발생에 대하여 현행 한국민법에서 각종의 전형계약에서만 개별적으로 규정하고 있는 것에 비해 동 개정안에서는 채무의 내용에 좋은 이행을 하지 아니하는 것을 객관적 요건으로 하여 포괄적으로 규정하고 있다. 또한 해지권이 발생하려면 해제권과 마찬가지로 채무자의 고의나 과실이 있어야 하며, 일부 예외적인 경우를 제외하고는 원칙적으로 채무자에 대한 채권자의 채무이행의 최고가 있어야 한다.

셋째, 그 밖에 계약책임과 관련하여 사정변경에 의한 계약의 해제·해지에 관한 규정(제544조의4)이 신설되었고, 손해배상의 방법, 담보책임 등에 대하여도 개정이 있었다. 이에 관한 구체적인 내용은 이하 관련부분에서 서술하기로 한다.

Ⅲ. 소 결

계약책임체계와 관련하여 중국합동법과 한국민법의 내용을 개괄하면 다음과 같다.

첫째, 중국합동법과 한국민법은 모두 일반조항으로써 모든 형태의 계약위반을 포괄적으로 규정하고 있다는 점에서는 동일하다. 그러나 한국민법에는 채무불이행책임과 담보책임이라는 이원체계가 존재하나, 중국합동법에서는 이러한 구분이 없다. 즉 중국합동법은 물건의 하자 및 권리의 하자에 대한 책임을 계약책임으로 규율하고 있다. 또한 중국합동법에서 계약당사자는 계약이 성립되기 전 또는 소멸된 후에도 일정한 계약상의 의무를 부담하는데, 이러한 의무위반에 대한 책임은 엄격책임을 원칙으로 하고 있는 계약책임과는 구별된다. 한국민법에서는 원시적 불능(동법 제535조) 이외의 경우에도 일반적으로 계약체결상의 과실책임을 인정할 수 있는지에 관하여 학설의 대립이 있으며, 판례는 이를 부정하고 있다.

둘째, 계약위반의 구제수단을 규정하면서 중국합동법은 강제이행 및 追完, 손해배상을 계약책임에 포함시키고 있고, 법규정의 구성상으로는 해제를 계약책임에 포함시키고 있지 않다. 한국민법에서는 채무불이행책임에 손해배상과 해제가 포함되며, 채무자의 고의 또는 과실을 요건으로 한다는 점에서 강제이행과 구별된다. 또한 물건의 하자와 관련하여, 중국합동법은 추완 및 대금감액을 구제수단으로서 명시적으로 규정하고 있고, 또 이는 기타 "약정에 부합하지 않는 이행"의 경우에도 적용될 수 있는데, 이에 비하여 한국민법은 권리의 하자 또는 수량부족, 일부멸실의 경우에는 대금감액청구권을 구제수단으로서 규정하고 있으나, 물건의 하자의 경우에는 이러한 규정을 두고 있지 않다. 그리고 한국민법은 追完을 일반적인 구제수단으로서 규정하고 있지 않으나, 학설은 일반적으로 불완전이행의 일반적 효과로서 追完請求權을 인정하고 있다.[31]

셋째, 중국합동법에서 손해배상, 강제이행(추완), 해제의 경우에 원칙적으로 채무자의 고의 또는 과실은 요건이 아니다. 그러나 불가항력에 의한 면책이 인정되고 있다. 이에 비하여 한국민법에서는 강제이행의 경우에 당사자의 고의 또는 과실을 요건으로 하지 않으나, 손해배상의 경우에는 채무자의 고의 또는 과실을 요한다. 또한 한국민법은 이행불능에 의한 해제의 경우에는 채무자의 고의 또는 과실을 요건으로 규정하고 있으나, 이행지체에 의한 해제에 대하여는 명시적으로 규정하고 있지 않다. 이행지체에 의한 해제의 경우에 당사자의 고의 또는 과실이 있어야 하는가에 관하여 학설의 대립이 있다.

---

31) 南孝淳, 『民法注解』(XIV), 博英社, 1997, 538면 참조.

제2절 계약위반의 유형

위에서 보다시피, 중국합동법에서는 채무자에 의한 계약상의 의무의 "불이행" 또는 "약정에 부합하지 않는 이행"이 있는 경우에, 채무자의 고의·과실이 없어도, 원칙적으로 계약책임이 발생한다(제107조). 즉 어떠한 계약상의 의무의 "불이행" 또는 "약정에 부합하지 않는 이행"이든 계약책임을 발생시킬 수 있으며, 채무자의 주관적 상태는 문제되지 않는다. 중국합동법은 계약책임의 발생요건을 포괄적·일반적으로 규정하고 있는 것이다. 그런데 계약위반(계약상의 의무의 불이행)은 그 유형(이행불능, 이행지체 등)에 따라 법률효과 및 그 요건이 다를 수 있다. 중국합동법에서도 이행불능의 경우에 강제이행을 청구할 수 없다고 규정하고 있는가 하면(제110조 제1호), 이행지체의 경우에 주된 채무의 불이행이어야 최고를 전제로 계약을 해제할 수 있다고 규정하고 있다(제94조 제3항). 이런 맥락에서 볼 때, 비록 중국합동법이 계약책임의 발생요건을 포괄적으로 규정하고 있더라도, 여전히 계약위반을 유형화 할 필요가 있다. 이하에서는 중국합동법에서의 계약위반의 유형을 한국민법에서의 채무불이행의 유형과 개괄적으로 비교한 후, 다시 각 유형별로 상세히 비교한다.

Ⅰ. 계약위반의 유형화

1. 중국합동법

이상에서 언급했다시피, 비록 중국합동법이 계약책임의 발생요건을 포괄적으로 규정하고 있으나, 여전히 계약위반을 유형화 할 필요가 있다.

그런데 중국합동법 제107조에서의 계약상의 의무의 "불이행"과 "약정에 부합하지 않는 이행"을 어떠한 계약위반의 유형으로 나눌 필요가 있는가에 대하여 학설이 대립하고 있다.

우선 "불이행"에 대하여는 단순히 이를 이행기 이후의 이행거절로 보는 견해,[1] 이행기 전의 이행거절과 이행불능으로 나누는 견해,[2] 그리고 이행기 이후의 이행거절과 이행불능으로 구분하는 견해[3]가 있다.

다음으로 "약정에 부합하지 않는 이행"에 관하여도 학설이 대립하고 있다. 이에 관하여 다음과 같은 견해가 있다. 첫째, "약정에 부합하지 않는 이행"을 "불완전이행"이라고 하면서 이행기 이후의 이행거절을 제외한 모든 계약위반의 유형을 포함하는 것으로 해석하는 견해[4]이다. 이 견해에 의하면 "약정에 부합하지 않는 이행"에는 수량, 이행장소, 이행방식 등 면에서 약정에 부합하지 않는 이행과 중국합동법 제111조에서 규정하고 있는 계약목적물에 하자가 있는 이행도 포함된다. 그러나 이행지체를 하나의 계약위반의 유형으로 파악하지 않고, 지체책임이 발생하는 이행기 이후의 이행을 "불완전이행"에 포함되는 것으로 본다. 둘째, "약정에 부합하지 않는 이행"을 "불완전이행", 이행지체, 중국합동법 제111조가 규정하고 있는 계약목적물에 하자가 있는 이행을 포함하는 것으로 해석하는 견해[5]이다. 이 견해에 의하면, "불완전이행"은 "약정에 부합하지 않는 이행"의 하위개념이고, 이행지체 및 하자있는 이행과 동등한 위치에 있다. 셋째, "약정에 부합하지 않는 이행"을 "不適當履行"이라고 하면서, 不適當履行에는 "불이행"을 제외한 모든 계약위반의 유형이 포

---

1) 孔祥俊, 『合同法敎程』, 中國人民公安大學出版社, 1999, 404면.
2) 江平 主編, "中華人民共和國合同法精解", 中國政法大學出版社, 1999, 89면 및 78면.
3) 郭明瑞・房紹坤, 『新合同法原理』, 中國人民大學出版社, 2000, 352면 이하.
4) 孔祥俊(주1), 404면.
5) 曹三明 외 16인, 『合同法原理』, 法律出版社, 2000, 281면.

함되며, 이를 크게 이행지체와 "불완전이행"으로 구분할 수 있다는 견해[6]이다. 그리고 이 견해에 의하면, "불완전이행"에는 瑕疵給付와 加害給付가 포함되는데, 瑕疵給付는 수량부족, 품질부적격, 채무이행의 장소·방법·시간의 부적절 등 급부에 문제가 있는 경우를 말하는 것이고, 加害給付는 채무자의 급부에 문제가 있을 뿐만 아니라, 그로 인하여 채권자의 기타 이익이 침해되는 경우를 말하는 것이다.

위에서 보다시피, 학설에서 계약위반의 유형을 나누는 방법은 다양하며, 용어사용에 있어서도 통일되지 않았다. 또한 계약위반을 유형화 하는 근거에 대하여 언급하지 않거나 충분한 설명이 없다. 계약위반을 여러 유형으로 나누는 근거는 계약위반의 형태에 따른 법적 효과 및 그 요건에 있다고 본다. 그리고 계약위반의 구체적 형태 및 그에 따른 법적 효과는 우선 법규정에서 찾아야 할 것이다. 다음으로 필요한 경우에는 계약책임에 관한 일반조항인 중국합동법 제107조에 대한 해석을 통하여 중국합동법에서 명시적으로 규정하고 있지 않는 계약위반의 유형도 인정할 수 있다.

중국합동법의 규정에 의하여 해석론으로 다음과 같은 계약위반의 형태를 독립적인 계약위반의 유형으로 인정할 수 있다.

첫째, 이행불능을 독립적인 계약위반의 유형으로 인정해야 한다. 중국합동법 제110조 제1호에 의하면, 비금전채무에서 이행불능이면 강제이행을 청구할 수 없다. 이는 기본적으로 강제이행을 청구할 수 있는 이행지체나 목적물에 하자가 있는 이행 또는 이행거절과는 구별된다. 그리고 이행불능의 경우에는 불가항력이 존재하지 않는 한, 당연히 손해배상책임을 인정해야 하는데, 그 법적 근거는 계약책임에 관한 일반조항인 중국합동법 제107조이다.

둘째, 중국합동법 제111조에 의하면, 인도 또는 완성된 목적물에 하자가 있는 때에 채권자는 채무자에게 목적물을 수리, 교환, 재제작 등 追完

---

6) 江平 主編(주2), 90면.

을 할 것을 청구할 수 있으며, 대금이나 보수의 감액도 청구할 수 있다. 그러나 이행불능, 이행지체, 이행거절의 경우에는 이러한 구제수단이 적용되지 않는다. 그리고 이는 중국합동법 제107조에서 규정하고 있는 "약정에 부합하지 않는 이행"이다. "약정에 부합하지 않는 이행"에는 이와 같이 주는 채무의 위반뿐만 아니라, 하는 채무의 위반도 포함된다. 또한 하는 채무의 이행이 완전하지 못한 때에도 追完이나 대금감액이 인정되는 것으로 해석하여야 할 것이다. 그리고 권리의 하자도 이에 포함되는 것으로 보아야 할 것이다.

셋째, 불가항력으로 인하여 이행불능이 되거나 또는 채무자가 이행기 전에 주된 채무의 이행을 거절하는 경우에 채권자는 채무자에 대한 계약이행의 최고가 없이 계약을 해제할 수 있다. 이에 비하여 채무자가 주된 채무의 이행을 지체하는 경우에는 채권자는 그로 인하여 계약목적을 달성할 수 없지 않는 한, 계약을 해제하려면 채무자에게 계약의 이행을 최고하여야 한다. 그리고 이행지체의 경우에 채권자가 계약을 해제하지 않고, 전보배상을 청구할 수 있는지에 관하여 중국합동법은 규정하고 있지 않다.

넷째, 중국합동법 제108조에 의하면, 채무자가 명확한 의사표시 또는 행위에 의하여 계약위반의 의사를 표시한 때에 채권자는 이행기 전에 채무자에게 계약책임을 물을 수 있다. 그런데 동 조항은 이 경우에 적용될 수 있는 구제수단에 관하여 규정하고 있지 않다. 우선 채무자가 주된 채무의 이행을 거절하는 때에 채권자는 이행기 전에 계약을 해제할 수 있을 것이다(제94조 제2호). 다음으로 이행거절은 중국합동법 제107조에서 규정하고 있는 계약위반의 한 유형에 포섭될 수 있기에 손해배상책임이나 강제이행도 인정할 수 있다.

이상에서 살펴본 바에 의하면, 다음과 같은 결론을 내릴 수 있다. 즉 중국합동법의 규정을 근거로, 이행거절, 이행불능, 이행지체 및 "약정에 부합하지 않는 이행"을 독립적인 계약위반의 유형으로 인정할 필요가

있다. 앞의 세 유형은 중국합동법 제107조에서의 "불이행"에 포함되는
것이며, 마지막 유형에는 목적물의 하자를 포함한 급부의 하자가 포함된
것으로 보는 것이 타당하다. 그 밖에 법해석을 통하여 위 계약위반의 유
형과 구분할 필요가 있는 또 다른 계약위반의 유형을 인정할 필요가 있
는지에 대하여는 이하에서 검토하기로 한다.

2. 한국민법

한국민법은 우선 이행불능(동법 제537조, 제546조 등)과 이행지체(동법
제387조, 제392조, 제395조 등)에 대하여 규정하고 있다. 이행불능과 이행
지체를 제외한 제3의 채무불이행의 유형을 인정할 필요가 있는가에 대하
여, 종래부터 학설은 일반적으로 제3의 채무불이행의 유형으로 불완전이
행을 인정하고 있다.[7][8] 그러나 불완전이행을 채무불이행의 유형으로 인
정하는 근거에 대하여 견해의 대립이 있는데, 이는 한국민법 제390조의
해석과 관련된다. 즉 동법 제390조는 "채무자가 채무의 내용에 좇은 이행
을 하지 아니한 때에는 채권자는 손해배상을 청구할 수 있다. 그러나 채
무자의 고의나 과실없이 이행할 수 없게 된 때에는 그러하지 아니하다"
고 규정하고 있는데, 여기서 '채무의 내용에 좇은 이행을 하지 아니한 때'
를 채무불이행에 대한 일반·포괄 규정으로 보아, 불완전이행을 채무불
이행의 유형으로 인정하는 근거로 할 수 있는 지었다. 전통적 통설[9]은 한

---

7) 安春洙, "債務不履行責任體系의 再檢討"『韓國民法理論의 發展』(Ⅱ), 博英
社, 1999, 480면 ; 梁彰洙, 『民法注解』(Ⅸ), 博英社, 1995, 224면.
8) 불완전이행에 속하는 사례들은 경우에 따라 이불능이나 이행지체로 취급하
거나, 또는 하자담보책임이나 불법행위책임으로 해결할 수 있기 때문에, 불
완전이행이라는 제3의 채무불이행의 유형을 인정할 필요가 없다는 견해도
있다. 李太載, "不完全履行에 대한 再考"『考試界』, 1972.5, 37면 이하 ; 張庚
鶴, "不完全履行의 검토"『考試研究』, 1987.5, 58면 이하.
9) 安春洙(주7), 480면 이하 참조.

국민법 제정 당시 독일민법과 마찬가지로 채무불이행의 유형으로 이행불능과 이행지체만을 염두에 두고 있었고, 이행이 불완전한 경우는 하자담보책임으로써 해결하려는 의도로 보아야 하기에 한국민법 제390조를 불완전이행을 인정하는 법적 근거로 볼 수 없다고 주장하였다. 그리고 이 견해에 의하면, 불완전이행을 인정하는 실질적 근거를 채권관계상의 부수적인 용태의무를 위반하여 채권자에게 손해를 준 것에서 찾아야 한다. 그러나 현재는 한국민법 제390조를 채무불이행에 관한 일반규정으로 보는 것이 다수설이다.[10] 즉 동조에서 규정하고 있는 '채무의 내용에 좋은 이행을 하지 아니한 때'에 이행지체와 이행불능뿐만 아니라 불완전이행과 같은 제3의 채무불이행의 유형이 포함된다는 것이다.

그리고 한국민법에서의 불완전이행은 독일민법학에서 형성 발전되어 온 적극적 채권침해 내지 불안전이행에 관한 이론이 일본민법학을 거쳐 한국민법학에 도입됨에 따라 한국민법학에서도 인정되기에 이른 제3의 채무불이행유형인데,[11] 학설은 불완전이행과 적극적 채권침해가 동일한 개념인지에 관하여 통일된 입장을 보이고 있지 않다. 즉 양자를 동일한 개념으로 보거나 또는 확대손해가 발생한 경우를 특히 적극적 채권침해라고 하면서 그렇지 않은 경우는 협의의 불완전이행으로서 이와 구별된다고 한다.[12] 그러나 이는 단지 용어사용의 문제일 뿐, 불완전이행에 포섭되는 경우에는 어떤 것이 있으며, 이를 법적으로 어떻게 해결할 필요가 있는지가 중요하다고 할 수 있다. 그리고 학설은 불완전이행에 포섭되는 경우를 여러 유형으로 나누고 있는데, 비록 그 분류방법이 완전히 같은 것은 아니나, 다음과 같은 유형으로 분류할 수 있다.[13] 첫째, 주급부가 행하여지기는 하였으나 그것이 '채무의 내용에 좋은 이행'이 되지 못하여 불완전(또는 不適切)한 경우, 둘째, 주급부가 행하여졌는지 여부

---

10) 安春洙(주7), 482면 참조.
11) 徐光民, "不完全履行論"『韓國民法理論의 發展』(Ⅱ), 博英社, 1999, 503면.
12) 徐光民(주11), 503〜504면 ; 梁彰洙, 『民法注解』(Ⅸ)(주7), 299면 참조.
13) 梁彰洙, 『民法注解』(Ⅸ)(주7), 298면.

나 그것이 불완전하였는지 여부는 별로 문제되지 않으나 채무자가 주급부의 목적 또는 계약목적이 원만하게 달성되도록 하기 위하여 하여야할 또는 하여서는 안 될 부수적인 行態義務를 위반함으로써 채권자에게그 이행이익에 관한 손해가 발생한 경우, 셋째, 채무자가 채무이행과정에서 부담하는 채권자의 이행이익 이외의 법익을 침해하지 아니할 의무(소위 保護義務)를 게을리 하여 채권자에게 손해를 가한 경우. 여기서 앞의 두 경우는 채무불이행책임으로써 해결된다는데 이설이 없으나, 마지막 경우 즉 保護義務에 관하여는 학설의 대립[14]이 있다. 즉 채무자는 급부의무와 부수적 의무 이외에 보호의무도 부담한다고 보고, 채무자가 이러한 보호의무를 위반한 경우를 불완전이행의 한 유형으로 파악하고 있는 견해[15]와 보호의무는 채권관계가 없는 사회일반인사이에서도 인정되는 의무이고, 또 보호관계 성립의 기준이 모호하므로, 이러한 의무 위반으로 인한 손해에 대해서는, 독일의 불법행위법의 약점을 갖고 있지 않는 한국법에서는 불법행위책임을 물으면 되고 이를 채무불이행책임으로취급할 필요가 없다고 하는 견해[16]가 있다. 또한 부수적 의무와 보호의무가 항상 분명하게 구별될 수 있는 것은 아니기에 굳이 양자를 구별하여 별개의 의무로 파악할 필요는 없으며, 부수적 의무를 '채권의 목적내지 급부이익의 원만한 실현을 도모하고 급부이익의 실현 내지 급부의무의 이행과 관련하여 발생할 수 있는 위험으로부터 채권자의 이익을보호하기 위하여 信義則上 요구되는 의무'를 총칭하는 용어로 파악하여,보호의무는 그러한 부수적 의무의 구체적 내용 내지 구체적 발현형태로이해해야 한다는 견해[17]도 있다.

또한 채무불이행의 유형화와 관련하여, 채무불이행을 이행불능, 이행

---

14) 徐光民(주11), 517면 이하 참조.
15) 金亨培, 『民法學講義』(第3版), 新潮社, 2003, 729면 ; 權五乘, 『民法特講』, 弘文社, 1994, 306면.
16) 梁彰洙, 『民法注解』(IX)(주7), 218면 이하.
17) 徐光民(주11), 518면.

지체, 불완전이행으로 구분하는 것은 문제가 있다는 주장도 있다. 즉 우선 불완전이행에 포함되는 경우들을 포괄적으로 파악할 것이 아니라 여러 유형으로 나눌 필요가 있다고 한다. 그 이유는, 불완전이행에 관하여 공통된 요건을 제시하지 않는 것은 아무런 설명력도 없는 공허한 定式일 뿐이라고 하거나,18) 불완전이행으로 분류되고 있는 경우를 보면 다양한 형태의 의무위반이 여기에 포함되고 있는바, 이를 구태여 하나로 묶어 제3의 유형으로 이해하는 것은 합당하지 않다고 한다.19) 다음으로 불완전이행에 포섭되는 것 이외에도 기타의 채무불이행의 유형도 인정할 필요가 있는바, 한국민법 제390조를 채무불이행에 관한 포괄적이면서도 개방적인 규정으로 보아야 한다고 주장한다.20) 이러한 맥락에서, 채무불이행을 이행불능, 이행지체, 불완전급부, 이행거절, 부수적 의무의 위반 등 유형으로 구분하기도 한다.21)

이상의 내용을 종합하면, 한국민법은 채무불이행의 유형으로 이행지체와 이행불능에 대하여 명시적으로 규정하고 있으며, 학설에서는 일반적으로 불완전이행을 제3의 채무불이행의 유형으로 인정하고 있다. 그 근거에 대하여는 견해의 대립이 있으나, 현재의 다수설은 한국민법 제390조를 채무불이행에 관한 일반조항으로 인정하면서 '채무의 내용에 좇은 이행을 하지 아니한 때'를 제3의 채무불이행의 유형을 인정하는 법적 근거로 보고 있다. 또한 채무불이행의 유형을 이행지체, 이행불능, 불완전이행으로 구분하는 것은 타당하지 않은 바, 불완전이행을 여러 유형으로 구분하여야 한다거나, 불완전이행에 포섭되는 유형 이외에도 기타의 채무불이행의 유형을 충분히 인정할 수 있다고 한다. 이러한 맥락에서, 명시적인 규정은 없으나, 이행거절을 채무불이행의 유형으로 인정할 수 있다는 주장도 있다.

---

18) 梁彰洙, 『民法注解』(IX)(주7), 225면.
19) 安春洙(주7), 483면.
20) 徐光民(주11), 513면 ; 梁彰洙, 『民法注解』(IX)(주7), 224면 이하.
21) 梁彰洙, 『民法注解』(IX)(주7), 226면 이하.

3. 소 결

이상에서 보다시피, 중국합동법은 계약위반의 형태에 관한 포괄적인 규정(제107조)을 두고 있으나, 해석론으로 여전히 계위위반을 유형화할 필요가 있다. 중국합동법에서 계약위반의 유형으로서 의미를 가지는 것은 우선 이행불능, 이행지체, 이행거절 등이 있다. 이행거절을 명시적으로 규정하고 있다는 점에서 한국민법과 구별된다. 또한 "약정에 부합하지 않는 이행", 즉 채무를 이행하였으나 그 이행이 완전하지 못한 경우도 계약위반으로서의 의미를 갖는다. 그런데 위에서 언급했다시피 이에 관하여 학설의 대립이 있는바, "약정에 부합하지 않는 이행"이 포섭하는 내용 및 그 분류방법에 있어서 차이가 있다. 이에 관하여 불완전이행을 여러 유형으로 구분하는 한국의 학설을 참조할 수 있다. 중국합동법에서도 이행불능, 이행지체, 이행거절을 제외한 계약위반의 유형으로서 불완전급부, 부수적 의무의 위반, 보호의무의 위반으로 나눌 필요가 있다. 그러나 보호의무의 위반을 계약책임으로 규율할 것인가의 문제는 구체적인 검토가 필요하며, 이에 관하여는 이하에서 다루기로 한다.

이하에서는 계약위반(채무불이행)의 유형별로 중국합동법과 한국민법의 내용을 비교·고찰하고자 한다.

Ⅱ. 계약위반의 유형

1. 이행불능

1) 이행불능의 종류

중국합동법은 불가항력에 의한 이행불능이 면책사유가 된다고 규정하고 있을 뿐(제117조), 이행불능의 종류에 따라 법적 효과가 달라지는지에 대하여는 명시적으로 밝히고 있지 않다. 따라서 이에 관한 법해석이 필요하다. 또한 이행불능의 종류와 관련하여 주로 원시적 불능과 후발적 불능이 문제된다.

중국법에서 원시적 불능인 법률행위는 무효라는 것이 종래의 통설이 었다.[22] 즉 비록 "民法通則" 제55조에서 법률행위의 목적이 확정·가능하여야 한다는 것을 법률행위의 유효요건으로 규정하고 있지 않으나, 확정·가능하지 않는 것을 법률행위의 목적으로 하는 것은 법률행위제도의 취지에 반하는 것이기에, 명시적인 규정이 없어도, 법률행위의 목적이 확정·가능하여야 효력을 발생한다고 한다.[23] 따라서 이 견해에 의하면, 원시적 불능인 계약은 무효가 된다. 그런데 최근에 원시적 불능인 계약을 무효로 볼 것이 아니라 유효한 것으로 해석해야 한다는 주장[24]이 제기되고 있다. 그 이유로서, 원시적 불능인 계약이 무효라는 명시적인 규정이 없다는 점과 중국합동법을 제정하면서 참조의 대상이 되었던 CISG의 원시적 불능에 대한 태도를 들고 있다. 즉 CISG는 원시적 불능에 관하여 직접적으로 규정하고 있지는 않으나, 매매목적물의 위험이전에 관한 동법 제68조의 규정을 볼 때, 원시적 불능인 계약이 유효라는 점을 전제로 하고 있다. 특히 운송중인 목적물의 매매에서 계약당사자 간에 달리 약정하지 않은 한, 매매목적물의 멸실, 훼손의 위험은 계약성립시에 매수인에게 이전한다는 중국합동법 제144조의 규정은 명백히 CISG 제68조를 참조하여 정해진 것이기에 중국합동법에서 원시적 불능인 계약을 유효한 것으로 해석하는 것이 타당하다고 한다.

한국민법에서는 일반적으로 원시적 불능인 계약을 무효로 보고 있다. 즉 법률행위의 목적은 그 실현이 가능한 것이어야 하는 바, 확정된 목적

---

22) 魏振瀛 主編, 『民法』, 北京大學出版社·高等敎育出版社, 2000, 152면 ; 韓世遠, 『合同法總論』, 法律出版社, 2004, 480면 참조.
23) 梁慧星, 『民法總論』(第二版), 法律出版社, 2001, 167면.
24) 韓世遠(주22), 480면 이하.

의 실현이 불가능한 경우에는 그 법률행위는 무효라고 하면서,[25] 그 이유는 불가능한 법률행위에 법률효과를 준다는 것은 불가능하기 때문이라고 한다.[26] 그리고 민법에는 원시적 불능인 계약이 무효라는 일반적인 규정은 없으나, 원시적 불능에 대한 계약당사자의 책임을 규정하고 있는 한국민법 제535조는 원시적 불능을 급부로 하는 계약은 무효라는 점을 전제로 하고 있다고 하거나,[27] 원시적 급부불능이 채무 자체를 발생시키지 않는다는 것을 契約締結上의 過失責任에 관한 동조를 통해 간접적으로 규정한 것이라고 한다.[28]

그렇다면, 중국법에서 원시적 불능인 계약의 효력을 인정하여야 하는가? "民法通則" 제55조가 법률행위의 유효요건을 정면으로 규정하였다면, 법률행위의 무효사유에 관하여 규정하고 있는 동법 제58조는 법률행위의 유효요건을 소극적으로 규정하였다고 할 수 있는데, 동법 제58조에서는 법률행위의 무효사유로 원시적 불능을 규정하고 있지 않다. 계약의 무효사유를 규정하고 있는 중국합동법 제52조에서도 원시적 불능을 계약의 무효사유로 규정하고 있지 않다. 또한 중국법에는 한국민법 제535조와 같은 규정이 없다. 계약체결상의 과실책임에 관한 규정으로 볼 수 있는 중국합동법 제42조로부터도 원시적 불능으로 인한 계약의 무효를 전제로 이에 대한 계약당사자의 책임이 발생하는지를 알 수 없다. 원시적 불능인 계약을 무효로 볼 것인가는 입법정책의 문제이다. 원시적 불능인 계약은 무효라고 하는 명시적인 규정이 없는 상황에서, 굳이 원시적 불능인 계약을 무효로 볼 필요가 없다고 본다.

---

25) 郭潤直, 『民法總則』(第七版), 博英社, 2002, 208면 ; 金亨培(주15), 103면.
26) 郭潤直(주25), 208~209면.
27) 梁彰洙, 『民法注解』(Ⅸ)(주7), 246면.
28) 李銀榮, 『註釋民法』(債權總則(1)), 韓國司法行政學會, 2000, 458면.

2) 이행불능의 효과

중국합동법에서 이행불능의 경우에 불가항력에 의한 것인지 여부에 따라 법적 효과가 달라진다. 즉 불가항력에 의한 이행불능이면 채무자는 면책되고(제117조), 그렇지 않은 때에는 채무자는 손해배상책임을 부담하여야 한다(제107조). 그리고 이행불능의 경우에 불가항력에 의한 것인지에 관계없이 채권자는 강제이행을 청구할 수 없다(제110조 제1호). 그러나 계약을 해제할 수 있다(제94조 제1호 및 제4호). 이행불능의 법적 효과와 관련하여, 명문의 규정은 없으나, 이행불능의 경우에 채권자의 대상청구권을 인정하여야 한다는 주장29)도 있다.

한국민법에서는 채무자의 고의 또는 과실에 의한 이행불능인 때에는 채무불이행책임이 발생하나(동법 제390조·제546조), 그렇지 않은 경우에는 채무자는 아무런 책임도 부담하지 않는다. 특히, 한국민법에서 채무자의 고의 또는 과실이 없는 이행불능이면, 위험부담의 문제로 처리되는데(동법 제537조), 이는 불가항력에 의한 이행불능을 계약의 해제로서 처리하는 중국합동법과 구별되는 점이다(제94조 제1호). 그리고 한국민법에서 채무자의 주관적 상태와는 관계없이 이행불능이면 당연히 강제이행은 인정되지 않는다. 이행불능의 효과에 있어서, 중국법과 한국법의 중요한 차이점은 한국의 다수설과 판례에서 이행불능으로 인한 대상청구권을 인정하고 있다는 점이다. 즉 한국민법에는 이에 관한 명문의 규정은 없으나, 채권관계의 목적에 적합하고 공평하다는 것을 근거로 다수설은 이행불능의 효과로서 대상청구권을 인정하고 있으며, 판례30)도 이와 동일한 입장이다.31)

---

29) 韓世遠(주22), 483면 이하.

30) 大判 2003.11.14, 2003다35482(공 2003, 2351).

31) 安法榮, "代償請求權의 發展的 形成을 위한 小考－大法院判決例의 分析과 評價를 중심으로－"『韓國民法理論의 發展』(Ⅱ), 博英社, 1999, 531면 이하 참조.

2. 이행지체

위에서 보다시피, 중국합동법에서 이행지체도 계약위반의 한 유형으로 파악할 필요가 있다. 이행지체가 계약위반의 유형으로서 갖는 의미는 그로 인한 법적 효과에 있다. 또한 이행지체로 인한 지체책임은 기본적으로 채무자 이익을 위한 기한이 끝남에 따라 채무자가 부담하는 불이익이라고 볼 수 있다. 이행기한이 확정된 경우에는 지체책임이 발생하는 시점을 쉽게 판단할 수 있으나, 이행기가 불확정하거나 이행기한이 없는 경우에는 어느 시점부터 지체책임이 발생하는지를 일정한 기준에 의하여 판단할 수밖에 없다.

1) 이행기

이행기는 지체책임과 관련이 있다. 이행기가 확정기한인 때에 그 기한이 경과함에 따라 채무자는 지체책임을 부담하게 된다. 이행기가 불확정기한이거나 이행기가 없는 경우에는 채무자가 어느 시점부터 지체책임을 부담하는지가 문제된다. 중국합동법 제62조 제4호에 의하면, 이행기가 불명확한 때에 채무자는 언제든지 이행할 수 있고, 채권자도 언제든지 채무자에 대하여 채무의 이행을 청구할 수 있다. 다만, 채권자는 채무자에게 채무의 이행에 필요한 준비기간을 주어야 한다. 따라서 이 경우에 채권자가 채무자에게 채무이행을 최고하고, 그 시점으로부터 일정한 기한이 도과한 때로부터 지체책임이 발생한다. 또한 여기서 이행기가 명확하지 않은 경우는 결국에는 이행기가 없는 경우이며, 이행기가 불확정기한인 경우는 포함되지 않는 것으로 보아야 한다.[32] 이행기가 불확정기한인 경우에도 채무자가 기한의 이익을 가지는데, 이를 기한이 없는 경우와 동일하게 볼 수는 없기 때문이다. 따라서 중국합동법은 이행기가

---

32) 韓世遠(주22), 457~458면.

불확정기한인 경우에 채무자가 어느 시점부터 지체책임을 지는지에 대하여 규정하고 있지 않는 것이다. 이는 법의 흠결이며, 법개정을 통하여 보완해야 할 부분이다.

한국민법에서는 채무이행기가 확정기한인 경우에는 채무자는 기한이 도래한 때로부터 지체책임이 있고, 불확정기한인 경우에는 채무자는 기한이 도래함을 안 때로부터 지체책임이 있다(동법 제387조 제1항). 채무이행기가 없는 경우에는 채무자는 이행청구를 받은 때로부터 지체책임이 있다(동법 제387조 제2항). 학설에서는 불확정기한 채무 및 기한 없는 채무에서 채무자가 기한이 도래함을 안 때 또는 이행청구를 받은 때로부터 즉시 지체책임을 지도록 함은 채무자에게 이행준비를 할 수 있는 기한을 전혀 부여하지 않는 결과로 되어 부당하며, 계약의 성격에 따라 채무자에게 이행준비에 필요한 최소한의 유예기간을 부여하는 것이 바람직하다고 주장되기도 한다.[33]

2) 이행지체의 효과

중국합동법에서 이행지체가 있는 경우에 다음과 같은 법적 효과가 발생할 수 있다. 첫째, 주된 채무의 이행이 지체된 후에 채무자가 채권자의 최고에도 불구하고 합리적인 기간 내에 여전히 채무를 이행하지 않으면, 채권자는 계약을 해제할 수 있다(제94조 제3호). 또한 이행지체로 인하여 채권자가 계약목적을 달성할 수 없는 때에는 채무자에 대한 채무이행의 최고가 없이 채권자는 계약을 해제할 수 있다(제94조 제4호). 둘째, 이행지체가 있는 때에, 중국합동법에 직접적인 규정은 없으나, 채권자는 계약위반을 포괄적으로 규정하고 있는 중국합동법 제107조의 규정에 의하여 강제이행을 청구하거나 또는 지연배상을 청구할 수 있다. 셋째, 이행지체의 경우에도 비록 명문의 규정은 없지만 불가항력에 의한 이행지체

---

33) 李銀榮, 『註釋民法』(債權總則(1))(주28), 439면.

의 경우에 채무자가 면책되는 것으로 해석하여야 할 것이다.

그러나 이행지체가 있는 때에 채권자가 계약을 해제하지 않고 전보배상을 청구할 수 있는지에 대하여 중국합동법은 규정하고 있지 않다.

한국민법에서는 이행지체가 있는 때에 다음과 같은 법적 효과가 발생한다. 첫째, 이행지체가 있는 때에 채권자는 한국민법 제390조에 의하여 채무자에게 지연배상을 내용으로 하는 손해배상을 청구할 수 있다. 둘째, 일정한 요건이 갖추어 지는 경우에 계약을 해제할 수 있다(동법 제544조 및 제545조). 셋째, 채권자는 일정한 요건 하에 전보배상을 청구할 수 있다. 즉 채무자가 채무의 이행을 지체한 경우에 채권자가 상당한 기간을 정하여 이행을 최고하여도 그 기간 내에 이행하지 아니하거나 지체후의 이행이 채권자에게 이익이 없는 때에는 채권자는 수령을 거절하고 이행에 갈음한 손해배상을 청구할 수 있다(동법 제395조). 넷째, 한국민법 제392조에 의하면, 이행지체 중에 생긴 손해에 대하여 채무자에게 과실이 없는 때에도 채무자는 손해배상책임을 부담하여야 한다. 동조는 채무불이행책임의 주관적 요건이 완화하는 것을 내용으로 하는 바, 그 효과는 손해배상에 한정되지 않고 계약해제 기타 채무불이행책임의 내용을 이루는 일체의 사항에 미친다.[34] 즉 채무자는 이행지체 중에 발생한 이행불능 기타 채무불이행에 대하여는 자신에게 과책이 없는 경우에도 책임을 지게 된다. 우선 채무자는 이행불능 등의 채무불이행으로 인한 손해배상의무를 부담하며(동법 제390조 본문), 자신에게 과책 없는 이행불능을 이유로 채무로부터 해방되지 않는다(동법 제390조 단서의 적용을 받지 않는다). 따라서 그 채무가 쌍무계약으로 발생한 경우에도 위험부담의 문제는 애초 제기되지 않으며, 채무자는 자신의 반대급부를 그대로 가지게 된다. 나아가 이행불능의 경우, 채권자는 이행최고를 할 필요 없이 바로 계약을 해제할 수 있다.[35] 그리고 이행지체로 인하여 채무

---

34) 梁彰洙, 『民法注解』(IX)(주7), 445~446면.
35) 이상 梁彰洙, 『民法注解』(IX)(주7), 445면.

자의 책임이 과중되지만, 이행지체와 상당인과관계가 없는 손해에 대하여 채무자는 책임을 지지 않는다.[36]

3. 이행거절

1) 이행거절의 의의

중국합동법 제108조에 의하면, 당사자 일방이 계약불이행의 의사를 명확히 표시하거나 또는 자신의 행위로써 그러한 의사를 표시한 때에 상대방은 이행기가 도래하기 전에 그 당사자에게 계약책임을 물을 수 있다. 즉 중국합동법은 명문으로 이행거절을 계약위반의 한 유형으로 인정하고 있다. 이행거절이 있는 경우에 채권자는 채무자에 대한 최고가 없이도 이행기 전에 계약을 해제할 수 있고(제94조 제2호), 또 강제이행이나 손해배상도 청구할 수 있는바(제107조), 독자적인 계약위반의 유형으로서의 의미를 가진다. 그리고 학설에는 이행기 이후의 이행거절을 독립적인 계약위반의 유형으로 파악하는 견해[37]도 있다.

한국민법에는 이행거절을 직접적으로 정하고 있는 규정은 없으나, 학설에서 이행거절을 독립적인 채무불이행의 유형으로 인정하는 견해[38]가 있다. 이에 의하면, 채무불이행으로서의 이행거절이란 채무의 이행이 가능함에도 채무자가 이를 행할 의사가 없음을 채권자에 대하여 진지하고 종국적으로 표시하여 객관적으로 보아 채권자로 하여금 채무자의 任

---

36) 梁彰洙, 『民法注解』(IX)(주7), 446면 ; 李銀榮, 『註釋民法』(債權總則(1))(주28), 597면.
37) 郭明瑞·房紹坤(주3), 352면 이하 ; 王利明, 『違約責任論』, 中國政法大學出版社, 2003, 117면 이하 ; 孔祥俊(주1), 404면.
38) 梁彰洙, "獨自的인 債務不履行類型으로서의 履行拒絕"『厚巖郭潤直先生古稀紀念』(民法學論叢·第二), 1995, 162면 이하 ; 金東勳, "履行拒絕과 契約解除"『考試研究』30권 9호, 2003, 112면 이하.

意의 이행을 더 이상 기대할 수 없게 하는 行態를 말한다.39) 또한 이행
거절이 고유한 의미를 가지는 것은 주로 그것이 이행기 전에 있는 경우
에서이고, 이행기 후의 이행거절은 많은 경우에 이행지체에 관한 규정들
을 합목적적으로 해석하여 이행불능의 법리에 근접시킴으로써 적절하게
처리될 수도 있으나, 일단 이행거절이 독자적인 불이행유형으로 인정되
는 경우에는 內部細工은 불필요한 바, 모두 이행거절의 법리로써 처리할
수 있고 또 그렇게 하여야 한다고 한다.40)

그런데 이행거절을 독립적인 채무불이행의 유형으로 인정할 필요가
없다는 주장41)도 있다. 즉 이행거절을 채무불이행의 유형으로 인정한다
면 특히 쌍무계약에서 상대방의 이행을 거절함으로써 자기의 이행을 거
절할 의사를 명확하게 한 경우에 특히 의미를 가지게 될 것인데, 이러한
경우에 채권자의 의사 또는 이익이라는 관점에서 접근한다면, 여전히 이
행이 가능함에도 불구하고 채무자가 전혀 이행하려 하지 않는다는 점
및 그럼에도 불구하고 장차 이행기가 도래하면 채권자는 급부의 실현을
강제할 수 있다는 점에 비추어 앞에서 본 이행지체와 본질적 차이가 있
다고 보기 어렵고, 따라서 이를 이행지체의 하부유형으로 파악하더라도
별다른 문제가 없다고 한다. 또한 이 견해에 의하면, 채무자의 이행거절
의 의사가 표시된 경우에 채권자는 이행기를 기다려 강제이행을 청구할
수 있지만, 그에 갈음하여, 비록 이행기전이라도, 한국민법 제395조 소정
의 최고 또는 이익 없음의 증명을 요하지 않고 전보배상을 청구할 수 있
으며, 나아가 한국민법 제544조 단서의 확대해석을 통하여, 물론 부득이
한 경우에 한하여, 이행기전이라도 해제권의 발생할 수도 있다는 정도의
의미를 부여하면 족하고, 이행거절을 별도의 채무불이행의 유형으로 인
정할 실익은 없다고 한다.

---

39) 梁彰洙(주38), 162면.
40) 梁彰洙(주38), 182면.
41) 池元林, "債務不履行의 類型에 관한 硏究"『民事法學』제15호, 1997, 399~
400면.

그러나 이행거절은 다음과 같은 특징이 있다고 할 수 있다.[42] 즉 이행거절은 이행불능과 구별되며, 이행거절이 있는 경우에 채권자는 여전히 강제이행을 청구할 수 있다. 또한 이행거절은 이행지체와도 구별된다. 이행지체가 일정한 시점의 경과라는 명확하면서도 객관적으로 쉽게 확인할 수 있는 사실을 요건으로 하는 단순한 불이행이라는 점에서 그 고유한 의미를 가진다고 한다면, 이행거절이 있었는가를 판단하는 작업은 객관적으로 명확한 사실을 확인하는 것과는 거리가 있어서 이행지체와는 구별된다. 그리고 이행거절에서는 급부가 행하여지지 않으므로 이를 불완전이행이라고 할 수도 없고, 일반적으로 계약해제권을 발생시키지 않는 부수의무의 위반과도 다르다.

2) 이행거절의 요건

중국합동법은 이행거절을 한 개의 조항에 의하여 개괄적으로 규정하고 있을 뿐, 이행거절의 요건에 관하여 구체적으로 규정하고 있지 않다. 따라서 이에 관한 법해석이 필요하다. 이행거절이 되려면 다음과 같은 요건이 구비되어야 할 것이다.

첫째, 채무자가 채무불이행의 의사를 명확히 표시하거나 또는 그러한 의사를 행위로써 표명하여야 한다.

우선 채무불이행의 의사를 명확히 표시하는 때에 그러한 의사에 조건을 붙일 수 없다. 그리고 채무자가 채무불이행의 의사를 표시 한 후, 채권자가 채무자에게 채무불이행의 의사를 철회할 것을 최고하였음에도 불구하고 채무자가 채무불이행의 의사를 철회하지 않는 경우에만 채무자의 채무불이행의 의사를 인정할 수 있다는 견해[43]가 있다. 물론, 채무자가 채무불이행의 의사를 명확히 밝힌 경우에, 상대방이 계약관계를 계속 유지하는 것이 자신의 이익에 부합한다고 판단하고 채무불이행여부

---

42) 梁彰洙(주38), 180~181면.
43) 王利明・崔建遠,『合同法新論・總則』, 中國政法大學出版社, 2000, 591면 참조.

를 재차 확인할 수는 있으나, 중국합동법에 명문의 규정이 없는 한, 그러한 최고의 절차를 채권자가 채무자에게 계약책임을 물을 수 있는 요건으로 할 필요는 없을 것이다.

다음으로 채무자의 일정한 행위로부터 채무불이행의 의사를 추단할 수 있어야 한다. 이러한 의사를 어떠한 기준에 의하여 판단해야 하는지가 문제되는데, 중국합동법에 이에 관한 규정이 없다. 우선 이행기전의 계약위반에 관한 입법례를 볼 때, 계약위반을 판단하는 기준에는 주관적인 기준과 객관적인 기준이 있다.[44] 주관적인 기준은 당사자의 계약불이행의 명시적인 의사표시 또는 계약불이행의 의사를 추단할 수 있는 당사자의 행위에 의하여 계약불이행의 여부를 판단하는 것을 말하고, 객관적인 기준은 이러한 당사자의 의사나 행위가 없더라도 객관적으로 보아 당사자가 계약을 본질적으로 위반할 것이 명백한 경우에 계약불이행을 인정하는 것을 말한다. 따라서 객관적인 기준을 적용할 경우, 당사자의 無資力 등도 계약위반의 사유가 될 수 있을 것이다. 그리스법, 이태리법 등에서 주관적인 기준이 적용되고 있고,[45] CISG 제72조 제1항, PECL 제9:304조 등에서 객관적인 기준이 적용되고 있다. 중국의 학설에서는 불안의 항변권의 발생사유가 이행거절의 의사를 판단하는 기준이 될 수 있다는 주장[46]이 제기되고 있다. 불안의 항변권에 관한 중국합동법 제68조 제1항에 의하면, 불안의 항변권이 발생할 수 있는 사유에는 경영상황이 심각하게 악화된 경우, 채무를 면하기 위하여 재산을 이전하거나 자금을 은닉한 경우, 상업신용을 상실한 경우, 채무변제능력을 상실하거나 또는 상실할 가능성이 있는 기타의 경우 등이 포함된다. 여기서 재산 또는 자금의 은닉은 당사자의 주관적인 행위이나, 경영상황의 심각한 악화

---

44) PETER SCHLECHTRIEM, Commentary on the UN Convention of the International Sale of Goods(CISG), C. H. Beck · Müchen, 1998, 532~533면 참조.

45) OLE LANDO AND HUGH BEALE, PRINCIPLES OF EUROPEAN CONTRACT LAW(PARTS Ⅰ AND Ⅱ), KLUWER LAW INTERNATIONAL, 2000, 418면 참조.

46) 王利明 · 崔建遠(주43), 593~594면.

와 상업신용의 상실 등은 객관적인 사실이다. 경영상황의 심각한 악화, 상업신용의 상실 등으로부터 채무불이행의 의사를 추단하기는 어렵다. 물론, 객관적 상황에 근거하여 계약위반을 인정하는 입법례도 있다. 그러나 계약불이행을 초래할 수 있는 위에서 언급한 것과 같은 객관적인 상황이 발생하는 경우에 이를 계약위반으로 인정하는 명문의 규정이 없음에도 불구하고 법해석을 통하여 계약책임을 인정하는 것은, 계약유지의 원칙 또는 채무자와 채권자의 이익형평에 반한다는 점, 그리고 중국합동법에서 이러한 경우에 불안의 항변권의 행사에 의하여 채권자의 이익이 보호될 수 있다는 점을 고려할 때 합리적이지 못하다고 생각한다.

둘째, 정당한 사유 없이 채무불이행의 의사를 표시하여야 한다. 예컨대, 쌍무계약에서 채무자에게 불안의 항변권이 있는 때에는 채무불이행의 의사가 있어도 이행거절이 되지 않는다.

한국민법에서 이행거절을 독립적인 채무불이행의 유형으로 보는 학설[47]에 의하면, 이행거절이 성립하려면 우선 이행거절의 의사표시는 종국적이어야 한다. 여기서 종국적이라고 함은 그 의도를 바꾸어 채무의 이행으로 나아갈 가능성이 객관적으로 인정되지 않는다는 의미라고 한다. 그러나 채무자가 채권자가 이행거절로 인한 법률효과로서 얻은 권리, 특히 계약해제권을 행사하기 전에 그 이행거절의 의사를 철회한 경우에는 이행거절의 상태로는 종료가 되며, 이 경우에 채권자는 이행의 최고나 자기 채무의 이행제공이 없으면 계약을 해제하지 못한다고 한다. 그리고 이행거절의 의사표시는 명시적으로 행하여질 수도 있고 추단적 行態를 통하여서도 행하여 질 수 있는데, 추단적 행태를 통한 채무자의 이행거절의 의사를 판단함에 있어서, 채무가 쌍무계약으로부터 발생한 것인 경우에는 자신의 반대채권이나 채권자의 반대채무에 관한 주장이나 요구 등을 포함하여 그 계약의 전 과정을 총체적·종합적으로 고려하여야 하고, 단지 채무자의 채무에 관한 사정에 구애되어서는 아니된다

---

47) 梁彰洙(주38), 183·195면 이하.

고 한다. 또한 이행거절이 계약해제의 요건으로서 문제되는 한, 원칙적으로 부수적 의무에 해당하는 것이어서는 아니되나, 부수적 급부의무라고 하더라도 그 불이행으로 인하여 계약목적을 달성할 수 없는 경우에는 이행거절을 이유로 계약을 해제할 수 있다고 한다.

3) 이행거절의 효과

채무자의 이행거절이 있는 경우에 채권자가 어떠한 구제수단에 의해 구제받을 수 있는지, 그러한 구제수단이 적용되려면 구체적으로 어떠한 요건이 구비되어야 하는지가 문제된다. 중국합동법 제94조 제2호에 의하면, 이 경우에 채권자는 계약을 해제할 수 있다. 또한 이행거절도 계약위반의 한 유형이기에 계약책임의 일반규정인 중국합동법 제107조에 의하여 손해배상이나 강제이행을 청구하는 것이 가능하다. 그러나 손해배상액을 산정함에 있어서 이행기까지의 기한이익을 공제하여야 할 것이다.

한국민법에서도 이행거절의 경우에 다음과 같은 법적 효과가 발생할 수 있다고 한다. 즉 이행거절의 효과로 강제이행청구권이 인정되며, 동시에 계약해제권과 전보배상청구권도 발생한다고 한다.[48]

4. 불완전이행

"약정에 부합하지 않는 이행"이 포섭하는 내용 및 그 분류방법, 그리고 용어사용에 있어서 학설은 통일된 입장을 보이고 있지 않다. 또한 "약정에 부합하지 않는 이행"을 넓은 의미에서의 불완전이행으로 볼 수도 있으나, 여전히 세부적으로 나눌 필요가 있다. 계약의 이행이 완전하지 못한 경우를 기본적으로 불완전급부, 부수적 의무의 위반, 보호의무의 위반으로 나눌 수 있다.

---

48) 梁彰洙(주38), 197~198면 ; 李銀榮, 『註釋民法』(債權總則(1))(주28), 483면.

1) 불완전급부

불완전급부란 채무자가 급부를 하였으나, 급부가 계약의 내용에 부합하지 않는 경우를 말한다. 불완전급부는 追完을 할 수 있다는 점에서 부수적 의무의 위반과 구별되며, 이 또한 이행불능 및 이행지체와도 구별되는 점이다. 중국합동법 제111조 및 매매계약에서의 목적물 및 권리의 하자에 관한 규정은 불완전급부를 규율하고 있는 것이다. 그런데 불완전급부는 주는 채무 내지 하는 채무 중에서 어떠한 결과의 발생을 목적으로 하는 채무에서 문제될 뿐만 아니라, 어떠한 결과의 발생을 목적으로 하지 않고 어떠한 목적을 위해 채무자가 최선을 다해 일정한 행위를 할 것을 내용으로 하는 채무(수단채무)에서도 문제될 수 있다. 그러나 위와 같은 중국합동법의 규정은 목적물의 품질 또는 권리의 완전성만을 문제삼고 있는 것이며, 수단채무에서의 불완전급부를 규율하고 있는 것은 아니다. 다만, 이를 "약정에 부합하지 않는 이행"으로 보아, 중국합동법 제107조에 의하여 손해배상을 인정할 수 있다. 문제는 이러한 경우에도 추완 또는 보수의 감액을 인정할 필요가 있다는 점이다. 현재로서는 이러한 경우에 목적물의 하자에 관한 중국합동법 제111조를 유추 적용하여 추가이행이나 보수의 감액을 인정할 수 있다고 본다. 그리고 불완전급부의 경우에 채권자는 追完이나 대금 또는 보수의 감액을 요구하지 않고 계약의 완전이행을 요구할 수 있고, 또한 설사 追完되더라도 채무자는 여전히 지체책임을 부담하는 것으로 해석할 수 있을 것이다(제107조). 불완전급부로 인하여 채권자가 계약의 목적을 달성할 수 없는 때에는 계약을 해제할 수도 있다(제94조 제4호).

한국민법에서는 담보책임의 성질에 관하여 법정책임설과 채무불이행책임설이 대립하고 있으며, 담보책임과 채무불이행책임이 경합하느냐에 대하여 법정책임설은 이를 부정하고 있으나, 채무불이행책임설은 통일된 입장을 보이고 있지 않다.[49] 또한 한국민법은 담보책임에서는 대금감액 등에 관하여 규정하고 있으나, 채무불이행으로서의 불완전급부에 관하여는 대금감액 등에 관하여 규정하고 있지 않다. 그러나 불완전급부를 한국민법 제390조에서의 '채무의 내용에 좇은 이행을 하지 아니한 때'로 보아, 일반적으로 손해배상책임을 인정할 수 있다. 또한 불완전급부는 일단 수령되었더라도 채무는 변제되지 않고 여전히 존속하기에 채권자는 원칙적으로 채무자에 대하여 완전이행을 청구할 수 있다.50) 그리고 한국민법은 담보책임에 있어서도 대금감액을 보편적인 구제수단으로 규정하고 있지 않으며, 학설은 일반적으로 불완전급부의 일반적 효과로서 추완청구권을 인정하면서도, 하자보수청구권이 추완청구권의 일종인가에 대하여는 견해의 대립이 있다.51)

중국합동법과 한국민법의 또 하나의 차이점이라면, 한국민법은 채무불이책임과 담보책임이 구별되는 이유로, 하자 있는 이행에 대하여 담보책임이 적용되는 때에는 채무자의 고의 또는 과실이 책임발생의 요건이 아니나, 확대손해와 같이 채무불이책임에 의하여 규율되는 때에는 채무자의 고의 또는 과실은 책임발생의 요건으로 되는데, 중국합동법에서는 그러한 구별이 없기에 채무자의 주관적 상태는 책임발생과 언제나 관련이 없다는 점이다.

2) 부수적 의무의 위반

중국합동법 제60조 제2항에 의하면, 계약당사자는 신의성실의 원칙을 준수하여야 하고, 계약의 성질, 목적, 거래관습에 따라 통지, 협력, 비밀보호 등 의무를 부담한다. 즉 계약당사자는 급부의무를 부담하는 동시에, 부수적 의무도 부담한다. 중국합동법은 이러한 의무를 위반하는 경우에 구체적으로 어떠한 법적 효과가 발생하는가에 대하여 직접적으로

---

49) 이에 관하여는 제4장 제4절 Ⅲ. 물건의 하자 및 권리의 하자에 대한 책임의 성질 부분을 참조.
50) 梁彰洙, 『民法注解』(Ⅸ)(주7), 310면.
51) 南孝淳, 『民法注解』(ⅩⅣ), 博英社, 1997, 534∼539면 참조.

규정하고 있지 않다. 그러나 부수적 의무의 위반도 계약위반의 한 유형인 바, 계약책임에 관한 포괄규정인 중국합동법 제107조를 적용하여 손해배상을 인정할 수 있을 것이다. 그리고 부수적 의무는 계약의 내용에 따라 다를 수 있는바, 관건은 어떠한 의무가 부수적 의무인지를 판단하는 것이다. 이는 개별사안에서 구체적으로 판단하여야 할 문제이나, 이에 관한 판례가 쌓이거나 사법해석이 나오게 되면 부수적 의무로서의 전형적 유형, 그리고 어떠한 경우가 그러한 유형에 포함되는지가 명확해짐으로써 좀 더 용이하게 판단할 수 있을 것이다.

한국민법에서도 채무자는 당연히 부수적 의무를 부담하는데, 이러한 부수적 의무는 법률에 규정되는 경우도 있지만 법률이나 계약에 의하여 명시적으로 규정되거나 약정되지 않더라도 신의칙상 인정된다.[52] 즉 임차인의 용태의무(동법 제624조)나 통지의무(동법 제634조)와 같이 법률에 직접 규정되어 있는 부수적 의무가 있는가 하면, 물품이나 용역을 인도·제공함에 있어서 이와 관련된 정보를 제공하고 그 위험성을 공지하는 등 필요한 설명을 해야 할 의무(설명의무)나 고객의 안전을 배려해야 하는 여관숙박업자의 안전배려의무와 같이 법률에 직접적으로 규정되어 있지 않아도 신의칙상 인정되는 부수적 의무가 있다.[53] 그러나 판례에 의하면, 숙박업자는 고객에게 위험이 없는 안전하고 편안한 객실 및 관련 시설을 제공함으로써 고객의 안전을 배려하여야 할 보호의무를 부담하나,[54] 통상의 임대차관계에 있어서 임대인의 임차인에 대한 의무는 특별한 사정이 없는 한 단순히 임차인에게 임대목적물을 제공하여 임차인으로 하여금 이를 사용수익하게 함에 그치는 것이고, 임차인의 안정을 배려하여 주거나 도난을 방지하는 등의 보호의무까지는 부담하지 않는다.[55]

---

52) 徐光民(주11), 515면.
53) 梁彰洙, 『民法注解』(IX)(주7), 344~346면 ; 徐光民(주11), 515~516면 참조.
54) 大判 2000.11.24, 2000다38718, 38725(공 2001, 137).
55) 大判 1999.7.9, 99다10004(공 1999, 1600).

3) 보호의무의 위반

위에서 언급했다시피, 한국민법에서는 채무이행과정에 채무자는 채권자의 생명이나 신체 또는 기타 이행이익과 무관한 일체의 다른 법익을 침해하지 아니할 의무, 즉 보호의무를 부담하며, 채무자가 이를 위반하여 그러한 법익침해를 행한 경우에는 그에 대하여 채무불이행책임을 져야 한다는 견해가 있다. 즉 이 견해에 의하면, 채무자는 채무이행과정에 채권자의 이행이익 이외의 기타의 이익을 해하지 않을 의무도 부담한다. 그러나 반대의 견해56)도 있는바, 계약관계에서의 채무자의 보호의무를 인정하는 근거가 명확하지 않으며, 이러한 문제는 불법행위책임으로써 해결하면 되는 것이고 애매한 기준을 적용하여 계약상의 채무자의 보호의무를 인정할 필요가 없다고 한다.

이 문제에 관한 중국합동법 및 학설의 태도는 어떠한가? 중국합동법은 채무자가 채무이행 과정에 보편적으로 보호의무를 부담하는지에 대하여 규정하고 있지 않다. 다만, 위에서 보다시피, 중국합동법은 계약이 성립하기 전 또는 소멸한 후에도 계약당사자에게 일정한 계약상의 의무를 부과하고 있다. 또한 일반적으로 이를 계약상의 의무를 넓게 해석한 것으로 보고 있다. 이러한 맥락에서 볼 때, 계약상의 의무를 시간적으로 넓게 해석할 수 있을 뿐만 아니라, 내용적으로도 넓게 해석할 수 있는 여지가 있다고 볼 수 있다. 특히, 비밀유지의무와 관련하여 볼 때, 채무자는 계약이행과정에 비밀유지의무를 부담할 뿐만 아니라(제60조 제2항), 계약의 성립여부에 관계없이(제43조) 또는 계약이 성립 이후에 일정한 사유로 소멸한 후에도 부담한다(제92조). 또한 계약이행과정에 계약당사자가 부담하는 비밀유지의무는 계약의 성질, 목적과 거래관행에 근거하여 부담하는 것이다. 따라서 이러한 비밀유지의무는 적어도 계약의 이행과정에서는 보호의무로 보는 것보다는 계약상의 부수적 의무로 보

---

56) 梁彰洙, 『民法注解』(IX)(주7), 219면 이하.

는 것이 타당하다고 본다. 그리고 비록 중국합동법이 계약이 성립하기
전 또는 소멸한 후에도 일정한 요건 하에 계약당사자에게 책임을 부담
시키고 있으나, 중국합동법이 명시적으로 규정하고 있는 의무의 위반에
대해서만 책임을 부담시키는 것으로 해석하여야 할 것이다. 이에 대한
학설의 명확한 태도는 알 수 없으나, 일반적으로 중국합동법이 명시적으
로 규정하고 있는 의무위반에 대한 책임에 대해서만 설명하고 있으며,
그 외 계약당사자가 구체적으로 기타 어떠한 의무를 부담할 수 있는지
에 대하여는 언급하고 있지 않다. 오히려, 중국법에서는 고객의 안전을
배려하여야 할 백화점의 의무와 같은 계약상의 의무는 인정되지 않는다
는 견해57)가 있다.

  단순히 계약관계가 존재한다는 이유만으로, 계약당사자에게 계약관계
를 근거로 계약의 이행과 무관한 의무를 보편적으로 부담시키는 것은
타당하지 않다고 본다. 중국합동법이 규정하고 있는 비밀유지의무와 같
은 의무는 보호의무가 아닌 부수적 의무로 볼 수 있다. 계약이행과정에
계약당사자 일방이 상대방의 재산, 신체를 침해하는 때에는 불법행위책
임으로 규율하면 될 것이다.

5. 소 결

  첫째, 한국민법에서는 일반적으로 원시적 불능인 계약을 무효로 보고
있다. 중국의 종래 통설도 이와 동일한 입장이었다. 사견으로는 원시적
불능인 계약을 무효로 볼 필요가 없다고 본다. 이행불능의 효과와 관련
하여, 우선 중국합동법과 한국민법 모두에서 강제이행은 인정되지 않는
다. 그리고 중국합동법에서는 불가항력에 의한 면책이 인정되는 경우를
제외하고는 채무자는 이행불능에 대한 과실의 존재여부에 관계없이 손
해배상책임을 부담하며, 또 불가항력에 의한 이행불능을 포함한 모든 이

---

57) 韓世遠(주22), 163～164면.

행불능의 경우에 계약당사자는 계약을 해제할 수 있다. 이에 비하여, 한국민법에서는 채무자는 이행불능에 대하여 과실이 있는 경우에만 손해배상책임을 부담하며, 또 이 경우에 채권자는 계약을 해제할 수 있다. 그러나 채무자의 고의나 과실이 없는 이행불능의 경우에는 한국민법은 중국합동법과 달리 해제가 아닌 위험부담의 문제로서 처리하고 있다.

둘째, 이행기와 관련하여, 중국합동법에는 이행기가 확정기한이 아닌 때에 채무자는 어느 시점부터 지체책임을 부담하는지 대하여 규정하고 있지 않다. 한국민법 제387조 제1항에 의하면, 이 경우에 채무자는 기한이 도래함을 안 때로부터 지체책임이 있다. 이행지체의 효과와 관련하여, 중국합동법과 한국민법 모두에서 채무자의 책임은 과중되고, 채권자는 계약을 해제하거나 또는 채무자에게 강제이행을 청구할 수 있으며, 또 지연배상도 청구할 수 있다. 그리고 한국민법에서 채권자는 계약을 해제하지 않고, 전보배상을 청구할 수 있으나, 중국합동법에는 이에 관하여 명시적으로 규정하고 있지 않다.

셋째, 중국합동법은 명시적으로 이행거절에 대하여 규정하고 있다. 그런데 이행기 후의 이행거절을 독립적인 계약위반의 유형으로 파악하는 견해가 있다. 한국민법에는 이행거절을 직접적으로 정하고 있는 규정은 없으며, 학설은 이행거절을 독립적인 채무불이행의 유형으로 볼 것인가를 놓고 견해의 대립이 있다. 그리고 이행거절을 독립적인 채무불이행의 유형으로 보는 견해에 의하면, 이행거절이 고유한 의미를 가지는 것은 주로 그것이 이행기 전에 있는 경우에서라고 한다.

넷째, 불완전급부와 관련하여, 중국합동법에서는 이에 관한 일반적인 구제수단으로 추완, 대금감액 등에 관하여 규정하고 있으나, 한국민법은 담보책임에서는 대금감액 등에 관하여 규정하고 있으나, 채무불이행으로서의 불완전급부에 관하여는 대금감액 등에 관하여 규정하고 있지 않다. 또한 한국민법은 담보책임에 있어서도 대금감액을 보편적인 구제수단으로 규정하고 있지 않으며, 학설은 일반적으로 불완전급부의 일반적

효과로서 추완청구권을 인정하면서도, 하자보수청구권이 추완청구권의
일종인가에 대하여는 견해의 대립이 있다. 그리고 하자 있는 이행이 있
는 때에 한국민법에서 담보책임이 적용되는 경우에는 채무자의 고의 또
는 과실이 책임발생의 요건이 아니나, 채무불이행책임이 적용되는 때에
는 채무자의 고의 또는 과실을 요한다. 이에 비하여 중국합동법에서는
언제나 원칙상 채무자의 주관적 상태는 문제되지 않는다.

부수적 의무의 위반과 관련하여, 중국합동법 제60조 제2항에 의하면,
계약당사자는 계약의 성질, 목적, 거래관습에 따라 통지, 협력, 비밀보호
등 의무를 부담하는데, 이를 계약상의 부수적 의무로 볼 수 있다. 한국민
법에서도 채무자는 신의성실의 원칙 등에 의하여 부수적 의무를 부담하
며, 한국민법의 규정에 의한 부수적 의무뿐만 아니라, 학설 및 판례에 의
하여 어떠한 의무가 부수적 의무인지가 설명되고 있다.

보호의무의 인정여부와 관련하여, 한국민법에는 명시적인 규정이 없
으며, 한국의 학설도 견해의 대립이 있다. 중국합동법에도 보호의무에
관한 것으로 볼 수 있는 규정이 없다고 보며, 이에 관한 학설의 태도도
명확하지 않다. 사견으로는 중국법에서도 계약상의 보호의무를 인정할
필요가 없다고 본다.

제3절 계약책임에서의 당사자의 주관적 요건

Ⅰ. 중국합동법

계약위반의 사실은 계약책임의 성립에 있어서 객관적인 요소이다. 여기서 계약책임은 객관적인 요소인 계약위반의 사실로만 성립하는가, 아니면 채무자의 주관적인 요소도 고려되어야 하는지가 문제된다. 즉 계약책임이 성립함에 있어서 채무자의 과실이 필요한지가 문제된다. 우선 이문제에 관하여 계약책임에 관련된 종전의 법규정들은 문언상 차이가 있었고, 따라서 법규정에 대한 해석상의 문제를 놓고 견해의 대립이 있게되었다. 중국합동법이 제정된 후에는 계약책임을 엄격책임으로 보는 것이 통설이나, 반대의 견해가 여전히 존재하고 있다. 이하에서는 먼저 이문제에 관한 종래의 입법과 학설을 본 후, 중국합동법의 규정 및 학설을 살펴보기로 하겠다.

1. 종래의 계약법에서의 계약책임의 주관적 요건

"經濟合同法" 제29조 제1항은 "당사자 일방의 고의나 과실로 인하여 경제계약을 이행할 수 없거나 완전하게 이행할 수 없게 된 경우, 고의나 과실이 있는 당사자는 계약책임을 부담한다"고 규정하여, 당사자의 과실을 계약책임의 성립요건으로 규정하였다. 그러나 "經濟合同法" 이후에 제정된 "涉外經濟合同法", "技術合同法", "民法通則"은 계약책임에 관하여 "經濟合同法"과 다르게 규정하였다. 즉 "涉外經濟合同法" 제18조 전단은 "당사자 일방이 계약을 이행하지 않거나 계약상의 의무를 이

행한 것이 약정에 부합하지 않는 경우, 즉 계약을 위반한 때에는 상대방
은 손해배상 또는 기타 합리적인 補救措置를 취할 것을 요구할 수 있다"
고 규정하여, 당사자의 과실을 계약책임의 성립요건으로 규정하지 않았
다. "技術合同法"(제17조)도 이와 유사한 규정을 두어 당사자의 과실을
계약책임의 성립요건으로 규정하지 않았다. 그런데 "民法通則"의 경우,
이 문제에 관한 법해석상의 문제가 존재한다. 즉 "民法通則"은 제2절
"계약을 위반한 민사책임" 부분에서 "당사자 일방이 계약의무를 이행하
지 않거나 계약의무를 이행한 것이 약정에 부합하지 않는 경우, 상대방
은 이행할 것을 요구하거나 또는 補救措置를 취할 것을 요구할 수 있으
며, 동시에 손해배상청구도 가능하다"(동법 제111조)고 규정하고 있는데,
당사자의 과실이 계약책임의 주관적 요건인지에 대하여 명확히 밝히고
있지 않다. 따라서 이에 대하여 학설의 대립이 있게 되었다. 주요한 견해
로 다음과 같은 것이 있다.

첫째, "民法通則" 제111조에서 당사자의 과실이 계약책임의 성립요건
인지에 대하여 명시적으로 밝히고 있지 않으나, 관련 규정과의 관계, 입
법자의 의도 등으로부터 계약책임을 과실책임으로 규정하였음을 알 수
있다는 견해[1]이다. 그 근거로 다음과 같은 점을 들고 있다.

a. "民法通則"은 제6장 "民事責任"의 제1절 "(1)[2] 一般規定" 부분에서
"公民 또는 法人이 계약을 위반하거나 기타 의무를 이행하지 않을 경우,
민사책임을 부담하여야 한다. (2) 公民, 法人이 고의나 과실에 의하여 국
가 또는 집단의 재산을 침해하거나 타인의 財産이나 人身을 침해한 경
우, 민사책임을 부담하여야 한다. (3) 고의나 과실이 없으나 법률이 민사
책임을 부담하여야 한다고 규정한 경우에는 민사책임을 부담하여야 한
다"(동법 제106조)고 규정하고 있는데, 이 견해에 의하면, 동조 제1항은

---

1) 崔建遠 主編, 『合同法』(第三版), 法律出版社, 2004, 235면.
2) 중국법에서는 항을 표기하지 않고, 단락을 나누어 항을 구분한다. 여기서는
   항을 구분하기 위하여 필자가 표기한 것이다.

계약책임과 불법행위책임에 모두 적용되는 규정이고, 동조 제2항은 불법행위책임을 과실책임으로 규정한 것이며, 동조 제3항은 계약책임과 불법행위책임이 예외적으로 엄격책임으로 될 수 있음을 규정한 것이다. 따라서 계약책임을 엄격책임으로 보게 되면 동조 제3항은 필요 없게 된다. 또한 계약책임에 관하여 불법행위책임에 관한 동조 제2항과 같은 규정을 두지 않은 것은 계약책임에 관하여 과실추정주의를 취했기 때문이라고 한다. 따라서 동법 제111조에서 비록 계약책임의 요건으로 당사자의 과실을 명시적으로 규정하고 있지 않으나, 동법 제106조와의 관계로부터 계약책임을 과실책임으로 규정하고 있음을 알 수 있다고 한다.

  b. 또한 "民法通則"과 "經濟合同法"의 관계로부터 볼 때, "民法通則"이 계약책임을 과실책임으로 규정하고 있음을 알 수 있다고 한다. 즉 "經濟合同法"은 "民法通則"의 특별법으로서 "民法通則"에 비하여 상사계약의 성질이 농후하기에 상대적으로 계약책임을 엄격책임으로 인정할 필요성이 크다고 할 수 있다. 그런데 "經濟合同法"은 계약책임을 과실책임으로 규정하고 있다. 따라서 "民法通則"에서의 계약책임을 엄격책임으로 인정하는 것은 타당하지 않다. 그리고 "民法通則"은 "經濟合同法"이 나온 후에 제정된 것이나 그 이후에 "經濟合同法"이 수정되었는데, 계약책임을 여전히 과실책임으로 규정하였다.

  c. "民法通則"의 제정에 주요한 영향력을 발휘한 학자들의 견해로부터 입법자의 의도를 알 수 있는데, 그들 모두가 계약책임을 과실책임으로 보고 있다는 점을 들고 있다.[3]

  둘째, 이 규정은 문언상 당사자의 과실을 계약책임의 주관적 요건으로 규정하고 있지 않기에 계약책임은 엄격책임이라는 견해[4]이다. 그리고 "民法通則"에서의 계약책임을 엄격책임으로 보는 견해 중, "民法通

---

  3) 崔建遠 主編(주1), 236면 참조.
  4) 馬忠勤 主編, 『履行經濟合同中的法律問題』, 中國檢察出版社, 1996, 220면 이하.

則" 제111조와 제106조의 관계에 대하여 다음과 같이 설명하는 견해5)가 있다. 즉 동법 제106조 제1항은 계약책임의 요건으로 당사자의 과실을 요한다고 규정하고 있지 않으나, 동조 제2항은 불법행위책임의 경우에는 당사자의 과실을 요한다고 명시적으로 규정하고 있는데, 이는 계약책임을 엄격책임으로 규정하였음을 설명한다는 것이다.

이상의 견해들을 검토하여 볼 때, "民法通則"에서의 계약책임을 과실책임으로 보는 것이 타당하다고 생각한다.

2. 중국합동법에서의 계약책임의 주관적 요건

1) 계약책임에서 채무자의 과실이 필요한지 여부

계약책임의 성립요건으로 당사자의 과실이 필요 하느냐의 문제는 중국합동법을 제정하는 과정에서도 주요한 쟁점으로 되었다. 그런데 중국합동법은 계약책임에 관하여 "당사자 일방이 계약의무를 이행하지 않거나 계약의무를 이행한 것이 약정에 부합하지 않을 경우, 강제이행, 補救措置 또는 손해배상 등 계약책임을 부담한다"고 규정하고 있다(제107조). 이 규정은 문언상 채무자의 과실을 계약책임의 성립요건으로 규정하고 있지 않다. 따라서 계약당사자의 과실은 계약책임의 성립요건이 아니라는 것이 통설의 입장이다.6) 이와는 달리, 비록 중국합동법이 당사자의 과실을 계약책임의 성립요건으로 규정하고 있지 않으나, 계약책임을 엄격책임으로 보는 것은 타당하지 않다는 견해도 있다.

통설은, 중국합동법의 제정 과정에서 계약책임이 엄격책임이라는 근거를 찾고 있다. 중국합동법 제1초안에서는 계약책임을 과실책임(과실의

---

5) 孔祥俊, 『合同法敎程』, 中國人民公安大學出版社, 1999, 412면.
6) 楊立新, "中國合同責任(上)" 『河南省政法管理干部學院學報』 第1期, 2000, 26면.

추정)으로 규정하였다. 즉 법학자들에 의하여 起草된 중국합동법 제1초안 제138조는 "계약당사자 일방이 계약상의 채무를 이행하지 않거나 그 이행이 법률의 규정 또는 약정에 부합하지 않을 경우, 계약책임을 부담하여야 한다. 단, 당사자가 본인에게 고의나 과실이 없음을 입증할 때에는 예외이다"고 규정하였다. 그러나 그 후, 동 규정(제138조)은 수정되었다. 최종적으로 확정된 것이 중국합동법 제107조이다. 그리고 통설은 이를 계약책임을 과실책임에서 엄격책임으로 수정한 것으로 본다. 또한 이와 같이 수정하게 된 배경을 다음과 같이 설명하고 있다.[7]

첫째, 엄격책임은 계약법의 발전추세이다. CISG, PICC, PECL 등은 모두 계약책임을 엄격책임으로 규정하고 있다. 중국합동법이 계약책임을 엄격책임으로 규정한 것은 CISG, PICC의 영향을 받은 결과라는 견해[8]도 있다.

둘째, 엄격책임을 인정하게 되면 계약책임에 관한 재판을 함에 있어서 입증의 문제를 쉽게 해결할 수 있다. 즉 엄격책임 하에서 원고는 피고의 계약위반 사실만을 입증하면 되고, 피고의 과실을 입증할 필요가 없다. 또한 피고도 본인에게 과실이 없었음을 입증할 필요가 없다. 따라서 이는 소송에 있어서도 경제적이다.

셋째, 엄격책임은 계약책임의 본질에 더 부합한다. 계약책임의 발생은 계약당사자 간의 사전의 약정을 전제로 하는 것이고, 이러한 약정은 당사자의 자유의사에 맡겨진다. 즉 계약책임은 계약의무위반으로부터 발생하는 것으로 그 실질에 있어서 당사자의 약정에 기인한 것이다.

그런데 중국합동법 제1초안에서 규정한 것과 같이 계약책임을 여전히 과실책임으로 보는 견해[9]가 있다. 즉 이 견해에 의하면, 당사자의 과실은 추정되는 것으로, 중국합동법에서의 계약책임은 과실추정책임이다. 이 견해는 계약책임을 과실추정책임으로 인정하는 것은 다음과 같은 의

---

7) 孔祥俊(주5), 409~410면 참조.
8) 韓世遠, "合同責任的爭點與反思"『人民法院報』, 2001.6.22~23.
9) 王利明・崔建遠, 『合同法新論・總則』, 中國政法大學出版社, 2000, 580면.

의가 있다고 한다.

첫째, 피해자의 이익을 보호하는 데 유리하다. 현대사회에서 생산기술의 발달과 상품거래규모의 확대는 계약당사자 일방이 상대방의 계약위반 사실과 과실을 모두 입증하는 것을 더욱 어렵게 하였다. 따라서 채권자에게 채무자의 과실에 대한 입증책임을 부담시키는 것은 채권자의 보호에 미흡한 것으로 채무자에게로의 입증책임의 전환이 필요하다.

둘째, 채무자가 자신에게 과실이 없음을 입증하는 것은 채권자가 채무자의 과실을 입증하는 것에 비해 상대적으로 용이하다.

셋째, 계약위반 사실에 대한 입증책임을 채권자에게, 채무자의 과실에 대한 입증책임을 채무자에게 부담시키게 되면, 입증의 문제를 가장 쉽고 빠르게 해결할 수 있어 계약책임성립여부를 정확하고도 신속하게 판단할 수 있다.

위 두 견해와는 달리, 계약책임의 요건으로 당사자의 과실이 필요한지 여부를 일률적으로 판단할 것이 아니라, 계약책임의 형식에 따라 다르게 판단하여야 한다는 견해10)가 있다. 즉 이 견해에 의하면, 강제이행, 補救措置, 위약금지급 등 계약책임에 관하여는 엄격책임을 인정하는 것이 타당하나, 손해배상책임의 경우에 엄격책임을 인정하는 것은 문제가 있다고 한다. 특히, 중국합동법(제113조 제2항, "消費者權益保護法" 제49조)은 소비자계약에서 경영자의 사기가 있는 경우에 倍額賠償을 인정하고 있는데, 여기서 사기는 당사자의 고의를 필요 요소로 하기에 당연히 손해배상책임을 과실책임으로 보는 것이 타당하다고 한다. 또한 중국합동법 제120조는 "당사자 쌍방이 모두 계약을 위반한 경우, 각자가 상응하는 책임을 부담하여야 한다"고 규정하고 있는데, 이를 과실상계에 관한 규정으로 보면서, 계약책임을 엄격책임으로 인정하게 되면 이 규정을 해석하는 데 어려움이 있다고 한다. 따라서 이 견해는, 비록 손해배상책임에 관한 제107조, 제112조, 제113조 등 규정에서 문언상 채무자의 과

---

10) 楊立新(주6), 26면 이하.

실을 손해배상책임의 요건으로 규정하고 있지 않으나, 손해배상책임을 과실책임으로 해석하는 것이 타당하고 주장한다.

계약책임이 과실책임인지 아니면 엄격책임인지를 판단함에 있어서 주로 문제되는 것은 손해배상책임이라고 할 수 있다. 우선 해제의 경우, 중국합동법 제94조에 의하면 당사자의 과실이 필요하지 않다. 다음으로 강제이행의 경우에도 당사자의 과실을 요구하지 않는 것이 합리적이다. 중국합동법의 제정 과정, 중국합동법의 규정 등으로부터 볼 때, 손해배상책임을 엄격책임으로 보는 것이 타당하다. 즉 중국합동법 제1초안에서 계약책임을 과실책임으로 규정하였다가 후에 다시 수정한 점, 중국합동법 제117조에서 불가항력에 의한 면책을 인정하고 있는 점 등을 고려할 때, 손해배상책임도 엄격책임으로 인정하여야 할 것이다. 중국합동법이 소비자계약에서 경영자의 사기가 있는 경우에 倍額賠償을 인정하고 있으나, 엄격책임인 경우에도 당사자의 고의를 전제조건으로 倍額賠償을 인정할 수 있기 때문에 이 규정은 손해배상책임이 과실책임이라는 근거로 될 수 없다. 또한 이하에서 보다시피, 중국합동법 제120조를 과실상계에 관한 규정으로 볼 수 없다.

그러나 중국합동법이 계약책임을 엄격책임으로 규정하고 있다고 하여 계약위반의 객관적인 사실만 있으면 그 당사자가 언제나 계약책임을 부담하는 것은 아니다. 즉 중국합동법은 일정한 경우에 계약위반에 대한 면책을 인정하고 있다. 우선 계약당사자 간에 약정한 면책조항에 의하여 면책이 될 수 있다. 다음으로 중국합동법 제117조에 의하면, 불가항력으로 인하여 채무를 이행할 수 없게 되는 때에 면책이 인정된다.[11]

2) 典型契約에서의 과실책임의 인정

계약책임이 과실책임인지, 아니면 엄격책임인지에 대한 논의는 일반

---

11) 면책에 관하여 제4장 제3절 Ⅰ. 3. 중국합동법에서의 면책 부분에서 상세히 서술한다.

적인 경우를 전제로 하여 진행되는 것이다. 왜냐하면 중국합동법은 典型계약에 관한 일부 규정에서 계약책임이 성립하려면 당사자의 과실이 필요함을 명시적으로 밝히고 있기 때문이다. 예를 들면, 다음과 같은 규정에서 계약책임을 과실책임으로 규정하고 있다.

증여자의 손해배상책임: "증여자의 고의나 중대한 과실에 의하여 증여재산이 훼손 또는 멸실 된 경우에 증여자는 손해배상책임을 부담하여야 한다."(제189조)

수치인의 손해배상책임: "임치기간 중에 수치인의 적절하지 못한 보관으로 인하여 임치물이 훼손 또는 멸실되는 경우, 수치인은 손해배상책임을 부담하여야 한다. 다만 무상임치의 경우, 수치인이 자신에게 중대한 과실이 없음을 입증하는 경우에는 손해배상책임을 부담하지 아니한다."(제374조)

수임인의 손해배상책임: "유상위임계약에서 수임인의 고의나 과실에 의하여 위임인에게 손해가 발생하는 경우에 위임인은 손해배상을 청구할 수 있다. 무상위임계약에서 수임인의 고의나 중대한 과실에 의하여 위임인에게 손해가 발생하는 경우에 위임인은 손해배상을 청구할 수 있다."(제406조)

운송인의 손해배상책임: "운송인은 운송 중에 자신의 고의나 과실에 의하여 여객이 휴대한 물품이 훼손 또는 멸실되는 경우에 운송인은 손해배상책임을 부담하여야 한다."(제303조 제1항)

3) 결 론

이상에서 보다시피, 계약책임을, 명시적인 규정이 없는 한, 엄격책임으로 보는 것이 타당하다. 그러나 비록 중국합동법이 계약책임을 원칙상 엄격책임으로 규정하고 있으나, 불가항력으로 인한 이행불능에 대하여 면책을 인정하고 있고, 또 일부 전형계약에 관한 규정들에서 계약책임을 과실책임으로 규정하고 있기 때문에, 엄격책임원칙에 의한 책임부담은 어느 정도 제한을 받는다고 할 수 있다.

3. 중국합동법에서의 면책

1) 불가항력으로 인한 면책

중국합동법은 계약책임을 엄격책임으로 규정하면서, 불가항력의 경우에 면책을 인정한다. 즉 중국합동법 제117조 제1항에 의하면, 불가항력으로 인하여 계약을 이행할 수 없는 경우, 불가항력이 미친 영향에 근거하여, 부분적으로 또는 전부 면책된다. 그러나 이행지체 후에 발생한 불가항력은 면책사유가 되지 않는다. 이는 기본적으로 채무불이행책임의 발생에 대하여 채무자의 과실을 요하지 않으면서 일정한 장애사유가 발생하는 경우에 채무자에 대하여 면책을 인정하는 CISG, PICC 및 PECL의 태도와 일치하다.

(1) 불가항력

중국합동법 제117조 제2항에 의하면, 중국합동법에서 말하는 불가항력이란 예견할 수 없고, 회피할 수 없으며, 동시에 극복할 수 없는 객관적인 상황을 말한다. 즉 불가항력이 성립되려면, 다음과 같은 요건이 구비되어야 한다.

첫째, 채무자는 일정한 급부장애사유의 발생을 예견할 수 없어야 한다. 예견여부를 판단함에 있어서 예견당사자의 예견능력을 기준으로 할 것이 아니라 일반인의 예견능력을 기준으로 하여야 한다.[12] 그리고 중국합동법이 규정하고 있지 않으나, 예견여부를 판단하는 시기를 계약체결시로 하여야 할 것이다.[13]

---

12) 王利明, 『違約責任論』, 中國政法大學出版社, 2003, 371면 ; 孔祥俊(주5), 416면.
13) CISG 제79조 제1항, PICC 제7.1.7조 제1항, PECL 제8:108조 제1항 등 참조.

둘째, 그러한 급부장애사유의 발생을 회피할 수 없는 동시에 극복할
수 없어야 한다. 회피할 수 없다는 것은 당사자가 최대한의 노력을 들였
으나 여전히 급부장애사유의 발생을 회피할 수 없다는 것이고, 극복할
수 없다는 것은 급부장애사유가 발생한 후에 당사자가 최대한의 노력을
들였으나 여전히 손해의 발생을 극복할 수 없다는 것을 의미한다고 보
거나,[14] 회피·극복할 수 없는지 여부는 당사자 개인의 능력과 그가 처
한 환경을 기준으로 판단하여야 한다고 보고 있으나,[15] 급부장애사유의
발생을 회피·극복할 수 없는지 여부는 실제 당사자 노력의 정도와는
무관하며, 또한 합리적인 인간을 기준으로 판단하여야 한다고 본다.

그리고 중국합동법은 위 입법례와는 달리 장애사유에 대한 당사자의
支配不可能을 불가항력의 요건으로 규정하고 있지 않다. 따라서 당사자
가 예견할 수 없고, 회피할 수 없는 동시에 극복할 수 없는 장애사유가
발생하고, 그러한 장애사유가 당사자의 지배 안에 있는 경우에 중국합동
법에서 불가항력으로 인정되는지가 문제된다. 중국합동법 제121조의 규
정을 근거로 제3자의 행위는 언제나 불가항력으로 될 수 없다는 견해[16]
는 있으나, 아직 이 문제를 구체적으로 다루는 학설은 없다. 자신의 행위
의 위험은 자신이 감수하여야 하기에 위 입법례와 마찬가지로 중국합동
법에서도 당사자의 지배 밖의 장애사유만이 불가항력으로 인정될 수 있
는 것으로 해석하여야 한다고 본다.[17] 따라서 당사자의 지배 안에 있는
사유로 볼 수 있는 기계고장이나 이행보조자의 행위는 불가항력으로 될
수 없다. 그러나 제3자의 행위도 당사자의 지배 밖에 있는 경우에는 불
가항력으로 될 수 있다.

---

14) 王利明(주12), 371면.
15) 孔祥俊(주5), 416면.
16) 郭明瑞·房紹坤,『新合同法原理』, 中國人民大學出版社, 2000, 361면 ; 孔祥
    俊(주5), 416면.
17) OLE LANDO AND HUGH BEALE, PRINCIPLES OF EUROPEAN CONTRACT
    LAW(PARTS Ⅰ AND Ⅱ), KLUWER LAW INTERNATIONAL, 2000, 380면 참조.

어떠한 사유가 불가항력으로 될 수 있는가? 학설은 일반적으로 자연재해, 법률·행정법규의 제정 또는 개정, 전쟁 등이 불가항력으로 인정될 수 있다고 본다.[18]

(2) 불가항력으로 인한 면책

a. 영구적 급부불능과 일시적 급부불능

불가항력으로 인한 급부불능에는 영구적 급부불능과 일시적 급부불능이 있다. 우선 중국합동법 제117조 제1항에 의하면, 불가항력으로 영구적 급부불능이 되는 때에 채무자는 면책될 것이다.

그런데 중국합동법은 위 입법례와는[19] 달리 불가항력으로 일시적 급부불능이 되는 경우에도 그 기간 동안 면책이 인정되는지에 대하여 직접적으로 규정하고 있지 않다. 과거 "涉外經濟合同法"도 불가항력에 의한 면책을 인정하고 있었는데(동법 제24조 제1항), 불가항력의 영향이 미치는 기간 내의 지체책임은 면제됨을 명시적으로 규정하고 있었다(동법 제24조 제2항). 중국합동법에서도 이 경우에 채무자의 지체책임은 인정되지 말아야 할 것이다.[20] 또한 불가항력에 의한 일시적 급부불능에 대한 면책이 인정된다면, 채무자는 불가항력이 없어지는 때에 채무를 다시 이행할 의무가 있고, 채권자도 채무자의 급부를 수령하여야 할 것이다. 단, 그러한 이행으로 채권자가 계약목적을 달성할 수 없다면, 계약을 해제할 수 있다(제94조).

그리고 중국합동법은 이행기 이후에 불가항력이 발생하는 경우에는 면책을 인정하지 않기에(제117조 제1항), 불가항력은 시간적으로 이행기 전이나 이행기가 도래한 때로부터 발생하여야 할 것이다. 또한 불가항력

---

18) 江平 主編, "中華人民共和國合同法精解", 中國政法大學出版社, 1999, 97면 ;
　　王利明(주12), 372~373면 ; 李永軍, 『合同法』, 法律出版社, 2004, 672~673면.
19) CISG 제79조 제3항, PICC 제7.1.7조 제2항, PECL 제8:108조 제2항.
20) 王利明(주12), 380면.

으로 인한 일시적 급부불능인 경우, 이행기 전에 불가항력이 없어지더라도 불가항력의 영향으로 채무의 이행이 지체되었다면, 합리적인 기간 내의 지체책임은 인정되지 말아야 할 것이다.

b. 불가항력에 대한 채무자의 통지의무와 입증책임

불가항력으로 계약을 이행할 수 없게 된 당사자는 지체 없이 이를 상대방에게 통지하여 손해의 확대를 막아야 하고, 동시에 합리적인 기간 내에 불가항력의 발생을 입증할 수 있는 서류를 제출하여야 한다(제118조). 즉 채무자는 채권자에게 불가항력의 발생을 통지하여 손해의 확대를 방지할 의무를 부담하며, 불가항력에 의한 면책을 주장하려면, 불가항력의 발생을 입증할 수 있어야 한다. 그런데 중국합동법은 채무자가 이러한 통지의무를 이행하지 않을 때, 구체적으로 어떠한 법적책임을 부담하는지에 대하여 직접적으로 규정하고 있지 않다. 동 규정으로부터 볼 때, 불가항력에 대한 채무자의 통지가 없음으로 인하여 확대된 채권자의 손해에 대하여는 면책이 인정되지 않을 것이다. 채무자에게 면책사유에 대한 통지의무를 부과하고 있는 CISG 제79조 제4항, PICC 제7.1.7조 제3항 및 PECL 제8:108조 제3항에서도 위와 같은 법적 효과가 인정되고 있다.

c. 면책의 내용

중국합동법에서 규정하고 있는 계약위반의 구제수단에는 강제이행, 손해배상, 追完, 대금감액, 해제 등이 포함된다. 우선 비금전채무의 경우에 이행불능이 되면, 이행불능이 불가항력에 의한 것이든 또는 당사자의 과실에 의한 것이든 간에 강제이행은 적용될 수 없다(제110조). 그리고 금전채무의 경우에는 언제나 강제이행이 가능한 것으로(제109조) 불가항력에 의한 이행불능이 존재할 수 없다. 또한 追完과 대금감액은 기본적으로 물품에 하자가 있는 경우에 적용되는 것으로(제111조) 이행불능의 경우에 적용될 여지가 없을 것이다. 따라서 이행불능이 발생하는 경우에 채권자가 취할 수 있는 구제방법은 채무자에게 손해배상을 청구하거나 또는 계약을 해제하는 것이다. 만일 그러한 이행불능이 불가항력에 의한 것이면, 채무자의 손해배상책임은 면제된다. 그러나 이 경우에 채권자는 계약을 해제할 수 있다. 또한 계약의 전부에 대하여 불가항력이 발생하는 경우는 물론, 불가항력으로 부분적으로 이행이 불가능한 경우라도 나머지 이행만으로 채권자가 계약의 목적을 달성할 수 없으면 계약을 해제할 수 있으며, 위에서 언급했다시피, 영구적인 불가항력이 아니고 일시적인 불가항력이더라도 계약을 해제할 수 있다. 따라서 불가항력에 의한 이행불능의 경우에 면제되는 것은 손해배상책임이다.

2) 면책조항

중국합동법이 엄격책임을 원칙으로 하고 있으나, 계약당사자 간에 면책약정을 할 수 있다. 다만, 이러한 면책약정이 강행법규, 사회공덕, 사회경제질서에 반하여서는 아니 될 것이다(제7조). 구체적으로 어떠한 경우에 면책약정이 무효가 되는지는 중국합동법 제53조를 기준으로 판단할 수 있다. 동 규정에 의하면, 人身傷害로 인한 책임에 대한 면책조항과 고의 또는 중과실에 의한 재산침해에 대한 면책조항은 무효이다.

따라서 人身傷害에 대한 면책조항은 언제나 무효가 되고, 재산침해에 대한 면책조항은 경과실의 경우에만 유효하다.

또한 약관계약에서는, 중국합동법 제40조에 의하면, 당사자 일방의 경과실에 의한 재산침해에 대한 면책조항도 무효가 된다. 왜냐하면 동 규정이 약관제공자의 책임을 면제하는 조항을 당사자의 주관적 상태에 관계없이 언제나 무효인 것으로 규정하고 있기 때문이다. 중국합동법이 면책조항의 유효여부를 규정하면서 일반계약과 약관계약을 다르게 규정한 것은 일반적으로 약관제공자가 경제적 지위가 우위에 있고, 당사자 쌍방이 약관조항에 대하여 협상할 수 없는 약관계약의 특징을 고려한 결과로 보인다.

Ⅱ. 한국민법

한국민법에서 채무불이행책임은 원칙적으로 과실책임인 바, 채무자의 고의 또는 과실이 있어야 채무불이행책임이 발생할 수 있다. 그러나 금전채무인 때에는 채무자의 과실은 채무불이행책임의 요건이 아니다(동법 제397조 제2항). 여기서 고의라 함은, 자신의 행위에 의하여 채무불이행의 결과가 발생함을 意識하고 또한 意慾하면서 그 행위를 하는 정신상태를 말한다.[21] 그리고 과실이라 함은, 자신의 행위에 의하여 채무불이행의 결과가 발생함을 인식(예견)하고 또 나아가 이를 회피하여야 함에도 불구하고, 이를 인식하지 못하거나 또는 인식하였어도 이를 회피하지 못함으로써 그 행위에 의하여 채무불이행의 결과가 발생한 경우를 말한다.[22] 즉 과실은 채무물이행의 결과에 대한 인식가능성(예견가능성) 및 회피가능성을 전제로 하는데, 이와 같은 예견의무 및 회피의무는 통상 이를 합하여 '주의의무'라고 한다. 이러한 주의의무는 채무자가 속한 직업이나 채무자가 참여하는 거래권에서 평균인에게 요구되는 주의의무를 기준으로 한다.[23]

그리고 채무불이행책임에서 채무자의 과실은 추정되기에 채무자가 자신에게 과실이 없음을 주장·입증함으로써 채무불이행책임을 면할 수 있다.[24] 판례도 동일한 입장이다. 예를 들면, "임차인의 임차물반환채무가 이행불능이 된 경우에 임차인이 그 이행불능으로 인한 손해배상책임을 면하려면 그 이행불능이 임차인의 귀책사유로 말미암은 것이 아님을

---

21) 梁彰洙, 『民法注解』(Ⅸ), 博英社, 1995, 355면.

22) 梁彰洙, 『民法注解』(Ⅸ)(주21), 357면.

23) 徐光民, "債務不履行에 있어서의 歸責事由" 『저스티스』 제30권 제3호, 46면 ; 梁彰洙, 『民法注解』(Ⅸ)(주21), 357~358면.

24) 梁彰洙, 『民法入門』(第4版), 博英社, 2006, 205면 ; 金亨培, 『民法學講義』(第3版), 新潮社, 2003, 715면.

입증할 책임이 있으며, 임차건물이 그 건물로부터 발생한 화재로 소실된 경우에 있어서 그 화재의 발생원인이 불명인 때에도 임차인이 그 책임을 면하려면 그 임차건물의 보존에 관하여 선량한 관리자의 주의의무를 다하였음을 입증하여야 한다"고 판시하였다.[25]

또한 한국민법 제391조는 "履行補助者의 故意, 過失"이라는 표제 하에 "채무자의 법정대리인이 채무자를 위하여 이행하거나 채무자가 타인을 사용하여 이행하는 경우에는 법정대리인 또는 피용자의 고의나 과실은 채무자의 고의나 과실로 본다"고 규정하고 있다. 즉 채무자는 채무이행에 관하여 자신에게 고의 또는 과실이 없더라도 자신의 이행보조가 고의 또는 과실이 있으면, 채무자는 여전히 채무불이행책임을 부담한다. 이는 일정한 타인의 귀책에 기한 채무자의 책임확장을 인정한 것이라고 할 수 있다.[26]

Ⅲ. 소 결

계약책임에서 주관적 요건이 문제되는 것은 손해배상책임과 해제이다. 강제이행 및 追完은 당사자의 귀책사유를 요하지 않는다. 중국합동법에서 손해배상책임은 원칙적으로 엄격책임이다. 그러나 불가항력 또는 면책약정에 의하여 면책될 수 있다. 그리고 제3자의 행위에 의한 계약위반이 언제나 불가항력이 될 수 없다는 견해가 있으나, 이는 타당하지 않다고 본다.

이에 비하여, 한국민법에서는 손해배상책임은 원칙적으로 과실책임이다. 또한 채무자의 과실은 추정되며, 채무자가 과실이 없더라도 이행보조자가 과실이 있으면 여전히 손해배상책임을 부담한다.

25) 大判 1994.10.14, 94다38182(공 1994, 2988).
26) 梁彰洙, 『民法注解』(Ⅸ)(주21), 385면.

제4절 물건 또는 권리의 하자에 대한 책임

　계약을 이행함에 있어서 이행불능이나 이행지체가 있을 수 있을 뿐만 아니라, 인도된 목적물에 하자가 있거나 또는 목적물에 대한 완전한 소유권이 이전되지 않을 수 있다. 이를 법적으로 어떻게 해결할 것인가가 문제되는데, 한국민법에서는 이를 채무불이행책임과 구별되는 담보책임에 의하여 해결하고 있다. 즉 채무불이행책임과 담보책임을 구분하고 있으며, 이행불능이나 이행지체의 경우에는 채무불이행책임이 적용되나, 매매계약을 비롯한 유상계약에서 목적물에 하자가 있거나 또는 권리에 결함이 있는 때에는 담보책임이 적용된다. 그런데 담보책임, 특히 하자담보책임의 성질 및 담보책임과 채무불이행책임의 경합여부 등 문제에 관하여 학설이 대립하고 있다.[1] 담보책임의 성질의 문제는 결국에는 채무자에게 하자 없는 목적물 또는 하자 없는 권리를 채권자에게 급부할 의무를 부담하는가에서 비롯된다고 본다.

　중국합동법은 물건의 하자에 관하여 계약총칙부분에 규정(제111조)을 두고 있는 동시에 매매계약부분에서 매매계약을 비롯한 유상계약에서의 물건의 하자 및 권리의 하자에 대하여 규정하고 있다. 그리고 매매계약부분에서 물건의 하자 및 권리의 하자에 적용될 수 있는 구제수단에 관하여 구체적으로 규정하고 있지 않기에 계약총칙분에서의 계약책임의 일반에 관한 규정을 적용할 수밖에 없다. 또한 중국합동법에서는 목적물의 하자 또는 권리의 하자에 대한 책임의 성질에 관하여 학설의 대립이 있다.[2] 그러나 계약책임(채무불이행책임)의 성질을 가지는 것으로 보아야 할 것이다.

---

1) 이하 Ⅲ. 물건의 하자 및 권리의 하자에 대한 책임의 성질 부분을 참조.
2) 이하 Ⅲ. 물건의 하자 및 권리의 하자에 대한 책임의 성질 부분을 참조.

Ⅰ. 물건의 하자

1. 하자의 개념 및 판단기준

중국합동법은 하자의 개념에 대하여 규정하고 있지 않다. 다만, 하자의 판단기준에 관하여 규정하고 있을 뿐이다. 즉 중국합동법의 규정에 의하면, 하자의 존재여부는 우선 계약당사자 간의 약정에 따라 판단하여야 하고(제62조), 이에 관한 약정이 없는 때에는 국가표준 또는 업계표준에 따라 판단하여야 하며, 국가표준과 업계표준이 없으면 통상의 표준 또는 계약목적에 따른 특정의 표준에 따라 판단하여야 한다(제62조 제1호).

한국민법은 하자의 개념 및 판단기준에 대하여 규정하고 있지 않다. 학설에 의하면, 하자란 물건의 품질·성능·성상·기능 등에 결함이 있는 경우를 말하며, 이는 통상의 거래관념에 비추어 보통 그 물건이 갖추어야 하는 성질을 기준으로 판단하며, 동시에 당사자가 물건의 성질에 대하여 특별히 약정한 경우에는 그 약정에 따라 하자의 존재여부를 판단한다.3) 판례4)에 의하면, "매매의 목적물이 거래통념상 기대되는 객관적 성질·성능을 결여하거나, 당사자가 예정 또는 보증한 성질을 결여한 경우"에 매도인은 그 하자로 인한 담보책임을 부담한다.

그리고 중국합동법은 종류물매매에서 목적물의 수량이 부족한 경우에 어떠한 책임이 발생하는지에 관하여 직접적으로 규정하고 있지 않다. 특히, 물건의 하자에 대하여는 매수인이 중국합동법 제111조에 따라 매도인에게 계약책임을 부담할 것을 요구할 수 있다고 규정하고 있으나(제155조), 매매목적물의 수량부족에 대하여는 규정하고 있지 않다. 다만,

---

3) 南孝淳, 『民法注解』(ⅩⅣ), 博英社, 1997, 500~501면 ; 金曾洙, 『債權各論』(第2版), 三英社, 1997, 213면.
4) 大判 2000.1.18, 98다18506(공 2000, 446).

매매목적물의 수량부족도 '약정에 부합하지 않는 이행'에 속하기에 손해배상, 추완 및 대금감액 또는 해제가 인정될 수 있을 것이다. 그러나 물건의 하자의 경우와 마찬가지로 매수인에게 목적물 검사의무 및 수량부족에 대한 통지의무가 부여된다(제157조·제158조). 매매목적물의 수량이 초과되는 경우에는 매수인은 초과부분의 수령을 거절하거나 또는 계약에서 정해진 가격에 따라 초과부분에 상응하는 대금을 지급하고 초과부분을 수령할 수 있다(제162조).

매매목적물의 수량이 부족한 경우, 한국법에서는 상사매매인 때에는 물건의 하자와 함께 다루고 있으며, 이 경우에 매수인은 계약해제, 대금감액 또는 손해배상을 청구할 수 있다(한국상법 제69조). 그러나 민사매매인 때에는 권리의 하자에 준해서 다루고 있으며, 이 경우에 매수인은 대금감액, 계약해제 또는 善意이면 그 외 손해배상도 청구할 수 있다(한국민법 제574조·제572조).

2. 하자의 존재시기

중국합동법에서 물건의 하자에 대한 책임은 채무불이행책임이다. 따라서 채무자는 목적물의 위험이 채권자에게 이전하기 전에 존재한 물건의 하자에 대하여 책임을 져야 할 것이다. 즉 매매계약을 비롯한 유상계약에서 원칙적으로 목적물이 인도되기 전에 존재한 하자에 대하여 채무자는 책임을 져야 한다(제142조). 단, 운송 중에 있는 목적물에 대한 매매계약인 경우에는 매도인은 계약이 성립되기 전에 존재한 하자에 대하여만 책임을 진다(제144조).

한국민법에서는 어느 시기에 존재한 하자에 대하여 매도인의 담보책임이 성립하는가에 대하여 학설이 대립하고 있다.[5] 즉 계약성립 이전에

---

5) 金亨培, 『債權各論《契約法》』(新訂版), 博英社, 2001, 353~354면 참조 ; 南孝淳, 『民法注解』(XIV)(주3), 502면 참조.

존재한 하자에 대하여만 담보책임이 발생하고, 계약성립 이후에 발생한 하자에 대하여는 담보책임이 아닌 채무불이행책임의 문제로 처리된다는 契約成立時說과 매매목적물에 대한 위험이전시기를 기준으로 하여 그 이전에 존재한 모든 하자에 대하여 담보책임이 발생한다는 危險移轉時 說이 있다. 판례6)는 하자의 존부에 관한 판단 기준시기를 매매계약 성립 시로 보고 있다.

3. 구제수단

중국합동법에서, 계약목적물의 위험이 이전되기 전에 존재한 하자는 -그것이 계약성립 전에 발생한 것인지, 아니면 그 이후에 발생한 것인 지에 관계없이-모두 계약위반을 초래하며, 그 결과 계약책임이 발생한 다. 즉 계약목적물에 하자가 있는 때에 채권자는 손해배상을 청구할 수 있으며(제107조), 일정한 요건 하에 수리, 교환, 재제작, 반품, 대금 또는 보수의 감액 등을 청구할 수 있다(제111조·제155조). 또한 계약목적물 의 하자로 인하여 계약목적을 달성할 수 없는 때에는 계약을 해제할 수 도 있다(제94조 제4호·제148조).

한국민법에서는 물건의 하자의 경우에 다음과 같은 책임이 발생할 수 있다. 우선 특정물매매에서 매수인은 매매목적물의 하자로 인하여 계약 의 목적을 달성할 수 없는 경우에 한하여 계약을 해제할 수 있으며, 기 타의 경우에는 손해배상만을 청구할 수 있다(동법 제580조 제1항·제 575조 제1항). 그러나 매수인이 하자 있는 것을 알았거나 과실로 인하여 알지 못한 때에는 계약을 해제하거나 손해배상을 청구할 수 없다(동법 제580조 제1항 단서). 다음으로 종류매매에서, 특정된 목적물에 하자가 있으면 특정물매매에 관한 규정을 준용하기에(동법 제581조 제1항), 매 수인은 하자가 있는 것을 알았거나 과실로 인하여 알지 못한 경우가 아

---

6) 大判 2000.1.18, 98다18506(공 2000, 446).

니한, 손해배상을 청구하거나 또는 계약의 목적을 달성할 수 없는 경우
에 한하여 계약을 해제할 수 있다. 또한 매수인은 계약의 해제 또는 손
해배상의 청구를 하지 아니하고 하자 없는 물건을 청구할 수 있다(동법
제581조 제2항).

그리고 여기서의 해제권은 채무자(매도인)의 귀책사유와 관계없이,[7]
또 계약의 목적을 달성할 수 없는 경우에만 발생한다는 점에서 채무불
이행으로 인한 일반적인 해제권과는 구별된다. 그러나 담보책임의 손해
배상의 범위에 관하여는 학설이 통일된 입장을 보이고 있지 않는데, 信
賴利益賠償說, 履行利益賠償說, 信賴利益·履行利益賠償說, 規範目的
說·無過失責任說 등 다양한 학설이 존재하고 있다.[8] 여기서 신뢰이익
배상설에서와 같이 담보책임에서 손해배상의 범위를 제한하는 근거로는
담보책임이 무과실책임이라는 점과 담보책임은 유상계약에 있어서 급부
와 반대급부 사이의 등가적 균형을 유지하기 위한 제도라는 점이 제기
되고 있다.

그 밖에 한국민법은 권리의 하자(제572조 제1항) 또는 수량부족, 一部
滅失(제574조)의 경우에는 대금감액청구권을 명시적으로 규정하고 있으
나, 물건의 하자에 관하여는 다른 서구의 입법례와는 달리 하자담보책임
의 내용으로 대금감액청구권을 규정하고 있지 않다. 단, 일부 학설은 손
해배상청구권이 곧 대금감액청구권을 의미한다고 하거나 또는 수량부족,
一部滅失에 대한 매도인의 담보책임을 정하고 있는 한국민법 제574조를
유추 적용하여 대금감액청구권을 인정한다.[9] 그리고 한국의 학설은 일반
적으로 불완전이행의 일반적 효과로서 추완청구권을 인정하면서도, 하자
보수청구권이 추완청구권의 일종인가에 대하여는 견해의 대립이 있으며,
매도인이 하자 있는 물건을 이행제공한 경우에 매수인이 그 수령을 거절

---

7) 吳宗根, "特定物賣買에서의 瑕疵擔保責任에 관한 學說史"『韓國民法理論의
　　發展』(Ⅱ), 博英社, 1999, 852면.
8) 南孝淳,『民法注解』(ⅩⅣ)(주3), 526～528면 참조.
9) 吳宗根(주7), 852면 참조.

할 수 있는가에 대하여도 긍정설과 부정설로 나뉜다.[10] 이는 주로 채무불이행책임과 담보책임은 구분되는 동시에 특정물도그마 내지는 원시적 불능론에 의하여 매도인이 하자 있는 그대로의 물건을 인도하는 의무만을 부담하는지 여부로부터 비롯된 것이다. 그러나 한국민법개정안에서는 특정물매매에서 목적물에 하자가 있는 때에 매수인이 대금의 감액을 청구할 수 있고(한국민법개정안 제580조 제1항), 또 매수인은 대금감액청구 대신에 상당한 기간을 정하여 하자의 보수를 청구할 수 있는 것으로 규정하고 있다(한국민법개정안 제580조 제2항). 그러나 현행 한국민법에서와 같이 매수인이 하자 있는 것을 알았거나 과실로 인하여 알지 못한 경우에는 매도인에게 책임을 물을 수 없다(한국민법개정안 제580조 제1항 단서). 종류매매에서도 특정된 목적물에 하자가 있는 때에 특정물매매에 관한 한국민법개정안 제580조의 규정을 준용하기에(한국민법개정안 제581조 제1항) 매수인은 대금감액이나 보수를 청구할 수 있다.

4. 목적물 검사의무와 하자 통지의무

중국합동법에서 매수인은 매매목적물에 대하여 하자존재여부를 검사할 의무를 부담하며, 하자를 발견한 때에는 매도인에게 하자의 존재를 통지할 의무를 부담한다. 즉 매수인은 매매목적물을 수령한 후, 약정한 기간 내에 또는 즉시 목적물의 품질 내지 수량을 확인하여야 하며(제157조), 만일 하자 또는 수량부족을 발견하면, 약정한 검사 기간 내에 또는 합리적 기간 내에 매도인에게 통지하여야 한다. 매수인이 합리적 기간 내에 또는 목적물을 수령한 날로부터 2년 내에 이를 매도인에게 통지하지 않으면 목적물의 품질 또는 수량이 약정에 부합하는 것으로 본다. 단, 목적물에 대하여 보증기간이 있는 경우에는 위 기한의 제한을 받고, 2년의 기간은 적용되지 않는다(제158조 제1항·2항). 매도인이 하자 또는 수

---

10) 南孝淳, 『民法注解』(XIV)(주3), 534~539면 참조.

량부족을 알았거나 알 수 있었을 때에는 통지기간의 제한을 받지 않는다(제158조 제3항).

한국민법에는 목적물 검사의무와 하자 통지의무에 관한 규정이 없으나, 한국상법에 이에 관한 규정을 두고 있다. 즉 한국상법 제69조에 의하면, 상인 간의 매매에 있어서 매수인이 목적물을 수령한 때에는 지체 없이 이를 검사하여야 하며 하자 또는 수량의 부족을 발견한 경우에는 즉시 매도인에게 그 통지를 발송하지 아니하면 매도인에게 책임을 물을 수 없다. 또한 매매의 목적물에 즉시 발견할 수 없는 하자가 있는 경우에 매수인이 6月內에 이를 발견한 때에도 같다.

5. 하자에 대한 매수인의 인식

중국합동법은 하자에 대한 매수인의 인식을 계약책임발생의 소극적 요건으로서 규정하고 있지 않다. 따라서 매수인이 사전에 하자의 존재를 알고 있는 경우에도 매도인에게 하자의 존재를 통지하기만 하면 매도인은 여전히 책임을 져야할 것이다.

한국민법은 특정물매매에서 매수인이 하자 있는 것을 알았거나 과실로 인하여 이를 알지 못한 경우에 매도인에게 책임을 물을 수 없도록 규정하고 있다(동법 제580조 제1항 단서). 그런데 매수인의 선의·무과실을 판단하는 기준시점에 대하여는 규정하고 있지 않다. 이에 대하여 매수인의 선의·무과실은 매매 당시를 기준으로 하여 판단하여야 한다는 견해11)가 있다. 또한 학설에 의하면12) 매수인이 하자 있는 것을 알았거나 과실로 인하여 알지 못하였다는 것은 담보책임을 면하려는 매도인이 입증하여야 한다. 그리고 종류매매에서도 특정된 목적물에 하자가 있으

---

11) 南孝淳, 『民法注解』(XIV)(주3), 519면.
12) 金疇洙(주3), 214면 ; 金炫彩, 『註釋民法』(債權各則(3)), 韓國司法行政學會, 1999, 155면.

면 특정물매매에 관한 규정을 준용하기에(동법 제581조 제1항) 매수인은 특정된 목적물에 하자가 있는 것을 알았거나 과실로 인하여 알지 못한 경우에 매도인에게 책임을 물을 수 없다.

Ⅱ. 권리의 하자

1. 권리의 하자의 범위

중국합동법 제150조에 의하면, 매도인은 매수인에게 인도한 목적물에 대하여, 법률이 달리 규정하지 않은 한, 제3자가 어떠한 권리도 주장하지 아니하도록 보장할 의무가 있다. 여기서 제3자가 주장하는 권리는 권리의 특성상 물권과 같은 절대권의 성질을 가지는 것이어야 할 것이다. 왜냐하면 채권은 원칙상 매매목적물에 대한 매수인의 소유권에 우선할 수 없기 때문이다. 특히, 이러한 권리에는, 법률에 특별규정이 없는 한, 지적재산권도 포함되는 것으로 보아야 한다.

그리고 중국합동법 제152조에 의하면, 매수인은 제3자가 매매목적물에 대하여 권리를 주장할 가능성이 있다는 것만으로, 또 확실한 증거에 의하여 이러한 가능성을 입증할 수 있으면, 대금지급을 거절할 수 있다. 단, 매도인이 상당한 담보를 제공하는 때에는 그러하지 아니하다. 따라서 권리의 하자가 존재할 수 있다는 개연성만으로 매도인에게 일정한 불이익이 따를 수 있다.

한국민법은 중국합동법과는 달리 권리의 하자를 포괄적으로 규정하지 않고, 타인의 권리의 매매(동법 제570조), 일부 타인의 권리의 매매(동법 제572조), 매매목적물에 제한물권이 존재하는 경우(동법 575조), 저당권·전세권의 행사로 인하여 매매목적물의 소유권을 취득할 수 없거나 또는 취득한 소유권을 잃는 경우(동법 제576조) 등 여러 경우로 나누어

규정하고 있다. 이러한 규정은 무엇보다 권리의 하자에 관하여 경우에
따라 매도인의 책임의 내용 및 요건을 다르게 정하고 있다는 점에서 의
미를 가진다.[13] 그리고 매매목적 토지가 건축금지구역에 있는 경우처럼
법률적 장애가 있는 경우에 다수설[14]은 법률적 장애를 권리의 하자로
파악하고 있으나, 판례[15]는 대체로 물건의 하자로 파악하고 있다.[16]

2. 구제수단

중국합동법은 매매계약에 관한 규정에서 매도인이 매수인에게 매매
목적물에 대한 완전한 소유권을 이전할 의무가 있음을 규정하고 있을
뿐(제150조), 그러한 의무를 위반할 때에 구체적으로 어떠한 구제수단이
적용될 수 있는지에 대하여는 규정하고 있지 않다. 단, 제3자가 매매목
적물에 대하여 권리를 주장할 가능성이 있음을 매수인이 입증하는 때에
는, 매도인이 담보를 제공하지 않는 한, 매수인은 대금지급을 거절할 수
있다(제152조). 그리고 이러한 의무의 위반도 역시 계약위반이기에 계약
책임에 관한 일반규정을 적용할 수 있다.[17] 즉 이러한 의무의 위반을 계
약의 불이행 또는 불완전이행으로 보아 매수인의 손해배상청구권을 인

---

13) 이에 관하여는 金炫彩, 『註釋民法』(債權各則(3))(주12), 76면의 表를 참조할
　　수 있다.
14) 郭潤直, 『債權各論』(第六版), 博英社, 2003, 180면 ; 南孝淳, 『民法注解』(ⅩⅣ)(주3), 507면.
15) 大判 1985.11.12, 84다카2344(공 1986, 16) ; 大判 1985.4.9, 84다카2525(공
　　1985, 730) ; 大判 1979.7.24, 79다827(공 1979, 12104).
16) 金載亨, "2000년도 民法判例의 動向" 『民法論』(Ⅱ), 博英社, 2005, 488면
　　참조.
17) 참고로 대만 민법 제349조, 제351조는 각각 중국합동법 제150조, 제151조와
　　유사한데, 대만 민법 제353조는 매도인이 동법 제349조가 규정하고 있는 의
　　무를 이행하지 않을 경우, 매수인은 채무불이행에 관한 규정에 따라 권리를
　　행사할 수 있다고 규정하고 있다.

정하거나(제107조), 또는 매매목적물에 대한 제3자의 권리주장으로 인하여 계약의 목적을 달성할 수 없음을 이유로 채권자가 계약을 해제하는 것을 허용할 수 있다(제94조 제4호). 또한 물건의 하자에 관한 중국합동법 제111조의 규정을 유추 적용하여 대금감액도 인정할 수 있을 것이다.

위에서 언급했다시피, 한국민법은 권리의 하자와 그 내용을 통일적으로 규정하지 않고 경우를 나누어 규정하고 있다. 그러나 전반적으로 볼 때, 비록 그 요건을 달리하나, 해제권과 손해배상청구권이 인정될 수 있다(동법 제570조 · 제572조 제2항 및 3항 · 제575조 제1항 · 제576조 제1항 및 3항). 또한 일부 타인의 권리의 매매인 경우에는 대금감액도 인정될 수 있다(동법 제572조 제1항). 그리고 한국민법개정안에서 제한 물권 있는 경우에 매수인이 이를 알지 못한 때에 대금의 감액을 청구할 수 있는 것으로 규정하고 있다(한국민법개정안 제575조 제1항).

3. 하자에 대한 매수인의 인식 및 통지의무

중국합동법 제151조에 의하면, 매수인이 계약체결시에 권리의 하자에 대하여 알았거나 또는 알 수 있었을 때에는 매도인에게 권리의 하자에 대하여 책임을 물을 수 없다. 즉 중국합동법은 물건의 하자의 경우와는 달리 권리의 하자에 대한 매수인의 선의 · 무과실이 매도인의 책임발생의 요건임을 명시적으로 규정하고 있는 것이다. 그러나 권리의 하자의 경우에 매도인에 대한 매수인의 하자통지의무를 규정하지 않은 것이 물건의 하자인 때와 구별된다.

한국민법에서는 권리의 하자인 때에 경우에 따라 하자에 대한 매수인의 선의 · 무과실을 요건으로 하거나 또는 그러하지 아니하다. 그리고 매수인은 매도인에게 하자를 통지할 의무가 없다.

Ⅲ. 물건의 하자 및 권리의 하자에 대한 책임의 성질

권리 또는 목적물에 하자가 있는 이행에 대하여 한국민법에서는 채무불이행책임이 아닌 하나의 독립적인 책임체계, 즉 담보책임으로 규율하고 있다. 그런데 담보책임의 법적 성질에 관하여 법정책임설과 채무불이행책임설이 대립하고 있다.[18] 법정책임설의 입장에서는 담보책임이 채무불이행책임과 구별되는 핵심, 즉 본질적인 차이점은 담보책임은 매도인에게 하자 없는 급부의무가 존재하지 않음에도 불구하고 특별히 법적으로 매도인에게 부과하는 책임이라는 점에 있다고 한다. 그 근거는 특정물매매에서 하자 없는 물건을 급부한다는 것은 애초부터 불가능한 것이고, 또 이는 이론상 원시적 불능 또는 일부부능을 초래하여 그 부분에 한해서 채무가 성립할 수 없기 때문이라고 한다. 즉 법정책임설은 원시적 불능의 무효를 전제로 한다. 이에 반하여, 채무불이행책임설의 입장에서는 특정물매매에서도 매도인에게 하자 없는 물품을 급부할 의무가 있으며, 담보책임은 채무불이행책임의 특칙으로서의 성질을 가지는 것으로 본다.

그리고 담보책임의 법적 성질을 어떻게 보느냐는 이론상의 문제일 뿐만 아니라, 어느 학설을 따르는가에 따라 담보책임에 관련된 구체적인 법적 효과에 있어서도 차이를 보일 수 있다. 예컨대, 법정책임설을 따르는 학설은 손해배상의 범위, 채무자의 과실이 필요한지 여부, 담보책임과 채무불이행책임의 경합여부 등 문제에 있어서도 견해가 일치하나, 채무불이행책임설을 따르는 학설은 이와 같은 세부적인 문제에 있어서 견해의 차이를 보이고 있다. 즉 법정책임설에서는 담보책임을 무과실책임

---

18) 이하 南孝淳, "擔保責任의 本質論(Ⅰ)" 서울대학교 『法學』 제34권 제3·4호, 1993, 210면 이하 참조.

으로 보고 있고, 손해배상의 범위를 신뢰이익배상으로 이해하고 있으며, 담보책임과 채무불이행책임의 경합을 부정하고 있다. 반면에, 채무불이행책임설에서는 담보책임에서 채무자의 과실이 필요한지에 관하여는 무과실책임설, 과실책임설 및 이원설, 손해배상의 범위에 관하여는 신뢰이익배상설과 이행이익배상설 등이 존재하며, 담보책임과 채무불이행책임이 경합하느냐에 대하여도 통일된 입장을 보이고 있지 않다. 또한 담보책임의 법적 성질 및 관련 문제는 주로 특정물매매에서 문제된다.

중국학자들은 중국합동법이 제정되기 전부터 담보책임, 특히 하자담보책임에 관하여 논의하여 왔으나, 입법상 대륙법에서 말하는 전통적 의미에서의 하자담보책임은 존재하지 않았다. 비록 일부 행정법규[19]에서 제품에 하자가 있는 경우의 법정책임을 인정하였고, 이를 하자담보책임에 관한 규정으로 보는 견해[20]도 있었으나, 하나의 독립적인 책임체계로서의 하자담보책임에 관한 규정으로 보기는 어렵다고 생각한다. 중국합동법은 권리 또는 목적물에 하자가 있는 경우에 계약당사자가 부담하는 책임에 대하여 규정하고 있는데, 그 성질에 관하여 학설이 대립하고 있다.

첫째, 목적물의 하자에 대한 책임을 계약책임으로 보는 견해[21]이다. 이 견해는 중국합동법은 계약책임을 엄격책임으로 규정하고 있고, 중국합동법 제111조에 의하면 목적물에 하자가 있는 이행도 계약위반으로 될 수 있기 때문에 이 경우에 계약당사자가 부담하는 책임을 계약책임으로 보는 것이 타당하다고 한다.

둘째, 목적물의 하자에 대한 책임을 계약책임과 구별되는 별개의 책임인 담보책임으로 보는 견해[22]이다. 이 견해가 제기하는 근거를 개괄하면 다음과 같다. a) 목적물의 하자에 대한 담보책임은 매수인의 하자통

---

19) "工業產品質量責任條例"(1986년 4월 5일), "工礦產品購銷合同條例"(1984년 1월 23일).
20) 梁慧星, "論出賣人的瑕疵擔保責任"『比較法研究』第3期, 1991, 36~37면.
21) 李永軍, 『合同法』, 法律出版社, 2004, 731면 참조.
22) 崔建遠 主編, 『合同法』(第三版), 法律出版社, 2004, 340~341면.

지의무를 요건으로 하기에 매수인이 일정한 기간 내에 하자를 통지하지
않으면 목적물의 하자에 대하여 책임을 추궁할 수 없다(제158조). 반면에
계약책임의 경우에는 이런 절차를 밟을 필요가 없다. b) 계약책임의 경
우, 중국합동법에 의하면 강제이행, 손해배상, 위약금지급 등 구제방식
이 인정되나, 목적물의 하자에 대한 책임의 부담방식은 더 다양하다. 따
라서 계약책임의 개념을 大幅的으로 수정하지 않는 한, 목적물의 하자에
대한 담보책임을 계약책임에 포함시킬 수 없다고 한다. 즉 계약책임을
다시 분류하여 하자담보책임도 하나의 계약책임의 유형으로 보는 동시
에, 일부 계약책임은 하자통지의무를 요건으로 하고 일부 계약책임은 그
렇지 않은 것으로 보아야 하며, 또 계약책임의 부담방식을 확장하여 해
제 등을 계약책임의 부담방식으로 인정하여야만 담보책임을 계약책임에
포함시키는 것이 가능하다고 한다. 그러나 이 견해는 동시에 중국합동법
이 계약책임을 엄격책임으로 규정한 것은 하자담보책임의 독립적 존재
의 가치를 크게 약화시켰다고 한다.[23]

셋째, 중국합동법은 권리 또는 목적물의 하자에 대한 책임에 관하여
절충적인 태도를 취하고 있다는 견해[24]이다. 즉 이 견해는 중국합동법은
권리의 하자에 대하여는 담보책임으로 규율하고 있고, 목적물의 하자에
대하여는 계약책임으로 규율하고 있다고 주장한다. 이 견해는 목적물의
하자에 대한 책임을 계약책임으로 보는 점에서는 첫 번째 견해와 동일
하다.

그런데 이상에서 보다시피, 중국합동법은 권리 또는 물건의 하자에
대한 책임을 규정함에 있어서 다음과 같은 특징을 보이고 있다.

첫째, 중국합동법은 물건의 하자를 계약책임으로 규율하고 있다. 매매
계약에 관한 규정(제148조)에서 매수인의 목적물 수령거절권과 해제권
에 대하여 규정하고 있으나, 이는 계약책임과 계약의 해제에 관한 규정

---

23) 崔建遠 主編(주22), 341면.
24) 李永軍(주21), 732면.

에 의하더라도 충분히 인정될 수 있는 것이다. 매매계약에서 인정되는 매도인의 책임도 엄격책임이며, 매수인의 선의를 요건으로 하지 않는다. 그러나 매수인은 매도인에 대하여 하자통지의무를 부담하며, 또한 통지 의무를 이행하여야만 매도인에게 책임을 물을 수 있다.

둘째, 중국합동법은 매매목적물의 완전한 소유권의 이전을 매도인의 의무로 규정하고 있으나, 매도인이 이 의무를 위반할 경우, 어떠한 책임을 부담하는가에 관하여 직접적으로 규정하고 있지 않다. 그러나 계약위반을 이유로 계약책임을 물을 수 있을 것이다. 다만, 이 경우에 매수인의 선의를 요건으로 한다는 것이 일반적인 계약책임의 경우와 구별될 뿐이다.

그리고 한국민법에서 담보책임의 법적 성질을 법정책임설로 해석하는 근거로 "특정물의 인도가 채권의 목적인 때에는 채무자는 이행기의 현상대로 그 물건을 인도하여야 한다"고 규정하고 있는 한국민법 제462 조가 제기되고 있다. 즉 법정책임설은 동조를 근거로 하여 매도인에게 하자 없는 급부의무가 존재하지 않는 바, 매도인은 특정물을 이행기의 현상대로 이행하는 것으로 자신의 의무를 다한 것이 된다고 본다. 그런 데 중국합동법에는 이러한 규정이 없다. 또한 위에서 보다시피, 원시적 불능인 계약을 무효로 볼 것인가는 입법정책의 문제로서, 특히 원시적 불능인 계약은 무효라는 명시적인 규정이 없는 상황에서, 원시적 불능인 계약을 무효로 볼 필요가 없다.

이로부터 다음과 같은 결론을 내릴 수 있다. 즉 중국합동법은 물건 또는 권리의 하자에 대한 책임을 계약책임으로 규율하고 있다. 비록 물건의 하자의 경우에는 매수인의 하자통지의무를, 권리의 하자의 경우에는 매수인의 선의를 요건으로 규정하고 있으나, 일반 계약책임에 대한 특칙으로 볼 수 있다. 중국합동법이 계약책임을 엄격책임으로 규정하고 있는 점, 물건의 하자의 경우에 계약책임이 적용될 수 있음을 명시적으로 밝히고 있으나 중국합동법 제150조는 매도인의 손해배상책임에 대하여 규정하고 있지 않는 점, 권리의 하자의 경우에 관련 규정에서 매도인의 책

임에 관하여 규정하고 있지 않는 점, 그리고 나아가 중국합동법에는 한
국민법 제462조와 같은 규정이 없다는 점과 중국법에는 원시적 불능인
계약은 무효라는 규정이 없다는 점을 고려할 때, 이를 확인할 수 있다.
따라서 중국합동법에는 독립적인 책임체계로서의 담보책임은 존재하지
않는다.

Ⅳ. 소 결

중국합동법과 한국민법은 물건의 하자 및 권리의 하자에 관하여 규정
함에 있어서, 다음과 같은 점에서 주로 구별된다.

첫째, 한국민법은 담보책임이라는 틀 안에서 규정하고 있으며, 또 비
교적 상세하게 규정하고 있으나, 중국합동법에서는 계약책임이라는 일
원체계에서 규정하고 있으며, 매매계약을 비롯한 유상계약에 관한 규정
만으로 해결하기 힘들고, 일반 계약책임에 관한 규정을 적용하여야만 하
는 경우가 적잖게 있다.

둘째, 한국민법은 특정물매매와 종류물매매로 나누어 물건의 하자에
관하여 규정하고 있으며, 권리의 하자도 권리의 일부가 타인에게 속한
경우, 제한물권 있는 경우 등 여러 경우로 나누어 규정하고 있다. 그러나
중국합동법은 물건의 하자와 권리의 하자를 포괄적으로 규정하고 있다.

셋째, 물건의 하자와 관련하여, 중국합동법은 하자에 대한 매수인의
인식을 계약책임의 소극적 요건으로서 규정하고 있지 않다. 반면에, 한
국민법은 특정물매매인 경우에 매수인이 하자 있는 것을 알았거나 과실
로 인하여 이를 알지 못하였다면 매도인에게 책임을 물을 수 없도록 규
정하고 있다(동법 제580조 제1항 단서). 그리고 권리의 하자와 관련하여,
중국합동법에서는 하자에 대한 매수인의 인식은 계약책임발생의 소극적
요건이나, 한국민법에서는 경우에 따라 다르다.

넷째, 한국민법에서 담보책임과 관련하여, 손해배상책임에서 손해배상의 범위가 문제되나, 중국합동법에서는 이러한 문제가 발생하지 않는다. 중국합동법에서 담보책임은 계약책임에 포함되기에 손해배상에서 이행이익의 배상을 인정하여야 할 것이다.

제5절 계약관계에서의 제3자 및 계약책임

경제거래의 신속성과 편이성이 요구되는 현대사회에서 언제나 계약 당사자인 채무자가 직접 채무를 이행하거나 또는 채권자에게 직접 급부하여야 하는 것은 아니고, 제3자가 채무를 이행하거나 제3자에게 급부할 수도 있다. 또한 일정한 경우에 제3자에게 계약상의 권리를 부여할 필요가 있다.

중국합동법은 계약의 이행에 제3자가 관여하는 경우, 채무불이행이 있으면 누가 계약책임을 부담하는지에 관하여 규정하고 있다. 그런데 중국합동법에 제3자를 위한 계약에 관한 규정이 있는지에 대하여 학설이 대립하고 있다.

I. 계약의 이행과 제3자

1. 제3자에 대한 이행의 약속
(不眞正한 제3자를 위한 계약)

중국합동법 제64조는 "당사자 간에 채무자가 제3자에게 채무를 이행하도록 약정한 경우, 채무자가 제3자에게 채무를 이행하지 않거나 또는 채무이행이 약정에 부합하지 않으면, 채무자는 채권자에 대하여 계약책임을 부담하여야 한다"고 규정하고 있다. 동 규정의 내용에 관하여 학설이 대립하고 있다. 주요한 견해들을 개괄하면 다음과 같다.

첫째, 중국합동법 제64조를 제3자에 대한 이행의 약속에 관한 규정으로 보는 견해이다. 그 이유로 다음과 같은 점을 들고 있다. 첫째, 동 규정

은 제3자에게 채무자에 대한 채무이행 청구권을 부여하지 않고 있다.[1]
둘째, 동 규정은 중국합동법의 "債務履行"(第4章) 부분에 위치하고 있기
때문에 제3자에 의한 이행을 채무이행의 방식으로 규정하는 것이 입법
자의 의도이다. 동 규정은 계약의 상대성을 반영한 것으로 계약은 계약
당사자에 대하여만 효력을 발생하며, 제3자는 채무자에게 채무이행을
직접 청구할 수 있는 권리를 가지지 않는다.[2]

둘째, 중국합동법 제64조가 제3자를 위한 계약을 규정한 것으로 해석
하는 견해[3]이다. 그러나 이 견해는 동 규정이 제3자를 위한 계약을 규정
한 것이나, 立法상 결함이 있으며, 앞으로 보완할 필요가 있다고 한다.
즉 채무자에 대한 제3자의 급부청구권을 명시적으로 규정할 필요가 있
다고 한다.

셋째, 중국합동법 제64조의 규정으로부터 채무자에 대한 제3자의 급부
청구권을 인정할 수 있고, 따라서 중국합동법 제64조를 제3자를 위한 계
약에 관한 규정으로 볼 수 있다는 견해[4]이다. 그 이유로는 주로 다음과
같이 것이 있다. (1) 동 규정이 제3자를 위한 계약을 규정한 것이 아니라
고 보는 견해는 동 규정이 제3자가 채무자에 대하여 청구권을 가지는지
에 대하여 명시적으로 밝히고 있지 않다는 점을 근거로 하고 있다. 그러
나 이러한 해석은 다음과 같은 약점이 있다. 우선 이러한 해석에 따르게
되면 실무에서 제3자를 위한 계약에 관한 법적 근거가 존재하지 않아 어
려움이 있게 된다. 다음으로 동 규정을 제3자에 의한 이행의 약속을 규정
한 것으로 해석하는 것은 동 규정을 무의미하게 만든다. 왜냐하면 계약의

---

1) 尹田, "論涉他契約－兼評合同法第64條, 第65條之規定"『法學硏究』第1期,
   2001, 48면 ; 郭明瑞・房紹坤, 『新合同法原理』, 中國人民大學出版社, 2000,
   193면.
2) 葉金强, "第三人利益合同硏究"『比較法硏究』第4期, 2001, 78면.
3) 崔建遠 主編, 『合同法』(第三版), 法律出版社, 2004, 30～31면.
4) 韓世遠, "試論向第三人履行的合同－對我國'合同法'第64條的解釋"『法律科
   學』(西北政法學院學報) 第6期, 2004, 102～103면 ; 韓世遠, 『合同法總論』, 法
   律出版社, 2004, 309～313면.

상대성은 동 규정이 없어도 당연히 인정되는 것이기 때문이다. 그리고 동 규정이 채무자에 대한 제3자의 급부청구권을 명시적으로 규정하고 있지 않으나, 그렇다고 해서 부정하는 것도 아니기에 제3자가 채무자에 대하여 청구권을 가지는 것으로 해석하여도 별 문제가 없다. (2) 중국합동법 초안에서 채무자에 대한 제3자의 급부청구권을 규정하였다가 나중에 삭제된 점으로부터 채무자에 대한 제3자의 급부청구권을 인정하지 않으려는 것이 입법자의 의도라고 단정할 수 없다. 중국합동법 최종심의에 관한 보고에서 이 문제를 언급하지 않았다. 따라서 입법자가 채무자에 대한 제3자의 급부청구권을 규정한 내용을 삭제한 것은 특별한 의미를 가지지 않는다. 그리고 중국합동법을 起草한 주요 전문가들도 중국합동법 제64조의 규정으로부터 채무자에 대한 제3자의 급부청구권을 인정할 수 있는 것으로 해석하고 있다. 이러한 점을 고려할 때, 중국합동법 제64조를 제3자를 위한 계약에 관한 규정으로 볼 수 있다고 한다.

그러나 다음과 같은 이유에서 중국합동법 제64조를 제3자를 위한 계약에 관한 규정으로 볼 수 없다고 생각한다.

첫째, 동 규정을 볼 때, 채무자가 제3자에게 채권자와의 계약에 의한 급부를 하지 않는 경우, 제3자가 채무자에 대하여 급부청구권 또는 손해배상청구권을 가지는지가 분명하지 않다. 이는 법률에 명시적인 규정이 없는 상황에서 제3자를 위한 계약을 인정할 수 있는가와 관련된다. 法史와 비교법적 측면에서 볼 때, 제3자를 위한 계약이 언제나 그리고 어디에서나 승인된 것은 아니다.[5] 그리고 계약의 당사자가 아닌 사람에게 그 계약에 기하여 청구권을 부여하는 것을 개별적인 경우에 허용하는 태도에서부터 법학적 사고의 하나의 근본형태로서 제3자를 위한 계약을 일반적으로 승인하는 태도에 이르기까지는 오랜 시간이 걸렸고, 이러한 발전과정에서 극복되어야 했던 주된 장애는 바로 계약을 엄격하게 두 당사자사이의 '法鎖'로 파악한 것이었다.[6] 따라서 제3자를 위한 계약을 인

---

5) 츠바이게르트·쾨츠, 梁彰洙 譯, 『比較私法制度論』, 大光文化社, 1991, 250면.

정하려면, 이러한 이념을 타파하여 이에 관하여 명시적으로 규정하거나 또는 사적 자치 내지 계약자유의 원칙상 당연히 인정되는 것으로 보아야 할 것이다.[7] 그러나 만일 제3자를 위한 계약이 계약당사자 간의 약정에 의해 당연히 인정되는 것으로 본다면, 계약자유의 원칙에 관한 중국합동법 제4조가 그 법적 근거가 될 것이며, 이를 굳이 동 규정에 대한 해석을 통하여 인정할 필요는 없다고 본다.

둘째, 위 세 번째 견해에서, 중국합동법 최종심의에 관한 보고서에서 채무자에 대한 제3자의 급부청구권을 인정한 내용을 삭제한 점에 관하여 언급하지 않았고, 또 중국합동법 초안을 작성한 일부 전문가들이 동 규정으로부터 채무자에 대한 제3자의 급부청구권을 인정할 수 있는 것으로 해석한다는 점 등을 이유로 동 규정을 제3자를 위한 계약에 관한 규정으로 볼 수도 있다는 것이 입법자의 의도라고 하나, 이는 쉽게 판단할 문제가 아니라고 본다. 이와 관련하여, 중국합동법 각 초안[8]에서의 관련규정을 보면 다음과 같다.

"계약당사자 쌍방은 채무자가 제3자에게 이행할 것을 약정할 수 있다. 제3자는 이 약정에 따라 제3자에게 채무이행을 청구할 수 있는 권리를 취득할 수 있다. 단, 제3자의 급부청구권은 채무자에게 권리취득의 의사를 명확히 표시하는 때에 발생한다. 제3자가 위와 같은 표시를 하기 전에 계약당사자는 위 약정을 변경하거나 취소할 수 있다.

채무자가 전항의 규정에 따라 제3자에게 채무를 이행함으로 인하여 증가하는 이행비용은, 쌍방이 달리 약정하지 않는 한, 채권자가 부담한

---

6) 츠바이게르트・쾨츠, 梁彰洙 譯(주5), 250~251면.

7) 한국민법(제539조~제541조)은 제3자를 위한 계약에 관하여 규정하고 있으며, 제3자를 위한 계약이 유효한 근거가 무엇인가에 관하여 한국의 통설은 사적 자치 내지 계약자유의 원칙상 당연히 제3자를 위한 계약의 유효성을 인정할 수 있는 것으로 보고 있다. 宋德洙, 『民法注解』(ⅩⅢ), 博英社, 1997, 122~123면 참조.

8) 중국합동법 초안은 全國人大常委會法制工作委員會民法室 編著, "'中華人民共和國合同法' 及其重要草稿介紹", 法律出版社, 2000에서 찾아볼 수 있다.

다.”(중국합동법 제1초안 제68조)

  “채권자는 채무자에게 제3자에게 채무를 이행할 것을 통지할 수 있다. 당사자들 간에 달리 약정하지 않는 한, 제3자에게 채무를 이행함으로 인하여 증가하는 비용은 채권자가 부담한다. 채무자가 제3자에게 채무를 이행하지 않거나 또는 채무이행이 약정에 부합하지 않으면, 채무자는 채권자에 대하여 계약책임을 부담한다.”(중국합동법 제2초안 제43조)

  “당사자 간에 채무자가 제3자에게 채무를 이행할 것을 약정할 수 있다. 제3자에게 채무를 이행함으로 인하여 증가하는 비용은 채권자가 부담한다.

  제3자는 채무자에게 이행을 청구할 수 있다. 채무자가 제3자에게 채무를 이행하지 않거나 또는 채무이행이 약정에 부합하지 않으면, 채권자에 대하여 계약책임을 부담한다.”(중국합동법 제3초안 제65조)

  공식적인 입법이유서가 없는 상황에서 중국합동법 제64조에 대한 입법자의 의도가 무엇인지를 단정할 수 없으나, 중국합동법 제64조가 제정되기까지의 변화과정을 살펴볼 때, 중국합동법 제64조에서 채무자에 대한 제3자의 급부청구권을 인정하지 않는 것이 입법자의 의도라고 보는 것이 타당하다고 생각한다. 위 세 번째 견해에서는 중국합동법 최종심의에 관한 보고에서 이 문제를 언급하지 않았다는 이유로 입법자가 채무자에 대한 제3자의 급부청구권을 규정한 내용을 삭제한 것은 특별한 의미를 가지지 않는다고 하나, 최종심의에서 언급하지 않았다는 이유만으로 이러한 판단을 하는 것은 타당하지 않다고 본다.

  셋째, 설령 중국합동법 제64조의 규정으로부터 채무자에 대한 제3자의 급부청구권을 인정할 수 있다고 하여도, 제3자의 수익의 의사표시가 없이 제3자의 급부청구권이 성립하는 것인지, 제3자의 수익의 의사표시를 필요로 하지 않는다면 제3자의 급부청구권은 계약성립시에 발생하는 것인지, 아니면 계약당사자가 제3자에게 통지하는 때에 발생하는 것인지, 계약당사자가 제3자의 급부청구권을 소멸시킬 수 있는지 등 문제를 해결해야 한다. 그런데 중국합동법은 이에 관한하여 규정하고 있지 않다. 그리고 계약당사자가 언제나 이 문제들에 관하여 약정한다고 말할 수 없다.

이러한 맥락에서 볼 때, 현실적으로 제3자를 위한 계약 제도를 인정할 필요가 있다는 이유만으로 중국합동법 제64조를 근거로 이를 인정하는 것은 법적 근거가 없다. 또한 설령 계약자유의 원칙을 인정한 중국합동법 제4조를 근거로 이를 인정한다고 하더라도, 여전히 제3자를 위한 계약과 관련된 많은 법적 문제가 발생한다. 따라서 법개정을 통하여, 제3자를 위한 계약에 관하여 상세하게 규정하는 것이 합리적이다.

그런데 널리(廣義로) 제3자를 위한 계약이라고 하면 제3자에게 급부하여야 하는 계약 모두를 가리키나, 그 가운데에는 제3자 계약에 기하여 급부청구권을 취득하는 경우가 있는가 하면, 제3자는 권리를 취득하지 않고 단지 채무자가 제3자에게 급부하여야 할 의무가 있거나 또는 그러한 권한이 있는 경우도 있다.[9] 앞의 경우를 眞正한 제3자를 위한 계약이라 하고, 뒤의 경우를 不眞正한 제3자를 위한 계약이라고 한다.[10] 양자는 다음과 같은 점에서 구별된다.[11] 즉 不眞正한 제3자를 위한 계약의 경우, 계약상의 권리와 의무는 계약 당사자에게만 귀속되며, 제3자와 채무자 사이에는 권리의무관계가 존재하지 않는다. 따라서 제3자는 채무자에 대하여 채권을 취득하지 못하고 단지 채무자가 행한 급부를 수령할 수 있는 권한만을 가지며, 채무자 또한 그의 급부의무를 채권자가 아닌 제3자에게 행함으로써 이행할 수 있는 권한을 채권자로부터 부여받을 뿐이지 제3자에 대하여 채무를 부담하는 것은 아니다.

이러한 맥락에서 볼 때, 중국합동법 제64조를 不眞正한 제3자를 위한 계약에 관한 규정으로 볼 수 있다.

---

9) 宋德洙, 『民法注解』(XⅢ)(주7), 112면.
10) 宋德洙, 『民法注解』(XⅢ)(주7), 112면.
11) 宋德洙, 『民法注解』(XⅢ)(주7), 112면.

2. 제3자에 의한 급부의 약속

중국합동법 제65조는 "당사자들 간에 제3자가 채권자에게 채무를 이행할 것을 약정한 경우, 제3자가 채무를 이행하지 않거나 채무의 이행이 약정에 부합하지 않으면, 채무자는 채권자에 대하여 계약책임을 부담한다"고 규정하고 있다. 이는 제3자에 의한 급부의 약속에 관한 규정이다.[12]

계약은 계당사자에 대하여만 효력을 발생하는 것이 원칙이나, 계약상의 채무를 언제나 채무자가 직접 이행하여야 하는 것은 아니다. 즉 채권자가 계약의 목적을 달성함에 있어서, 누가 급부를 하는가는 중요하지 않을 수 있다. 따라서 제3자가 채무를 부담하지 않더라도 채무자를 대신하여 채권자에게 급부를 할 수 있다. 예를 들면, 제3자에 의한 급부를 약속하는 경우에 제3자가 채무자를 대신하여 채권자에게 급부를 할 수 있다.

구체적으로 제3자에 의한 급부의 약속이라 함은 채무자가 사전에 채권자와의 사이에, 채무자가 급부하여야 하지만 이행보조자와 같은 제3자에 의하여도 이행할 수 있다는 데 대하여 합의가 된 경우를 말한다. 따라서 이는 채무자가 아닌 제3자가 자발적으로 타인의 채무를 이행하는 것과는 다르다. 이 경우에 채무자는 그러한 약속이 있더라도 스스로 이행할 수 있고, 이 경우의 약속은 본질적으로는 단지 급부 자체를 목적으로 하며, 제3자가 급부하여야 한다는 합의는 이행의 종류 및 방법에 관한 부수적인 약정에 지나지 않는다고 보아야 한다.[13] 그 결과 제3자에 의한 급부가 불능으로 되는 때에 채무자는 다른 방법으로 급부를 행하여야 하며 채무를 면하는 것은 아니다.[14] 또한 중국합동법 제65조에 의하면, 급부가 불능이 된 경우뿐만 아니라, 일단 채무불이행이 있으면, 제

---

12) 江平 主編, "中華人民共和國合同法精解", 中國政法大學出版社, 1999, 55면 ; 孔祥俊, 『合同法敎程』, 中國人民公安大學出版社, 1999, 293면.

13) 宋德洙, 『民法注解』(ⅩⅢ)(주7), 136~137면.

14) 宋德洙, 『民法注解』(ⅩⅢ)(주7), 137면.

3자가 아닌 채무자가 채권자에 대하여 책임을 부담한다.

제3자에 의한 급부의 약속은 채무자와 제3자 사이에 채권채무관계가 존재하지 않는다는 점에서 제3자를 위한 계약과 구별되며, 채무자가 채권자에게 제3자로 하여금 일정한, 계약상의 것이 아닌 급부를 제공하게 한다고 약속하는 경우인 제3자의 급부의 약속과도 구별된다.15) 또한 제3자의 급부의 약속만으로 제3자가 의무를 부담하지는 않으며, 제3자의 급부를 약속한 자가 제3자로 하여금 급부를 하게 하지 못한 경우에는 채권자에 대하여 채무불이행책임을 부담하여야 한다.16)

Ⅱ. 제3자로 인한 계약위반

1. 중국합동법 제121조와 제65조의 관계

"당사자 일방이 제3자의 원인으로 인하여 계약을 위반할 경우, 상대방에 대하여 계약책임을 부담한다. 당사자 일방과 제3자 간의 분쟁은 법률의 규정 또는 약정에 따라 해결한다."(제121조)

중국합동법 제121조는 제3자와 관계되는 사정으로 인한 채무자의 계약위반에 관한 규정이다. 중국합동법 제121조에서 말하는 제3자와 관계되는 사정에 구체적으로 어떤 경우가 포함되는지에 대하여 학설은 명확히 밝히고 있지 않으나, 제3자와 관련되는 모든 사유가 포함되는 것으로 보고 있는 것 같다.17) 따라서 여기에는 중국합동법 제65조가 규정하고 있는 계약당사자 간의 제3자에 의한 이행의 약속이 있는 때에 제3자가 채권자에게 급부하지 않는 경우도 포함된다고 할 수 있다. 그리고 채무

---

15) 宋德洙, 『民法注解』(ⅩⅢ)(주7), 136면.
16) 宋德洙, 『民法注解』(ⅩⅢ)(주7), 136면.
17) 江平 主編(주12), 100면.

자와 제3자 간에 법률관계가 존재하는지 여부는 문제되지 않는다.[18)

위에서 보다시피 중국합동법 제65조에서 규정하고 있는 내용은 중국합동법 제121조에 의하여 규율될 수 있다. 즉 계약당사자 간에 제3자에 의한 급부를 약속하는 경우에 제3자가 채권자에게 급부하지 않으면, 중국합동법 제65조에서 규정한 바와 같이 채무자가 계약책임을 부담하는데, 이는 제3자로 인한 계약위반에 속한다. 따라서 이러한 경우에 중국합동법 제65조의 규정이 없더라도 중국합동법 제121조에 의하여 해결될 수 있다. 여기서 중국합동법 제121조와 제65조가 내용상 중복됨을 알 수 있다. 그리고 중국합동법 제121조와 제65조는 계약의 상대성을 반영한 것이며, 계약당사자 간에 제3자에 의한 급부를 약속하지 않은 경우에도 제3자로 인하여 채무가 이행되지 않으면, 계약책임은 여전히 채무자가 부담하여야 한다. 이런 맥락에서 볼 때, 중국합동법 제65조는 불필요한 규정이며, 중국합동법 제121조의 규정만으로 충분하다.

2. 제3자로 인한 계약위반

1) 중국합동법

중국합동법 제121조의 규정만 본다면, 채무자가 제3자로 인하여 계약을 위반하는 때에 언제나 계약책임을 부담하는 것으로 되어있다. 그렇다면, 중국합동법에서 이러한 경우에 채무자가 언제나 면책되지 않는 것으로 해석하여야만 하는가? 특히, 중국합동법에서 계약책임은 엄격책임이나, 불가항력에 의한 이행불능인 때에 채무자는 면책되는데, 제3자와 관련된 사유가 불가항력이 될 수 있는가?

이와 관련하여, 위에서 언급했다시피, 중국합동법 제121조의 규정을 근거로 제3자의 행위는 불가항력이 될 수 없다는 견해[19)가 있는데, 이

---

18) 孔祥俊(주12), 511면.

견해에 따를 경우 중국합동법에서는 제3자로 인하여 채무자가 계약을 위반하는 때에 언제나 계약책임을 부담하게 된다. 그러나 중국합동법 제121조를 근거로 제3자의 행위가 불가항력이 될 수 없다는 주장은 타당하지 않다고 본다. 중국합동법 제121조는 기본적으로 계약의 상대성에 관한 규정으로 제3자로 인한 채무불이행이 있더라도 계약당사자인 채무자가 여전히 책임을 부담하여야 함을 규정한 것이지, 제3자의 행위가 불가항력이 될 수 없기에 제3자로 인한 계약위반의 경우에 채무자가 언제나 책임을 부담하여야 함을 규정한 것은 아니라고 본다. 또한 채무자가 제3자의 행위의 결과를 예견할 수 없고, 회피할 수 없으며, 동시에 극복할 수 없는 상황이 있을 수 있는데, 이러한 경우에는 불가항력에 의한 면책을 인정할 수 있을 것이다.

분업이 고도로 발달한 현대사회에서 계약의 이행을 언제나 계약당사자에만 의존한다는 것은 대부분 경우에 불가능한 일이며, 계약당사자는 계약을 이행함에 있어서 제3자의 일정한 행위를 전제로 하거나 계약의 이행을 전부 제3자에게 위탁할 수밖에 없을 것이다. 따라서 제3자로 인하여 계약을 위반하는 때에 무조건 채무자로 하여금 계약책임을 부담하게 하는 것은 채무자에게 가혹한 결과를 초래할 수 있다.

그리고 전형계약에 관한 규정을 보더라도, 채무자가 제3자로 인하여 계약을 위반하는 때에 언제나 책임을 부담하여야 한다는 것은 성립되지 않음을 알 수 있다. 즉 중국합동법 제400조에 의하면, 위임계약에서 수임인은 위임인의 동의를 얻어 제3자로 하여금 위임사무를 처리하게 할 수 있고, 이 경우에 수임인은 제3자의 선임 및 그에 대한 지시에 대하여만 책임을 부담한다. 즉 수임인이 제3자로 인하여 계약을 위반하더라도 제3자의 선임 및 그에 대한 지시에 대해 책임이 없다면, 위임인에 대하여 계약책임을 부담하지 않는다. 결국에는 이러한 경우에 제3자의 행위가 불가항력인지 여부도 문제되지 않는다.

---

19) 郭明瑞·房紹坤(주1), 361면 ; 孔祥俊(주12), 416면.

2) 한국민법

한국민법에서, 채무자가 채무를 이행하는 데 제3자를 사용하거나 또는 채무자의 법정대리인에 의해 채무가 이행되는 때에 제3자 내지 법정대리인의 고의 또는 과실을 채무자의 고의 또는 과실로 보고 있다(동법 제391조). 여기서 제3자 내지 법정대리인을 이행보조자라고 한다. 즉 채무자는 채무불이행에 대해 자신에게 고의 또는 과실이 없어도, 이행보조자가 고의 또는 과실이 있으면, 여전히 채무불이행책임을 부담한다. 그리고 통설[20]에 의하면, 이행보조자는 협의의 이행보조자와 이행대행자로 구분되며, 이행대행자는 다시 세 가지 유형으로 나누어진다. 협의의 이행보조자란 채무자가 스스로 채무를 이행함에 있어서 마치 그의 손발과 같이 사용하는 자를 말하며, 이 자의 행위에 관하여 채무자는 간섭을 할 수 있는 가능성, 즉 그에 대하여 선임·지휘·감독 등을 할 수 있어야 한다. 이에 비하여 이행대행자는 단순히 채무자의 행위에 협력하는 데에 그치지 않고, 오히려 독립적으로 채무의 전부 또는 일부를 채무자에 갈음하여 이행한다. 이를 토대로, 이행보조자로 인한 채무자의 채무불이행이 있는 때에, 채무자의 책임발생여부 및 요건에 관하여 살펴보면, 구체적으로 다음과 같은 경우로 나눌 수 있다.

첫째, 채무자가 채무를 이행함에 있어서 채무이행을 보조하는 자를 수족과 같이 사용할 수 있는 때, 즉 이행보조자를 선임·지휘·감독 등을 할 수 있는 때에 채무자는 이행보조자에게 고의 또는 과실이 있으면 직접 책임을 진다.

둘째, 이행대행자의 사용이 허용되지 않는 경우 또는 일정한 조건하

---

20) 이하 梁彰洙, "履行補助者의 意味와 區分에 관한 약간의 問題"『東泉金仁燮辯護士華甲紀念論文集』(法實踐의 諸問題), 博英社, 1996, 202면 이하 ; 李相旭, "履行補助者"『嶺南法學』제7권 제1·2호, 2001, 110면 이하 ; 權寧文, "履行補助者의 過失責任"『判例研究』(釜山判例研究會) 제15권, 2004, 192면 이하 참조.

에서만 이행대행자의 사용이 허용되는데, 그러한 조건이 구비되지 않는 경우에는 이행대행자의 주관적 상태와는 관계없이 채무자는 책임을 진다. 왜냐하면 이행대행자의 사용 자체가 채무불이행이 되기 때문이라고 한다.

셋째, 이행대행자의 사용이 법률에 의하여 적극적으로 허용되어 있거나 또는 이행대행자를 사용할 수 있는 조건이 구비된 경우에는 채무자는 원칙적으로 이행대행자의 선임·감독에 관하여 과실이 있는 때에만 책임을 진다.

넷째, 명문상 또는 채권자와의 특약으로 이행대행자의 사용이 금지되어 있지도 않고, 또한 특히 허용되어 있지도 않아서 급부의 성질상 이행대행자를 사용하여도 상관없다고 해석되는 경우에는 한국민법 제391조의 적용을 받는 바, 이행대행자가 고의 또는 과실이 있으면, 이를 채무자의 고의 또는 과실로 보기에 채무자는 채무불이행책임을 부담하게 된다.

3) 소 결

이상에서 보다시피, 한국민법에서 채무자가 이행보조자(협의의 이행보조자 또는 이행대행자)를 사용하는 경우, 채무자는 일정한 요건 하에 책임을 부담한다. 이를 다른 시각에서 바라보면, 채무자가 이행보자를 사용하는 경우에 언제나 책임을 부담하는 것은 아니다. 그리고 제3자의 일정한 행위가 채무자의 채무이행의 전제조건이 되는 경우에도 채무자는 채무불이행에 대하여 고의 또는 과실이 없으면 채무불이행책임을 부담하지 않을 것이다.

중국합동법 제121조는, 아무런 但書의 규정도 없이, 제3자로 인하여 계약을 위반하는 때에 채무자가 책임을 부담한다고 규정함으로써, 채무자의 계약위반이 제3자의 행위에 기인하는 경우에 채무자와 제3자의 관계를 고려함이 없이 채무자가 언제나 책임을 지는 것으로 해석할 수 있게 하였다. 또한 실제 제3자의 행위는 불가항력으로 될 수 없다는 견해가 있다. 그러나 이러한 판단은 적어도 위임계약에 있어서는 타당하지 않다. 왜냐하면 위임계약에서 수임인은 위임인의 동의를 얻어 제3자로 하여금 자기에 갈음하여 위임사무를 처리하게 하는 경우에 위임사무를 처리하는 제3자의 선임 및 지시에 대하여만 책임을 지기 때문이다(제400조). 무엇보다 채무자와 제3자의 관계를 고려함이 없이 제3자로 인한 계약위반에 대하여 언제나 채무자로 하여금 책임을 지게 하는 것은 타당하지 않다고 본다. 특히, 채무자로 하여금 채무자의 통제밖에 있는 제3자, 더 나아가 채무이행을 보조하는 것이 아니라 단순히 채무이행의 전제조건을 마련하는 제3자의 행위에 대하여서까지 예외 없이 무조건 책임을 부담하게 하는 것은, 채무자가 제3자에 의하여 활동범위를 넓힘으로써 이익을 얻게 된다는 점을 고려하더라도, 채무자에게 너무 가혹한 결과가 발생하게 할 수 있을 것이다. 따라서 제3자의 행위를 무조건 불가항력에서 배제할 것이 아니라, 일정한 요건 하에 제3자의 행위를 불가항력으로 인정함으로써 제3자로 인한 계약위반의 경우에 채무자의 책임을 어느 정도 제한할 필요가 있다.

제6절 계약책임과 불법행위책임의 경합

계약책임이 성립하는 경우, 동시에 불법행위책임의 요건도 구비될 수가 있다. 이 경우에 피해당사자는 상대방에 대하여 하나의 책임만을 주장할 수 있는지, 아니면 두 책임을 모두 주장할 수 있는지가 문제된다. 즉 이는 법조경합과 청구권경합 중에서 어느 것이 인정되느냐의 문제이다. 이에 대하여 중국합동법 제122조는 "당사자 일방의 계약위반으로 인하여 상대방의 人身, 재산적 이익이 침해된 경우, 채권자는 동법에 의하여 채무자에게 계약책임을 부담할 것을 요구하거나 또는 기타의 법률에 의하여 불법행위책임을 부담할 것을 요구할 수 있다"고 규정하여 청구권경합을 인정하고 있다. 그러나 중국합동법이 제정되기 전의 처리방식은 이와 많이 달랐다. 그리고 중국합동법 제122조의 규정에도 불구하고, 여전히 청구권경합을 일정한 한도로 제한하여야 한다는 견해가 있다. 이하에서는 우선 중국합동법이 제정되기 전, 계약책임과 불법행위책임이 경합하는 경우에 어떻게 처리되었는지를 살펴본 후, 중국합동법 제122조의 해석 및 계약책임과 불법행위책임의 경합에 관한 학설을 보기로 하겠다.

I. 중국합동법 제정 전의 계약책임과 불법행위책임의 경합

중국합동법이 제정되기 전, 계약책임과 불법행위책임의 경합에 대한 연구는 주로 외국의 학설을 소개하는 것을 중심으로 진행되었다.[1) 사법 실무에서는 일반적으로 다음과 같이 처리되었다. 법원은 계약책임과 불

법행위책임이 경합하는 경우에 일반적으로 계약책임만을 인정하였고,
의료사고, 교통사고와 같은 일부 사안은 불법행위책임으로 처리하였
다.[2] 그러나 당사자는 양 책임을 동시에 법원에 주장할 수 있었다. 다만,
법원이 그 중에서 적용 가능한 하나의 책임만을 선택하여 채권자를 구
제하였다고 한다.[3] 이는 전통적 의미에서의 청구권경합설 및 법조경합
설과도 구별된다.

II. 중국합동법 제정 후의 계약책임과
불법행위책임의 경합

중국합동법은 계약책임과 불법행위책임이 경합하는 경우에 청구권경
합을 인정하고 있다(제122조). 따라서 채권자는 계약책임과 불법행위책
임 중에서 임의로 하나를 선택하여 주장할 수 있다. 그러나 과거에 인정
되던 바와 같이 양 책임을 동시에 청구할 수는 없다.[4] 그런데 청구권경
합이 언제나 인정되는 것은 아니라는 견해들도 있다. 심지어 아무런 제
한 없이 청구권경합을 인정하는 것은 큰 부작용을 가져올 수 있으니 최
고인민법원의 사법해석을 통하여 일정한 한도로 제한하여야 한다고 주
장하는 견해[5]도 있다. 즉 다음과 같은 경우에 청구권경합을 인정할 수
없다고 한다.

첫째, 계약당사자 일방의 불법행위로 인하여 상대방에게 人身傷害와

---

1) 孔祥俊, 『合同法敎程』, 中國人民公安大學出版社, 1999, 521면.
2) 王利明, 『違約責任論』, 中國政法大學出版社, 2003, 352면.
3) 王利明(주2), 352면.
4) 다만, "契約法에 관한 司法解釋" 제30조에 의하면, 당사자는 중국합동법 제
   122조에 따라 소송을 제기한 후, 제1심 개정 이전에 소송청구를 변경할 수
   있다. 단, 법원의 허가가 있어야 한다.
5) 孔祥俊(주1), 523면.

정신적 손해가 발생하는 경우에 상대방은 불법행위책임만을 물을 수 있다.6)

둘째, 계약당사자들 간에 계약위반으로 인하여 발생하는 손해에 대하여 계약책임만을 적용하고 불법행위책임은 주장할 수 없다고 특별히 약정한 경우, 채권자는 불법행위책임을 주장할 수 없다. 그러나 당사자 일방의 고의 또는 중대한 과실로 인하여 상대방의 人身이 침해되거나 또는 상대방이 사망하는 경우에 이러한 약정은 효력이 없고, 이 경우에 채권자는 불법행위책임도 주장할 수 있다.7)

셋째, 계약당사자들 간에 위약금 또는 손해배상액의 예정에 대하여 약정한 경우, 채권자는 계약책임만을 주장할 수 있고, 불법행위책임은 주장할 수 없다. 왜냐하면 불법행위책임을 인정하게 되면, 위와 같은 약정은 의미가 없게 되고, 이러한 약정을 한 당사자들의 의사에도 반하기 때문이다.8)

그런데 위 견해는 다음과 같은 점에서 타당하지 않다. 즉 人身이 침해된 경우에만 고의 또는 중대한 과실에 의한 불법행위책임이 면제되지 않는 것은 아니고, 재산권침해의 경우에도 당사자의 고의 또는 중대한 과실이 있으면, 불법행위책임이 면제되지 않는 것으로 보아야 할 것이다. 그리고 위의 견해에서 人身傷害와 정신적 손해가 발생하는 경우에 불법행위책임만이 인정된다고 하는데, 정신적 손해에 대하여 계약책임을 인정할 수 있다고 보는 입장에서는 이러한 주장 역시 타당하지 않다. 또한 계약당사자들 간에 위약금 혹은 손해배상액의 예정에 대하여 약정한 경우에 채권자가 불법행위책임을 주장하는 것은 당사자들의 의사에 반하는 것이라는 견해 역시 타당하지 않다. 이런 약정은 계약책임에 대하여만 효력이 있고, 따라서 채권자는 이런 약정과는 관계없이 불법행위책임을 주장할 수 있는 것으로 보아야 한다.

---

6) 王利明(주2), 356면.
7) 王利明(주2), 357면.
8) 孔祥俊(주1), 523면.

계약책임과 불법행위책임의 경합의 문제를 어떻게 처리할 것인가를 고려함에 있어서 우선 양 책임이 모두 성립하는 경우, 그 적용과정에 어떠한 차이점이 있을 수 있는가를 살펴볼 필요가 있다. 중국합동법과 기타 법률의 규정에 의하면, 구체적으로 다음과 같은 차이점이 있다.

첫째, 계약책임은 일반적으로 엄격책임이고, "民法通則"의 규정에 의하면, 불법행위책임은 예외적인 경우를 제외하고는 과실책임이다.

둘째, 중국합동법 제정 전에, 계약책임은 과실책임이었고, 입증에 있어서는 과실추정주의를 취하였으나, 중국합동법이 제정된 후에는 엄격책임으로서 과실에 대한 입증의 문제는 존재하지 않는다. 다만, 면책사유가 존재하는 경우에 채무자가 이에 대한 입증책임을 부담할 뿐이다. 불법행위책임은 원칙적으로 과실책임이고, 일부 예외적인 경우에 당사자의 과실이 추정되기에9) 가해당사자가 과실에 대한 입증책임을 부담하나, 일반적으로 채권자가 과실에 대한 입증책임을 부담한다.

셋째, 손해배상액의 산정에 있어서 계약책임에서는 손해배상액의 예정이 가능하나, 불법행위책임의 경우에는 일반적으로 손해배상액의 예정이 인정되지 않는다. 또한 계약책임에서는 위약벌이 가능하나, 불법행위책임에서는 불가능하다. 따라서 손해발생에 대한 입증책임에 있어서도 계약책임에서는 손해배상액의 예정으로서의 위약금 또는 위약벌이 적용될 경우에 채권자는 손해의 발생을 입증할 필요가 없으나, 불법행위책임의 경우에는 언제나 손해의 발생을 입증하여야 한다.

넷째, 계약책임에서는 당사자들 간의 사전면책약정이 가능하나, 불법행위책임의 경우에는 당사자들 간의 사전면책약정은 인정되지 않는다.

다섯째, 책임부담 방식에 있어서 양 책임이 구별되는데, 계약책임의 경우, 강제이행, 손해배상, 해제 등이 인정되고, 불법행위책임의 경우에

---

9) "民法通則" 제126조에 의하면, 건축물, 기타 시설의 일부분 또는 그에 놓인 물체가 떨어져 타인에게 손해를 입힌 경우에 건축물, 시설의 소유자 또는 관리인이 과실에 대한 입증책임을 부담한다.

는 손해배상, 원상회복, 謝罪 등 책임방식이 인정된다.

여섯째, 절차법적 측면에 있어서도 양 책임은 구별된다. 계약에 관한 분쟁은 기본적으로 피고의 주소지 또는 계약의 이행지의 법원이 관할하나, 관할법원에 대한 당사자의 합의가 있는 경우에는 원고의 주소지, 계약체결지 또는 목적물소재지의 법원도 관할법원이 될 수 있다. 불법행위로 인한 분쟁은 일반적으로 가해지 또는 피고의 주소지의 법원이 관할한다.

이상에서 보다시피, 계약책임과 불법행위책임이 경합하는 경우에 어느 책임을 주장하는가에 따라 여러 면에서 차이가 발생하게 된다. 그리고 어느 책임을 주장하는 것이 전적으로 채권자에게 유리하다고도 말할 수 없다. 따라서 청구권경합을 인정하여 양 책임 모두를 인정할 필요가 있으며, 어느 책임을 주장할 것인가에 대한 선택권은 채권자에게 맡기는 것이 타당하다고 본다.

다만, 정신적 손해배상과 관련하여, 명문으로 정신적 손해에 대한 불법행위책임을 규정하고 있으나, 이에 대한 계약책임을 인정하는 직접적인 규정은 없고, 법원도 이를 보편적으로 인정하고 있는 것은 아니므로 실제 불법행위책임을 주장하는 것이 채권자에게 유리할 수 있다.

그리고 양 청구권이 경합하는 경우에, 상호 독립적인 관계에 있는지 아니면 상호작용하는 관계에 있는지가 문제될 수 있다. 이는 청구권경합의 방식에 관한 것으로, 전자를 인정하는 것을 '相互獨立的 請求權競合' 방식이라 하고, 후자를 인정하는 것을 '相互作用的 請求權競合' 방식이라 한다.[10] '相互獨立的 請求權競合' 방식을 취하게 되면, 한 청구권의 다른 청구권에 대한 작용이 철저히 배제되기에 법률을 적용함에 있어서 한 청구권에 대한 법규정은 다른 청구권에 적용되지 않는다. 이 경우에

[10] 李在睦, "請求權競合論의 再檢討 舊實體法說의 批判論을 中心으로"『現代民法의 課題와 展望: 南松 韓琫熙博士華甲紀念論文集』, 1994, 1305~1324면 참조.

양 청구권 중에서 임의의 한 개의 청구권만을 양도하고 다른 청구권을 자기에 유보하는 것도 가능하다. 반대로, '相互作用的 請求權競合' 방식을 취하게 되면, 양 청구권은 상호작용하는 관계에 있기 때문에 한 청구권에 대한 법규정은 다른 청구권에도 적용될 수 있다. 또한 임의의 한 청구권만을 분리하여 양도하는 것도 인정되지 않는다. 중국합동법에서는 어떠한 방식이 인정되는지에 대하여 집중적으로 논의되고 있는 편은 아니다. 이에 대하여 책임의 요건, 손해배상의 범위 등 문제에 있어서 양 청구권에 대한 법의 적용이 구별되기에 중국합동법에서는 '相互作用的 請求權競合' 방식이 인정되지 않는다는 견해11)가 있다. 예를 들면, 중국 합동법 제374조에 의하면, 무상임치계약에서 수치인은 고의 또는 중과실이 있는 때에만 책임을 지는데, 이는 불법행위책임에는 적용되지 않는다고 한다. 그러나 이 견해는 '相互作用的 請求權競合' 방식도 완전히 인정하지 않는다. 즉 임의의 한 청구권만을 분리하여 양도하는 것은 인정되어서는 아니된다고 한다.

Ⅲ. 한국민법에서의 불법행위책임과 채무불이행책임의 관계

한국민법에서는 중국합동법서와 같이 불법행위책임과 채무불이행 책임의 관계를 직접적으로 규정하고 있지는 않다. 이에 관하여 학설상 견해의 대립이 있는데, 다수설은 청구권경합설을 지지하고 있다.12) 판례13)도 청구권경합설을 따르고 있다. 그리고 한국민법에서도 불법행위책임과 채무

---

11) 韓世遠, "責任競合的法理構造－以合同法第一佰二什二條爲中心"『人民法院報』, 2004.2.1.

12) 郭潤直,『債權各論』(第六版), 博英社, 2003, 385면 참조.

13) 大判 1989.4.11, 88다카11428(공 1989, 749) ; 大判 1977.12.13, 75다107(공 1978, 10549).

불이행책임은 요건, 입증책임 등 면에서 구별되는데, 양자를 모두 인정할 것인가에 대하여 청구권경합설과 법조경합설의 견해가 다르다. 즉 법조경합설은 같은 성질을 갖는 두 개의 손해배상책임이 경합한다고 인정하는 것은 무의미하므로, 채권자에게 유리한 채무불이행책임을 묻도록 하는 것이 타당하다고 주장하고, 반면에 청구권경합설은 채무불이행책임을 묻는 것이 채권자에게 유리하다고 하지만, 반드시 그런 것은 아니며, 또한 피해자가 불법행위책임을 묻는 경우에 이를 부인할 것은 아니고, 어느 쪽이든 선택적으로 행사할 수 있다고 하는 것이 오히려 피해자인 채권자를 두텁게 보호하는 결과가 되어 타당하다고 주장한다.14)

Ⅳ. 소 결

한국의 다수설과 판례는 채무불이행책임과 불법행위책임의 경합을 인정하고 있다. 중국합동법 제122조에 의하면, 계약책임과 불법행위책임의 경합이 인정된다. 명시적인 규정이 있는 상황에서 청구권경합을 부정하거나 제한할 필요가 없다고 본다.

---

14) 郭潤直(주12), 385~386면 참조.

제5장 계약위반의 구제수단

유효하게 성립한 계약이라도 언제나 원만히 이행되는 것은 아니다. 계약이 이행되지 않거나 이행한 것이 약정에 부합하지 않는 경우, 채권자에 대한 구제가 필요하다. 중국합동법은 제7장 "違約責任" 부분에서 기본적으로 强制履行, 損害賠償, 추완 및 대금감액 등 구제수단에 대하여 규정하고 있다(제107조·제111조).

그런데 학설은 일반적으로 계약의 해제를 계약위반의 구제수단에 포함시키지 않고 있다.[1] 중국합동법 또한 해제를 "違約責任"(제7장) 부분이 아닌 "契約상의 權利義務의 消滅"(제6장) 부분에서 규정하고 있다. 중국합동법은 해제의 사유를 규정함에 있어서 채부불이행을 중심으로 하여 규정하였다기보다 "목적달성의 불가능"을 기준으로 해제의 사유를 규정하였다고 할 수 있다. 그러나 해제는 여전히 계약위반의 구제수단으로서의 기능을 발휘할 수 있다. 즉 계약을 해제할 수 있으면, 언제나 계약위반이 존재하는 것은 아니다. 그러나 계약위반이 있는 경우에도 계약을 해제할 수 있기 때문에 해제는 계약위반의 구제수단이라고 볼 수 있다. 따라서 계약의 해제도 계약위반의 구제수단으로 파악할 수 있다.

그리고 중국합동법은 위약금에 대하여도 규정하고 있는데, 위약금은 그 성질에 있어서 손해배상액의 예정에 속한다.

---

1) 曹三明 외 16인, 『合同法原理』, 法律出版社, 2000, 290면 이하 ; 郭明瑞·房紹坤, 『新合同法原理』, 中國人民大學出版社, 2000, 363면 이하 ; 孔祥俊, 『合同法教程』, 中國人民公安大學出版社, 1999, 424면 이하.

제1절 강제이행

채무자가 계약을 이행하지 않는 때에 채권자는 어떠한 조치를 취할 수 있는가? 즉 어떠한 방법에 의해 자신의 계약상의 권리를 실현할 수 있는가? 권리의 실현방법으로 가장 원시적인 것이 自力救濟이나, 이는 사회평화를 파괴하고 弱肉强食의 현상을 초래하는 등 여러 폐단을 갖고 있기 때문에 국가의 체제가 정비된 이후에는 자력구제가 일반적으로 금지되었다.[1] 채권자가 自力에 의하여 권리를 실현할 수 없다면, 이를 대체할 다른 권리실현수단이 필요한데, 근현대의 국가에서 보편적으로 인정되는 것이 訴訟制度이다. 즉 채권자는 國家權力에 의하여 권리를 실현할 수 있다. 그러나 이에 관한 입법례를 볼 때, 계약불이행시에 채권자를 구제하는 방법에 차이가 있는바, 계약의 내용에 따른 급부의 강제를 인정하는 입법례가 있는가 하면, 채무의 이행을 강제하는 것은 원칙적으로 허용하지 않고, 대신 손해배상을 통하여 채권자의 이익을 보호하는 입법례가 있다. 이는 계약불이행시에 채권자가 법원에 채무자에게 계약을 이행할 것을 판결하도록 요구하고, 또 그 판결의 내용을 강제력에 의한 일정한 방법으로 실현할 수 있는가의 문제이다.[2] 독일, 프랑스를 비롯한 대륙법에서는 원칙적으로 채권자는 계약의 이행을 청구하고, 그 실행을 채무자에게 명하는 판결을 얻을 권리를 갖고 있다. 즉 계약불이행이 있으면, 채권자는 법원에 의하여 채무의 이행을 강제할 수 있다. 그러나 채무이행이 객관적으로 불가능한 것이면 금전이외의 형태로 계약의 이행을 채무자에게 명하는 판결은 할 수 없다. 대륙법과는 달리, 영미법

---

1) 胡文赫, 『民法注解』(Ⅸ), 博英社, 1995, 155면.
2) 이하 츠바이게르트·쾨츠, 梁彰洙 譯, 『比較私法制度論』, 大光文化社, 1991, 274면 이하 ; 하인 쾨츠, 정종휴 譯, "대륙법과 영미법의 계약상의 구제" 『法學論叢』 第24輯, 2004, 307면 이하.

에서는 계약에서 정한 급부가 이행되지 않으면, 채권자는 원칙적으로 계약위반을 이유로 한 소권만을 가지며, 이 소권은 연혁적으로 불법행위소권인 불법침해소권으로부터 발생한 것이기에, 항상 금전에 의한 손해배상만을 내용으로 한다. 즉 계약불이행이 있어도 원칙적으로 채권자는 법원에 의하여 채무의 이행을 강제할 수 없고, 손해배상에 의하여 구제받을 수밖에 없다. 그러나 영미법에서도 예외적으로 채권자는 법원에 계약에 따른 급부의 이행을 청구할 수 있다. 즉 영미법에서 채무자에게 계약의 이행을 명하는 것이 인정되지 않는다는 원칙은 협의의 보통법(common law), 즉 王의 法院에 의하여 발전된 법에 의한 것이며, 大法官(Chancellor)의 衡平法 실무 그리고 후에 衡平法院은 점차적으로 이행의 소를 배제하는 원칙이 부당하게 가혹한 경우에 이를 완화하여 주는 규칙들을 형성하였다. 또한 오늘날 영국에서는 물론 미국에서도 보통법원과 형평법원의 차이가 대부분 사라지고 모든 법원이 보통법과 형평법이 발전시킨 법규칙을 적용하기는 하지만, 특정이행(specific performance)을 구하는 청구권은 예외적인 성격의 것이라는 관념이 지배적이다. 그리고 채무의 이행을 강제하는 데는 채무이행의 강제를 명하는 판결이 있어야 할뿐만 아니라, 그 판결의 내용을 강제적으로 실현시키는 법적 장치가 필요하다. 이에 관한 각국의 법규정도 차이가 있다.

　이러한 맥락에서, 이하에서 중국법과 한국법의 관련 내용을 살펴보고자 한다.

Ⅰ. 강제이행가능여부

1. 중국합동법

　중국합동법 제107조에 의하면, 채무자가 계약을 이행하지 않거나 또는 계약을 이행한 것이 약정에 부합하지 않으면, 채무자는 계약을 "繼續履行"할 계약책임을 부담한다. 즉 계약불이행시에 채권자는 채무자에게 계약의 "繼續履行"을 청구할 수 있는 권리를 가지며,3) 여기서 "繼續履行"은 "特定履行"(specific performance) 또는 강제이행과 동일한 의미로 보아야 할 것이다. 학설에서도 "繼續履行"을 강제이행과 동일한 의미로 보고 있으며,4) "實際履行"5) 또는 "實際履行의 强制"6)라고도 한다.

따라서 중국합동법에 의하면, 계약불이행시에 채권자가 법원에 채무자에게 계약을 이행하도록 명하는 판결을 내릴 것을 청구하는 것이 가능하다. 그러나 비금전채무인 때에는 언제나 가능한 것은 아니다(제110조 단서).7) 반대로 금전채무인 때에는 강제이행을 청구하는 것이 언제나 가능하다(제109조). 즉 중국합동법은 기본적으로 채무의 강제이행을 인정하면서(제107조), 예외적으로 부정하고 있는데, 이에 관하여 금전채무와 비금전채무로 나누어 규정하고 있다.

2. 한국민법

한국민법 제389조 제1항에 의하면, 채무자가 임의로 채무를 이행하지 아니한 때에는 채권자는 그 강제이행을 법원에 청구할 수 있다. 그러나 채무의 성질이 강제이행을 하지 못할 것인 때에는 채권자는 법원에 강제이행을 청구하지 못한다. 즉 한국민법은 기본적으로 채무의 강제이행

---

3) 이는 이행을 "요구할 수 있다"고 표현하고 있는 중국합동법 제109조와 제110조의 규정에 의해 더 명확해진다.

4) 崔建遠 主編, 『合同法』(第三版), 法律出版社, 2004, 253면 ; 韓世遠, 『合同法總論』, 法律出版社, 2004, 701~702면.

5) 王利明, 『違約責任論』, 中國政法大學出版社, 2003, 429면.

6) 郭明瑞・房紹坤(주1), 364면 ; 崔建遠 主編(주5), 253면.

7) 이하 동절 Ⅱ. 강제이행이 인정되지 않는 경우에서의 1. 중국합동법 부분을 참조.

제5장 계약위반의 구제수단   173

을 인정하면서, 채무의 성질이 강제이행을 하지 못할 것인 때에는 이를 부정하고 있다. 여기서 '채무의 성질이 강제이행을 하지 못할 것인 때'는 직접강제가 불가능한 경우를 의미한다.[8] 그 밖에 학설에 의하면, 모든 강제이행의 방법을 쓸 수 없는 경우도 있다.[9] 그리고 한국민법은 강제이행을 규정함에 있어서 중국합동법과 차이가 있는바, 금전채무와 비금전채무로 나누어 규정하지 않고, 강제이행을 청구할 수 없는 예외적인 경우도 중국합동법에 비하여 구체적으로 규정하고 있지 않다. 또한 한국민법은 채무불이행의 구체 유형 및 그에 따른 강제이행의 방법에 관하여도 규정을 두고 있는데(동조 제2항 및 3항), 이는 중국합동법과 구별되는 점이다.

II. 강제이행이 인정되지 않는 경우

1. 중국합동법

중국합동법은 강제이행이 인정되지 않는 경우를 규정함에 있어서, 금전채무(제109조)와 비금전채무(제110조)로 나누어 규정하고 있다. 중국합동법 제109조는 "당사자 일방이 대금 또는 보수를 지급하지 않는 경우에 상대방은 그 당사자에게 대급 또는 보수의 지급을 청구할 수 있다"고 규정하고 있는데, 이는 단순히 금전채무에 대한 강제이행가능여부를 규정한 것이 아니라, 금전채무는 언제나 강제이행이 가능함을 규정한 것이다. 왜냐하면 채무의 강제이행가능여부는 중국합동법 제107조에서 규정하고 있고, 또 계약의 본래이행을 강제할 수 있는가의 문제는 비금전채

---

8) 胡文赫, 『民法注解』(Ⅸ)(주2), 174면.
9) 이하 동절 Ⅱ. 강제이행이 인정되지 않는 경우에서의 2. 한국민법 부분을 참조.

무에 대하여 의의를 가지기 때문이다. 또한 비금전채무인 때에 일정한 경우에 강제이행을 청구할 수 없다고 규정하고 있는 제110조와의 관계를 고려하더라도 그러하다. 그런데 금전채무는 기본적으로 일정한 가치(금액)의 지급을 목적으로 하기에 객관적으로 그 이행이 불가능한 경우는 있을 수 없고, 또 채무의 본래이행을 강제하는 것을 원칙적으로 인정하지 않는 영미법에서도 비금전채무에 대하여만 의미를 가지는 것이며, 금전채무의 경우에는 당연히 강제이행이 인정된다. 따라서 금전채무인 때에 언제나 강제이행이 가능하다는 규정을 두는 것은 별 의미가 없다고 볼 수 있다. 그럼에도 불구하고 중국합동법이 이러한 규정을 둔 이유는, 금전채무인 때에 불가항력에 의한 면책도 인정되지 않음을 강조하기 위해서라고 본다.

반면에, 비금전채무인 때에는 다음과 같은 경우에 강제이행이 인정되지 않는다(제110조 단서).

첫째, 법률상 또는 사실상 채무를 이행할 수 없는 경우.

계약의 강제이행이 인정되려면 채무의 이행이 법률상 또는 사실상 가능한 것이어야 한다. 법률상 계약의 강제이행이 불가능한 경우로, 특정물매매에서 매도인이 매수인이 아닌 제3자에게 목적물을 매도하여 제3자가 목적물의 소유권을 취득한 경우를 들 수 있다. 이 경우 매매목적물의 소유권은 이미 제3자에게 귀속되어 있는 것이기에 매수인은 강제이행을 청구할 수 없다. 사실상 계약을 이행할 수 없다는 것은 객관적으로 보아 계약의 이행이 불가능한 것을 말한다. 즉 사회통념상 매매목적물이 더 이상 존재하지 않아 계약의 이행을 사실상 기대할 수 없는 경우이다.

둘째, 채무가 이행을 강제하는 데 적합하지 않거나 또는 채무를 이행하는 데 과다한 비용이 필요한 경우.

계약의 목적이 이행을 강제하는 데 적합하지 않는 경우로 人身성격을 띤 계약을 들 수 있다. 예를 들면, 고용계약이나 公演계약이 이에 포함된다. 계약당사자의 인신자유 등 인격권을 침해할 수 없기 때문이다. 또한 당사자의 특수한 기능을 신뢰하여 일의 완성을 요구한 도급계약에서 수급인이 계약을 이행하지 않는 경우에 이행을 강제하는 것은 타당하지 않다. 왜냐하면 수급인으로 하여금 일을 완성하도록 강제할 경우, 수급인의 인신자유나 기타 인격권을 침해할 우려가 있을 뿐만 아니라, 수급인이 도급인이 요구한 대로 최선을 다해 계약을 이행하는 것을 거의 기대할 수 없기 때문이다. 그리고 이행비용이 과다하게 드는 경우에 강제이행이 인정되지 않는다는 것을 다음과 같이 이해할 수 있다. 계약책임이 계약위반의 구제수단으로서 징벌의 성질을 갖고 있지 않는 한, 채무자에게 계약불이행에 대한 책임을 부담시키는 이외에, 될수록 기타의 불이익이 발생하는 것을 막아야 한다. 즉 계약을 이행하는 데 과다한 비용이 필요한 경우에 이행을 강제하게 되면, 채권자에게 이득이 되지 않을 뿐만 아니라, 채무자에게 너무 가혹한 결과가 발생하게 할 수 있다.[10] 이 경우에는 강제이행 대신 손해배상이 인정되어야 한다.

셋째, 채권자가 합리적 기간 내에 채무의 강제이행을 청구하지 아니한 경우.

중국합동법에서 기본적으로 강제이행이 인정되나, 강제이행청구권은 기한의 제한을 받는다. 즉 합리적 기간 내에 강제이행을 청구하지 않으면, 그 권리를 상실하게 된다. 합리적 기간인지 여부는 개별사건에 따라 구체적으로 판단하여야 한다.[11] 예를 들면, 거래관행에 의하여 일정한 기간 내에만 계약의 강제이행청구가 기대되는 경우에 그 기간이 지나면 강제이행을 청구할 수 없다. 즉 특정의 명절에 주로 팔리는 물품을 매수하는 주문계약에서 그 명절기간 내에 강제이행을 청구하지 않는다면, 그 기간이 지난 후에는 강제이행이 인정되지 않는다.

그런데 강제이행에 있어서 비금전채무에 대한 이러한 예외규정은 PECL(제9:102조의 단서) 내지 PICC(제7.2.2조의 단서)의 규정과 매우 유사

---

10) 孔祥俊(주1), 437면 참조.
11) 孔祥俊(주1), 438~439면.

하다. 따라서 중국합동법을 해석하면서 이를 참조할 수 있다. 특히, 다음
과 같은 문제에 있어서 참조할 수 있다고 본다. 즉 중국합동법은 합리적
기간의 始點을 어떻게 결정하는지, 합리적 기간이 경과한 이후에도 손해
배상을 청구할 수 있는지에 관하여 명시적인 규정을 두고 있지 않는데,
PECL 내지 PICC의 관련 규정과 그에 관한 해석을 살펴볼 필요가 있다.

　　PECL(제9:102조 제3항)와 PICC(제7.2.2조 제e호)에서는 합리적 기간 내
에 채무의 특정이행을 청구하지 하지 않으면, 그 권리를 상실하게 된다.
또한 합리적 기간의 始點은 '채권자가 채무의 불이행을 알았거나 알았
어야 할 때'이다. 그리고 PICC에 관한 解釋書에서는 이러한 규정을 두
는 이유에 대하여 다음과 같이 설명하고 있다.12) 계약의 이행은 채무자
의 일정한 준비와 노력이 있어야 이루어진다. 만일 기한의 제한 없이 채
무의 특정이행을 청구하는 것을 인정한다면, 채무자는 채권자가 언제
특정이행을 청구할지 모르는 불안정한 상태에 있게 되며, 이는 채무자
한테 불공평한 것인 바, 채무자의 이익을 침해할 수가 있다. 따라서 합
리적 기간 내에만 채무의 특정이행을 청구할 수 있는 것으로 규정하여
야 한다는 것이다. 중국합동법도 이러한 취지에서 위와 같은 규정을 두
었을 것이다. 그렇다면, 강제이행을 청구할 수 없어도, 손해배상은 청구
할 수 있는 것으로 해석하여야 할 것이다. PECL(제9:103조)는 명문으로
특정이행 청구권이 배제된다는 사정은 손해배상의 청구권을 배제하지
않는다고 규정하고 있다. 또한 손해배상 또는 위약금 지급을 요구하였
다고 하여, 이를 합리적 기간 내에 강제이행을 청구한 것과 동일시 할
수는 없다.13)

---

12) UNIDROIT International Institute for the Unification of Private Law, UNIDROIT
　　PRINCIPLES OF INTERNATIONAL COMMERCIAL CONTRACTS, 2004, 213면.
13) 王利明(주6), 456면.

2. 한국민법

한국민법 제389조 제1항 단서에 의하면, 채무의 성질이 강제이행을 하지 못할 것인 때에는 채권자는 법원에 강제이행을 청구할 수 없으며, 여기서의 강제이행은 직접강제를 의미한다.[14] 그 밖에 학설에 의하면, 다음과 같은 경우에 직접강제, 대체집행, 간접강제 등 모든 강제이행의 방법을 사용할 수 없다.[15] 첫째, 제3자의 동의를 요하거나 채무자에게 과다한 비용을 요하는 등 채무자의 의사만으로 이루어질 수 없는 경우, 둘째, 부부 간의 동거의무의 이행을 강제하는 것과 같이 채무자의 자유의사에 반하여 채무이행을 강제하게 되면, 채무자의 인격존중에 반하는 경우, 셋째, 예술가의 작품제작의무를 강제하는 것과 같이 채무자의 자유의사를 압박하여 강제한다면 채무의 내용에 좋은 급부를 실현할 수 없는 경우, 또한 이행불능의 경우와 채권자와 채무자가 서로 합의하여 채무의 이행을 강제하지는 않기로 정한 경우에도 강제이행청구는 허용되지 않는다.[16]

Ⅲ. 강제이행의 방법

채무의 본래이행을 명하는 법원의 판결이 있더라도, 판결의 내용을 강제할 법적 절차 및 수단이 없다면 채권자는 계약상의 권리를 실현할 수 없다. 이는 기본적으로 강제집행의 문제이며, 이에 관한 중국합동법 및 중국민사소송법의 규정과 관련 한국법의 규정은 차이가 있다. 이하에서는 강제이행의 방법을 중심으로 양국법의 규정을 살펴본다.

---

14) 胡文赫, 『民法注解』(Ⅸ)(주2), 174면.
15) 金亨培, 『民法學講義』(第3版), 新潮社, 2003, 708면.
16) 梁彰洙, 『民法入門』(第4版), 博英社, 2006, 212면.

1. 중국합동법

중국합동법에서의 강제이행은 직접강제를 의미한다는 견해[17]가 있으나, 이는 타당하지 않다. 중국합동법은 채권자가 법원에 채무의 이행을 명하는 판결을 내릴 것을 요구할 수 있고, 또 그러한 판결의 내용을 강제적으로 실현할 것을 청구하는 것이 가능함을 규정하였을 뿐, 채무의 이행을 강제하는 방법에 대하여 규정한 것은 아니다. 또한 중국합동법 제110조가 규정하고 있는 강제이행을 청구할 수 없는 사유가 발생하는 경우에 직접강제뿐만 아니라 어떠한 방법에 의한 강제이행도 청구할 수 없는 것으로 보는 것이 합리적이다.

중국합동법은 강제이행의 방법에 관하여 규정하고 있지 않으나, 중국민사소송법에 대체집행과 간접강제에 관한 규정이 있다. 즉 중국민사소송법 제231조에 의하면, 법원은 관련 집단 또는 개인으로 하여금 피집행자 대신 판결 또는 기타 법률문서의 내용을 집행하게 하고, 그 비용을 피집행자에게 부담시킬 수 있다. 또한 피집행자가 판결 또는 기타 법률문서가 정한 기간 내에 금전채무를 이행하지 않는 때에는 그 기간 내의 채무이자의 배액을 지급하여야 하고, 비금전채무를 이행하지 않는 때에는 지연배상금을 지급하여야 한다(동법 제232조).

2. 한국민법

한국민법은 중국합동법과는 달리 강제이행의 방법에 대하여도 규정하고 있다. 즉 한국민법 제389조 제1항은 직접강제에 대하여 규정한 것이고,[18] 동조 제2항 후단은 대체집행에 대하여 규정하고 있다. 그리고

---

17) 崔建遠 主編(주5), 253면.
18) 胡文赫, 『民法注解』(IX)(주2), 170면.

강제이행의 방법으로서의 간접강제에 대하여 한국민법에서는 규정하고 있지 않으나, 한국민사소송법 제693조 및 제694조가 이에 대하여 규정하고 있다.

직접강제는 채무자의 신체를 구속하는 것은 아니나, 국가기관의 유형적인 실력에 의하여 채무자의 의사 여하에 불구하고 채무의 내용을 직접 실현시키는 방법이며,[19] 동산의 인도채무 내지 부동산의 명도채무, 그리고 금전채무와 같은 '주는 채무'에 있어서 허용된다.[20] '하는 채무'인 때에는 직접강제는 허용되지 않는다. 따라서 직접강제가 아닌 다른 강제이행의 방법을 사용하여야 하는데, 이 경우에도 作爲債務가 代替的인지 不代替的인지에 따라 사용할 수 있는 강제이행의 방법이 달라진다. 즉 代替的 作爲債務인 때에는 채권자나 제3자로 하여금 대신 급부내용을 실현하게 認容하고 그의 비용을 금전으로 채무자에게 추심할 수 있도록 하는 집행방법을 사용할 수 있으며, 이를 代替執行라고 한다.[21] 반대로 不代替的 作爲債務이면, 대체집행에 의하여 채무의 이행을 강제할 수 없고, 채무의 이행을 확보하는 데 상당하다고 인정되는 일정 금액의 금전의 지급을 명하고, 벌금을 과하거나, 또는 채무자를 구속하는 등의 수단을 써서, 채무자를 심리적으로 압박해서 채무를 이행하게 하는 방법을 사용할 수 있다. 이를 간접강제라고 한다.[22] 그러나 한국법에서는 간접강제로서 拘留·罰金과 같은 강력한 방법은 인정되지 않으며, 지연배상 또는 즉시의 손해배상을 명하는 방법이 인정될 뿐이다.[23]

그리고 이들 강제이행의 방법은 임의로 사용할 수 있는 것은 아니고, 일정한 순서에 따라 사용하여야 하는데, 학설에 의하면, 직접강제, 대체집행, 간접강제의 순서로 사용하여야 한다.[24]

---

19) 朴海成, 『註釋民法』(債權總則(1)), 韓國司法行政學會, 2000, 401면.
20) 金亨培(주16), 708면.
21) 李銀榮, 『債權總論』(第3版), 博英社, 2006, 163면.
22) 郭潤直, 『債權總論』(第六版), 博英社, 2003, 102면.
23) 郭潤直(주23), 104~105면 참조.

그런데 법률행위를 목적으로 하는 채무 내지 부작위채무인 때에는 어떠한 방법에 의하여 채권자를 보호할 수 있는가? 우선 법률행위를 목적으로 하는 채무는 본래 不代替的 作爲債務이므로 간접강제에 의하여 집행할 수 있으나, 이러한 채무는 채무자의 행위 자체나 행위의 사실적 결과를 목적으로 하는 것이 아니고 관념적인 법률효과의 발생을 목적으로 하는 것이므로 간접강제는 적절하지 않다.25) 한국민법 제389조 제2항 전단에 의하면, 이 경우에 채권자는 채무자의 의사표시에 갈음할 재판을 청구할 수 있다. 즉 법원의 재판에 의하여 채무자가 의사표시를 한 효과가 발생하는 것이다. 다음으로 부작위채무의 집행은 債務名義의 성립 후에 의무위반이 있음으로 해서 비로소 문제되는 것이므로, 결국에는 의무위반으로 인하여 채권자가 받는 불이익을 제거하거나 또는 의무위반이 반복되는 것을 예방하는 것으로써 채권자의 이익을 보호할 수밖에 없다. 한국민법 제389조 제3항에 의하면, 채권자는 채무자의 비용으로써 부작위채무를 위반한 것을 제거하고 장래에 대한 적당한 처분을 법원에 청구할 수 있다.

Ⅳ. 追 完

계약의 내용에 따른 채무자의 급부가 완전하지 못한 경우, 채권자는 그 급부의 수령을 거절할 수 있다. 또한 수령을 한 후에도 계약의 내용에 따른 새로운 급부를 할 것을 요구할 수 있으며, 또 이미 수령한 급부가 追完할 수 있는 것이면, 채권자가 그 급부를 반환하지 않고, 채무자로 하여금 완전한 급부가 되도록 보완을 하게 하는 것이 더 간편하고 합리적일 수 있다.

---

24) 郭潤直(주23), 102면.
25) 胡文赫, 『民法注解』(Ⅸ)(주2), 178면.

1. 중국합동법

중국합동법 제111조에 의하면, 급부된 목적물에 하자가 있는 경우에 채권자는 修理와 같은 추완청구권을 가진다. 그런데 급부된 목적물에 하자가 있는 경우뿐만 아니라, 서비스제공과 같은 하는 채무 내지 급부된 목적물에 권리의 하자가 있는 경우에도 급부가 완전하지 못한 때에 보완이 가능할 수 있는데, 이 경우에도 채권자의 추완청구권을 인정하는 것이 타당할 것이다. 그러나 중국합동법은 이에 관하여 직접적으로 규정하고 있지 않다.

그리고 동조에 의하면, 급부된 목적물에 하자가 있는 경우에 채권자는 채무자에게 목적물의 교환, 再製作 등도 요구할 수 있다. 이는 채무자에 대한 채권자의 완전이행청구권이라고 볼 수 있다. 그런데 이러한 경우뿐만 아니라 채무자의 급부가 완전하지 못한 모든 경우에, 채무자는 완전한 급부를 하여야 할 의무가 있기 때문에, 채권자는 급부를 수령한 후에도 채무자에게 완전한 급부를 할 것을 청구할 수 있다. 따라서 동조의 이러한 규정은 특별한 의미를 가지는 것은 아니다.

또한 동조에서는 반품도 계약책임의 내용으로서 규정하고 있는데, 이는 하나의 계약위반의 구제수단이라기보다 계약해제로 인한 효과에 불과하다고 본다.

동조에서 급부된 목적물에 하자가 있는 경우에 채권자가 취할 수 있는 여러 조치에 대하여 규정하고 있는데, 일부 조치는 구제수단의 한 유형이라기보다 개별 구제수단의 구체 형태(교환, 再製作) 또는 적용효과(반품)에 불과하다. 이러한 규정은 일반인이 이러한 상황에서 자신의 이익보호를 위한 법규정에 쉽게 접근할 수 있다는 장점이 있을지는 몰라도, 추완청구권 또는 대금·보수의 감액과 같이 기타 조항에 규정되어 있지 않는 계약위반의 구제수단과 병렬적으로 규정하는 것이 과연 타당한지 의문이다.

추완청구권의 요건과 관련하여, 추완은 이행청구권의 또 다른 형태로 볼 수 있기 때문에, 비록 중국합동법에는 그러한 규정이 없으나, 이행청구권을 제한하고 있는 중국합동법 제110조가 적용될 수 있다고 본다. 즉 추완이 물리적으로 또는 법률적으로 불가능하거나 추완을 하는 데 과다한 비용이 필요한 때, 그리고 채권자가 합리적 기간 내에 추완을 청구하지 않은 때에는 추완청구권을 인정할 수 없을 것이다. 또한 추완청구권의 행사기간과 관련하여, 매매계약인 때에는 다음과 같은 기한의 제한을 받는다. 즉 중국합동법 제158조에 의하면, 매수인은 목적물의 양과 품질이 약정에 부합하지 않을 경우, 약정된 기간 또는 약정이 없으면 합리적 기간이나 목적물을 수령한 날로부터 2년 내에 통지하지 않으면 약정에 부합하는 것으로 간주된다. 따라서 이 기간이 경과하면 追完請求權을 행사할 수 없게 된다. 그러나 품질보증기간이 있는 경우에는 2년이라는 기한의 제한을 받지 않는다. 또한 매수인이 목적물을 수령하는 때에 이미 목적물의 하자나 수량의 부족을 알았거나 알 수 있었으면 아무런 기한의 제한도 받지 않는다.

그리고 追完을 한 후에도 채권자에게 여전히 손해가 잔존하는 경우, 채권자는 채무자에게 그 손해의 배상을 청구할 수 있다(제112조). 예컨대, 추완이 완벽하게 이루어지지 않음으로 인하여 잔존하는 손해 또는 이행지체로 인한 손해에 대하여 채무자는 손해배상책임을 부담하여야 한다.

2. 한국민법

한국민법에서 불완전급부가 행하여지는 때에 그것은 '채무의 내용에 좇은 이행'이 아니기에 채권자가 일단 그 급부를 수령하였더라도 채무자에게 채무의 완전이행을 청구할 수 있다.[26] 그리고 한국의 통설에 의

---

26) 郭潤直(주23), 94면.

하면, 추완이 가능하고 또 추완으로써 완전급부를 하는 것이 제반 사정에 비추어 적법한 채무이행이 되는 경우에는 채권자는 추완청구권을 행사할 수 있다.27)

추완청구권의 요건과 관련하여, 추완은 제반사정에 비추어 가능하여야 하며, 또 추완청구권은 원래의 이행청구권이 신의칙에 기하여 수정된 형태이기에,28) 채무자의 귀책사유를 요하지 않을 것이다. 또한 추완청구권은 상당한 기간이 지나면, 소멸시효와 관계없이, 신의칙상 소멸한다는 견해29)도 있다. 특히, 도급계약에서 완성된 목적물 또는 완성전의 成就된 부분에 하자가 있는 때에 하자가 중요하지 아니하고, 또 그 補修에 과다한 비용을 요하면 도급인은 수급인에게 하자의 補修를 청구할 수 없으며(한국민법 제667조 제1항), 하자보수청구권은 목적물을 인도받은 날 또는 일이 종료된 날로부터 1년 내에 행사하지 않으면 소멸한다(한국민법 제670조).

V. 소 결

채무불이행이 있는 때에 중국합동법과 한국민법 모두가 채권자에게 채무이행을 청구하고, 그 실행을 채무자에게 명하는 판결을 얻을 권리를 부여하고 있다. 즉 강제이행을 채무불이행의 구제수단으로서 규정하고 있다. 그러나 한국민법은 강제이행의 방법에 관한 규정도 두고 있다는 점에서 그러한 규정이 없는 중국합동법과 구별된다. 또한 언제나 강제이행이 인정되는 것은 아닌 바, 강제이행이 인정되지 않는 경우와 관련하여, 중국합동법은 한국민법에 비하여 비교적 구체적으로 규정하고 있다.

---

27) 梁彰洙, 『民法注解』(IX), 博英社, 1995, 310면 참조.
28) 梁彰洙, 『民法注解』(IX)(주28), 310면.
29) 郭潤直(주23), 94~95면.

그러나 PECL 제9:102조 제2항에서 규정하고 있는 강제이행을 청구할 수 없는 경우와 관련하여, 동조 제2항 (a)에서 규정하고 있는 '이행이 채무자에게 불합리한 노력이나 비용을 야기하는 경우'가 한국민법에서도 많은 경우에 불능의 한 태양인 '사회관념상 불능' 또는 집행단계에서 집행불능으로 처리될 것이라는 견해30)에 따른다면, 중국합동법이 규정하고 있는 강제이행이 인정되지 않는 경우도 한국민법에서 대부분 인정될 수 있을 것이다. 그러나 중국합동법 제110조 제3호에 의하면, 합리적 기간 내에 강제이행을 청구하지 않으면 그러한 권리가 소멸하는데, 이는 한국민법에서는 인정되지 않는 것이다. 다만, 追完請求權과 관련하여, 상당한 기간 내에 청구하지 않으면 소멸시효와 관계없이 신의칙상 소멸한다는 견해가 있다.

追完請求權과 관련하여, 한국의 통설은 불완전이행(불완전급부)의 경우에 일반적으로 채권자의 追完請求權을 인정하고 있으나, 한국민법은 이에 관한 일반규정을 두고 있지 않다. 다만, 도급인의 하자보수청구권을 명시적으로 규정하고 있을 뿐이다(동법 제667조 제1항). 이에 비하여 중국합동법은 修理 등 追完請求權을 물건의 하자에 대한 일반적인 구제수단으로서 규정하고 있다. 또한 기타의 불완전급부의 경우에도 追完請求權이 인정되는 것으로 해석하여야 할 것이다.

---

30) 梁彰洙, "'유럽계약법원칙'에서의 채무불이행법리"『국제·지역연구』제10권 제1호, 2001, 121면.

제2절 손해배상책임

Ⅰ. 손해의 개념

손해배상에서 손해배상의 범위를 확정하려면 우선 손해란 무엇인가부터 해결하여야 한다.

손해의 개념과 관련하여 差額說과 組織說이 있다. 종래부터 중국학자들은 差額說과 組織說(現實的 損害說)에 관하여 소개하고 있으나,[1] 중국학자들이 두 학설 중에서 어느 학설을 따르고 있는지는 명확하지 않다. 다만, 사법실무에서는 손해를 항목별로 나누어 그 총액을 계산하는 방법을 취하고 있는데, 이는 組織說에 더 가깝다고 하는 견해[2]가 있다.

손해의 개념과 관련하여 한국의 다수설은 差額說을 취하고 있다.[3] 판례도 차액설의 입장을 취하고 있는바, "토지의 매매계약이 매수인 측의 귀책사유로 해제되는 경우에 매도인 측이 입는 통상의 손해액은, 그 계약이 해제되지 아니하고 이행된 경우에 매도인이 얻게 되는 경제적 이익과 계약이 해제된 경우에 매도인에게 남아 있는 경제적 이익의 차액"이라고 판시하고 있다.[4]

---

1) 崔建遠 主編, 『合同法』(第三版), 法律出版社, 2004, 259~260면 ; 郭明瑞·房紹坤, 『新合同法原理』, 中國人民大學出版社, 2000, 379면 참조.
2) 韓世遠, 『違約損害賠償研究』, 法律出版社, 1999, 44~46면 ; 韓世遠, 『合同法總論』, 法律出版社, 2004, 720면.
3) 池元林, 『民法注解』(Ⅸ), 博英社, 1995, 466면 참조.
4) 大判 2004.7.22, 2004다3543(공 불게재).

Ⅱ. 손해배상의 방법

손해배상의 방법에는 금전배상과 원상회복이 있다. 원상회복은 불법행위의 경우뿐만 아니라 채무불이행의 경우에도 인정될 수 있다. 손해배상의 방법으로서의 원상회복은 독일민법, 프랑스민법 및 영미법에서 인정되고 있다. 다만 그 허용범위는 나라에 따라 다소 차이가 있는데 독일에서는 원상회복이 손해배상의 원칙적인 방법인 반면 영미법에서는 금전배상에 의하여 충분한 손해의 전보가 불가능할 때에만 유지명령이 허용되고 있고, 프랑스에서는 그 허용여부가 법원의 재량에 많이 좌우된다.5)

1. 중국합동법

중국합동법은 손해배상의 방법에 관하여 규정하고 있지 않다. 학설로는 중국합동법이 금전배상을 원칙으로 한다는 견해6)가 있다.

2. 한국민법

한국민법에서 손해배상은 금전배상을 원칙으로 하고 있다(동법 제394조). 다만 한국민법 제764조에 의하면 타인의 명예를 훼손한 자에 대하여는 법원은 피해자의 청구에 의하여 손해배상에 갈음하거나 손해배상과 함께 명예회복에 적당한 처분을 명할 수 있다. 한국민법개정안 제394조 제1항에서는 "손해는 금전으로 배상한다. 그러나 채권자는 상당한 이

---

5) 이상 尹眞秀, "損害賠償의 方法으로서의 原狀回復－民法改正案을 계기로 하여"『比較私法』제10권 제1호, 2003, 81~93면.
6) 崔建遠 主編(주1), 257면.

유가 있는 때에는 원상회복을 청구할 수 있다"고 규정함으로써 손해배
상의 방법으로 금전배상 외에 예외적으로 원상회복을 인정하고 있다.

Ⅲ. 손해배상의 범위

1. 중국합동법

계약당사자 일방의 계약위반으로 인하여 상대방이 손해를 입는 경우,
그 당사자는 당연히 상대방의 손해를 배상하여 한다. 그런데 모든 손해
를 전부 배상하여야 하는지, 아니면 일정한 범위 내의 손해만 배상하면
되는지가 문제된다. 이는 손해배상범위의 문제이다. 손해배상범위에 관
한 입법례를 보면, 완전배상주의와 제한배상주의가 있다. 완전배상주의
하에서는 채권자가 입은 손해를 가능한 모두 배상하는 것을 원칙으로
하고, 제한배상주의 하에서는 일정한 범위 내로 제한된다. 완전배상주의
를 취하는 대표적인 입법례로는 독일민법을 들 수 있고, 제한배상주의를
취하는 입법례는 프랑스를 비롯한 대륙법계와 영미법계에서 찾을 수 있
다.[7] 중국학자들은 일반적으로 중국합동법이 완전배상주의를 취한 것으
로 평가하고 있으나,[8] 이는 중국합동법에 대한 타당한 해석이 아니다.
중국합동법의 규정으로부터 볼 때, 중국합동법은 제한배상주의를 취하
였다.

그리고 완전배상주의를 취한다고 하더라도 자연적 인관관계에 있는
모든 손해에 대한 배상을 인정하게 되면, 손해의 범위가 무한히 확대될
수 있기 때문에 자연적 인과관계에 있는 모든 손해를 배상하는 것은 합

---

7) 延和駿, "채무불이행에 있어서 손해배상의 범위"『牛岩論叢』vol.14, 1996.
8) 郭明瑞・房紹坤(주1), 385면 ; 孔祥俊,『合同法教程』, 中國人民公安大學出版
   社, 1999, 456면 ; 王利明,『違約責任論』, 中國政法大學出版社, 2003, 494면.

리적이지 못하며, 일정한 범위 내로 제한할 필요가 있다. 제한배상주의를 취하는 경우에는 당연히 손해배상의 범위가 일정한 한도로 제한되어야 한다. 따라서 손해배상의 범위를 제한하는 다양한 이론들이 나왔는데, 대표적인 학설로는 相當因果關係說과 豫見可能性理論을 들 수 있다. 최근에 일부 중국학자들은 손해배상의 범위를 확정함에 있어서 사실적 인관관계와 법률적 인관관계를 구분할 필요가 있다고 주장하고 있다.[9] 그러나 이러한 구분은 별로 의미가 없다고 생각한다. 사실상 사실적 인과관계가 존재하는지를 판단하는 자체가 매우 어려울 수 있다. 사실적 인과관계가 있는지를 판단한 후, 다시 법률적 인과관계의 존재여부를 판단하기보다는 처음부터 일정한 기준에 의하여 손해배상의 범위를 확정하는 것이 타당하다고 본다.

1) 완전배상주의의 채택여부

위에서 언급했다시피, 학설은 일반적으로 중국합동법이 손해배상의 범위에 관하여 완전배상주의를 취한 것으로 평가하고 있다. 그리고 완전배상주의란 채무자가 채권자가 입은 손해의 전부에 대하여 배상책임을 부담하는 것을 말한다고 하면서,[10] 공평의 원칙과 등가교환의 원칙에서 볼 때, 채무자의 계약위반으로 인하여 채권자가 입은 손해를 채무자가 본인의 재산으로 전부 배상하는 것이 타당하다고 한다.[11] 그러나 이러한 견해는 중국합동법에 대한 타당한 해석이 아니라고 본다. "民法通則"이 완전배상주의를 취한 것으로 볼 수 있는지는 몰라도,[12] 중국합동법이 완전배상주의를 취한 것으로 보기는 어렵다. 즉 중국합동법 제113조 제1항

---

9) 崔建遠, "海峽兩岸合同責任制度的比較研究－海峽兩岸合同法的比較研究之一"『淸華大學學報』(哲學社會科學版) 第2期, 第15卷, 2000, 39면.
10) 郭明瑞·房紹坤(주1), 384면 ; 孔祥俊(주8), 455면 ; 王利明(주8), 494면.
11) 王利明(주8), 494면.
12) "당사자 일방의 계약위반으로 인하여 발생한 손해배상책임의 범위는 상대방이 계약위반으로 인하여 입은 손해이다."("民法通則" 제112조 제1항)

의 전단은 "당사자 일방이 계약의무를 이행하지 않거나 계약의무를 이행한 것이 약정에 부합하지 않아 상대방에게 손해가 발생한 경우, 손해배상액은 계약위반으로 인하여 발생한 손해에 상당한 것으로 계약의 이행으로 취득 가능한 이익의 상실도 포함한다"고 규정하고 있어 완전배상주의를 취한 것처럼 보이나, 동시에 동조 후단에서 "그러나 채무자가 계약체결시에 예견하였거나 예견하였어야 할 계약위반으로 인하여 발생할 수 있는 손해의 범위를 초과하여서는 아니된다"고 규정하여 계약위반으로 인하여 발생하는 모든 손해의 배상을 인정한 것이 아니라 채무자가 예견하였거나 예견하였어야 할 범위 내의 손해에 대한 배상만을 인정하였다. 이에 대하여 중국학자들이 말하는 완전배상주의란 채무자가 채권자의 적극적 손해뿐만 아니라 소극적 손해도 배상하여야 한다는 의미에서 나온 것이라고 하는 견해[13]도 있다. 그러나 중국합동법이 완전배상주의를 취하였다고 보는 학자들은 완전배상의 의미를 일반적인 의미에서의 완전배상과 동일하게 이해하고 있고, 또 중국합동법 제113조 제1항에 의하면, 모든 소극적 손해가 언제나 배상되는 것은 아니고, 채무자의 예견범위 밖의 소극적 손해의 배상은 인정되지 않기에 이 견해 역시 타당하지 않다.

2) 예견가능성이론에 의한 손해배상범위의 제한

중국합동법은 계약위반으로 인하여 발생하는 모든 손해에 대한 배상을 인정하지 않고 일정한 범위로 제한하고 있다. 즉 중국합동법(제113조 제1항)은 채무자의 "예견가능성"을 기준으로 손해배상의 범위를 확정하고 있다. 또한 중국합동법 제113조 제1항의 규정으로부터 볼 때, 채무자의 주관적 상태(고의·과실)에 관계없이 채무자의 예견가능성을 기준으로 손해배상의 범위가 확정된다. 학설은 이를 "豫見可能性理論" 또는

---

13) 崔建遠, "海峽兩岸合同責任制度的比較研究－海峽兩岸合同法的比較研究之一", 38면.

"合理豫見規則"이라고 한다.14)

예견가능성이론은 중국합동법이 제정되기 전에 이미 중국법에 도입
되었다. 즉 1985년에 제정된 "涉外經濟合同法" 제19조는 "당사자 일방의
계약위반으로 인한 손해배상책임의 범위는 상대방이 계약위반으로 인하
여 입은 손해에 상당하다. 다만, 채무자가 계약체결시에 예견할 수 있었
던 계약위반으로 인하여 발생할 수 있는 손해의 범위를 초과하여서는
아니된다"고 규정함으로써 채무자의 예견가능성을 손해배상의 범위를
확정하는 기준으로 하였다. 그리고 1987년에 제정된 "技術合同法"도 유
사한 규정을 둠으로써 예견가능성이론을 도입하였다(동법 제17조 제2
항). 중국합동법과의 차이점이라면, 중국합동법에서는 손해배상의 범위
에 일실이익의 상실도 포함됨을 명시적으로 밝히고 있다는 점이다.

그러나 "民法通則"과 "經濟合同法"에는 예견가능성이론이 도입되지
않았다. 우선 "經濟合同法" 제35조에 의하면, 위약금의 지급이 손해배상
에 우선하여 적용되고, 위약금이 손해액보다 적을 경우에 채무자는 그
차액을 배상하여야 하였다. 그런데 손해배상의 범위에 관한 기타의 규정
이나 사법해석은 없었다. 학설은 일반적으로 손해배상의 범위는 실제손
해(적극적 손해)에 한정되며, 따라서 소극적 손해는 포함되지 않는 것으
로 보았다.15) 사법실무에서도 이러한 견해를 받아들였다.16) 또한 손해배
상의 범위에 소극적 손해가 포함되는지에 관하여 학계와 실무에서 논의
가 있긴 하였으나, "民法通則"이 제정되기 전까지 손해배상의 범위는 적
극적 손해에 한정된다는 견해가 통설이었다.17) "民法通則"이 제정된 후
에 이러한 상황이 변화하였다고 하나,18) "民法通則" 역시 손해배상의 범

---

14) 孔祥俊(주8), 471면 ; 李永軍, 『合同法』, 法律出版社, 2004, 642면 ; 王利明(주
　　8), 493면.
15) 孔祥俊(주8), 452면.
16) 孔祥俊(주8), 452면. 필자(孔祥俊)가 1986~1989년에 법원에서 판사로서 일
　　한 적이 있는데, 이때에도 실제상 적극적 손해(직접손해)만 손해배상의 범
　　위에 포함시켰다고 한다.
17) 孔祥俊(주8), 452면.

위에 관하여 명확히 규정하고 있지 않다. 즉 "民法通則"(제112조 제1항)은 손해배상의 범위는 계약위반으로 인하여 채권자가 입은 손해라고 규정하고 있을 뿐이다. 따라서 소극적 손해도 손해배상의 범위에 포함되는 것으로 해석하더라도, 모든 소극적 손해가 손해배상의 범위에 포함되는지, 또 어떠한 기준에 의하여 손해배상의 범위를 확정할 것인지가 문제된다. 따라서 이 규정에 의하여 손해배상의 범위를 확정하기는 어렵다.

이러한 법규정들 간의 불균형은 손해배상의 범위를 확정함에 있어서 계약관계가 섭외계약관계인지 또는 기술관련 계약관계인지, 아니면 기타의 성질을 가지는 계약관계인지에 따라서 그 결과가 달라지는 가능성이 있게 하였다. 이는 종래의 3개의 합동법을 단일법으로 통합할 필요가 있음을 뒷받침해주었다. 중국합동법의 제정을 통하여 이러한 불균형은 이미 해결된 상태이다.

중국합동법은, 위에서 언급했다시피, 채무자의 예견가능성을 손해배상의 범위를 확정하는 기준으로 규정하고 있고, 학설은 이를 예견가능성이론을 도입한 것으로 보고 있다. 또한 중국합동법은 손해배상의 범위에 일실이익의 상실도 포함됨을 명시적으로 밝히고 있다. 그런데 중국합동법은 예견가능성기준에 관하여 한 개의 조문(제113조)만을 두고 있고, 따라서 어떠한 기준에 의하여 예견가능성여부를 판단할 것인가 등 문제는 학설에 맡겨진 상태이다. 이하에서는 예견가능성기준에 관련된 문제에 관하여 보기로 하겠다.

(1) 예견의 주체

중국합동법은 "채무자가 계약체결시에 예견하였거나 예견하였어야 할 계약위반으로 인하여 발생하는 손해"(제113조 제1항)에 대해서만 배상책임이 발생한다고 규정함으로써 채무자를 예견의 주체로 규정하고 있다. 이 규정에 의하면, 손해배상에서 계약체결시에 채무자가 예견하였

---

18) 孔祥俊(주8), 452면.

거나 예견하였어야 할 모든 손해에 대한 배상을 인정하여야 한다. 즉 손해의 발생에 대한 채무자의 예견가능성을 기준으로 손해배상의 범위를 확정하여야 한다.

(2) 예견의 시기

비교법적으로 볼 때, 일반적으로 계약체결시를 손해의 발생을 예견하였는지 여부를 판단하는 시기(예견의 시기)로 규정하고 있다.[19] 중국합동법도 계약체결시를 예견여부를 판단하는 시기로 규정하고 있다. 다음과 같은 점에서 그 타당성을 찾을 수 있다고 한다.[20] 즉 계약당사자는 계약체결시에 예견할 수 있는 위험을 기초로 하여 계약을 체결하고, 협상조건을 마련하는데, 계약체결 후에 발생하는 위험에 대하여 채무자는 가격을 인상하는 등 방법으로 위험의 발생에 대비할 기회를 가지지 않기에 이런 위험까지 채무자로 하여금 감수하게 하는 것은 공평의 원칙에 반한다고 한다.

(3) 예견의 정도

손해배상책임이 발생하려면 손해의 유형만을 예견하면 되는지, 아니면 손해의 정도나 범위까지 예견하여야 하는지가 문제된다.

중국합동법은 이에 대하여 명시적으로 규정하고 있지 않다. 학설로는 중국합동법 제113조 제1항에 대한 해석에 의하면, 채무자가 손해의 유형을 예견한 것만으로 족하고, 손해의 정도나 액수까지 예견할 필요는 없다는 견해[21]와 손해의 종류뿐만 아니라, 손해의 크기까지 예견하여야 한다는 견해[22]가 있다. 채무자가 예견할 수 있는 범위 내의 손해에 대하여

---

19) 李永軍(주14), 647면 ; 王利明(주8), 542면.
20) 崔建遠 主編(주1), 267면.
21) 崔建遠 主編(주1), 267면 ; 韓世遠(주2), 739면.
22) 江平 主編, "中華人民共和國合同法精解", 中國政法大學出版社, 1999, 94면.

만 배상책임을 인정하는 것은 예기치 못한 위험으로부터 채무자의 이익을 보호하기 위한 것이다. 따라서 채무자에게 손해배상책임을 부담시키려면, 채무자가 손해의 구체액수까지 예견할 필요는 없더라도 손해의 정도는 예견하여야 한다. 같은 유형의 손해라고 하더라도 경우에 따라 그 크기가 다를 수 있기 때문이다. 또한 이와 같이 해석하지 않을 경우, 중국합동법 제113조 제1항에 의하여 손해배상의 범위를 확정하는 것이 종국적으로 불가능하게 되거나, 또는 손해배상범위의 확정을 위한 기준을 또 마련해야 한다.

3) 소비자계약에서의 손해배상의 범위

중국합동법 제113조 제1항에 의하면, 계약위반으로 인한 손해배상의 범위는 일반적으로 채무자의 예견가능성을 기준으로 확정된다. 이에 대한 예외로, 소비자계약에서 경영자의 사기로 인하여 소비자가 손해를 입는 경우에는 "消費者權益保護法"에 따라 손해배상책임을 부담한다(제113조 제2항). "消費者權益保護法" 제49조에 의하면, 경영자가 소비자에게 상품 또는 서비스를 제공하면서 사기가 있을 경우, 소비자는 손해배상을 청구함에 있어서 그가 받은 손해보다 增額하여 배상할 것을 요구할 수 있고, 增額되는 금액은 상품의 가격 또는 서비스 비용의 1배되는 금액이다.

소비자계약이란 소비자와 경영자 간에 상품구매 또는 서비스제공에 관하여 체결한 계약이다. 소비자는 생활상의 소비를 만족시키기 위하여 상품을 구매하거나 서비스를 제공받는 자연인을 말하고, 경영자는 영리를 목적으로 생산, 판매 혹은 서비스제공에 종사하는 자연인, 법인 및 기타 경제조직을 가리킨다.

그리고 소비자계약에서의 손해배상과 관련하여 다음과 같은 문제가 있다.

첫째, 소비자가 실제 손해를 입지 않은 경우에도 경영자가 상품의 가격 또는 서비스 비용의 1배되는 금액을 소비자에게 지급하여야 하는지가 문제된다. 징벌의 의미를 가지는 손해배상의 목적은 손해의 전보가 아니라 계약위반을 징벌하는 것이기에 "消費者權益保護法" 제49조를 적용함에 있어서 소비자에게 실제 손해가 발생할 것을 요구하는 것은 동 규정의 취지에 부합하지 않는다.[23]

둘째, 소비자가 계약책임을 근거로 손해배상을 청구하든, 아니면 불법행위를 근거로 손해배상을 청구하든 모두 倍額賠償이 인정된다고 본다. 중국합동법 제113조 제2항은 계약책임에 관한 규정이기에 "消費者權益保護法" 제49조는 성질상 계약책임에 관한 규정이라는 견해[24]도 있으나, 중국합동법 제113조 제2항은 계약책임을 근거로 손해배상을 청구할 때에 그 배상범위가 동 규정에 의하여 결정된다는 점을 밝히고 있을 뿐이고, "消費者權益保護法" 제49조의 文言상으로 볼 때, 불법행위를 근거로 손해배상을 청구하는 때에 동 규정이 적용되지 않는다고 볼 수 없다.

2. 한국민법

1) 손해배상의 범위에 관한 이론

채무불이행과 사실적 인과관계에 있는 모든 손해의 배상을 인정하게 되면 손해배상의 범위는 무한히 확대되게 된다. 따라서 손해배상의 범위를 일정한 기준에 의하여 제한할 필요가 있다. 손해배상의 범위에 관한 한국민법 제393조도 손해배상의 범위를 일정한 한도로 제한하고 있다. 그런데 손해배상의 범위에 관하여 이론구성을 함에 있어서 학설이 대립하고 있다. 즉 상당인과관계설, 규범목적설, 위험성관련설 등이 있다.

상당인과관계설에 의하면, 원인과 결과의 관계에 서는 무한한 사실

---

23) 韓世遠, "消費者合同與懲罰性賠償" 『人民法院報』, 2004.1.16.
24) 王利明(주8), 596면.

가운데서 객관적으로 보아 어떤 前行事實로부터 보통 일반적으로 초래되는 後行事實이 있는 때에 두 사실이 상당인과관계에 있으며, 채무자는 채무불이행과 상당인과관계에 있는 손해를 배상하여야 한다.25) 그런데 같은 상당인과관계를 취한다고 하더라도 채무불이행은 언제나 일정한 사정아래 성립하는 것이므로, 채무불이행행위와 더불어 그 사정도 고찰의 대상으로 하여야 한다. 여기서 어느 정도의 사정을 고찰의 대상으로 할 것인가에 따라 고찰대상에서 제외되는 '우연한 사정' 내지 '특수한 사정'의 범위가 달라진다. 이 점에 관하여, 채무자의 주관을 기준으로 하는 주관적 상당인과관계설, 제3자(法官)가 객관적으로 판단하여야 한다는 객관적 상당인과관계설, 그리고 普通人(平均人)이 알 수 있었던 사정과 채무자가 특히 알고 있었던 사정을 모두 고려하여 판단하여야 한다는 절충설이 있다.26) 절충설이 통설이다.27)

규범목적설28)은 손해배상의 책임귀속에 있어서 배상범위를 결정하는 기준으로 규범의 보호목적을 제시한다. 즉 가해자가 위반한 행위규범의 취지와 목적에 비추어 그 규범이 손해의 발생을 방지하려는 한도에서 배상범위를 결정하여야 한다는 책임귀속이론이다.

위험성관련설29)은 손해를 유형화하여 1차 손해와 후속손해로 구분한다. 1차 손해란 채무불이행행위와의 사이에 인과관계가 있는 손해이며, 후속손해란 직접 채무불이행행위에 의해 야기된 것이 아니라 1차 손해를 기점으로 후속적으로 조건 지어진 손해를 의미한다. 1차 손해에 대한 배상책임은 행위자가 위반한 계약규범의 목적에 따라 귀속되는 것이며 후속손해는 1차 손해가 가지는 위험성과 후속손해 사이의 평가적 관계, 즉 위험성관련이라는 규준에 의하여 판단된다.

---

25) 郭潤直, 『債權總論』(第六版), 博英社, 2003, 112면.
26) 郭潤直(주25), 112면 이하.
27) 郭潤直(주25), 113면.
28) 金亨培, 『民法學講義』(第3版), 新潮社, 2003, 734면 참조.
29) 金亨培(주28), 734면.

2) 통상손해와 특별손해의 구분

손해배상의 범위와 관련하여, 한국민법은 통상손해와 특별손해로 나누어 규정하고 있다. 통상손해에 대하여는 채무자가 그 전부를 배상할 책임을 지나(동법 제393조 제1항), 특별손해에 대하여는 채무자가 그 손해를 초래한 특별한 사정을 알았거나 알 수 있었을 범위 내에서만 배상책임을 진다(동법 제393조 제2항). 통상손해와 특별손해를 구분하는 기준에 관하여 학설이 대립하고 있다. 한국민법 제393조를 상당인과관계설로 해석하는 견해[30]에 의하면, 통상손해는 특별한 사정이 없는 한, 그 종류의 채무불이행이 있으면 사회일반의 관념에 따라 통상 발생하는 것으로 생각되는 범위의 손해이고, 특별손해는 당사자 사이에 있어서의 개별적·구체적 사정에 의하여 발생하는 손해이며, 그 특별사정에 관하여 채무자가 이를 알았거나 또는 알 수 있어야 한다. 그리고 한국민법은 특별사정으로 인하여 발생하는 손해의 배상범위에 관하여 언급하고 있지 않은데, 그 종류의 특별사정으로부터 통상 생기는 손해에 대하여서만 배상책임이 있는 것으로 해석하여야 한다고 한다. 또한 이 견해에 의하면, 특별사정에 대한 채무자의 예견 또는 예견가능성에 대해서는 이행기를 기준으로 판단한다. 판례도 특별사정에 대한 채무자의 예견 또는 예견가능성에 대해서는 이행기를 기준으로 판단하고 있다.[31] 한국민법 제393조를 위험성관계설로 해석하는 견해[32]에 의하면, 통상손해는 어떤 사정에 관한 채무자의 인식가능성을 문제로 함이 없이 1차 손해와 위험성관련성이 인정되는 후속손해이고, 특별손해는 통상손해에 속하지는 않지만 손해발생과 관련되는 특별사정에 대한 채무자의 예견 또는 예견가능성이 입증되는 경우에 채무자의 배상책임이 인정되는 손해이다. 그리고 이 견해에 의하면, 채무자의 예견가능성은 개별 사안에 있어 당사자의

---

30) 郭潤直(주25), 115~116면.
31) 大判 1985.9.10, 84다카1532(공 1985, 1324).
32) 金亨培(주28), 735~736면.

직업, 목적물의 종류, 거래관행 등을 기초로 하여 판단하고, 채무자의 예견 또는 예견가능성에 대해서는 채권자가 입증책임을 지며, 그 판단시기는 원칙적으로 계약체결시기가 된다.

3. 소 결

손해배상의 범위와 관련하여, 중국합동법에서는 손해발생에 대한 채무자의 예견가능 여부에 의해 손해배상의 범위가 확정된다. 즉 채무자는 계약체결시에 예견하였거나 또는 예견하였어야 할 손해에 대하여만 배상책임을 진다. 여기에는 일실이익의 상실도 포함된다. 또한 여기서 말하는 손해가 단지 그 유형만을 의미하는 것인지, 아니면 손해의 크기 내지 범위를 의미하는지에 대하여 학설이 대립하나, 손해의 범위를 의미하는 것으로 보는 것이 타당하다. 왜냐하면 그렇게 보지 않을 경우, 중국합동법 제113조 제1항에 의하여 손해배상의 범위를 확정하는 것이 종국적으로 불가능하게 되거나 손해배상범위의 확정을 위한 기준을 또 마련해야 하게 되며, 이는 손해배상의 범위를 예견할 수 없는 위험으로부터 채권자를 보호하는 데도 不利할 수 있기 때문이다. 그리고 중국합동법 제113조 제2항에 의하면, 소비자계약에서 경영자의 사기가 있는 때에 "消費者權益保護法"이 적용되는데, "消費者權益保護法" 제49조는 경영자의 倍額賠償을 인정하고 있다. 이는 한국법과 구별되는 점이다.

한국민법은 손해배상의 범위와 관련하여 통상손해와 특별손해로 나누어 규정하고 있는데, 통상손해에 대하여는 채무자가 그 전부를 배상할 책임을 지나, 특별손해에 대하여는 채무자가 그 손해를 초래한 특별한 사정을 알았거나 알 수 있었을 범위 내에서만 배상책임을 진다. 그리고 학설에 의하면, 특별손해에 대한 배상책임은 그 종류의 특별사정으로부터 통상 생기는 손해의 범위를 한도로 한다. 특별한 사정에 대한 예견시기에 대하여는 이행기를 기준으로 판단해야 한다는 견해와 계약체결시

를 기준으로 판단해야 한다는 견해가 있는데, 판례33)는 전자의 견해를
취하고 있다.

채무자의 예견가능성에 의하여 손해배상의 범위를 확정하는 것과 통
상손해와 특별손해를 구분하여 손해배상의 범위를 확정하는 것은 그 방
법에 있어서 차이가 있을 뿐 결과적으로 큰 차이가 없을 것으로 보인다.
왜냐하면 통상손해는 일반적으로 채무자가 그 발생을 예견하거나 또는
예견할 수 있는 것이기 때문이다. 그러나 한국민법에서 특별손해에 대한
예견가능성을 이행기를 기준으로 판단할 경우, 계약체결시를 기준으로
손해발생에 대한 예견가능성을 판단하는 중국합동법에서와는 손해배상
의 범위에 있어서 결과적으로 차이가 발생할 수 있다.

Ⅳ. 손해배상액의 조정

1. 손해확대방지의무 및 과실상계

1) 중국합동법

(1) 손해확대방지의무

중국합동법 제119조에 의하면, 당사자 일방의 계약위반이 있는 경우,
상대방은 적당한 조치를 취하여 손해의 확대를 방지할 의무가 있고, 적
당한 조치를 취하지 않아 손해가 확대된 경우에는 확대된 부분에 대하
여 손해배상을 청구하지 못한다. 또한 손해의 확대를 방지하기 위하여
지출한 합리적인 비용은 채무자가 부담한다.

그런데 여기서 적당한 조치에 대한 판단기준이 무엇인지, 즉 조치의

---

33) 大判 1985.9.10, 84다카1532(공 1985, 1324).

합리성을 어떻게 판단하여야 하는지가 문제된다. 이에 관한 학설로는 다음과 같은 것이 있다.

첫째, 채권자가 신의성실의 원칙에 따라 善意로 최선의 노력을 다해 일정한 조치를 취하고, 또한 그러한 조치를 지체 없이 취한 때에 적당한 조치를 취한 것으로 볼 수 있다는 견해이다.[34]

둘째, 채권자가 동일한 상황에서 합리적인 인간이 취할 수 있는 모든 조치를 취한 때, 적당한 조치를 취한 것으로 볼 수 있다는 견해이다.[35] 왜냐하면 선의로 조치를 취하였는지를 판단하려면, 역시 객관적인 기준이 필요하고, 따라서 합리적인 인간을 기준으로 판단하는 것이 타당하기 때문이라고 한다.

(2) 과실상계

대륙법에서 손해확대방지의무는 일반적으로 과실상계에 포함된다. 즉 손해확대방지의무에 대하여 따로 규정하지 않고, 과실상계에 관하여만 규정한다. 중국합동법은 이와 달리 손해확대방지의무에 대하여만 규정하고 있다(제119조 제1항).

그런데 중국합동법에 과실상계에 관한 규정이 있는지에 대하여 학설이 대립하고 있다. 우선 과실상계에 관한 규정이 존재한다고 주장하는 견해[36]는, 중국합동법 제120조의 규정을 근거로 하고 있으며, 동조는 "당사자 쌍방이 모두 계약을 위반한 경우, 각자 상응하는 책임을 부담한다"고 규정하고 있다. 과실상계에 관한 규정이 존재하지 않는다는 견해[37]는, 쌍방이 모두 계약을 위반한 경우와 과실상계는 구별된다고 한다. 즉 과실상계의 경우, 채무자의 계약위반과 이에 대한 채권자의 과실

---

34) 王利明(주8), 546면.
35) 李永軍(주14), 654면.
36) 孔祥俊(주8), 497면.
37) 房紹坤・楊紹濤 編著, 『違約損害賠償』, 人民法院出版社, 2000, 198면 ; 郭明瑞・房紹坤(주1), 392면.

이 존재하는 것으로, 쌍방이 모두 계약을 위반한 경우와는 구별되는 것이며, 따라서 중국합동법 제120조를 과실상계에 관한 규정으로 볼 수 없다는 것이다.

"民法通則"도 손해확대방지의무(동법 제114조)와 雙方違約(동법 제113조)에 대하여 규정하고 있으며, 동법 제113조는 단순히 쌍방이 계약을 위반한 경우에 대하여 규정한 것인지, 아니면 과실상계에 대한 규정으로도 볼 수 있는지에 대하여 긍정설38)과 부정설39)이 있었다.40) 공평의 원칙상 채권자는 당연히 자신의 과실로 인하여 자신한테 발생한 손해를 타인에게 전가할 수 없는 것으로, 과실상계에서 채무자의 책임이 경감되는 것은 채권자의 계약위반행위에 기인하는 것은 아니다. 또한 과실상계에서 채무자의 책임이 경감되는 것이지, 채권자가 일정한 책임을 부담한 결과는 아니다. 왜냐하면 자신의 과실로 인하여 발생한 결과를 자기 스스로 감수하는 것을 책임의 부담이라고 볼 수 없기 때문이다. 따라서 중국합동법 제120조를 과실상계에 관한 규정으로 볼 수 없다. 이에 관하여 중국합동법에 과실상계에 관한 규정이 없다고 보면서, 이를 법의 흠결이라고 하거나,41) 중국합동법 제정 과정에 한때는 과실상계에 관한 규정을 두었으나, 후에 삭제되었는데, 이는 꼭 필요한 규정으로서 중국합동법에 이러한 규정을 두지 못한 것은 아쉬움으로 남는다고 한다.42) 계약당사자 쌍방이 모두 계약을 위반한 경우에 각자가 상응하는 책임을 부담하는 것은 당연한 것으로 특별히 이에 대하여 규정할 필요가 없다. 따라서 "民法通則" 제113조와 중국합동법 제120조는 불필요한 규정이다.

---

38) 崔建遠, 『合同責任研究』, 216면.
39) 王利明, "論雙務合同中的同時履行抗辯權" 『民商法論叢』 第3卷, 法律出版社, 1995, 26면.
40) "民法通則"은 불법행위의 경우에 과실상계가 인정됨을 명시적으로 규정하고 있다(동법 제131조).
41) 崔建遠 主編(주1), 273면 ; 韓世遠, "合同責任的爭點與反思" 『人民法院報』, 2001.6.22~23.
42) 梁慧星, "合同法的成功與不足(下)" 『中外法學』 第1期, 2000.

그리고 중국합동법에도 과실상계에 관한 규정을 둘 필요가 있다. 과실상계는 채무자가 손해의 발생에 대하여 과실이 있고, 또 채권자의 일정한 행위가 손해의 발생에 기여한 때에 신의칙 또는 공평의 원칙상 인정되는 것이다. 그렇다면, 채무자가 손해의 발생에 대하여 과실이 없는 경우에도 손해배상책임을 부담한다고 하더라도, 채권자가 손해의 발생에 기여하였다면, 채무자의 책임을 경감시키는 것이 합리적이다. 과실상계는 근본적으로 손해발생에 대한 채권자의 기여도에 따라 채무자의 책임을 경감시키는 것이기에 손해의 발생에 대하여 채무자의 과실이 있는지는 문제되지 않는다. 따라서 손해배상에 있어서 엄격책임을 원칙으로 하는 중국합동법에서도 과실상계에 관하여 규정할 필요가 있다.

2) 한국민법

채무불이행에 관하여 채권자에게 과실이 있는 때에 법원은 손해배상의 책임 및 그 금액을 정함에 있어서 이를 참작하여야 한다(한국민법 제396조). 즉 채무불이행에 대하여 채권자의 과실이 있는 경우에 과실상계가 인정된다. 또한 학설43)과 판례44)에 의하면, 채무자만의 유책사유로 채무불이행이 생긴 후에 손해의 발생 또는 손해의 확대에 관하여 채권자에게 과실이 있는 경우에도 과실상계가 적용된다.

과실상계에서의 과실의 의미에 관하여, 그것이 책임성립요건으로서의 고유한 의미의 과실과 동일하다는 견해와 양자는 성질상 구별된다는 견해가 있으며, 판례45)에 의하면, 불법행위에 있어서 가해자의 과실은 의무위반이라는 강력한 과실인데 비하여 피해자의 과실을 따지는 과실상계에 있어서 과실이란 전자의 것과는 달리 사회통념상, 신의성실의 원칙상, 공동생활상 요구되는 약한 부주의를 가리키는 것으로 보아야 한다.

---

43) 郭潤直(주25), 120면.
44) 大判 1999.6.25, 99다10714(공 1999, 1508).
45) 大判 2000.8.22, 2000다29028(공 2000, 2014).

또한 무과실책임의 경우에도 과실상계가 인정되는지에 관하여, 불법행위책임의 경우에는 학설과 판례가 일반적으로 인정하고 있으며, 채무불이행책임의 경우에도 불법행위책임에서와 마찬가지로 과실상계를 인정함이 타당하다는 견해가 있다.46) 판례47)는 무과실책임인 하자담보책임의 경우에도 과실상계를 인정하고 있다. 즉 "민법 제581조, 제580조에 기한 매도인의 하자담보책임은 법이 특별히 인정한 무과실책임으로서 여기에 민법 제396조의 과실상계 규정이 준용될 수는 없다 하더라도 담보책임이 민법의 지도이념인 공평의 원칙에 입각한 것인 이상 하자발생 및 그 확대에 가공한 매수인의 잘못을 참작하여 손해배상의 범위를 정함이 상당하다"고 판시하고 있다.

그리고 과실상계가 인정되려면 채권자의 일정한 행위가 손해의 발생에 기여하여야 하기에 채권자의 행위와 손해의 발생 간에 因果關係가 존재하여야 한다. 이에 관하여, 통설과 판례48)에 의하면, 여기서의 因果關係는 相當因果關係를 의미한다.49)

2. 損益相計

1) 중국합동법

중국합동법에는 손익상계에 관한 규정이 없다. 그러나 학설과 사법실무에서 손익상계가 인정되고 있다.50) 손익상계는 채권의 상계와는 다른 것으로 채권의 상계에 관한 규정이 적용되지 않는다.

손익상계의 법적근거는 손해배상책임제도의 목적에서 찾을 수 있

---

46) 吳宗根, 『民法注解』(IX), 博英社, 1995, 608면 참조.
47) 大判 1995.6.30, 94다23920(공 1995, 2544).
48) 大判 1994.5.24, 93다57407(공 1994, 1805).
49) 吳宗根, 『民法注解』(IX)(주46), 612~613면 참조.
50) 韓世遠(주41).

다.[51] 즉 손해배상책임제도의 목적은 채권자가 실제 입은 손해를 전보하는 것이므로, 채권자가 채무자의 계약위반으로 인하여 얻은 이익은 손해배상액에서 공제되어야 한다.

손익상계가 인정되려면 다음과 같은 요건이 구비되어야 한다. 첫째, 손해배상채권이 발생하여야 한다. 둘째, 채권자가 얻은 이익과 계약위반의 사실 간에 인과관계가 존재하여야 한다. 또한 상계될 수 있는 이익에는 적극적 이익과 소극적 이익 모두가 포함된다.[52]

2) 한국민법

한국민법에도 손익상계에 관한 규정이 없지만, 학설과 판례에서 인정되고 있다.[53] 손익상계에서 어떠한 이익이 공제의 대상이 되느냐에 관해서 다수설과 판례는 채무불이행과 상당인과관계에 있는 이익에 한한다고 한다.[54] 즉 판례는 "손해배상액의 산정에 있어서 손익상계가 허용되기 위하여는 손해배상책임의 원인이 되는 행위로 인하여 피해자가 새로운 이득을 얻었고, 그 이득과 손해배상책임의 원인 행위 사이에 상당인과관계가 있어야 한다"고 판시하고 있다.[55]

3. 소 결

중국합동법에서 채권자는 손해의 확대를 방지할 의무가 있고, 그 의무를 이행하지 않는 경우에 채무자에게 확대손해에 대하여 손해배상을 청구하지 못한다. 또한 채무자의 계약위반으로 인한 손해의 발생에 대하

---

51) 崔建遠 主編(주1), 276면 ; 孔祥俊(주8), 506면.
52) 郭明瑞·房紹坤(주1), 390면 ; 房紹坤·楊紹濤 編著(주37), 202면.
53) 池元林, 『民法注解』(Ⅸ)(주3), 580면 참조.
54) 池元林, 『民法注解』(Ⅸ)(주3), 582면 참조.
55) 大判 2005.10.28, 2003다69638(공 2005, 1847).

여 채권자의 과실이 있는 경우에 학설은 일반적으로 과실상계가 인정된
다고 하나, 그에 관한 명확한 법규정은 없다. 한국민법은 채무불이행에
관하여 채권자의 과실이 있는 경우에 과실상계가 인정된다고 규정하고
있고, 학설과 판례에 의하면 손해의 발생 또는 손해의 확대에 관하여만
채권자의 과실이 있는 경우에도 과실상계가 적용된다. 그리고 중국합동
법과 한국민법은 손익상계에 관한 규정을 두고 있지 않으나, 모두 학설
과 판례에서 이를 인정하고 있다.

V. 정신적 손해에 대한
계약책임의 인정여부

정신적 손해는 그 발생여부를 판단하고, 또 금전적으로 평가하는 데
재산적 손해에 비하여 상대적으로 어려움이 있다. 따라서 정신적 손해의
배상을 인정할 것인지, 또는 정신적 손해에 대한 구제수단과 배상액을
어떻게 확정할 것인지 등 일련의 문제가 발생할 수 있다. 특히, 중국에서
는 정신적 손해에 대한 계약책임을 인정할 것인지가 문제되고 있다. 또
한 정신적 손해는 인격적 이익이 침해된 경우뿐만 아니라, 재산적 이익
이 침해된 경우에도 발생할 수 있다. 중국법에서는, "民事不法行爲로 인
한 精神的 損害賠償責任의 確定에 관련된 若干의 問題에 관한 最高人民
法院의 解釋"에 의하면, 인격권이 침해되는 경우에 불법행위에 의한 정
신적 손해에 대한 배상이 인정될 수 있고(동 해석 제1조), 또 인격적 상
징의미가 있는 기념물품이 영구적으로 소멸되거나 또는 훼손되는 경우
에도 정신적 손해에 대한 배상이 인정될 수 있다(동 해석 제4조). 즉 인
격권이 침해되는 경우에는 불법행위에 의한 정신적 손해에 대한 배상책
임이 일반적으로 인정되나, 재산적 이익이 침해되는 경우에는 인격적 상
징의미가 있는 기념물품에 대한 침해와 같은 특정·제한적인 경우에만

인정된다.

한국민법은 제750조에서 불법행위로 인한 손해배상책임에 관하여 규정하면서, 동법 제751조 제1항에서 신체, 자유, 명예를 해하거나 기타 정신상의 고통을 가한 자는 재산 이외의 손해에 대하여도 배상할 책임이 있다고 규정하고 있다. 이들 규정에 관한 해석을 둘러싸고 논란이 있으나, 다수설은 한국민법 제750조가 재산적 손해에 대한 배상뿐만 아니라, 정신적 손해에 대한 배상도 규율하고 있다고 보면서, 한국민법 제751조를 제750조의 주의적·예시적 규정으로 이해하고 있다.56) 따라서 다수설에 의하면, 신체, 자유, 명예 등 인격적 이익이 침해된 경우는 물론이고, 재산권이 침해된 경우에도 정신적 손해에 대한 배상이 인정될 수 있다. 다만, 다수설은 재산권이 침해된 경우에는 일반적으로 그 재산적 손해가 배상되면 정신적 손해도 회복된다고 보며, 또 정신적 손해를 특별손해로 보아 가해자가 예견 가능한 범위 내에서만 이에 대한 배상책임을 인정한다.57) 판례58)도 이와 동일한 입장이다. 그러나 예외적으로 재산권침해로 인하여 발생한 정신적 손해를 통상손해로 보아 이에 대한 가해자의 예견 가능성을 요구하지 않고 그 배상을 인정한 판결59)도 있다.

이하에서는 정신적 손해에 대한 계약책임의 인정여부와 관련하여, 중국합동법과 한국민법의 규정 및 관련 학설과 판례에 관하여 살펴보기로 한다.

---

56) 李在睦, "債務不履行에 있어서 慰藉料賠償의 許容範圍와 基準"『人權과 正義』제318호, 2003, 148면 참조.

57) 李在睦(주56), 148면 참조.

58) 大判 1996.11.26, 96다31574(공 1997, 58) ; 大判 1992.5.26, 91다38334(공 1992, 2003).

59) 大判 1995.5.12, 94다25551(공 1995, 2104) ; 大判 1992.12.8, 92다34162(공 1993, 436).

1. 중국합동법

1) 학 설

계약위반으로 인한 손해배상책임의 범위에 정신적 손해도 포함되는가에 대하여 중국합동법은 명시적으로 규정하고 있지 않으며, 학설이 대립하고 있다.

우선 이를 부정하는 견해[60]는 주로 다음과 같은 점을 근거로 하고 있다.

첫째, 정신적 손해에 대한 구제가능여부는 계약책임과 불법행위책임의 차이점의 하나인 바, 정신적 손해는 불법행위책임에 의하여 구제될 수 있으나, 계약책임에 의하여서는 구제될 수 없다. 왜냐하면 "民事不法行爲로 인한 精神的 損害賠償責任의 確定에 관련된 若干의 問題에 관한 最高人民法院의 解釋" 제4조가 명문으로 정신적 손해에 대하여 채권자는 불법행위책임을 근거로 법원에 손해배상을 청구할 수 있다고 규정하고 있기 때문이다. 특히, 계약책임과 불법행위책임의 경합을 인정한 중국합동법 제122조에서 인신·재산적 손해에 대하여 계약책임을 청구할 수 있다고 규정한 것은, 정신적 손해는 계약책임에 의하여 구제될 수 없다는 것을 의미한다.[61] 왜냐하면 이를 인정하게 되면, 불법행위책임을 청구할 수 있다는 규정이 무의미하게 되기 때문이다.

둘째, 계약책임에서 정신적 손해에 대한 배상을 인정하게 되면, 이해당사자로 하여금 커다란 위험을 감수하게 하며, 적극적으로 계약을 체결하는 것을 억제하게 된다.

셋째, 등가교환의 원칙에도 반한다. 왜냐하면 채권자는 아무런 대가의 지급도 없이 정신적 손해를 이유로 거액의 배상금을 받을 수 있기 때문

---

60) 王利明(주8), 562~567면.
61) 李永軍(주14), 697면.

이다. 따라서 채무자가 채권자의 정신적 손해를 예견하였다고 하더라도, 등가교환의 원칙상 계약책임을 부담할 수 없다. 이 경우에 채권자는 불법행위책임에 의하여 충분히 구제받을 수 있다.

넷째, 사법실무에서 정신적 손해에 대하여 계약책임을 인정하는 경우가 있으나, 제한적으로 인정되고 있을 뿐이다.

다음으로 이를 긍정하는 견해는, 사법실무에서 이미 계약불이행시에 발생하는 정신적 손해에 대하여 계약책임을 인정하는 경우가 있다는 점,[62] 일부 국제적인 입법[63]에서 정신적 손해에 대한 채무불이행책임을 인정하고 있다는 점,[64] 손해배상 범위에 관한 중국합동법 제112조와 계약책임과 불법행위책임의 경합에 관한 중국합동법 제122조에서 정신적 손해에 대한 계약책임을 배제하고 있지 않다는 점[65] 등을 근거로 삼고 있다.

부정설이 제기하는 근거 중, 다음과 같은 면에서 문제가 있다. 즉 정신적 손해에 대한 불법행위책임이 최고인민법원의 해석에 의하여 인정되더라도, 이는 결코 정신적 손해에 대한 계약책임을 부정하는 것은 아니다. 또한 중국합동법 제122조는 계약책임과 불법행위책임의 경합에 관한 규정으로, 정신적 손해에 대하여 계약책임을 인정하더라도, 불법행위책임을 물을 수 있다는 규정이 무의미하게 되는 것은 아니다. 즉 중국합동법 제122조가 계약책임과 불법행위책임의 경합에 관한 규정임을 인정하면서도, 불법행위책임을 물을 수 있다는 규정은 주로 정신적 손해에 대한 구제를 위하여 존재한다는 것은 모순이다. 그리고 이 견해는 정신적 손해에 대한 구제에 있어서 불법행위책임과 계약책임 간에 구별이 없는 것으로 이해하고 있다.[66] 즉 불법행위책임에 의하여 정신적 손해가

---

62) 韓世遠(주2), 46~47면.
63) PICC 제7.4.2조, PECL 제9:501조.
64) 崔建遠 主編(주1), 260면.
65) 崔建遠 主編(주1), 260면.
66) 王利明(주8), 566면.

충분히 구제받을 수 있기 때문에 굳이 계약책임을 인정할 필요가 없다는 것이다. 그러나 계약책임을 엄격책임으로 보는 통설의 입장에서는, 계약책임이 불법행위책임보다 채권자에게 더 유리할 수도 있다. 그리고 계약위반으로 인하여 재산적 손해와 비재산적 손해가 모두 발생한 경우, 채권자로 하여금 계약책임에 의하여 모든 손해를 배상받을 수 있게 하는 것이 소송에 있어서도 효율적이다. 따라서 중국합동법에서 정신적 손해에 대한 계약책임을 특별히 배제하고 있지 않는 이상, 정신적 손해에 대한 계약책임을 부정할 필요는 없다. 다만, 그 배상범위는 채무자가 예견할 수 있는 범위 내로 한정되어야 할 것이다.[67]

2) 판 례

계약위반으로 인한 정신적 손해에 대한 배상책임을 부정하는 견해가 학설에서 여전히 주도적인 지위를 차지하고 있다.[68] 과거에 법원은 정신적 손해에 대한 계약책임의 성립을 거의 인정하지 않았다. 그러나 정신적 손해에 대한 계약책임의 성립여부가 문제되는 경우는 주로 계약책임과 불법행위책임이 경합하는 경우이기에 법원은 불법행위책임을 근거로 정신적 손해에 대한 배상책임을 인정하기도 하였다. 중국합동법이 제정되기 전에 계약책임과 불법행위책임의 경합에 관한 명문의 규정이 없었다. 법원은 채권자로 하여금 양 책임을 동시에 주장할 수 있도록 하였으며, 계약책임을 적용할 것인지 아니면 불법행위책임을 적용할 것인지는 법원이 결정하였다. 따라서 계약위반으로 인하여 발생하는 정신적 손해에 대하여 배상책임을 인정할 필요가 있다고 판단되는 경우에는 불법행위책임을 근거로 손해배상책임을 인정한 것으로 짐작된다. 중국합동법

---

67) 葉金强, "論違約導致的精神損害賠償"『民商法理論爭議問題－精神損害賠償』(王利明/總主編), 中國人民大學出版社, 2004, 300면.

68) 張曉軍, "違約與精神損害賠償(一)", http://www.civillaw.com.cn/weizhang/default. asp?id=18249, 검색일자: 2006.11.30, 이 글의 一, 引言 이하.

이 제정된 후에도 법원은 정신적 손해에 대한 계약책임을 일반적으로 인정하지 않고 있다. 그리고 채무불이행으로 인한 정신적 손해에 대한 계약책임은 결혼식서비스제공계약과 여행계약에 관한 사안에서 문제되는 경우가 많다.

(1) 결혼식촬영서비스제공계약에 관한 사안(1)[69]

2000년 9월, 원고 蘇玉順은 피고 北京中北通商貿有限會社와 결혼식서비스제공계약을 체결하였는데, 그 내용은 원고가 피고의 결혼식을 녹화해주고, 원고가 피고에게 700원(人民幣, 이하 동일함)의 비용을 지급하는 것이었다. 그런데 결혼식후 피고는 원고에게 결혼식을 완전하게 녹화하지 못하였고, 녹화테이프는 6분간의 분량만 된다고 통지하였다. 원고는 2001년 3월에 北京市朝陽區人民法院에 제소하여 피고가 원고에게 정신적 손해에 대한 배상금으로 5만 원을 지급할 것을 요구하였다. 피고는 원고에게서 받은 서비스 비용의 倍額되는 금액만을 원고에게 지급할 수 있고, 정신적 손해는 배상할 수 없다고 주장하였다.

北京市朝陽區人民法院은 원고와 피고가 체결한 결혼식서비스제공계약은 유효하고, 피고가 자신의 과실로 인하여 계약을 이행하지 못하였고, 피고의 계약위반이 원고의 일정한 정신적 손해를 초래하였다고 판시한 후, 피고가 원고에게 700원의 서비스비용을 반환함과 동시에 정신적 손해에 대한 배상금으로 5만 원을 지급할 것을 명하였다.

1심판결 후, 피고는 계약당사자 간에 이미 위약금의 지급방법에 관하여 약정하였고, 또 정신적손해배상책임에 관한 명문의 규정이 없다는 것을 이유로 北京市第二中級人民法院에 항고하여 원고의 정신적 손해에 대하여 배상책임을 부담할 수 없다고 주장하였다. 北京市第二中級人民法院은 원심과 같이 원고의 정신적 손해에 대한 피고의 계약책임을 인정하였으나, 정신적 손해에 대한 배상금액이 다소 높게 평가되었는바 일

---

69) 人民法院報, 2002.01.03, 第3版.

정한 수준으로 감액되어야 한다고 판시하였다. 법원은, 피고가 원고에게 700원의 서비스비용을 반환함과 동시에 원고의 정신적 손해에 대한 배상금으로 3만 원을 지급할 것을 명하였다.

(2) 결혼식촬영서비스제공계약에 관한 사안(2)70)

남경시에 있는 한 쌍의 신혼부부가 결혼식서비스제공회사와 결혼식서비스제공에 관한 계약을 체결하였다. 동 회사는 결혼식의 녹화를 포함한 모든 결혼식에 관한 서비스를 제공하기로 하였고, 결혼식 1개월 후에 결혼식 녹화를 담은 DVD, VCD 및 디지털 앨범을 각각 하나씩 제공하기로 하였다. 그리고 신혼부부가 지급한 서비스 비용에는 680원의 녹화비용이 포함되었다. 그런데 신혼부부가 약정기일에 동 회사로 녹화디스크를 수령하러 갔을 때, 동회사는 결혼식장면의 녹화테이프가 분실되어 녹화디스크와 디지털 앨범을 제공할 수 없다고 하였다. 신혼부부(원고)는 법원에 제소하여 동 회사(피고)가 서비스비용 680원을 반환함과 동시에 정신적 손해에 대한 위자료로 2만 원을 지급할 것을 요구하였다.

피고는 이는 서비스제공계약에 관한 분쟁으로서 불법행위책임에 관한 소송은 아니기에 정신적 손해에 대하여 배상을 요구하는 원고의 주장은 법적 근거가 없다고 주장하였다.

南京市鼓樓區人民法院은 원고와 피고의 계약관계를 인정한 후, 피고가 계약을 이행하지 못하여 원고의 인신, 재산적 이익을 침해하였고, 따라서 원고는 중국합동법의 규정을 근거로 피고에 대하여 계약책임을 부담할 것을 요구하거나 "民法通則" 등 법률의 규정을 근거로 불법행위책임을 부담할 것을 요구할 권리가 있다고 판시한 후, 결혼식 녹화디스크는 특별한 인격적인 기념가치가 있기 때문에 피고의 불법행위는 원고에

---

70) 奚彬, "遺失婚禮錄像婚慶公司賠付精神損害撫慰金", http://www.chinacourt.org/public/detail.php?id=154568&k_title=精神損害&k_content=精神損害&k_author= 참조. 검색일자: 2006.11.30.

대하여 일정한 정신적 손해를 초래하였고, 따라서 정신적 손해에 대한 피고의 배상책임을 요구하는 원고의 주장은 법적 근거가 있다고 판시하였다. 법원은 피고가 원고에게 서비스비용 680원을 반환함과 동시에 정신적 손해에 대한 위자료로 5,000원을 지급할 것을 명하였다.

(3) 여행계약에 관한 사안(1)[71]

원고 馬林과 段茜은 2000년 1월 12일에 海峽旅行社의 직원으로 자칭하는 張某某와 國外旅行契約을 체결하였다. 그 후, 張某某는 원고의 동의 없이 여행계약상의 자신의 의무를 다른 여행사(피고)에 이전하여 주어 원고로 하여금 피고가 조직하는 말레시아 여행단에 참가하게 하였다. 피고는 원고가 여행단에 참가하는 것을 동의한 후, 말레시아 여행에 관한 원고의 手續完備與否를 심사하지 않고, 또 여행계약서를 확인하지 않아 원고를 여행단 명단에서 빠뜨리게 되었다. 원고는 말레시아 공항에서 서류가 미비하다는 이유로 억류당하였고, 그 결과 여행을 못하고 다시 돌아오는 수밖에 없었다. 원고는 北京市朝陽區人民法院에 제소하여 피고가 여행비용의 倍額되는 금액과 이자를 반환하는 동시에 정신적 손해에 대한 배상금 2만 원을 지급할 것을 청구하였다.

1심법원은, 피고가 고의는 없었더라도 과실은 인정되므로 원고의 인격권이 침해되어 정신적 손해가 발생하였다고 판시한 후, 중국합동법 제107조와 제424조를 근거로 피고가 원고에게 정신적 손해에 대한 배상금으로 1인당 2만 원을 지급할 것을 명하였다. 피고는 항고하였는데, 2심법원은 정신적 손해에 대한 피고의 배상책임은 인정되나 배상금액이 다소 많다고 판시한 후, 배상금액을 감액하여 1인당 5,000원을 지급할 것을 명하였다.

---

71) 宁紅麗, "旅行合同研究(下)", http://www.civillaw.com.cn/weizhang/default.asp?id=8337, 검색일자: 2006.11.30, 이 글의 (二) 我國立法與實踐 1. 實證分析 案例三.

(4) 여행계약에 관한 사안(2)72)

원고 李海健 등 9인은 피고 廣州市羊城旅行會社와 1993년에 1월에 여행계약을 체결하였고, 그 결과 원고는 피고가 조직한 南岳衡山旅行团에 참가하게 되었다. 그러나 피고는 약정에 따라 8개의 관광명소에 대한 관광을 조직하지 못하고 3개의 관광명소에 대한 관광만을 조직하였다. 또한 피고가 보낸 가이드는 돌아오는 길에는 여행단을 가이드하지 않았다. 원고 李海健 등 9인은 피고가 여행계약을 위반하여 경제적, 정신적으로 손해를 입었다고 주장하면서 법원에 제소하였다. 원고는 구체적으로 다음과 같이 요구하였다. 피고가 나머지 5개의 관광명소에 대하여 무료여행을 조직하여 주거나 아니면 여행비용 전액을 반환하여 줄 것. 원고에게 사죄하고 정신적 손해에 대한 배상금으로 총 200원을 지급할 것. 다시 5개의 관광명소에 대한 여행을 조직할 경우, 여행하는 동안 직무에 종사 못하게 되어 받게 되는 손해에 대한 배상금으로 800원을 지급할 것.

법원은, 피고의 계약위반이 원고에 대하여 일정한 불쾌감을 초래하였으나, "民法通則"에 규정되어 있는 정신적 손해로 보기 힘들고, 따라서 원고의 정신적 손해에 대하여 피고가 배상책임을 부담할 것을 요구하는 원고의 청구는 받아들일 수 없다고 판시하였다.

(5) 소 결

첫 번째 사안은 계약위반으로 인한 정신적 손해에 대한 계약책임을 인정한 사례이다. 특히, 이 사안에서는 재산권침해에 수반하여 발생한 정신적 손해에 대한 계약책임을 인정하였다.

두 번째 사안에서는 정신적 손해에 대한 채무자의 배상책임을 인정하였으나, 계약책임이 아닌 불법행위책임을 법적 근거로 하였다. 또한 이 사안에서 법원은 불법행위책임을 근거로 채권자의 정신적 손해에 대한

---

72) 宁紅麗(주71), 이 글의 (二) 我國立法與實踐 1. 實證分析 案例一.

채무자의 배상책임을 인정하였는데, "인격적인 상징의미가 있는 특정의 기념물이 불법행위로 인하여 영구적으로 멸실 또는 훼손된 경우"에 물품소유자가 불법행위책임을 근거로 정신적 손해에 대한 배상책임을 주장할 수 있다는 "民事不法行爲로 인한 精神的 損害賠償責任의 確定에 관련된 若干의 問題에 관한 最高人民法院의 解釋"[73] 제4조의 규정을 근거로 한 것 같다. 그런데 피고의 계약위반이 원고에게 일정한 재산상의 손해가 발생하게 하였으나, 아직 만들어지지 않은 결혼식녹화디스크에 대한 침해행위로는 보기 힘들다. 따라서 결혼식녹화디스크는 특별한 인격적인 기념가치가 있기 때문에 피고의 불법행위가 원고의 일정한 정신적 손해를 초래하였다는 법원의 판시는 타당하지 않다고 본다.

세 번째 사안에서는 채무불이행에 의한 인격권침해를 이유로 계약책임에 관한 규정인 중국합동법 제107조를 근거로 정신적 손해에 대한 계약책임을 인정하였다. 그리고 이 사안에서는 억류로 인한 인격권침해에 의한 정신적 손해에 대한 계약책임이 문제될 수 있을 뿐만 아니라, 여행을 하지 못함으로 인하여 채권자가 받는 정신적 고통에 대한 계약책임도 문제될 수 있다. 즉 채권자가 계획대로 여행을 하지 못함으로 인하여 재산적 손해뿐만 아니라, 정신적 손해도 발생할 수 있는데, 이러한 정신적 손해에 대하여 계약책임을 인정할 수 있는지에 관하여 법원은 밝히고 있지 않다.

네 번째 사안에서는 정신적 손해의 발생 자체를 부정하였다.

3) 결 론

이상에서 보다시피, 계약위반으로 인한 정신적 손해에 대한 계약책임을 인정할 것인가에 대하여 학설이 대립하고 있다. 이에 관하여 법원도 통일된 입장을 보이고 있지 않다. 그리고 위 사안 중에서, 계약위반으로

---

73) http://www.law-lib.com/law/law_view.asp?id=589 참조. 검색일자: 2006.11.30.

인한 정신적 손해의 배상이 문제되는 사안에서 실제 인격적 상징의미가 있는 물품에 대한 침해가 존재하지 않음에도 불구하고 이를 근거로 정신적 손해에 대한 불법행위책임을 인정하였고, 인격권침해에 의한 정신적 손해뿐만 아니라, 재산권침해에 의한 정신적 손해도 문제되는 사안에서는 전자에 대한 계약책임만을 문제 삼았다.

2. 한국민법

위에서 보다시피, 다수설에 의하면, 신체, 자유, 명예 등 인격적 이익이 침해된 경우는 물론이고, 재산권이 침해된 경우에도 불법행위로 인한 정신적 손해에 대한 배상이 인정될 수 있다. 다만, 재산권이 침해된 경우에는 일반적으로 그 재산적 손해가 배상되면 정신적 손해도 회복되는 것이며, 또 정신적 손해는 특별손해이기에 가해자가 예견 가능한 범위 내에서만 이에 대한 배상책임이 인정된다. 판례도 이와 동일한 입장이다.

한국민법은 불법행위책임의 경우에는 동법 제752조에서 신체, 자유, 명예 등 인격적 이익이 침해되는 때에 정신적 손해의 배상이 인정된다고 규정하고 있고, 또 다수설은 동법 제751조를 근거로 불법행위로 인한 정신적 손해에 대한 배상이 일반적으로 인정될 수 있다고 보고 있으나, 채무불이행의 경우에는 이에 관한 명문의 규정이 없어 학설이 대립하고 있다. 통설은 채무불이행과 불법행위는 동일한 제도적 기능을 가지고 있으므로 정신적 손해에 대하여 양자를 달리 취급해야 할 이유가 없기 때문에, 동법 제751조와 제752조를 채무불이행에 대해서도 유추 적용해야 한다고 본다.[74] 판례도 채무불이행으로 인한 정신적 손해에 대한 채무불이행책임을 인정하는 입장이다. 그러나 일반적으로 계약상 채무불이행으로 인하여 재산적 손해가 발생한 경우, 그로 인하여 계약 당사자가 받은 정신적인 고통은 재산적 손해에 대한 배상이 이루어짐으로써 회복된

---

74) 池元林, 『民法注解』(IX)(주3), 488면 참조.

다고 보고 있고, 또 재산적 손해의 배상만으로는 회복될 수 없는 정신적 고통을 입었다는 특별한 사정이 있고, 상대방이 이와 같은 사정을 알았거나 알 수 있었을 경우에 한하여 정신적 고통에 대한 위자료를 인정할 수 있다고 한다.[75]

그러나 대법원은 채무불이행으로 인한 재산권침해에 있어서 정신적 손해의 발생을 이유로 위자료를 청구한 사안에 대하여 채무자의 예견가능성의 부존재를 이유로 단 한 차례도 그 배상을 인용한 사례가 없다.[76] 그러나 채무불이행으로 인한 재산권침해에 대하여 위자료청구를 인용한 하급심판례[77]가 있다. 특히, 이 중에는 결혼기념 사전촬영과 관련하여 채무자의 채무불이행에 대하여 채권자의 위자료청구권을 인정한 판례가 있어 주목된다. 이러한 유형의 사안은 최근 중국에서 채무불이행으로 인한 정신적 손해에 대한 채무불이행책임과 관련하여 자주 발생한다.

3. 소 결

정신적 손해배상과 관련하여, 중국법과 한국민법 모두가 불법행위책임의 경우에는 인정되는 것으로 규정하고 있다. 다만, 중국법에서는 인격적 상징의미가 있는 물품이 침해되는 경우에 한하여 정신적 손해에 대한 배상책임을 인정하고 있고, 한국의 통설 및 판례는 재산권이 침해된 경우에는 일반적으로 그 재산적 손해가 배상되면 정신적 손해도 회

---

75) 大判 2004.11.12, 2002다53865(공 2005, 1) ; 大判 1996.12.10, 96다36289(공 1997, 319) ; 大判 1994.12.13, 93다59779(공 1995, 472). 金載亨, "프로스포츠 選手契約의 不履行으로 인한 損害賠償責任"『人權과 正義』제345호, 2005, 96면 이하는 이러한 판례의 논리에 대하여 비판적인 견해를 표명하고 있다.
76) 李在睦(주56), 154면 참조.
77) 이에 관하여는 曹圭昌, "受給人의 重過失責任－서울地方法院 慰藉料判決의 法理構成－"『考試硏究』, 1996.9, 88면 이하 ; 崔文基, "債務不履行에 있어서 慰藉料請求權에 관한 一考察"『比較私法』통권10호, 1999, 349면 이하 참조.

복된다고 보고 있고, 또 정신적 손해는 특별손해이기에 가해자가 예견 가능한 범위 내에서만 이에 대한 배상책임을 인정할 수 있는 것으로 보고 있다.

그리고 한국민법은 채무불이행으로 인한 정신적 손해에 대한 채무불이행책임 발생여부에 관하여 직접적인 규정은 두고 있지 않으나, 통설과 판례는 이를 인정하고 있다. 또한 허용기준과 범위에 관하여도 불법행위책임의 경우와 동일하게 보고 있다. 중국법에서는 계약위반으로 인한 정신적 손해에 대한 배상책임을 인정할 것인가에 대하여 학설이 대립하고 있으며, 법원도 이에 관하여 일관된 입장을 보이고 있지 않다.

위에서 보다시피, 중국법에서는 재산권침해의 경우에 제한적으로 정신적 손해에 대한 불법행위책임을 인정하고 있다. 그리고 중국법에서는 계약책임과 불법행위책임이 여러 면에서 구별되기에 어느 한 책임제도가 피해당사자에게 절대적으로 유리하다고 할 수 없다. 특히, 계약책임은 원칙적으로 엄격책임이고, 불법행위책임은 기본적으로 과실책임이라는 점을 감안할 때, 정신적 손해에 대한 계약책임을 인정하는 것이 채권자에게 유리할 수 있다. 그렇다면, 불법행위책임의 경우에는 정신적 손해에 대한 배상책임이 가능하고, 계약책임의 경우에는 언제나 불가능한 것으로 볼 이유가 없다. 오히려, 인격적 상징의미라는 다소 모호하고, 또 지나치게 좁은 범위 내에서 정신적 손해에 대한 불법행위책임 또는 계약책임을 인정할 것이 아니라, 정신적 손해가 발생하였다는 특별한 사정과 이에 대한 채무자 또는 가해자의 예견가능성을 기준으로 판단하는 것이 타당할 것으로 보인다.

제3절 위약금과 계약금

Ⅰ. 위약금

1. 중국합동법

1) 위약금의 성질

(1) 중국합동법 제정 전의 위약금제도

중국합동법에서의 위약금을 정확히 이해하려면, 먼저 중국합동법 제정 전의 위약금에 관한 입법을 살펴볼 필요가 있다.

"經濟合同法"이 제정되기 전에 경제계약에 관한 법규에 의하면, 계약위반시에 채무자는 채권자에게 일정한 금액을 지급해야 하였다.[1] 그런데 이러한 계약위반시의 일정 금액의 지급은 계약위반에 대한 구제라는 맥락에서 규정되었다기보다는 계약위반으로 인한 국가계획의 不實行에 대한 행정처벌의 성격을 더 강조하였다고 볼 수 있다. 이시기 계약위반시에 채무자가 채권자가 지급하는 금액을 "위약금"이라 하지 않고, "罰金" 또는 "罰款"이라고 하였는데,[2] 위와 같은 점이 그 이유 중의 하나라고 본다.

"經濟合同法"에서는 "違約金"으로 규정하였으나, 여전히 행정처벌의 성격이 존재하였다고 볼 수 있다. 특히, "經濟合同法"에 관한 최고인민법원의 해석에 의하면, 법정위약금도 인정될 수 있었는데, 주로 국가경

---

1) 孔祥俊, 『合同法教程』, 中國人民公安大學出版社, 1999, 476면.
2) 孔祥俊(주1), 476면.

제계획의 실행을 위한 행정법규3)에 규정되어 있었다. 그 밖에 "經濟合
同法"에서의 위약금제도는 다음과 같은 특징을 갖고 있었다.4) 첫째, 계
약위반이 있을 경우에 위약금이 우선적으로 적용되고, 손해배상은 추가
적으로만 적용될 수 있었다. 즉 "經濟合同法" 제31조에 의하면, 당사자
일방이 경제계약을 위반할 경우에 상대방에게 위약금을 지급해야 하며,
만일 계약위반으로 인하여 발생한 손해가 위약금을 초과하면, 위약금과
손해액 간의 차액을 배상하여야 하였다. 둘째, "經濟合同法"에 관한 최
고인민법원의 해석에 의하면, 계약위반으로 인하여 손해가 발생하지 않
은 경우에도 채무자는 채권자에게 약정 또는 법률의 규정에 따라 위약
금을 지급하여야 하였다. 따라서 동 규정과 "經濟合同法" 제31조의 규정
으로부터 볼 때, "經濟合同法"에서의 위약금은 징벌성과 배상성을 모두
가질 수 있는 것이었다. 즉 위약금이 계약위반으로 인하여 발생하는 손
해액보다 적을 때에는 賠償性을 가지고, 실제 손해액보다 크거나 또는
아무런 손해도 발생하지 않을 때에는 징벌성을 가지는 것이 되었다. 이
는 동일한 계약에서 경우에 따라 위약금이 배상성을 가질 수도 있고, 아
니면 징벌성을 가질 수도 있었음을 의미하며, 무엇보다 계약위반으로 인
하여 발생하는 손해가 클수록 징벌성이 더 약해지는 부당한 결과가 초
래될 수 있다는 것이 문제되었다.

　"涉外經濟合同法"에서는 이러한 입법방식을 변화시켰다. 즉 "涉外經
濟合同法" 제20조에 의하면, 계약당사자 간에 위약금에 대하여 약정할
수 있었으며, 계약에서 약정된 위약금은 손해배상액의 예정으로 간주되
었다. 따라서 위약금이 계약위반으로 인한 손해액보다 과도하게 많거나
또는 적을 때에 이해당사자는 중재기구 또는 법원에 위약금의 감액 또
는 증액을 청구할 수 있었다. 또한 "技術合同法"(제17조 제3항) 및 "技術

---

　3) "工鑛産品購銷合同條例"(1984.1.23 공포), "農副産品購銷合同條例"(1984.1.23
　　　공포) 등.
　4) 孔祥俊(주1), 477면.

合同法實施條例"(제22조 제1항 및 3항)에서도 위약금은 손해배상액의 예정으로 간주되었다.

(2) 중국합동법에서의 위약금

중국합동법에서 규정하고 있는 위약금은 손해배상액의 예정의 성질을 가진다.[5] 중국합동법 제114조 제1항은 "계약당사자 간에 일방이 계약을 위반할 경우에 계약위반의 정도에 따라 상대방에게 일정한 액수의 위약금을 지급할 것을 약정하거나 또는 계약위반으로 인하여 발생하는 손해에 대하여 배상액의 산정방법을 약정할 수 있다"고 규정하고 있고, 중국합동법 제114조 제2항에 의하면, 위약금이 실제손해액보다 적을 경우에 계약당사자는 위약금의 증액을 청구할 수 있고, 위약금이 실제손해액보다 과도하게 많을 경우에는 계약당사자는 위약금의 적당한 감액을 청구할 수 있다. 중국합동법 제114조 제1항과 2항의 규정을 볼 때, 중국합동법 제114조에서 규정하고 있는 위약금을 손해배상액의 예정으로 보는 것이 가장 합리적인 해석이다. 또한 중국합동법 제114조 제3항은 "당사자는 이행지체에 관하여 위약금을 약정할 수 있다. 채무자는 위약금을 지급한 후에도 채무를 이행해야 한다"고 규정하고 있는데, 이 경우에 위약금은 違約罰의 성질을 가진다는 견해가 있다.[6] 왜냐하면 위약금이 강제이행과 병용되는 것으로 채무자는 위약금을 지급한 후에도 채무를 강제이행 해야 하기 때문이라고 한다. 그러나 이 견해는 타당하지 않다고 생각한다. 이 규정에서 말하는 위약금은 이행지체로 인하여 발생하는 손해에 대한 배상, 즉 지연배상에 관한 것이지, 채무의 이행에 갈음하는 전보배상에 관한 것은 아니다.[7] 이 규정은 단지 전보배상에 관하여서뿐만

---

5) 江平 主編, "中華人民共和國合同法精解", 中國政法大學出版社, 1999, 95면.
6) 郭明瑞·房紹坤, 『新合同法原理』, 中國人民大學出版社, 2000, 369면 ; 王利明, 『違約責任論』, 中國政法大學出版社, 2003, 628면.
7) 韓世遠, "違約金的理論問題−以合同法第114條爲中心的解釋論"『法學研究』第4期, 2003, 19면.

아니라, 지연배상에 관하여도 위약금을 약정할 수 있음을 밝히고 있을 뿐이고, 채무불이행에 대한 違約罰을 규정하고 있는 것은 아니다.

그러면, 계약당사자는 違約罰로서의 위약금을 약정할 수 있는가? 법률의 규정에 반하지 않는 한, 계약자유의 원칙상(제4조) 계약당사자 간에 違約罰로서의 위약금을 약정하는 것이 가능하다.[8] 계약당사자 간의 위약금약정이 손해배상액의 예정인지 아니면 위약벌인지는 위약금에 관한 계약당사자 간의 약정의 내용에 의하여 결정되어야 할 것이다. 그러나 위약금의 성질에 관하여 명확한 약정이 없으면 중국합동법의 규정에 따라 손해배상액의 예정으로 보는 것이 타당할 것이다.

2) 위약금의 지급

위약금을 손해배상액의 예정으로 볼 때, 채권자가 위약금의 지급을 청구하려면 손해의 발생을 입증해야 하는지가 문제된다. 이에 대하여 손해배상액의 예정으로서의 위약금을 약정하는 목적은 손해의 발생과 그 크기를 입증하는 불편을 없애는 것이기에 손해의 발생과 그 크기를 입증할 필요가 없다는 견해[9]가 있다. 그러나 채무자가 아무런 손해도 발생하지 않았음을 입증할 경우, 채권자는 위약금의 지급을 청구할 수 없다고 본다. 왜냐하면 손해배상액의 예정은 손해의 발생을 전제로 하는 것이고, 또 중국합동법 제114조 제2항은 실제 발생한 손해의 크기를 기준으로 위약금의 감액 또는 증액을 인정하고 있기 때문이다. 따라서 손해의 발생을 추정하는 것만으로 족하고, 채무자에 의하여 아무런 손해도 발생하지 않은 것이 입증될 때에는 위약금의 지급을 인정할 필요가 없다고 생각한다.

중국합동법 제114조 제2항에 의하면, 위약금은 일정한 경우에 감액 또

---

8) 崔建遠 主編,『合同法』(第三版), 法律出版社, 2004, 285면 ; 韓世遠(주7), 19~20면.
9) 崔建遠 主編(주8), 286면.

는 증액될 수 있다. 그리고 위약금의 감액 또는 증액의 기준은 "계약위반으로 인하여 발생한 손해"이다. 여기서 말하는 손해에는 적극적 손해와 소극적 손해가 모두 포함된다.[10] 그런데 실제 발생한 모든 손해가 포함되는 것인지, 아니면 채무자가 배상하여야 할 손해만 포함되는지가 문제된다. 중국학자들은 일반적으로 계약위반으로 인하여 발생하는 모든 손해를 기준으로 하여야 한다고 본다.[11] 완전배상의 원칙을 취하는 경우에도 계약위반과의 인과관계로 인하여 무한히 확대될 수 있는 모든 손해의 배상을 인정할 수 없고, 일정한 범위로 제한할 수밖에 없다. 중국합동법은 손해발생에 대한 채무자의 예견가능 여부를 기준으로 손해배상의 범위를 확정하고 있고, 위약금의 크기를 가늠할 때에도 결국에는 실제 배상해야 할 손해액을 기준으로 하여야 할 것이다. 다만, 위약금이 성질상 손해배상액의 예정이라는 점을 감안하여 그 금액을 정확하게 산정할 필요는 없고, 대략의 액수만 확정한 후, 위약금의 크기와 비교하여 그 增減을 결정하여야 할 것이다. 또한 중국합동법 제114조 제2항은 감액의 경우에 위약금이 계약위반으로 인하여 발생한 손해액보다 과도하게 많을 것을 요구하고 있으나, 증액의 경우에는 위약금이 손해액보다 적을 때에 가능하다고 규정하고 있어, 위약금이 일단 손해액보다 조금이라도 적다고 판단되면, 증액이 인정될 수 있는지가 문제된다. 동조를 문언 그대로 해석하여 이를 긍정하는 견해[12]와 입법자의 의도를 정확히 알 수 없으나, 이를 긍정하게 되면 위약금의 규범목적을 달성할 수 없게 된다는 견해[13]가 있다. 후자가 타당하다고 본다. 왜냐하면 손해배상액의 예정은 손해의 발생과 그 크기의 입증에 대한 불편을 없애기 위하여 계약당사자 간에 약정되는 것으로 예정액이 실제 배상해야할 손해액에 거의 접근하거나 동일할 필요는 없기 때문이다. 그 차이가 과도할 때에만 인

---

10) 王利明(주6), 640면.
11) 韓世遠(주7), 21면.
12) 江平 主編(주5), 95면 ; 孔祥俊(주1), 487면.
13) 韓世遠, 『合同法總論』, 法律出版社, 2004, 776면.

정되는 것이 손해배상액의 예정으로서의 위약금을 약정하는 계약당사자
들의 의사에도 부합한다.

그리고 위약금의 감액 또는 증액은 이해당사자의 청구가 있을 때만이
가능하고, 법원은 직권으로써 위약금을 감액 또는 증액할 수 없다(제114
조 제2항).

2. 한국민법

한국민법에서 손해배상액의 예정 또는 위약벌로서의 위약금의 약정
이 가능하다. 그러나 한국민법 제398조 제4항에 의하여, 위약금의 약정
은 손해배상액의 예정으로 추정된다. 따라서 위약벌을 주장하는 자가 이
를 입증하여야 한다.

위약금의 약정이 손해배상액의 예정인 경우에 계약당사자 간의 손해
배상의 문제는 위약금의 지급으로 처리된다. 따라서 채무자가 채권자의
실제 손해가 예정액보다 적거나 또는 아무런 손해도 발생하지 않았음을
입증하더라도, 또 반대로 채권자가 자신의 실제 손해가 예정액보다 크다
는 것을 입증하더라도, 그 차액만큼의 削減 또는 增加를 요구하지 못한
다.14) 판례15)는 계약 당시 손해배상액을 예정한 경우에는 다른 특약이
없는 한 채무불이행으로 인하여 입은 통상손해는 물론 특별손해까지도
예정액에 포함되고 채권자의 손해가 예정액을 초과한다 하더라도 초과
부분을 따로 청구할 수 없다고 판시하고 있다.16)

그러나 한국민법 제398조 제2항에 의하면 손해배상의 예정액이 부당
히 過多한 경우에 법원은 적당히 감액할 수 있다. 또한 다수설에 의하면

---

14) 梁彰洙, 『民法注解』(IX), 博英社, 1995, 675면.

15) 大判 1993.4.23, 92다41719(공 1993, 1528).

16) 특별손해는 예정액에 포함되지 않는 것으로 보아야 한다는 견해도 있다. 金
   曾漢·金學東, 『債權總論』(第6版), 博英社, 1998, 158~159면.

채무자의 감액청구가 없더라도 법원은 당사자의 감액주장을 기다릴 필요 없이 직권으로 할 수 있다.[17] 부당히 과다하다고 함은 채권자와 채무자의 각 지위, 계약의 목적 및 내용, 손해배상액을 예정한 동기, 채무액에 대한 예정액의 비율, 예상손해액의 크기, 그 당시의 거래관행 등 모든 사정을 참작하여 일반 사회 관념에 비추어 그 예정액의 지급이 경제적 약자의 지위에 있는 채무자에게 부당한 압박을 가하여 공정성을 잃는 결과를 초래한다고 인정되는 경우를 말한다.[18]

그리고 예정액이 부당히 과소한 경우에 증액이 허용되는지에 관하여 실제손해액을 한계로 증액이 허용된다는 견해도 있으나, 여러 입법 태도 중 증액만을 인정하는 제도를 택한 한국민법의 명문규정상 증액은 허용되지 않는다는 견해가 다수설이다.[19]

위약금이 위약벌의 성질을 가지는 경우에 채무자는 채무불이행시에 채권자의 손해의 유무와 관계없이 위약금을 지급해야 하며, 그 이외에 자신의 귀책사유에 의한 손해가 있을 때에는 그 손해도 배상하여야 한다.[20]

3. 소 결

중국합동법과 한국민법에서 위약금의 약정은 손해배상액의 예정으로 추정된다. 그러나 손해배상액의 예정으로서의 위약금의 增減과 관련하여, 양국법은 구별된다. 중국합동법에서는 손해배상의 예정액과 계약위반으로 인하여 발생한 손해 간에 차이가 있을 경우, 그 增減이 인정될 수 있다. 여기서 손해배상의 예정액과 계약위반으로 인하여 발생한 손해 간의 차이가 과도하여야 한다. 감액에 대하여는 그 차이가 과도하여야

---

17) 劉南碩, 『註釋民法』(債權總則(1)), 韓國司法行政學會, 2000, 670면.
18) 大判 1993.1.15, 92다36212(공 1993, 702) ; 大判 1994.10.25, 94다18140(공 1994, 3087).
19) 劉南碩, 『註釋民法』(債權總則(1))(주17), 670면.
20) 金亨培, 『民法學講義』(第3版), 新潮社, 2003, 747면.

한다고 명문으로 규정하고 있으나, 증액에 대하여는 이러한 규정이 없다. 그러나 손해배상액의 예정은 손해의 발생과 그 크기의 입증에 대한 불편을 없애기 위하여 계약당사자 간에 약정되는 것이라는 점을 감안할 때, 증액과 감액을 달리 볼 필요가 없는 바, 증액도 그 차이가 과도한 경우에만 인정되는 것으로 해석하여야 할 것이다. 한국민법에서는 손해배상의 예정액이 부당히 과다한 경우에 법원은 채무자의 감액청구가 없더라도, 직권으로 예정액을 감액할 수 있다. 또한 다수설에 의하면, 손해배상의 예정액의 증액은 인정되지 않는다. 그리고 감액에 있어서 부당히 과다하다고 함은, 채권자와 채무자의 각 지위, 계약의 목적 및 내용, 손해배상액을 예정한 동기, 채무액에 대한 예정액의 비율, 예상손해액의 크기, 그 당시의 거래관행 등 모든 사정을 참작하여 일반 사회 관념에 비추어 그 예정액의 지급이 경제적 약자의 지위에 있는 채무자에게 부당한 압박을 가하여 공정성을 잃는 결과를 초래한다고 인정되는 경우를 말한다. 즉 감액을 함에 있어서 예상손해액뿐만 아니라, 그 당시의 거래관행 등 여러 요소가 고려된다.

Ⅱ. 계약금

1. 중국합동법

1) 계약금의 내용

중국법에서는 계약금을 定金이라고 한다. 중국법에서 어떤 성질의 계약금이 인정될 수 있는지가 문제되는데, 현행법의 규정으로부터 볼 때, 違約契約金, 立約契約金,21) 成約契約金,22) 解約契約金(解約金) 등23)이 인

---

21) 계약의 체결을 위하여 수수되는 것으로, 계약이 체결되지 않을 경우에 반환

정될 수 있다. 또한 유치금, 보증금 등 명의로 일정한 금액이 교부되었으나, 계약금의 성질을 밝히지 않게 되면, 계약금에 관련된 권리를 행사할 수 없다.[24] 여기서 위약금과의 관계가 문제되는 것은 위약계약금이다.

위약계약금은 채권의 담보를 목적으로 수수되는 것으로, 채무가 정상적으로 이행되면 반환 또는 채무액에 충당되거나, 계약금을 교부한 자가 채무를 불이행하게 되면, 상대방에게 계약금의 반환을 청구할 수 없고, 계약금을 수령한 자가 채무를 불이행하게 되면, 상대방에게 계약금의 倍額을 반환하여야 한다("擔保法" 제89조 ; "民法通則" 제89조 제3항). 위약계약금에 관한 계약은 서면으로 이루어져야 하고, 위약계약금에 관한 계약에는 계약금의 교부기한이 정해져 있어야 하며, 또한 위약계약금에 관한 계약은 실제로 계약금이 교부되는 때에 효력을 발생한다("擔保法" 제90조). 그리고 계약금의 금액은 주된 계약의 목적가액의 20퍼센트를 초과하여서는 아니된다("擔保法" 제91조).

2) 위약금과 위약계약금의 관계

중국합동법(제115조)도 계약책임부분에서 위약계약금에 관하여 규정하고 있으며, 계약금의 포기 또는 倍額返還을 규정하고 있는 것은 "擔保法" 제90조와 "民法通則" 제89조 제3항의 규정과 동일하다. 동시에 중국합동법은 제115조에서 계약금의 성립에 관하여 "擔保法"의 관련 규정들을 준용함을 밝히고 있다. 그리고 중국합동법 제116조에 의하면, 계약당사자 간에 위약금에 관하여 약정하는 동시에 계약금도 교부된 경우, 채권자는 위약금과 계약금 중에서 擇一하여 권리를 행사할 수 있다. 즉 채

을 청구할 수 없거나 倍額을 반환해야 하는 계약금이다.
22) 계약의 성립요건 또는 효력요건으로서 교부되는 계약금이다.
23) 立約契約金, 成約契約金, 解約契約金 등에 관하여는 "擔保法에 관한 司法解釋" 제115조 내지 제117조에서 각각 규정하고 있다.
24) "擔保法에 관한 司法解釋" 제118조.

권자는 위약금의 지급을 청구할 경우에는 계약금을 반환하거나 원금대
로 돌려받아야 하고, 위약계약금에 관하여 권리를 행사할 경우에는 위약
금의 지급을 청구할 수 없다.

그런데 계약금의 성질에 관하여 중국합동법이 제정되기 전부터 학설
이 대립하고 있었다. 주로 중국합동법이 제정되기 전에 제기된 견해들이
며, 다음과 같다.[25]

첫째, 계약금은 손해배상액의 예정의 성질을 가지며, 사전에 지급된다
는 점에서 손해배상액의 예정으로서의 위약금과 구별된다는 견해이다.

둘째, 계약금을 손해의 일부 또는 전부를 전보하는 기능을 갖고 있는
계약금으로 보는 견해이다. 이 견해에 의하면, 계약금이 손해배상액에
미치지 못하는 경우에는 추가로 손해배상청구를 할 수 있고, 계약금이
손해배상액을 초과하는 경우에는 초과부분을 반환하여야 할 것이다.

셋째, 계약금의 지급은 손해배상책임을 배제하지 않는다는 견해이다.
그러나 이 견해는 계약금을 본래의미에서의 違約罰로 인정하지 않고, 계
약금과 손해배상액의 총액이 목적물 가격을 초과하는 경우에는 법원이
계약금을 감액할 수 있다고 한다.

중국합동법에서도 계약금의 성질이 문제된다. 우선 중국합동법에서
규정하고 있는 계약금은 違約罰로 볼 수 없을 것이다. 왜냐하면 계약금
을 違約罰로 볼 경우, 중국합동법 제116조에서 규정한 바와 같이, 위약
금과 계약금의 병용을 부정할 필요가 없기 때문이다. 따라서 중국합동법
은 제116조와 같은 규정을 두어, "擔保法"에 비하여 계약금의 성질을 어
느 정도 명확히 하였다고 할 수 있다. 다음으로 계약금을 손해배상액의
예정으로도 볼 수 없다. 그 이유는, 계약금의 크기가 "擔保法" 제91조와
이를 준용하고 있는 중국합동법 제115조에 의하여 당해 계약에서 일정
한 정도로 제한을 받는데, 실제 배상해야 할 손해액이 항상 계약목적가
액의 20퍼센트에 한정되는 것은 아니고, 또한 계약금의 增減을 인정하여

---

25) 이하 韓世遠(주7), 27면(註44) 참조.

손해배상액의 예정의 기능을 발휘하게 할 수도 있지만, 만일 그러한 취지라면 중국합동법이 "擔保法"의 규정을 준용하여 굳이 계약금의 크기를 제한할 필요가 없기 때문이다. 중국합동법에서의 계약금을 단순히 손해의 일부 또는 전부를 전보하는 기능을 가지는 계약금으로 보는 것이 가장 합리적인 해석이라고 본다. 중국합동법 제116조가 위약금과 계약금의 병용을 부정하는 것은 일반적으로 손해배상액의 예정으로서의 위약금과 손해의 전보기능을 가지는 계약금을 모두 인정할 필요가 없기 때문이다. 다만, 채권자는 계약금에 의하여 손해가 충분히 전보될 수 있다고 판단되는 때에는 계약금의 적용을 주장할 수도 있다. 특히, 이미 계약금을 수령한 당사자의 입장에서는 집행의 문제를 남기지 않는 계약금에 대하여 권리를 주장하는 것이 위약금을 청구하는 것보다 더 효과적일 수 있다.

따라서 중국합동법에서의 계약금을 다음과 같이 이해할 수 있다. 중국합동법에서의 계약금은 손해전보의 기능을 가지며, 실제 손해가 발생하는 때에 그러한 기능을 발휘할 수 있다. 또한 계약금은 그 성립에 있어서 "擔保法"의 관련규정들이 준용되기에 그 금액은 계약목적가액의 20퍼센트로 한정된다. 그리고 계약금의 손해전보의 기능은 계약금을 수령한 당사자에 대하여만 의미가 있다. 계약금을 지급한 당사자가 손해배상청구권을 가지는 경우에는 계약금을 반환받는 동시에 별도로 손해배상청구를 하는 수밖에 없고, 계약금을 수령한 당사자가 손해배상청구권을 가지는 때에는 계약금의 크기가 손해배상액보다 적으면, 채권자는 추가로 손해배상청구를 할 수 있고, 계약금의 크기가 손해배상액보다 크면, 초과부분을 반환하여야 한다. 물론, 계약금을 지급한 당사자가 계약금의 倍額支給만으로 손해가 충분히 전보될 수 있다고 판단되면, 손해배상청구를 하지 않고 계약금에 대하여 권리를 행사할 수도 있다. 그러나 이 경우에도 계약금의 크기가 손해배상액을 초과하면 그 초과부분에 대하여 권리를 주장할 수 없기에 실제상 손해배상청구를 하는 것과 구별이 없게 된다. 그리고 위약금의 약정도 있는 경우에는 채권자는 계약금과 위약금 중에서 擇一하여 권리를 행사할 수 있다. 만일 채권자가 위약금의 지급을 주장한다면, 계약금은 계약금을 지급한 당사자에게 반환되어야 하고, 반대로 계약금에 대하여 권리를 행사한다면, 위약금의 지급을 주장할 수 없다.

2. 한국민법

계약금이란 계약체결시에 계약당사자 일방이 타방에게 교부하는 금전 또는 기타 유가물로서 계약금계약은 계약금을 현실적으로 교부하여야 성립한다는 점에서 요물계약의 일종으로 볼 수 있다.[26] 또한 이는 통설이다.[27][28] 계약금약정이 어떠한 효력을 갖는지는 전적으로 당사자의 의사에 달려 있다. 따라서 계약금의 수수가 있는 경우에 그 구체적인 의미 또한 궁극적으로 의사해석의 문제에 속한다.[29] 그런데 한국민법 제565조 제1항에 의하면, 계약금은 해약금으로 추정된다. 그리고 계약금을 교부하는 이유에는 여러 가지가 있는데, 당사자가 계약금을 先給金(先納金 또는 納金)으로 지급하는 경우에는 先給金의 교부는 채무의 일부변제에 해당하며, 이 경우는 채무의 변제의 문제로 취급하면 될 것이므로 특별히 主契約과 별도로 계약금약정으로 논할 필요가 없다.[30] 계약금이 특별한 의미를 갖는 것은 혹은 계약체결의 증거로, 혹은 계약위반의 대가로, 혹은 해제권을 유보하는 대가로 교부되는 경우이며, 계약금은 이상의 기능 중 둘 이상의 기능을 가질 수도 있다.[31]

---

26) 明淳龜, "契約金約定의 解釋"『法學論集』第35輯, 89면.
27) 南孝淳, "契約金約定에 관한 몇 가지 爭點" 서울대학교『法學』제39권 2호, 1998, 266면.
28) 계약금약정을 낙성계약으로 보는 견해도 있다. 南孝淳(주27), 267면 이하.
29) 明淳龜(주26), 89면.
30) 南孝淳(주27), 275면.

1) 해약금

매매계약을 비롯한 유상계약에서 특별한 약정이 없는 한 계약금은 해제권의 유보를 위하여 수수된 해약금으로 추정된다(한국민법 제565조 제1항). 즉 계약당사자 일방은 상대방이 채무이행에 착수하기 전에 계약금을 포기하거나 배액상환 하는 것으로써 계약을 해제할 수 있다.

해약금의 경우, 해제권의 행사는 계약금포기의 의사표시 또는 계약금의 배액상환의 제공과 함께 하여야 하고, 계약금포기의 의사표시는 명시적으로 하지 않아도 해제의 의사표시에 포함된 것으로 간주된다.[32] 판례는 이 경우 해제의 의사표시와 함께 계약금배액의 변제제공만 있으면 되고 상대방이 이를 수령하지 않는다고 해서 공탁까지 할 필요는 없다고 하며,[33] 배액의 일부만을 제공한 경우에는 해제하지 못한다.[34]

2) 배상액의 예정으로서의 계약금

매매계약을 비롯한 유상계약을 체결함에 있어서 당사자 일방이 상대방에게 계약금 등의 명목으로 일정액의 금전 기타 유가물을 교부하는 경우에 한국민법 제565조에 의하면 이는 해제권유보의 해약금으로 추정된다. 그런데 실제 거래계에 있어서는 계약금을 수수하면서 계약위반의 경우에는 계약금을 교부한 자는 그것을 몰수당하고 계약금을 교부받은 자는 그 배액을 상환할 것과 같은 내용의 契約金額賠償約定하는 경우가 많다.[35] 이 경우에 판례는 특단의 사정이 없는 한 그 계약금은 한국민법 제565조 소정의 해약금의 성질을 가질 뿐만 아니라 위약금 내지 손해배상예정액의 성질을 가진 것으로 해석한다.[36] 따라서 이 경우에 계약당사

---

31) 南孝淳(주27), 275～276면.
32) 李銀榮, 『債權各論』(第5版), 博英社, 2005, 226면.
33) 大判 1981.10.27, 80다2784(공 1981, 14496).
34) 大判 1973.1.30, 72다2243(집 21(1)민, 056).
35) 劉南碩, 『註釋民法』(債權總則(1))(주17), 676면.

자 일방은 계약금을 포기하거나 배액상환을 하는 것으로써 계약을 해제할 수 있거나 또는 채무의 불이행이 있는 때에 손해배상액의 예정으로서 사용할 수 있다.

위와 같은 특약이 없는 경우에 계약금은 손해배상액의 예정의 성질을 가지지 않는다. 즉 유상계약을 체결함에 있어서 계약금이 수수된 경우 계약금은 해약금의 성질을 가지고 있어서 이를 위약금으로 하기로 하는 특약이 없는 이상 계약이 당사자 일방의 귀책사유로 인하여 해제되었다 하더라도 상대방은 계약불이행으로 입은 실제 손해만을 배상받을 수 있을 뿐 계약금이 위약금으로서 상대방에게 당연히 귀속되는 것은 아니다.[37]

위와 같은 계약금의 특약이 있으면 통상의 경우에는 이를 교부받은 자는 실제로 발생한 손해액이 그 계약금을 초과하고 있더라도 그 초과액은 이를 청구하지 못하며 한편 교부한 자도 계약금의 배액으로 만족하여야 할 뿐이다.[38]

3. 소 결

계약을 체결하면서 계약당사자 간에 계약금이 수수되는 경우에 계약금의 성질은 당사자의 약정에 의하여 결정되어야 할 것이다. 계약금의 성질에 관한 약정이 없는 경우, 중국법(중국합동법 · "擔保法" · "擔保法에 관한 司法解釋")과 한국민법에서는 서로 달리 처리된다. 즉 계약금의 성질에 관한 약정이 없는 경우, 중국법에 의하면 계약당사자는 계약금에 관련된 권리를 주장할 수 없기에("擔保法에 관한 司法解釋" 제118조), 계약금은 아무런 작용도 없게 된다. 그러나 실제 대부분 경우에, 계약내용

---

36) 大判 1992.11.27, 92다23209(공 1993, 253) ; 大判 1987.2.24, 86누438(공 1987, 566).

37) 大判 1996.6.14, 95다54693(공 1996, 2166) ; 大判 1995.2.10, 94다51109(공 1995, 1319).

38) 劉南碩, 『註釋民法』(債權總則(1)(주17), 677면.

에 대한 해석을 통하여, 담보의 목적으로 계약금이 수수된 것으로 해석될 수 있기 때문에 위약계약금으로 처리될 가능성이 크다. 이에 비하여 한국민법에서는 이러한 경우에 해약금으로 추정된다(동법 제565조 제1항). 그리고 중국법에 의하면, 담보의 목적으로 수수되는 위약계약금은 손해배상액의 예정의 성질을 가지는 것이 아니라, 단순히 손해를 전보하는 기능을 가진 것으로 해석하여야 할 것이다.

제4절 계약의 해제와 해지

I. 해제와 해지의 구분여부

1. 중국합동법

중국합동법 제97조에 의하면, 계약이 해소되는 경우에 당사자는 '이행 상황과 계약의 성질'에 따라 원상회복을 요구할 수 있는데, 학설은 동 규정을 근거로, 일시적 계약인 경우에 원칙적으로 소급효를 가지나 계속 적 계약인 경우에는 원칙적으로 소급효를 가지지 않는 것으로 보고 있 다.[1] 즉 계속적 계약의 경우에 원상회복의무는 발생하지 않으며, 또한 일시적 계약이라고 하더라도 실제 아무런 급부도 행해지지 않으면, 소급 효로서의 원상회복의 문제는 발생하지 않는다고 한다.[2] 이러한 의미에 서 볼 때, 중국합동법에서는 계약을 해소할 수 있는 권리를 한국민법에 서와 같이 해제와 해지로 나누어 규정하지 않고 포괄적으로 규정하고 있는 것이다. 따라서 중국합동법에서 '해제'는 한국민법에서의 해제보다 넓은 의미로 사용되고 있으며, '해제'의 효과를 논함에 있어서 우선 원상 회복의무가 발생하는지부터 판단하여야 한다.

---

1) 李永軍, 『合同法』, 法律出版社, 2004, 632면 ; 曹三明 외 16인, 『合同法原理』, 法律出版社, 2000, 253~256면 ; 崔建遠 主編, 『合同法』(第三版), 法律出版 社, 2004, 199~201면.
2) 江平 主編, "中華人民共和國合同法精解", 中國政法大學出版社, 1999, 82면.

2. 한국민법

한국민법은 중국합동법과는 달리 계속적 계약관계를 소멸시킬 수 있는 권리를 해제권에 포함시키지 않고 따로 규정하고 있는데, 그러한 권리가 解止權이다. 즉 해지란 계속적 채권관계에서 계약의 효력을 장래에 향하여 소멸케 하는 일방적 행위를 말한다.[3] 따라서 해지의 경우에 그 효과로서 원상회복의무가 발생하는지는 문제되지 않는다.

3. 소 결

중국합동법에서도 한국민법에서와 같이 '해제'라는 표현을 사용하고 있으나, 중국합동법에서의 '해제'는 한국민법에서의 해제와 해지를 모두 포함한 넓은 개념이다. 따라서 중국합동법에서 계약이 '해제'되는 경우에 우선 원상회복의무가 발생하는지부터 판단하여야 한다. 이하에서는 개념상의 혼란을 피하고, 또 양국법의 비교의 편이성을 위하여 특별한 설명이 없는 한, 해제는 모두 한국민법에서의 해제의 의미로서 사용한다. 즉 우선 중국합동법에서의 '해제'를 원상회복의무가 발생하는 경우로 한정하여 한국민법에서의 해제와 비교하고, 해지에 관하여는 따로 서술한다.

Ⅱ. 합의해제

1. 중국합동법

중국합동법 제93조 제1항에 의하면, 계약당사자는 합의에 의하여 계

---

3) 郭潤直, 『債權各論』(第六版), 博英社, 2003, 109면.

약을 해제할 수 있다. 즉 하나의 새로운 계약에 의하여 원래의 계약관계를 해소할 수 있다. 학설은 이런 계약을 "해제계약" 또는 "반대계약"이라고 한다.4) 사적자치의 원칙상, 법률의 규정에 반하지 않는 한, 해제계약은 당연히 유효한 것으로 중국합동법 제93조 제1항은 꼭 필요한 규정은 아니다.

합의해제의 경우, 원상회복여부, 원상회복의 방법 등 문제는 해제계약에서 정해진다. 그런데 합의해제에서 계약관계가 소멸되기 전에 당사자 일방의 계약위반으로 인하여 발생한 손해에 대하여 합의하지 않은 경우, 채권자의 손해배상청구권이 여전히 존재하는가에 대하여 학설이 대립하고 있다.

첫째, 계약당사자 간에 해제계약에서 이 문제에 관하여 합의하지 않은 것은 채권자가 손해배상청구권을 포기하였음을 의미한다는 견해5)이다. 즉 합의해제는 보통 계약당사자 간의 분쟁을 해결하기 위하여 체결되는 것으로, 채권자가 손해배상청구권을 포기할 의사가 없으면, 상대방과 해제계약을 체결하지 않고 손해배상을 청구하면 된다고 한다.

둘째, 이 문제를 해결하려면 우선 당사자의 眞意를 파악해야 한다는 견해6)이다. 즉 손해배상에 대하여 사전에 전혀 언급하지 않은 경우에는 손해배상청구권을 포기한 것으로 보아야 하고, 손해배상에 대하여 언급하였으나 이 문제에 대하여는 합의를 보지 못하고 합의해제 한 경우에는 손해배상청구권을 포기한 것으로 볼 수 없다고 한다. 그러나 이 견해에 의하면, 후자의 경우, 원칙상 계약위반으로 인한 적극적 손해에 대하여만 배상을 청구할 수 있고, 소극적 손해에 대하여는 배상을 청구할 수 없다. 왜냐하면 계약의 해제가 채권자의 의사와도 일치하는 것으로, 계약이 정상적으로 이행된 경우에 얻을 수 있는 소극적 이익에 대하여 손해배상을 청구할 수 없기 때문이다.

---

4) 郭明瑞·房紹坤, 『新合同法原理』, 中國人民大學出版社, 2000, 291면 참조.
5) 呂伯濤 主編, 『適用合同法重大疑難問題研究』, 人民法院出版社, 2001, 146면.
6) 王利明, 『違約責任論』, 中國政法大學出版社, 2003, 694~695면.

계약을 합의해제 하는 목적은 모든 채권채무관계를 종료시키는 데 있다고 할 수 있다. 당사자의 일방적인 의사표시에 의하여 계약관계가 소멸되는 법정해제와는 달리 합의해제의 경우, 채권자에게 계약위반으로 인하여 발생한 손해에 대하여 채무자와 합의할 기회가 충분히 주어진다. 만일 손해배상을 청구할 수 있는 당사자가 합의과정에 손해배상에 대하여 언급하지 않았다면 손해배상청구권에 대한 포기로 볼 수 있다. 따라서 합의과정에 손해배상에 대하여 언급하였으나 이 문제에 대하여 합의를 보지 못하고 계약을 합의해제 한 경우에도 채권자의 손해배상청구권을 인정할 필요가 없다. 물론 합의과정에 계약당사자의 착오나 사기·강박이 있을 경우에는 해제계약의 효력발생여부의 문제로 다루면 될 것이다. 중국합동법의 관련규정에 의하면, 계약당사자 간에 계약을 합의해제함에 있어서 관련사항에 관하여 계약당사자의 사기·강박 또는 착오가 있는 경우에 해제계약 자체가 취소·변경될 수가 있다(제54조).

2. 한국민법

한국민법에서도 계약당사자가 간에 합의로써 계약관계를 해소하는 것이 가능하다. 즉 계약자유의 원칙상 하나의 새로운 계약에 의하여 기존의 계약관계를 소멸시킬 수 있는데, 계약관계를 소멸시키는 계약을 해제계약이라고 한다. 해제계약은 형성권으로서의 해제권의 행사와는 구별되기에, 통설과 판례7)에 의하면 민법상 해제에 관한 규정은 적용되지

---

7) 大判 1996.7.30, 95다16011(공 1996, 2634)은 "합의해제 또는 해제계약이라 함은 해제권의 유무에 불구하고 계약 당사자 쌍방이 합의에 의하여 기존의 계약의 효력을 소멸시켜 당초부터 계약이 체결되지 않았던 것과 같은 상태로 복귀시킬 것을 내용으로 하는 새로운 계약으로서 그 효력은 그 합의의 내용에 의하여 결정되고 여기에는 해제에 관한 민법 제548조 제2항의 규정은 적용되지 아니하므로 당사자 사이에 약정이 없는 이상 합의해제로 인하여 반환할 금전에 그 받은 날로부터의 이자를 가하여야 할 의무가 있는 것은 아

않는다.8) 또한 해제계약은 묵시적인 의사표시에 의하여서도 성립할 수 있다. 즉 판례9)는 "계약이 합의해제 되기 위하여서는 일반적으로 계약이 성립하는 경우와 마찬가지로 계약의 청약과 승낙이라는 서로 대립하는 의사표시가 합치될 것을 그 요건으로 하는 것이지만, 계약의 합의해제는 명시적인 경우뿐만 아니라 묵시적으로도 이루어질 수 있는 것이므로 계약 후 당사자 쌍방의 계약 실현 의사의 결여 또는 포기가 쌍방 당사자의 표시행위에 나타난 의사의 내용에 의하여 객관적으로 일치하는 경우에는 그 계약은 계약을 실현하지 아니할 당사자 쌍방의 의사가 일치됨으로써 묵시적으로 해제되었다고 해석함이 상당하다고 할 것이다"고 판시하고 있다.

3. 소 결

이상에서 보다시피, 중국합동법과 한국민법 모두에서 계약당사자의 합의에 의하여 계약관계를 해소하는 것이 가능하다. 단, 중국합동법이 이러한 내용을 직접적으로 규정하고 있다는 점에서 한국민법과 구별될 뿐이다. 그런데 합의해제는 형성권으로서의 (법정·약정)해제권의 행사와는 구별되는 것이며, 이러한 규정이 없어도 계약자유의 원칙상 인정될 수 있는 것이다. 특히, 합의해제는 합의에 의하여 계약관계를 해소하는 것으로 법정해제 및 약정해제와 같이 소급효의 문제, 손해배상청구권의 존속문제 등 해제효과가 법규정에 의하여 결정되는 것이 아니라, 당사자의 합의에 의하여 결정된다. 이러한 점을 고려한다면, 위에서 언급한 합의해제 후에 손해배상청구권이 존속하는가의 문제는 쉽게 해결될 수 있다고 본다.

니라고 할 것이다"고 판시하였다.
8) 金亨培, 『民法學講義』(第3版), 新潮社, 2003, 966면 참조.
9) 大判 2002.1.25, 2001다63575(공 2002, 572).

이러한 맥락에서 볼 때, 합의해제에 관한 중국합동법 제93조 제1항은 불필요한 규정이라고 볼 수 있다. 특히, 그 성질을 달리하는 동조 제2항에서의 약정해제와 동일한 조항에서 규정하는 것은 타당하지 않다고 본다.

Ⅲ. 약정해제

1. 중국합동법

중국합동법 제93조 제2항에 의하면, 계약당사자는 약정에 의하여 해제권을 발생시킬 수 있다. 해제권의 행사기간, 해제권의 행사방법 및 해제의 효과에 관한 규정은 약정해제와 법정해제에 모두 적용된다.

2. 한국민법

한국민법에서도 계약당사자가 약정에 의하여 해제권을 발생시키는 것이 가능하다(동법 제543조 제1항). 또한 약정해제권에는 당사자가 계약에서 명백히 해제권을 정하지 아니하였더라도 법률의 규정에 의하여 해제권을 유보한 것으로 다루어지는 경우가 있다. 즉 한국민법 제565조 제1항에 의하면, 매매계약의 당사자 일방이 계약 당시에 금전 기타의 물건을 계약금, 보증금 등의 명목으로 상대방에게 교부한 때에는, 당사자 간의 다른 약정이 없는 한, 당사자의 일방이 이행에 착수할 때까지 交付者는 이를 포기하고 수령자는 그 배액을 상환하여 매매계약을 해제할 수 있다. 약정해제권도 법정해제권과 마찬가지로 상대방에 대한 해제권자의 해제의 의사표시로써 행사되고, 해제권의 불가분성에 관한 한국민법 제547조의 규정이 적용되나, 약정해제권은 상대방의 채무불이행을 전제로 하지 않기에 해제의 효과로서 손해배상의무는 발생하지 않는다.[10]

3. 소 결

중국합동법과 한국민법 모두에서 약정해제가 인정된다. 그리고 해제에 관한 대부분 규정이 약정해제와 법정해제에 모두 적용된다.

Ⅳ. 법정해제

1. 해제권의 발생

1) 중국합동법

(1) 해제의 사유

해제권의 법정사유에 관한 일반조항으로 중국합동법 제94조가 있다. 중국합동법에서는 해제와 해지를 구분하고 있지 않기에 동조는 계속적 계약관계를 장래에 향하여만 소멸시키는 경우에도 적용된다. 동조는 "목적달성의 불가능"을 기준으로 해제의 사유에 대하여 규정하고 있다. 해제사유에는 구체적으로 다음과 같은 것이 있다.

첫째, 불가항력으로 인하여 계약의 목적을 달성할 수 없는 경우(제94조 제1호).

불가항력으로 인하여 계약을 전부 이행할 수 없게 되거나 또는 부분적으로 이행할 수 없게 된다. 당사자 일방이 부분적으로 계약을 이행할

---

10) 金亨培(주8), 993면.

수 없는 경우에 상대방은 나머지 이행만으로 계약의 목적을 달성할 수 있는 때에는 계약을 해제할 수 없고, 나머지 이행만으로 계약의 목적을 달성할 수 없는 때에만 계약을 해제할 수 있다. 또한 불가항력이 발생하는 경우에 언제나 영구적 이행불능이 되는 것은 아니다. 그런데 일시적 이행불능은 결과적으로 이행지체가 되고, 채무자가 채무의 이행이 가능한 경우에 다시 채무를 이행할 수 있다. 따라서 일시적 이행불능인 경우에 당사자 일방은 상대방의 이행지체로 인하여 계약의 목적을 달성할 수 없는 때에만 계약을 해제할 수 있다(제94조 제4호).

그리고 비록 직접적인 규정은 없지만, 불가항력이 아닌 계약당사자의 과실로 인하여 이행불능이 된 경우에도 상대방이 계약을 해제할 수 있을 것이다. 즉 계약당사자의 과실로 인한 이행불능을 제94조 제4호에서 규정하고 있는 "기타의 계약위반으로 인하여 계약의 목적을 달성할 수 없는 경우"로 보아 계약의 해제를 인정할 수 있다.[11]

그런데 불가항력으로 인한 해제와 관련하여 다음과 같은 문제가 존재한다. 쌍무계약에서 불가항력을 포함한 계약당사자의 귀책사유 없이 급부가 불능이 된 때, 한국민법이나 대만민법에서는 위험부담의 문제로서 처리된다. 즉 이 경우에 상대방의 채무도 소멸하기에 계약을 해제할 필요가 없게 된다. 그리고 PECL 제9:303조 제4항에 의하면, 채무자의 지배를 벗어난 장애사유로 인하여 면책이 인정되는 경우에 그 장애사유가 전면적이고 영구적이면 계약은 자동적으로 소멸된다. 또한 PECL에서 부분적 또는 일시적인 급부장애가 발생하는 경우에 채무자가 여전히 이행의 제공을 할 가능성이 있기 때문에 채권자의 해제의 의사표시가 필요하다고 한다.[12] 중국합동법 제94조에 의하면, 불가항력으로 인하여 계약의 목적을 달성할 수 없는 경우에 계약을 해제할 수 있다. 즉 이 경우에

---

11) 崔建遠 主編(주1), 195면.
12) OLE LANDO AND HUGH BEALE, PRINCIPLES OF EUROPEAN CONTRACT LAW(PARTS Ⅰ AND Ⅱ), KLUWER LAW INTERNATIONAL, 2000, 415면.

당사자가 해제권을 행사하여야 계약이 해제된다. 또한 불가항력으로 이행불능이 되어 계약의 목적을 달성할 수 없는 경우도 당연히 여기에 포함된다. 그런데 영구적인 급부불능인 경우에도 당사자의 해제의 의사표시가 있어야 계약이 해제되는 것으로 볼 것인지가 문제된다. 중국합동법 제96조에 의하면, 이러한 경우에도 당사자의 해제의 의사표시가 있어야 계약이 해제될 것이다. 이와 관련하여, 당사자가 계약을 해제할 수 있다고 규정한 것은 이 경우에 계약관계가 자동적으로 소멸되게 하는 기타 대륙법국가의 입법과 구별되는 것으로 중국합동법의 특색이라고 하는 견해13)가 있다. 불가항력으로 영구적 급부불능이 되는 경우에 모든 계약책임이 발생하지 않으므로 계약이 자동적으로 소멸하는 것으로 보는 것이 합리적이다. 물론, 일시적 급부불능인 경우에 채권자는 계약목적 달성의 불가능을 이유로 계약을 해제하거나, 또는 불가항력이 없어지는 때에 채무자의 채무이행을 요구할 수도 있기 때문에 채권자의 해제의 의사표시가 있는 때에 계약관계를 소멸시킬 필요가 있다. 그러나 불가항력으로 인한 일시적 급부불능은 결과적으로 이행지체가 되기에 이행지체로 인하여 계약의 목적을 달성할 수 없는 경우에 계약의 해제를 인정하고 있는 중국합동법 제94조 제4호에 의하여 해결될 수 있다. 따라서 불가항력으로 인한 영구적 급부불능인 경우에 계약관계가 자동적으로 소멸되는 것으로 중국합동법 제94조 제1호를 수정할 필요가 있다고 본다.

둘째, 이행기가 도래하기 전, 당사자 일방이 주요채무(주된 채무)를 이행하지 않을 것을 명확하게 표시하거나 또는 자신의 행위로써 그러한 의사를 표명한 경우(제94조 제2호).

중국합동법은 이행거절을 계약위반의 한 유형으로서 규정하고 있으며(제108조), 채무자의 이행거절이 있는 경우에 채권자는 계약을 해제할 수 있다. 그런데 중국합동법 제94조 제2호에서 규정하고 있는 당사자 일

---

13) 蘇惠卿, "關于契約解除權立法之變革", http://www.civillaw.com.cn/weizhang/default. asp?id=15299, 검색일자: 2006.11.30, 이 글의 一, 意義 (3) 이하.

방이 본인의 행위로써 주된 채무 불이행의 의사를 표시하는 경우와 중국합동법 제68조가 규정하고 있는 불안의 항변권의 발생사유가 동일할 수 있고, 따라서 이행거절과 불안의 항변권이 동시에 성립할 수 있다. 또한 불안의 항변권의 경우, 중국합동법 제69조에 의하면 당사자 일방은 우선 상대방에게 계약이행의 중단을 통지한 후, 합리적 기간 내에 상대방이 담보를 제공하거나 이행능력을 회복하지 못하면, 그때에야 비로소 계약을 해제할 수 있으나, 반대로 중국합동법 제96조에 의하면, 중국합동법 제94조에 의하여 해제권이 발생하는 경우에 해제권자는 상대방에 대한 최고의 절차 없이 통지로써 계약을 해제할 수 있다. 이를 법규정상의 모순으로 보는 견해[14]가 있다. 이 견해에 의하면, 이런 모순을 해결하기 위해서는 제94조 제2호에서 규정하고 있는 당사자 일방이 본인의 행위로써 주된 채무 불이행의 의사를 표시하는 경우를 해석함에 있어서 불안의 항변권의 발생사유에 관한 중국합동법 제68조의 규정을 참조하여야 하며, 중국합동법 제94조 제2호를 근거로 계약을 해제하는 때에도 최고의 절차를 밟아야 한다. 중국합동법 제94조 제2호가 규정하고 있는 해제권의 발생사유가 동시에 불안의 항변권의 발생사유도 될 수 있는데, 해제권을 행사할 수 있는 요건에 대하여 서로 다르게 규정하였다고 하여 법규정이 서로 모순되는 것은 아니다. 이런 경우에 이해당사자는 상대방의 계약위반을 근거로 직접 계약을 해제거나 또는 상대방에게 계약을 이행할 기회를 줄 필요가 있다고 판단되는 때에는 불안의 항변권을 행사하여 우선 본인의 채무이행을 중단할 수 있고, 상대방이 합리적 기간 내에 담보를 제공하거나 또는 이행능력을 회복하지 못하면, 그때에 계약을 해제하여 이해당사자의 이익을 보호할 수 있다. 따라서 이는 법규정상의 모순이라고 할 수 없다.

셋째, 당사자 일방이 주요채무(주된 채무)의 이행을 지체하고, 상대방의 최고를 수령한 후에도 합리적 기간 내에 여전히 이행하지 않는 경우

---

14) 韓世遠, "合同責任的爭點與反思" 『人民法院報』, 2001.6.22～23.

(제94조 제3호).

여기서 주된 채무의 이행을 지체한 때에 해제가 가능한 것으로 규정하고 있으나, 부수적 채무에 대하여 이행지체에 빠진 때에도 해제가 가능한 것으로 보아야 할 것이다. 왜냐하면 대부분 경우에 부수적 채무의 불이행이 계약의 목적을 달성하는 데 미치는 영향이 크지 않으나, 부수적 채무의 불이행으로 인하여 채권자가 계약의 목적을 달성할 수 없는 경우도 있을 수 있기 때문이다.

넷째, 당사자 일방의 채무의 이행지체 또는 기타의 계약위반의 행위로 인하여 상대방이 계약의 목적을 달성할 수 없는 경우(제94조 제4호).

채무자가 주된 채무에 대하여 이행지체에 빠진 후에 채권자의 최고에도 불구하고 채무를 이행하지 않는 경우에 일반적으로 채권자는 계약을 해제할 수 있다. 그러나 정기행위의 경우에는 채권자는 채무자에 대하여 이행의 최고를 하지 않고서 계약을 해제할 수 있다. 왜냐하면 정기행위의 경우에 채무자가 이행기에 채무를 이행하지 않으면 채권자가 계약의 목적을 달성할 수 없기 때문이다. 또한 부수적 채무를 일정한 기간 내에 이행하지 않으면 계약의 목적을 달성할 수 없는 경우에도 그 기간이 경과된 때로부터 채권자는 채무자에 대한 최고 없이 계약을 해제할 수 있을 것이다. 그리고 이행지체뿐만 아니라 채무자의 기타 계약위반 행위로 인하여 채권자가 계약목적을 달성할 수 없는 경우에도 계약을 해제할 수 있다. 기타 계약위반 행위에는 채무자의 과실로 인한 이행불능, "약정에 부합하지 않는 이행" 등이 포함된다. 매매계약에서 매매목적물에 하자가 있는 경우, 매수인이 계약의 목적을 달성할 수 없으면, 계약을 해제할 수 있다(제148조).

다섯째, 법률이 규정한 기타의 경우(제94조 제5호).

중국합동법은 기타의 규정에서도 해제에 관하여 규정하고 있다. 예를 들면, 중국합동법 제148조에 의하면, 매매계약에서 목적물에 하자가 있는 경우에 매수인은 계약의 목적을 달성할 수 없으면 계약을 해제할 수 있다(제148조). 또한 불안의 항변권자는 상대방이 일정한 기간 내에 이행능력을 회복하지 못하거나 담보를 제공하지 않는 경우에 계약을 해제할 수 있다(제69조).

그리고 중국합동법에서 채권자지체 또는 사정변경의 원칙에 의한 해제가 인정될 수 있는지가 문제된다.

우선 채권자지체에 의한 해제가 인정될 수 있는가의 문제는 채권자지체의 법적 성질을 어떻게 보는가와 관련된다. 종래부터 채권자가 수령의무를 부담하는지에 관하여 학설의 대립이 있다.[15] 그런데 중국합동법 제60조 제2항에 의하면, 계약당사자는 협력의무를 부담한다. 이 규정에 따르면, 채권자는 수령의무를 부담하는 것으로 채무자는 채권자지체가 있는 때에 계약을 해제하거나 또는 손해배상을 청구할 수 있다. 이에 관하여 중국합동법 제60조가 규정하고 있는 협력의무는 부진정의무로서 권리의 주체가 존재하지 않으며, 그 위반은 진정한 의무의 위반과 구별된다는 견해[16]가 있다. 이 견해는 채권자가 지체로 인하여 부담하는 책임은 채무불이행책임이 아니라 일종의 법정책임이라고 주장한다.

중국합동법에는 변제제공에 관한 규정이 없다. 따라서 채무자가 어느 시점부터 이행지체책임을 부담하지 않고, 채권자가 수령지체로 인한 불이익을 받는지가 명확하지 않다. 채권자지체가 있는 경우에 채무자는 공탁(제101조)을 통하여 채무를 면할 수 있을 뿐이다. 채권자지체 중에 발생한 이자나 증가된 목적물의 보관 또는 변제제공의 비용을 어떻게 처리하는지에 관하여 명시적으로 규정하고 있지 않다. 따라서 채권자지체가 있는 경우에 채무자에 대한 보호가 미흡하다. 또한 중국합동법 제259조 제2항에 의하면, 수급인은 도급인이 협력의무를 이행하지 않아 일을 완성할 수 없는 경우에 도급인이 수급인의 최고가 있어도 여전히 협력

---

15) 何建芳, "債權人遲延制度若干問題檢討"『延安大學學報』(社會科學版), 2004.8, 75면 참조.
16) 韓世遠, 『合同法總論』, 法律出版社, 2004, 512～513면.

의무를 이행하지 않으면 계약을 해제할 수 있다. 이 규정은 도급인의 수령지체에 관한 규정이며, 변제제공의 제도로 충분히 해결할 수 있는 문제이다. 동조를 채권자지체에 의한 해제에 관한 특별규정으로 보는 견해[17]가 있으나, 도급계약에서만 특별히 인정할 이유가 없다. 비록 중국합동법에서 계약유지의 원칙을 채택하고 있으나, 채권자지체가 있는 경우에 채무자에 대한 보호규정이 미흡한 중국합동법에서는 일반적으로 채권자지체에 의한 해제를 인정할 필요가 있다.

다음으로 종래에 사법실무에서 사정변경의 원칙을 인정한 경우도 있으나,[18] 중국합동법은 사정변경의 원칙에 관한 규정을 두고 있지 않다. 중국합동법을 제정하는 과정에 사정변경의 원칙에 관하여 규정할 것인가를 놓고 많은 논의가 있었다. 그러나 결국에는 이를 규정하지 않기로 결정하였다. 지금도 사정변경의 원칙을 인정하여야 한다는 주장[19]이 있다.

(2) 당사자의 귀책사유가 필요한지 여부

중국합동법의 규정에 의하면, 해제권의 발생은 당사자의 귀책사유를 필요로 하지 않는다. 해제의 기능은 해제권자로 하여금 계약의무에서 해방되도록 하는 것이며, 따라서 당사자의 귀책사유가 해제권발생의 요건이 아니라는 입장은 학자들에 의하여 起草된 중국합동법 제1초안에서부터 유지되어왔다.[20] 구체적으로 보면, 중국합동법이 규정하고 있는 해제의 사유 중에서 불가항력의 경우, 불가항력이란 예견할 수 없고, 피할 수 없으며, 동시에 극복할 수 없는 객관상황을 의미하기에(제117조 제2항) 당사자의 귀책사유는 요건으로 되지 않는다. 그 밖에 이행거절, 이행지체 및 목적달성의 불가능을 초래한 기타 유형의 계약위반이 있는 경우에도 당사자의 귀책사유를 요건으로 하지 않는다. 또한 중국합동법은 제

---

17) 韓世遠(주16), 513면.
18) 孔祥俊, 『合同法敎程』, 中國人民公安大學出版社, 1999, 330~331면.
19) 孔祥俊(주18), 331~332면 ; 李永軍(주1), 502면.
20) 韓世遠(주16), 605면.

94조 이외의 규정에서 해제를 규정함에 있어 계약당사자의 귀책사유를
요건으로 하지 않고 있다.

2) 한국민법

(1) 해제의 사유

법정해제권에는 채무불이행을 이유로 하는 모든 계약에 공통되는 해
제권과 전형계약에 따라 특별히 정하여진 해제권[21]이 있다. 모든 계약에
적용되는 해제권의 사유로 한국민법은 이행지체와 이행불능을 규정하고
있다. 그리고 한국민법에 명문의 규정은 없으나, 불완전이행을 채무불이
행의 일종으로 파악하는 통설에 의하면 불완전이행의 경우에도 해제가
인정된다.[22] 또한 불완전이행의 경우에 완정이행이 가능한가 불가능한
가에 따라 전자의 경우에는 한국민법 제544조 본문의 최고절차를 거쳐,
그리고 후자의 경우에는 최고 없이 즉시 해제권을 취득한다. 그리고 이
행거절을 이행불능이나 이행지체 등과 마찬가지로 그 자체만으로 채무
불이행책임의 객관적 요건을 충족시키는 독자적 유형으로 파악하는 견
해[23]에 따르게 되면, 이행거절의 경우에 계약의 해제가 인정된다.

그 외, 채권자지체로 해제권이 발생하느냐는 채권자지체의 성질을 어
떻게 파악하느냐에 관한 학설에 따라 그 결론이 달라진다.[24] 즉 채권자
지체를 채권관계 있어서의 채권자의 협력의무에 대한 불이행이라고 보
고 채권자지체책임을 일종의 채무불이행책임으로서 파악하는 다수설에
의하면 채권자지체의 경우에도 이행지체로 인한 해제권 발생의 요건을

---

21) 예를 들면, 증여에 관한 한국민법 제556조 · 제557조, 매매에 관한 한국민법
    제570조~제578조 · 제580조, 도급에 관한 한국민법 제668조 · 제670조 등
    규정이 있다.
22) 金亨培(주8), 978면 참조.
23) 梁彰洙, "獨自的인 債務不履行類型으로서의 履行拒絶"『厚嚴郭潤直先生古
    稀紀念』(民法學論叢 · 第二), 1995, 197~198면.
24) 金龍德, 『民法注解』(XⅢ), 博英社, 1997, 292~293면 참조.

갖추면 해제할 수 있고, 반면에 관습 또는 특약이 있는 경우와 같은 특별한 경우를 제외하고는 채권자에게 수령의무가 없는 것으로 이해하고, 한국민법이 규정하는 채권자지체책임은 신의칙에 기한 법정책임이라고 보는 소수설에 의하면, 채권자지체에 의한 해제권의 발생은 한국민법에 명문의 규정이 없는 한 인정할 수 없다. 한국민법개정안에서는 채권자체가 있는 경우에 채무자에게 해제권을 부여하는 것을 일반화하면 불이익이 발생할 여지가 있음으로 학설에 유하는 것이 타당하다는 이유로 이를 개정대상에서 제외시켰다.25)

그리고 사정변경의 경우에 해제가 인정되는지에 관하여 통설은 이를 긍정하고 있으나, 소수설과 판례는 이를 부정하고 있다.26) 다수설27)에 의하면, 비록 현행 한국민법에 사정변경의 원칙에 관한 규정이 없어도, 이 원칙이 신의칙에서 나오는 분칙이고 한국민법 제2조가 신의성실의 원칙을 인정하고 있는 이상, 현행법의 해석상 사정변경의 원칙을 인정할 근거가 있다. 오늘날의 법제 있어서의 해제제도는 계약에 의하여 구속되어 있는 당사자는 계약체결 당시에 예상하지 않은 사정이 그 후 발생하여도, 그 구속에서 벗어나지 못한다는 전제에서, 계약적 구속에서 벗어나려면 특히 계약에서 그것이 유보되었거나 또는 채무불이행이라는 사실이 있지 않으면 안 된다는 데서 출발하고 있으나, 계약체결 당시에 예상하지 않았고 또한 예상할 수도 없었던 사정이 발생한 경우에 당사자를 그대로 그 계약에 구속받게 하는 것이 가혹하고 온당치 않다고 인정되는 때에는 계약의 해제를 인정하는 것이 타당하다. 소수설은 사정변경에 의한 해제권의 발생을 전면적으로 부정하는 견해와 제한적으로 인정하는 견해로 구분된다. 전자28)는 입법자의 의도가 사정변경에 의한 해제권의 발생을 일반적으로 인정하지 않는 것이라는 점, 신의칙을 근거로

---

25) 法務部,『民法(財産編)改正資料集』, 2004, 835면 이하.
26) 金亨培(주8), 979면 참조.
27) 郭潤直(주3), 93면.
28) 金旭坤,『註釋民法』(債權各則(1)), 韓國司法行政學會, 1999, 253~260면.

계약의 해제를 인정하게 되면 당사자의 계약자유가 법관에 의하여 침해 받을 수 있다는 점, 오늘날에 있어서 장기에 걸친 계속적 거래관계에 있어서는 경제사정, 특히 화폐가치의 변동은 일반적으로 예견될 수 있다는 점 등을 근거로 하고 있고, 후자[29]는 현저한 사정변경이라는 추상적 요건 아래 계약해제라는 중대한 효과를 인정하는 것은 법운영을 자의에 빠뜨리게 할 우려가 있으므로 지양되어야 한다는 점, 사정변경의 원칙에 기초한 법률효과로서는 꼭 필요한 경우에 긍정설과 같이 계약해제권의 발생을 인정할 것이 아니라 계약구속력을 부인하는 쪽으로 이론구성 되어야 한다는 점 등을 근거로 제시하면서 戰時나 그에 준하는 위기상황의 경우에는 사정변경으로 인한 해제를 인정할 수 있다고 한다. 한국민법개정안에서 사정변경에 의한 계약의 해제·해지에 관한 규정이 신설되었다. 즉 동 개정안 제544조의4는 "당사자가 계약 당시 예견할 수 없었던 현저한 사정변경으로 인하여 계약을 유지하는 것이 명백히 부당한 때에는 그 당사자는 변경된 사정에 따른 계약의 수정을 요구할 수 있고 상당한 기간 내에 계약의 수정에 관한 합의가 이루어지지 아니한 때에는 계약을 해제 또는 해지할 수 있다"고 규정하고 있다.

(2) 해제요건으로서의 당사자의 귀책사유

한국민법은 해제의 요건에 있어 이행불능의 경우에 채무자의 귀책사유가 필요하다고 규정하고 있으나(동법 제546조), 이행지체의 경우에는 명시적으로 밝히고 있지 않다. 따라서 이행지체를 이유로 계약을 해제하는 경우에 채무자의 과실을 요하는가에 대하여 학설이 대립하고 있다. 즉 일반적으로 이행지체에 의한 책임은 채무자에게 책임 있는 사유에 의하여야 함을 요건으로 하고 있으므로, 이행지체에 의한 해제에 있어서도 마찬가지로 해석하여야 한다는 견해[30]와 한국민법은 규정상 채무자

---

29) 李銀榮, 『債權各論』(第5版), 博英社, 2005, 240～241면.
30) 郭潤直(주3), 86면.

의 과실을 요구하지 않고 있다는 점, 손해배상은 채무자의 귀책사유가 있는 경우에 한해서 인정해야 하는 반면에, 해제는 契約目的達成의 不能을 기준으로 판단해야 한다는 점, 계약의 해제로 상대방에게 과중한 손해를 입힐 우려가 있는 경우에는 信義則에 기해 해제권의 행사를 금지함으로써 계약당사자 사이의 이익형평을 꾀할 수 있다는 점 등을 이유로 이행지체를 이유로 하는 해제에서 채무자의 과실이 필요하지 않다는 견해31)가 있다. 또한 이 두 견해와는 달리 채무자의 귀책사유가 없는 계속적 지체 및 불능의 경우에도 해제권은 인정되어야 하기 때문에 채무불이행에 의한 해제에 있어서 채무자의 귀책사유를 반드시 그 요건으로 하지 않는다고 해석하여야 한다는 견해32)도 있다.

한국민법개정안에서는 해제의 사유를 포괄적으로 규정하고 있을 뿐만 아니라, 채무자의 고의·고실을 해제의 요건으로 규정하고 있다(동 개정안 제544조의2).

3) 소 결

중국합동법과 한국민법 모두에서 계약위반 또는 채무불이행이 해제의 주된 사유로 된다. 그러나 중국합동법은, 해제는 계약당사자를 계약관계에서 해방시킨다는 이념 하에 '계약목적 달성의 불가능'을 기준으로 해제사유에 관하여 규정하고 있기 때문에 기본적으로 해제에 있어서 계약당사자의 귀책사유를 요건으로 하지 않는다. 반면에 한국민법에서는 이행불능의 경우에 채무자의 귀책사유가 있어야 채권자가 계약을 해제할 수 있으며, 이와 관련하여 이행지체에 대하여는 학설이 대립하고 있다. 앞에서 언급했다시피, 담보책임에서의 해제는 당사자의 고의·과실을 요하지 않는다. 또한 채무자의 귀책사유 없는 이행불능의 경우에 한국민법에서는 위험부담의 문제로 처리되고 있으나, 중국합동법에서는

---

31) 李銀榮(주29), 229~230면.
32) 金亨培(주8), 972~973면.

여전히 계약의 해제사유로 되며, 이 경우에 채권자의 해제권의 행사에
의해 계약이 해제된다.

2. 해제권의 행사

해제에 관한 각국의 입법례를 볼 때, 크게 다음과 같은 두 유형으로
나눌 수 있다.[33] 첫째, 대부분 입법례에서 계약당사자의 해제권의 행사,
즉 상대방에 대한 해제의 의사표시로써 계약이 해제된다. 예를 들면, 독
일민법전 제349조는 "해제는 상대방에 대한 의사표시로써 한다"고 규정
하고 있고, 일본민법전 제540조는 "계약 또는 법률의 규정에 의하여 당
사자 일방이 해제권을 가지는 경우, 상대방에 대한 의사표시로써 행사
한다"고 규정하고 있다. 그 밖에 CISG 제26조, PICC 제7.3.2조, 그리고
PECL 제9:303조에서도 위와 동일한 태도를 취하고 있다. 둘째, 프랑스민
법에서 해제는 법원의 재판을 통하여 이루어진다. 즉 계약당사자는 일방
적인 의사표시로써 계약을 해제할 수 없고, 계약의 해제여부는 법원에
의하여 결정된다(프랑스민법전 제1184조). 셋째, 일본상법전에서 계약은
당사자의 해제권의 행사가 없이 자동적으로 소멸할 수 있다. 즉 일본상
법전 제525조는 "해제권발생의 조건이 구비되는 때에 계약은 당연히 자
동적으로 소멸하며, 당사자의 의사표시를 필요로 하지 않는다"고 규정
하고 있다.

또한 당사자의 귀책사유가 없이 이행불능이 된 경우에 독일민법, 일
본민법 등에서는 위험부담의 문제로서 처리되나, PECL 제9:303조 제4항
에 의하면, 채무자의 지배를 벗어난 장애사유로 인하여 면책이 인정되는
경우에 그 장애사유가 전면적이고 영구적이면 계약은 자동적으로 소멸
한다.

---

33) 陳靜嫻, 『合同法比較硏究』, 中國人民公安大學出版社, 2006, 325~326면 참조.

1) 중국합동법

중국합동법의 규정에 의하면, 해제의 사유가 발생하는 경우에 계약은 계약당사자의 해제권의 행사, 즉 상대방에 대한 해제의 의사표시에 의하여 해제될 수 있다. 또한 불가항력으로 인하여 계약의 목적을 달성할 수 없는 경우에 당사자 쌍방이 모두 계약을 해제할 수 있다.34) 물론, 여기서의 이행불능은 영구적 불능을 말한다. 왜냐하면 일시적 불능은 결과적으로 이행지체가 되고, 채무이행이 가능한 때에 채권자가 채무자의 채무이행을 요구할 수 있기 때문이다. 따라서 이 경우에 채무자는 계약을 해제할 수 없는 것으로 해석하여야 한다. 그리고 입법론적으로는 불가항력으로 인한 영구적 불능인 경우에 계약이 자동적으로 소멸하는 것으로 규정하는 것이 타당하다고 본다.

해제권은 상대방에 대한 통지로써 행해지고, 상대방에게 도달하는 때에 효력이 발생한다. 상대방은 이에 대하여 異議가 있으면 법원 또는 중재기구에 계약해제의 효력을 확인해 줄 것을 청구할 수 있다(제96조 제1항). 여기서 상대방은 계약해제를 부정하거나 또는 해제권자가 채무를 이행할 것을 요구하거나, 아니면 계약해제를 부정하는 동시에 해제권자의 채무이행을 요구하는 형식으로 異議를 제기할 수 있다고 한다.35)

또한 법률 또는 행정법규가 해제의 경우에 비준, 등기 등 절차를 밟아야 한다고 특별히 규정한 때에는 그 규정에 따라야 한다(제96조 제2항).

그리고 해제권은 법률 또는 당사자 간의 약정에 의해 정해진 기간 내에 행사하지 않으면 소멸하고, 정해진 기간이 없는 경우에는 상대방의 최고 후의 합리적 기간 내에 행사하지 않으면 소멸한다(제95조). 합리적 기간은, 법률의 규정이 없는 한, 개별 사안에 따라 구체적으로 판단하여야 할 것이다.36)

---

34) 郭明瑞·房紹坤(주4), 295면 ; 江平 主編(주2), 78면.
35) 崔建遠, "解除權問題的疑問與釋答(上篇)"『政治與法律』第3期, 2005, 39~40면.
36) "주택매매계약 관련 분쟁사안을 심리함에 있어서의 법률적용에 관한 최고

2) 한국민법

한국민법에서도 채권자에게 해제권이 발생하더라도 그 권리를 행사하지 않는 한 해제의 효력은 발생하지 않는다. 해제권의 행사는 상대방에 대한 의사표시로써 행해지고, 상대방에게 도달하여 그 효력이 발생한 후에는 철회할 수 없다(동법 제543조). 또한 해제권은 불가분성을 가지는 것으로 계약당사자의 全員으로부터 또는 全員에 대하여 행사하여야 하고, 해제권이 當事者 1人에 대하여 소멸한 때에는 다른 당사자에 대하여도 소멸한다(동법 제547조). 그리고 해제권은 일정한 기간 내에 행사되어야 한다. 당사자 간의 약정 또는 법률의 규정에 의하여 해제권의 행사기간이 정해져 있는 경우에는 그 기간 내에 행사하여야 하고, 행사기간이 미정인 경우에는 해제권은 형성권이란 점에서 10년의 제척기간에 걸린다.[37] 그러나 법정해제권은 채무불이행을 전제로 하기에 계약상의 채무가 소멸시효의 완성으로 소멸되는 때에 해제권도 함께 소멸된다.[38] 또한 해제권의 행사의 기간을 정하지 아니한 때에는 상대방은 상당한 기간을 정하여 해제권행사여부의 確答을 해제권자에게 최고할 수 있고, 상대방이 그 기간 내에 해제의 통지를 받지 못한 때에는 해제권은 소멸한다(동법 제552조). 한국민법 제553조에 의하면, 해제권자의 고의나 과실로 인하여 계약의 목적물이 현저히 훼손되거나 이를 반환할 수 없게 된 때 또는 가공이나 개조로 인하여 다른 종류의 물건으로 변경된 때에는 해제권은 소멸한다.

인민법원의 해석" 제15조 제2항에 의하면, 해제권의 행사기간에 관하여 법률의 규정 또는 계약당사자 간의 약정이 없는 경우에 해제권을 행사할 수 있는 합리적 기간은 당사자의 최고가 있은 후로부터 3개월이고, 당사자의 최고가 없는 때에는 해제권이 발생한 때로부터 1년이다.

37) 郭潤直(주3), 107면 ; 金亨培(주8), 981면.
38) 金亨培(주8), 981면 ; 李銀榮(주29), 223면.

3) 소 결

중국합동법과 한국민법 모두에서 계약당사자의 상대방에 대한 해제의 의사표시, 즉 해제권의 행사가 있어야 계약이 해제된다. 그러나 중국합동법에는 한국민법과 달리 해제권의 불가분성에 관한 규정과 훼손 등으로 인한 해제권의 소멸에 관한 규정이 없다.

3. 해제의 효과

1) 중국합동법

(1) 해제의 효과

중국합동법 제97조는 "계약이 해제된 후, 아직 이행되지 아니한 것은 이행하지 않는다. 이미 이행된 것은 당사자가 이행상황과 계약의 성질에 따라 원상회복을 요구하거나 기타 구제조치를 취할 것을 요구할 수 있고, 동시에 손해배상을 청구할 수 있다"고 규정하고 있다.

이 규정에 의하면, 계약이 해제되면 우선 未履行債務는 소멸한다. 다음으로 이미 이행된 부분에 대하여는 '이행상황과 계약의 성질에 따라' 원상회복을 청구할 수 있다. 원상회복이 언제나 인정되지 않는 것은 중국합동법이 해제와 해지를 구분하지 않고 포괄적으로 규정한 데서 비롯된 것이다.

원상회복이 인정되는 경우, 원물반환이 불가능한 때에 명문의 규정은 없지만, 가액반환이 인정되어야 할 것이다.[39] 또한 원물로부터 발생한 果實도 반환되어야 하며, 원물 또는 果實을 이용하여 얻은 이익도 勞務費用을 공제한 나머지 부분은 전부 반환되어야 한다("民法通則에 관한 司法解釋" 제131조).

---

39) 李永軍(주1), 632면 ; 韓世遠(주16), 626면.

그리고 원상회복이 인정되는 경우에 그 발생 근거가 무엇인지가 문제
된다. 이는 해제의 효과를 어떻게 이론구성 할 것인가의 문제이다. 중국
학자들은 직접효과설 또는 절충설에 따라 해제의 효과를 해석하고 있다.

대부분 학자들은 직접효과설에 따라 해제의 효과를 이론구성하고 있
다. 즉 학설은 일반적으로 원상회복을 해제의 소급효의 결과로 보고 있
는바,[40] 해제의 결과 기존의 채권채무관계가 원래부터 없었던 상태로 되
돌아가기에 이미 이행된 채무도 원상태로 복귀시켜야 한다는 것이다. 그
리고 중국법에서는 물권행위의 독자성과 무인성이 인정되지 않기에 원
상회복에서의 반환청구권자는 상대방에 대하여 채권적 청구권을 가지는
것이 아니라 물권적 청구권을 가지고, 따라서 원상회복청구권은 물권적
청구권의 성질을 가진다고 한다.[41]

위 견해와는 달리 해제의 효과를 절충설에 따라 이론구성 해야 한다
는 견해[42]가 있다. 즉 해제시에 계약은 소급적으로 소멸하지 않는바, 未
履行債務는 소멸하나 이미 이행한 급부에 대하여는 급부의 반환을 내용
으로 하는 새로운 채권채무관계가 발생한다는 것이다. 그 이유를 다음과
같이 설명하고 있다.

첫째, 해제의 효과를 직접효과설에 따라 이론구성을 하여야 한다는
것이 중국합동법의 起草를 시작한 후의 초기단계에서의 입장이었으나,
중국합동법을 起草하는 과정에 해제에 관하여 CISG, PICC 및 PECL의 규
정들을 참조하였다. 따라서 해제의 효과에 관한 중국합동법의 규정을 해
석함에 있어서 이 규정들을 참조할 필요가 있다. 해제의 효과에 관한
CISG, PICC 및 PECL의 규정들을 볼 때, 모두 직접효과설을 따른 것은 아
니며, 해제는 소급효를 가지지 않는다.

둘째, 중국합동법 제97조에서 未履行債務는 소멸하고 원상회복을 청

---

40) 陳靜嫻(주33), 330면 ; 李永軍(주1), 632면 ; 王利明(주6), 721면 ; 崔建遠 主編
   (주1), 201면.
41) 崔建遠 主編(주1), 201면 ; 陳靜嫻(주33), 331면.
42) 韓世遠(주16), 614면 이하.

구할 수 있다고 밝히고 있으나, 계약이 소급적으로 소멸한다고 규정하고 있지는 않다. 또한 중국합동법 제98조는 "계약상의 권리의무의 소멸은 결산 및 청산조항의 효력에 영향을 미치지 않는다"고 규정하고 있는데, 해제의 경우에도 마찬가지일 것이다. 이는 직접효과설을 따를 경우에는 설명하기 힘든 부분이라고 한다.

해제의 효과를 이론구성하면서 주로 다음과 같은 점을 고려하여야 한다. 즉 해제의 효과를 어떻게 이론구성 하는가에 따라 법적 효과에서 실질적으로 문제되는 것으로 원상회복의 반환범위, 제3자의 보호문제 등이 있다.

중국법에는 부당이득의 반환범위에 관한 명시적은 규정은 없으나, 학설은 일반적으로 선의의 수익자는 현존이익만 반환하면 된다고 본다.[43] 따라서 계약을 해제하는 경우에 소급적으로 소멸하는 것으로 이론구성을 하게 되면, 기이행채무에 대하여 부당이득의 반환범위에 따라 현존이익만 반환하면 되느냐의 문제가 발생한다. 무엇보다 중국합동법에는 계약해제시의 제3자의 보호에 관한 규정이 없으며, 또 중국의 통설에 의하면 중국에서는 물권행위의 독자성과 무인성이 인정되지 않기에 반환청구권은 물권적 청구권의 성질을 가진다. 따라서 직접효과설에 따라 해제의 효과를 해석하게 되면, 제3자의 보호의 문제가 발생한다. 그리고 계약해제시에 계약이 소급적으로 소멸하는 것으로 보지 않더라도 기이행채무에 대하여 새로운 반환청구권이 발생한다고 해석하기보다는 원래의 채권채무관계는 소멸하지 않고 그 내용만이 반환관계로 변경된 것으로 보는 것이 더 합리적인 해석이라고 본다. 따라서 중국합동법에서는 해제의 효과를 청산관계설에 따라 설명하는 것이 가장 타당한 해석이라고 생각한다.

---

43) 江平 主編, 『民法學』, 中國政法大學出版社, 2000, 734면 ; 魏振瀛 主編, 『民法』, 北京大學出版社・高等敎育出版社, 2000, 578면.

(2) 해제시의 손해배상의 범위

중국합동법 제97조에 의하면, 해제시에 계약당사자는 원상회복을 청구할 수 있을 뿐만 아니라, 동시에 손해배상도 청구할 수 있다. 또한 "民法通則" 제115조도 "계약의 변경 또는 해제는 당사자의 손해배상청구권에 영향을 미치지 않는다"고 규정하고 있다. 따라서 계약의 해제와 손해배상청구가 양립할 수 있다. 그런데 여기서의 손해배상은 어떤 손해에 대한 배상인지, 그 범위는 어떠한지가 문제된다. 이에 관하여 중국합동법은 규정하고 있지 않으며, 학설이 대립하고 있다.

첫째, 채무불이행으로 인한 손해뿐만 아니라, 원상회복으로 인하여 발생하는 손해도 배상되어야 한다는 견해이다.[44]

둘째, 채무불이행으로 인한 손해뿐만 아니라 원상회복으로 인하여 발생하는 손해도 배상되어야 하나, 채무불이행으로 인한 소극적 손해는 배상되어서는 아니된다는 견해이다.[45] 이 견해에 의하면, 계약위반으로 인하여 계약이 해제되는 경우에 단지 계약위반의 측면에서만 볼 때, 계약위반으로 인한 손해배상의 문제가 발생하나, 계약해제의 효과는 계약을 원래의 상태로 되돌리는 것이며, 소극적 손해는 계약이 완전히 이행되었을 때에 비로소 발생하기에 계약이 해제되는 때에는 배상범위에 포함되지 않는다. 또한 당사자가 계약을 해제하는 것은 계약을 강제이행할 의사가 없음을 표시하는 것이기에 계약이 완전히 이행되었을 때에 얻을 수 있는 이익은 손해배상의 범위에서 제외되어야 한다. 그리고 목적물을 관리·유지하는 데 지출된 비용과 계약의 이행을 준비하기 위하여 지출된 비용도 계약의 성립 및 이행에 대한 계약당사자의 신뢰로부터 발생하는 비용으로서 손해배상의 범위에 포함되어야 한다.

셋째, 채무불이행으로 인한 손해만 배상되어야 한다는 견해이다.[46] 이

---

44) 孔祥俊(주18), 372~373면.
45) 王利明(주6), 727~728면.
46) 郭明瑞·房紹坤(주4), 304면.

견해는 계약이 해제되기 전에 계약위반으로 인하여 손해배상책임이 발생하였다면, 이는 객관적으로 존재하는 것이기에 계약해제여부와는 무관하다고 한다.

넷째, 계약이 해제되는 경우에 손해배상의 범위는 신뢰이익배상에 한정되어야 하며, 신뢰이익배상은 계약이 이행되었을 때의 이행이익을 초과해서는 아니된다는 견해이다.[47]

위 견해들의 타당성을 판단하기 전에 우선 원상회복으로 인한 손해가 구체적으로 어떠한 손해를 말하는지를 살펴볼 필요가 있다. 위 견해들은 이에 대하여 명확히 밝히지 않았다. 그런데 중국합동법 제1초안의 관련 규정이 이에 대한 참조가 될 수 있다고 본다. 계약해제시의 손해배상범위에 관하여 중국합동법 제1초안은 첫 번째 견해를 반영하였다. 즉 중국합동법 제1초안 제104조 제2항에 의하면, 법률이 달리 규정하지 않거나 또는 계약당사자 간에 달리 약정하지 않는 한, 다음과 같은 손해가 해제시의 손해배상의 범위에 포함되었다. 첫째, 채무불이행으로 인한 손해, 둘째, 해제로 인하여 발생한 손해. 이 손해에는 구체적으로 다음과 같은 손해가 포함되었다. 즉 채권자가 계약체결을 위하여 지출한 필요비용, 채권자가 채무자의 계약의 이행을 신뢰하여 자신의 채무이행을 준비하는 데 지출한 비용, 채권자가 타인과 계약을 체결할 수 있는 기회를 상실하여 입은 손해, 채권자가 이미 계약의무를 이행한 경우에 채무자가 목적물의 반환을 거부하여 채권자가 입은 손해, 채권자가 채무자로부터 목적물을 수령한 경우에 목적물을 반환하는 데 지출한 비용 등이 포함되었다.

위 규정을 볼 때, 원상회복으로 인한 손해에는 계약의 성립 및 이행에 대한 채권자의 신뢰로부터 발생하는 비용지출과 이익 상실 등이 포함된다. 채권자가 이미 계약의무를 이행한 경우에 채무자가 목적물의 반환을 거부하여 채권자가 입는 손해와 채권자가 채무자로부터 목적물을 수령

---

47) 李永軍(주1), 635면.

한 경우에 목적물을 반환하는 데 지출하는 비용은 채무불이행으로 인한 손해배상의 범위에 포함시킬 수 있다.

따라서 위 견해들 간의 쟁점을 다음과 같이 개괄할 수 있다.

첫째, 계약해제시의 손해배상의 범위에 채무불이행으로 인한 손해와 계약의 성립 및 이행에 대한 채권자의 신뢰로부터 발생하는 손해가 모두 포함되는 것인지, 아니면 그 중의 하나만 포함되는지가 문제된다.

둘째, 채무불이행으로 인한 손해를 계약해제시의 손해배상의 범위에 포함시킬 경우, 채무불이행으로 인한 소극적 손해의 배상도 인정되어야 하는가의 문제이다.

우선 채무불이행으로 인한 손해에 대한 배상과 계약의 성립 및 이행에 대한 채권자의 신뢰로부터 발생하는 손해에 대한 배상은 양립할 수 없다고 본다. 왜냐하면 채무불이행으로 인한 손해에 대한 배상이 인정된다면 채무불이행으로 인한 손해가 전보되어 채무가 정상적으로 이행되었을 때와 비교하여 채권자의 재산 상태에 변화가 일어나지 않기 때문이다. 계약의 성립 및 이행에 지출한 비용까지 배상범위에 포함시킨다면, 거래에 있어서 채권자 자신이 부담하여야 할 비용까지 채무자에게 전가하는 것이 되는 부당한 결과를 초래하게 된다.

다음으로 계약위반으로 인하여 계약이 해제되는 경우, 계약이 해제되기 전에 이미 계약위반으로 인한 손해배상책임이 성립하며, 계약해제여부와는 무관한 것으로 계약해제여부에 따라 달라지는 것은 아니다. 따라서 이 경우에 채무불이행으로 인한 손해배상책임이 인정되어야 할 것이다. 그리고 채무불이행으로 인한 소극적 손해의 배상을 배제할 이유가 없다. 다만, 손해배상의 범위에 있어서 채무자가 계약체결시에 예견하였거나 예견하였어야 할 범위 내로 한정하여야 한다.

2) 한국민법

(1) 해제의 효과

한국민법에서 해제의 효과에 관하여 종래의 통설인 직접효과설과 유력설인 청산관계설의 대립이 있다.[48] 해제의 효과에 관한 학설 및 해제에 관한 한국민법의 관련 규정에 의하면, 계약이 해제되는 경우에 다음과 같은 법적 효과가 발생한다.

첫째, 아직 이행되지 않은 채무는 소멸한다. 이는 해제의 효과를 직접효과설과 청산관계설 중에서 어느 학설에 따라 해석하든 모두 인정되는 결과이다.

둘째, 이미 이행된 채무에 대하여 원상회복의무가 발생한다(한국민법 제548조 제1항). 원상회복의무의 발생근거를 직접효과설과 청산관계설은 다음과 같이 설명하고 있다.

직접효과설에 의하면, 해제의 효과로서 채권채무관계는 소급적으로 소멸하고, 따라서 아직 이행하지 않은 채무는 더 이상 존재하지 않게 되고, 이미 급부된 부분은 법률상 원인을 상실하게 되므로 부당이득이 되어 부당이득반환의무를 발생시킨다. 다만 그 반환범위가 현존이익에 한정되지 않고 원상회복이다. 판례[49]도 "계약해제의 효과로서의 원상회복의무를 규정한 한국민법 제548조 제1항 본문은 부당이득에 관한 특별규정의 성격을 가진 것이라 할 것이어서, 그 이익 반환의 범위는 이익의 현존 여부나 선의, 악의에 불문하고 특단의 사유가 없는 한 받은 이익의 전부"라고 판시하고 있다. 그리고 반환권자는 반환물에 대하여 물권적 청구권을 가진다.[50]

이에 비하여 청산관계설에 의하면, 해제권의 행사로 기존의 계약관계는 청산관계로 변경된다. 따라서 미이행채무는 소멸되고, 계속 존속되는

---

48) 金亨培, 『債權各論≪契約法≫』(新訂版), 博英社, 2001, 233면 이하.

49) 大判 1998.12.23, 98다43175(공 1999, 228).

50) 大判 1977.5.24, 75다1394(공 1977, 10107).

채권관계를 바탕으로 반환채무가 발생한다. 즉 이미 급부된 부분의 반환을 청구하는 권리는 동일성을 유지하며 존속하는 채권관계를 기초로 하는 것으로 기존의 계약관계가 소급적으로 소멸하여 발생하는 것은 아니다. 그 반환범위는 원상회복이 되고, 반환권자는 반환물에 대하여 채권적 청구권을 가질 뿐이다.

셋째, 해제된 계약으로부터 생긴 법률효과를 기초로 하여 해제 전에 새로운 이해관계를 가졌을 뿐만 아니라 등기, 인도 등으로 완전한 권리를 취득한 자[51]는 해제의 효과로부터 보호를 받는다(한국민법 제548조 제1항 단서). 또한 학설과 판례에 따르면, 해제권의 행사 후 원상회복등기 등이 이루어지기 전에 계약해제사실을 모른 채 새로운 권리를 취득한 제3자에 대해서도 계약해제를 주장할 수 없다.[52] 계약해제시의 제3자의 보호의 문제는 해제의 효과를 직접효과설에 따라 해석하는 경우에 문제될 수 있으나, 청산관계설에 따라 해석하는 경우에는 문제되지 않는다.

넷째, 해제는 손해배상의 청구에 영향을 미치지 않는다(한국민법 제551조). 단, 약정해제권을 행사하는 경우에는 채무불이행을 전제로 하지 않기에 해제의 효과로서 손해배상의무가 발생하지 않는다. 그런데 "계약의 해제 또는 해지가 손해배상의 청구에 영향을 미치지 아니한다"고 규정한 한국민법 제551조는 일반적으로 직접효과설의 이론적 난점으로 지적되는데, 그 이유는 해제의 소급효를 형식적으로 관찰하게 되면 해제와 2차적 급부의무로서 손해배상청구권의 양립이 법이론적으로 불가능하기 때문이다.[53] 이에 관하여, 이 같은 형식논리를 떠나서 실제적으로 살핀다면, 채무자가 그의 채무불이행으로 채권자에게 준 손해는 비록 해제에 의하여 그 채무가 소급적으로 소멸한다고 하더라도 현실적으로는 그대로 남게 되므로, 그 손해발생의 유책자인 채무자가 배상책임을 지는 것은 당연

---

51) 大判 2002.10.11, 2002다33502(공 2002, 2707).

52) 金亨培(주8), 988면 참조.

53) 이진기, "法定解除의 效果에 관한 硏究"『비교사법』제11권 2호, 132면.

하기에 해제와 손해배상이 모두 성립할 수 있다고 하는 견해54)가 있다. 해제의 효과를 청산관계설에 따라 해석할 경우에는 직접효과설에 따라 해석하는 경우와는 달리 위와 같은 문제가 발생하지 않는다.

(2) 해제시의 손해배상의 범위

한국의 통설에 의하면 해제시의 손해배상도 채무불이행의 성질을 갖는 손해배상이기에 그 범위는 한국민법 제393조에 따라 정해진다.55) 즉 이행이익의 배상이 인정된다.

판례는 채무불이행을 이유로 계약을 해제하면서 손해배상을 청구하는 경우에 손해배상의 범위가 어떻게 확정되는지에 관하여 변천을 거듭하였다.56) 초기에는 계약해제시에도 손해배상의 성질이 채무불이행책임에 기한 것이라고 보고, 그 손해배상의 내용도 이행이익의 배상이라고 하였으나,57) 최근에 대법원은 종전 대법원판결들과는 달리 신뢰이익을 계약해제시의 손해배상의 범위에 포함시켰다.58) 또한 신뢰이익의 배상을 인정한 판결들도 이행이익과 함께 신뢰이익의 배상을 인정한 판결과 이행이익에 갈음하여 신뢰이익의 배상을 인정한 판결이 혼재하고 있다. 그리고 대법원이 신뢰이익의 배상을 인정한 사례는 모두 지출비용의 배상을 인정한 것에 불과하여 이를 넘어서서 모든 신뢰이익의 배상을 인정했다고 볼 수는 없다.59) 판례가 인정한 신뢰이익의 배상은 이행이익의 개념으로도 해결할 수 있는 것이며, 특별히 따로 인정할 필요는 없다.60)

---

54) 郭潤直(주3), 106면.

55) 金亨培(주8), 990면.

56) 金載亨, "契約의 解除와 損害賠償의 範圍－履行利益과 信賴利益을 中心으로－" 『民法論』(Ⅱ), 博英社, 2005, 107면.

57) 大判 1983.5.24, 82다카1667(공 1983, 1010).

58) 大判 1992.4.28, 91다29972(공 1992, 1698) ; 大判 1996.2.13, 95다47619(공 1996, 949) ; 大判 1999.7.27, 99다13621(공 1999, 1771) ; 大判 2002.6.11, 2002 다2539(공 2002, 1617).

59) 金載亨(주56), 107면 註93.

특히 판례가 이행이익과 신뢰이익의 배상을 함께 청구하는 경우에 지출
비용의 배상을 인정하면서 이행이익을 계산할 때 비용을 공제하는 방식
을 취한 것은 불필요한 논리의 전개이다. 이것은 비용을 공제하지 않고
총이익을 배상하라고 하는 것과 동일한 결과가 되기 때문이다.[61]

3) 소 결

해제의 효과와 관련하여, 중국합동법과 한국민법 모두가 未履行債務
의 소멸과 이미 급부된 부분에 대한 반환을 인정하고 있으며, 동시에 반
환청구권과 손해배상청구권의 양립도 인정하고 있다. 그리고 해제의 효
과를 어떻게 이론구성 할 것인가에 관하여 학설이 대립하고 있다. 한국
민법에서와 같이 해제시의 제3자의 보호에 관한 규정을 두고 있지 않고,
물권행위의 독자성과 무인성이 인정되지 않는 중국합동법에서는 해제의
효과를 청산관계설에 따라 이론구성 하는 것이 타당할 것이다. 또한 해
제시의 손해배상의 범위와 관련하여, 중국에서는 이를 명쾌하게 설명하
는 학설이 없으나, 이행이익의 배상으로 보는 것이 타당하다고 본다. 한
국의 통설도 해제시의 손해배상의 범위를 이행이익의 배상으로 보고 있
다. 한국의 판례는 종래에는 계약해제시의 손해배상을 이행이익의 배상
이라고 하였으나, 최근에는 신뢰이익을 계약해제시의 손해배상의 범위
에 포함시켰다. 그러나 대법원에서 신뢰이익이 문제되었던 대부분의 사
건에서 이행이익을 계산하는 것이 어렵지 않았고, 이러한 경우에 신뢰이
익이라는 개념을 끌어들이지 않고도 문제를 해결하는 데 아무런 장애가
없다.[62]

---

60) 金載亨(주56), 108면.
61) 金載亨(주56), 108면.
62) 金載亨(주56), 108면.

V. 해 지

1. 중국합동법

위에서 언급했다시피, 중국합동법에서는 계약을 해소할 수 있는 권리를 개념적으로 해제와 해지로 구분하지 않고 포괄적으로 규정하고 있다. 따라서 중국합동법에서는 일시적 계약이든 계속적 계약이든 모두 '해제'에 의하여 규율하고 있다. 그러나 일시적 계약인지 아니면 계속적 계약인지에 따라 법적 효과에서 차이를 보일 수 있다. 즉 일반적으로 일시적 계약이 해소되는 경우에는 원상회복의무가 발생하나 계속적 계약이 해소되는 경우에는 원상회복의무가 발생하지 않는다. 그리고 계속적 계약을 해소할 수 있는 권리는 중국합동법 제94조에 의하여 발생할 수 있을 뿐만 아니라, '계약목적 달성의 불가능'과는 무관한 일부 전형계약에서 규정하고 있는 사유에 의하여 발생할 수도 있다. 예를 들면, 임차인이 임대인의 동의 없이 轉貸한 경우, 도급계약에서 수급인이 도급인의 동의 없이 제3자에게 일의 완성을 맡긴 경우에 임대인과 도급인은 계약을 해제할 수 있다. 또한 일부 전형계약에서 계약당사자는 특별한 사유 없이 계약을 해소할 수 있다. 즉 위임계약에서 계약당사자는 언제든지 계약을 해소할 수 있다. 다만, 계약의 해소를 당사자의 귀책사유로 돌릴 수 없지 않는 한, 계약을 해소한 당사자는 상대방이 그로 인하여 입은 손해를 배상하여야 한다(제410조). 그 외에도, 기한을 정하지 않은 임대차계약의 계약당사자(제232조), 도급계약의 도급인(제268조)은 언제든지 계약을 해소할 수 있다. 또한 임대인이 계약을 해소하는 경우에는 사전에 해소의 의사를 임차인에게 통지하여야 하며, 도급인은 수급인의 손해를 배상하여야 한다.

2. 한국민법

한국민법은 중국합동법과는 달리 계속적 계약관계를 소멸시킬 수 있는 권리를 해제권에 포함시키지 않고 따로 규정하고 있는데, 그러한 권리가 解止權이다. 즉 해지란 계속적 채권관계에 있어서 계약의 효력을 장래에 향하여 소멸케 하는 일방적 행위를 말한다.[63]

그리고 해지권은 해제권과는 달리 해지권의 유보가 있거나 채무불이행이 있는 경우에만 주어지는 것이 아니다. 또한 한국민법은 법정해지권에 관하여 일부 전형계약에서 개별적으로 규정하고 있을 뿐, 법정해지권의 발생에 관한 일반조항을 두고 있지 않다. 그런데 해제권에 관한 한국민법 제544조 내지 제546조를 적용하여 계약을 해지할 수 있는가에 대하여 학설이 대립하고 있다. 이를 긍정하는 견해[64]는, 한국민법이 각종의 典型契約에서 규정하고 있는 해지권의 발생이, 이른바 법정해지권의 발생을 인정하여야 할 경우, 특히 채무불이행의 경우를 반드시 망라하고 있는 것은 아니라는 점, 급부의 계속성은 상대적이어서 일시적인 채권관계라고 생각하는 계약에서 계속적 채권관계가 발생할 수도 있는데, 이에 관하여 한국민법은 전혀 규정하고 있지 않다는 점, 사정변경의 원칙이 주로 적용되는 것은 일시적 채권관계가 아니라, 오히려 계속적 채권관계라는 점 등을 들고 있다. 반면에 이를 부정하는 견해[65]는 계속적 급부를 목적으로 하는 계약의 해지와 일회적 급부를 목적으로 하는 계약의 해제는 상호 성격을 달리하므로 그 발생요건도 각각의 경우에 다르게 파악해야 한다고 한다.

한국민법개정안에서는 계속적 계약관계에 있어서 채무불이행을 이유로 하는 해지권에 관한 일반조항을 신설하였다(동 개정안 제544조의3).

---

63) 郭潤直(주3), 109면.
64) 郭潤直(주3), 110~111면.
65) 李銀榮(주29), 270면.

해지권도 해제권과 마찬가지로 상대방에 대한 의사표시에 의하여 행사되고(한국민법 제543조 제1항), 해지의 의사표시가 상대방에게 도달하면 이를 철회하지 못한다(한국민법 제543조 제2항). 또한 해지권의 행사에 권리행사의 불가분성도 적용되며(한국민법 제547조 제1항), 해지는 손해배상의 청구에 영향을 미치지 않는다(한국민법 제551조). 그리고 해지는 해제와는 달리 장래에 대해서만 그 효과가 미치기에 해지의 효과가 발생하기 전에 이미 급부된 부분은 그대로 유효하고, 이미 급부된 부분을 반환하는 청산적 효력은 발생하지 않는다.

3. 소 결

계약을 해지한 때에는 계약은 장래에 향하여 그 효력을 잃는다. 이와 같이 해지는 계속적 채권관계에서의 채권채무를 어느 시점을 기준으로 그 이후 부분만을 終了시키겠다는 일방적 의사표시라는 점에서 해제와 근본적으로 다르다. 따라서 해지에서는 이미 행하여진 급부를 어떻게 처리할 것인가 또는 그러한 급부의 반환을 인정하는 때에 그 법적 근거가 무엇인가의 문제는 발생하지 않는다. 해제와 해지를 구분하게 되면, 이러한 문제를 명쾌하게 해결할 수 있다는 장점이 있다.

중국합동법은 계약을 해소할 수 있는 권리를 개념적으로 해제와 해지로 구분하지 않고 포괄적으로 규정하고 있으나, 법적 요건, 효과 등 면에서 볼 때 해제와 해지를 구분하고 있는 한국민법과 실질적으로 큰 차이가 없다고 본다.

제6장 결 론

이제까지 법규정과 학설을 중심으로 중국합동법에서의 계약책임의 내용을 상세히 검토하여 보았다. 또한 그에 상응하는 한국민법에서의 규정, 학설 및 판례도 살펴보았다. 이하에서는 위 내용을 요약하고, 중국합동법에서의 계약책임에 대하여 한국민법이 示唆하는 바에 관하여 밝히고자 한다.

제1절 양국법의 비교

Ⅰ. 계약책임 전반에 관한 비교

전체적인 측면에서 볼 때, 양국법은 다음과 같은 점에서 구별된다.

1. 계약책임(채무불이행책임)의 체계

첫째, 중국합동법과 한국민법은 모두 일반조항으로서 모든 형태의 계약위반을 포괄적으로 규정하고 있다는 점에서는 동일하다. 그러나 한국민법에는 채무불이행책임과 담보책임이라는 이원체계가 존재하나, 중국합동법에서는 이러한 구분이 없다. 즉 중국합동법은 물건의 하자 및 권리의 하자에 대한 책임을 계약책임으로 규율하고 있다. 또한 중국합동법에서는 계약이 성립되기 전 또는 소멸된 후에 계약당사자에게 일정한 계약상의 의무가 존재하는데, 이러한 의무위반에 대한 책임은 엄격책임을 원칙으로 하고 있는 계약책임과는 구별된다. 한국민법에서는 원시적 불능(동법 제535조) 이외의 경우에도 일반적으로 계약체결상의 과실책임을 인정할 수 있는지에 관하여 학설의 대립이 있으며, 판례는 이를 부정하고 있다.

둘째, 계약위반의 구제수단을 규정함에 있어서, 중국합동법은 강제이행 및 追完, 손해배상을 계약책임에 포함시키고 있고, 법규정의 구성상으로는 해제를 계약책임에 포함시키고 있지 않으나, 한국민법에서는 채무불이행책임에 손해배상과 해제가 포함되며, 채무자의 고의 또는 과실을 요건으로 한다는 점에서 강제이행과 구별된다. 또한 물건의 하자와 관련하여, 중국합동법은 추완 및 대금감액을 구제수단으로서 명시적으로 규정하고 있고, 또 이는 기타 "약정에 부합하지 않는 이행"에 대하여도 적용될 수 있는데, 이에 비하여 한국민법은 권리의 하자 또는 수량부족, 일부멸실에 대하여는 대금감액청구권을 구제수단으로서 규정하고 있으나, 물건의 하자에 대하여는 이러한 규정을 두고 있지 않다. 그리고 한국민법은 追完을 보편적인 구제수단으로서 규정하고 있지 않으나, 학설은 일반적으로 불완전이행의 일반적 효과로서 追完請求權을 인정하고 있다.

셋째, 중국합동법에서는 손해배상, 강제이행(추완), 해제 등에 있어서 원칙적으로 채무자의 고의 또는 과실은 요건이 아니다. 그러나 불가항력에 의한 면책이 인정될 수 있다. 이에 비하여 한국민법에서는 강제이행의 경우에는 당사자의 고의 또는 과실을 요건으로 하지 않으나, 손해배상의 경우에는 채무자의 고의 또는 과실을 요한다. 또한 해제에 있어서는 이행불능의 경우에는 채무자의 고의 또는 과실을 요건으로 규정하고 있으나, 이행지체에 대하여는 채무자의 주관적 상태에 대한 규정이 없어 학설의 대립이 있다.

2. 계약위반(채무불이행)의 유형

중국합동법은 한국민법에서와 같이 모든 형태의 계약위반을 포괄적으로 규정하고 있다. 그러나 계약위반을 유형화할 필요가 있다. 중국합동법에서의 계약위반을 크게는 이행불능, 이행지체, 이행거절로 나눌 수 있다고 본다. 또한 불완전이행은 불완전급부, 부수적 의무의 위반, 보호의무의 위반으로 구분하여 검토할 수 있다. 이를 토대로 중국합동법과 한국민법에서의 계약위반(채무불이행)의 유형에 관하여 보면 다음과 같다.

첫째, 한국민법에서는 일반적으로 원시적 불능인 계약을 무효로 보고 있다. 중국의 종래의 통설도 이와 동일한 입장이었다. 사견으로는 원시적 불능인 계약을 무효로 볼 필요가 없다고 본다. 이행불능의 효과와 관련하여, 우선 중국합동법과 한국민법 모두에서 강제이행은 인정되지 않는다. 그리고 중국합동법에서는 불가항력에 의한 면책이 인정되는 경우를 제외하고는 채무자는 이행불능에 대한 과실의 존재여부에 관계없이 손해배상책임을 부담하며, 또 불가항력에 의한 이행불능을 포함한 모든 이행불능의 경우에 계약당사자는 계약을 해제할 수 있다. 이에 비하여, 한국민법에서는 채무자는 이행불능에 대하여 고의·과실이 있는 경우에만 손해배상책임을 부담하며, 또 이 경우에 채권자는 계약을 해제할 수 있다. 그러나 채무자의 고의나 과실이 없는 이행불능의 경우에는 한국민법은 중국합동법과 달리 해제가 아닌 위험부담의 문제로서 처리하고 있다.

둘째, 이행기와 관련하여, 중국합동법에는 이행기가 확정기한이 아닌 때에 채무자는 언제부터 지체책임을 부담하는지에 대하여 규정하고 있지 않다. 한국민법 제387조 제1항에 의하면, 이 경우에 채무자는 기한이 도래함을 안 때로부터 지체책임이 있다. 이행지체의 효과와 관련하여, 중국합동법과 한국민법 모두에서 채무자의 책임은 과중되고, 채권자는 계약을 해제하거나 또는 채무자에게 강제이행을 청구할 수 있으며, 또 지연배상도 청구할 수 있다. 그리고 한국민법에서 채권자는 계약을 해제하지 않고, 전보배상을 청구할 수 있으나, 중국합동법에는 이에 관하여 명시적으로 규정하고 있지 않다.

셋째, 중국합동법은 명시적으로 이행거절에 대하여 규정하고 있다. 그런데 이행기 후의 이행거절을 독립적인 계약위반의 유형으로 파악하는 견해가 있다. 한국민법에는 이행거절을 직접적으로 정하고 있는 규정은 없으며, 학설은 이행거절을 독립적인 채무불이행의 유형으로 볼 것인가를 놓고 견해의 대립이 있다. 그리고 이행거절을 독립적인 채무불이행의 유형으로 보는 견해에 의하면, 이행거절이 고유한 의미를 가지는 것은 주로 그것이 이행기 전에 있는 경우라고 한다.

넷째, 불완전급부와 관련하여, 중국합동법에서는 이에 관한 일반적인 구제수단으로 추완, 대금감액 등에 관하여 규정하고 있으나, 한국민법은 담보책임에서는 대금감액 등에 관하여 규정하고 있으나, 채무불이행으로서의 불완전급부의 경우에 대금감액 등에 관하여 규정하고 있지 않다. 또한 한국민법은 담보책임에 있어서도 대금감액을 보편적인 구제수단으로 규정하고 있지 않으며, 학설은 일반적으로 불완전급부의 일반적 효과로서 추완청구권을 인정하면서도, 하자보수청구권이 추완청구권의 일종인가에 대하여는 견해의 대립이 있다. 그리고 하자 있는 이행이 있는 때에 한국민법에서 담보책임이 적용되는 경우에는 채무자의 고의 또는 과실이 책임발생의 요건이 아니나, 채무불이행책임이 적용되는 때에는 채무자의 고의 또는 과실을 요한다. 이에 비하여 중국합동법에서는 언제나 원칙상 채무자의 주관적 상태는 문제되지 않는다.

부수적 의무의 위반과 관련하여, 중국합동법 제60조 제2항에 의하면, 계약당사자는 계약의 성질, 목적, 거래관습에 따라 통지, 협력, 비밀보호 등 의무를 부담하는데, 이를 계약상의 부수적 의무로 볼 수 있다. 한국민법에서도 채무자는 신의성실의 원칙 등에 의하여 부수적 의무를 부담하며, 한국민법의 규정에 의한 부수적 의무뿐만 아니라, 학설 및 판례에 의하여 어떠한 의무가 부수적 의무인지가 설명되고 있다.

보호의무의 인정여부와 관련하여, 한국민법에는 명시적인 규정이 없으며, 한국의 학설도 견해의 대립이 있다. 중국합동법에도 보호의무에 관한 것으로 볼 수 있는 규정이 없다고 보며, 이에 관한 학설의 태도도 명확하지 않다. 사견으로는 중국법에서도 계약상의 보호의무를 인정할 필요가 없다고 본다. 보호의무의 문제는 불법행위책임에 의하여 해결하면 된다.

3. 물건의 하자 및 권리의 하자에 대한 책임

중국합동법과 한국민법은 물건의 하자 및 권리의 하자에 관하여 규정함에 있어서, 주로 다음과 같은 점에서 구별된다.

첫째, 한국민법은 담보책임이라는 틀 안에서 비교적 상세하게 규정하고 있으나, 중국합동법에서는 계약책임이라는 일원체계에서 규정하고 있으며, 매매계약을 비롯한 유상계약에 관한 규정만으로 해결하기 힘들고, 일반 계약책임에 관한 규정을 적용하여야만 하는 경우가 있다.

둘째, 한국민법은 특정물매매와 종류물매매로 나누어 물건의 하자에 관하여 규정하고 있으며, 권리의 하자도 권리의 일부가 타인에게 속한 경우, 제한물권 있는 경우 등 여러 경우로 나누어 규정하고 있다. 그러나 중국합동법은 물건의 하자와 권리의 하자를 포괄적으로 규정하고 있다.

셋째, 물건의 하자와 관련하여, 중국합동법은 하자에 대한 매수인의 인식을 계약책임발생의 소극적 요건으로서 규정하고 있지 않다. 반면에, 한국민법은 특정물매매의 경우에 매수인이 하자 있는 것을 알았거나 과실로 인하여 이를 알지 못하였다면 매도인에게 책임을 물을 수 없도록 규정하고 있다(동법 제580조 제1항 단서). 그리고 권리의 하자와 관련하여, 중국합동법에서는 하자에 대한 매수인의 인식은 계약책임발생의 소극적 요건이나, 한국민법에서는 경우에 따라 다르다.

넷째, 한국민법에서 담보책임과 관련하여, 손해배상의 범위가 문제되나, 계약책임과 담보책임의 구분이 없는 중국합동법에서는 이러한 문제가 발생하지 않는다. 즉 중국합동법에서 담보책임은 계약책임에 포함되기에 손해배상에서 이행이익의 배상을 인정하여야 할 것이다.

4. 계약관계에서의 제3자 및 계약책임

첫째, 중국합동법은 제3자에 대한 이행의 약속(不眞正한 제3자를 위한 계약)(제64조), 제3자에 의한 급부의 약속(제65조), 제3자로 인한 계약위반(제121조) 등에 관하여 규정하고 있다. 그런데 위에서 보다시피 제65조와 제121조는 내용상 중복되는 규정이며, 제121조의 규정만으로도 충분하다. 한국민법에는 위와 같은 규정은 없으나, 계약자유의 원칙, 계약관계의 상대성 등에 의하여 중국합동법에서와 같은 법적 효과가 인정될 수 있을 것이다. 그리고 중국합동법에 제3자를 위한 계약에 관한 규정이 존재하는지에 대하여 학설이 대립하고 있으나, 한국민법은 제3자를 위한 계약에 대하여 명시적으로 규정하고 있다.

둘째, 한국민법은 원칙적으로 타인의 행위에 대하여는 책임을 지지 않는다는 맥락에서 이행보조자의 고의 또는 과실을 채무자의 고의 또는 과실로 봄으로써 채무자의 책임범위를 확대하는 문제로 다루고 있다. 또한 채무자는 이행보조자를 사용하는 경우에 언제나 책임을 지는 것이 아니라, 채무불이행에 대하여 이행보조자에게도 고의 또는 과실이 없거나 또는 이행대행자의 선임·감독에 관하여 과실이 없는 때에는 책임을 지지 않는다. 그리고 제3자의 일정한 행위가 채무자의 채무이행의 전제조건이 되는 경우에도 채무자는 채무불이행에 대하여 고의 또는 과실이 없으면 채무불이행책임을 부담하지 않을 것이다.

중국합동법 제121조는, 아무런 但書의 규정도 없이, 제3자로 인하여 계약을 위반하는 때에 채무자가 책임을 부담한다고 규정함으로써, 채무자의 계약위반이 제3자의 행위에 기인하는 경우에 채무자와 제3자의 관계를 고려함이 없이 채무자가 언제나 책임을 지는 것으로 해석할 수도 있게 하였다. 또한 실제 제3자의 행위는 불가항력이 될 수 없다는 견해가 있다. 그러나 이러한 판단은, 적어도 위임계약의 경우에 타당하지 않다. 왜냐하면 위임계약에서 수임인은 위임사무를 처리하는 제3자의 선임 및 지시에 대하여만 책임을 지기 때문이다.

Ⅱ. 계약위반의 구제수단에 관한 비교

1. 강제이행

계약위반(채무불이행)이 있는 때에 중국합동법과 한국민법 모두가 채권자에게 채무이행을 청구하고, 그 실행을 채무자에게 명하는 판결을 얻을 권리를 부여하고 있다. 즉 강제이행을 채무불이행의 구제수단으로서 규정하고 있다. 그러나 한국민법은 강제이행의 방법에 대한 규정도 두고 있다는 점에서 그러한 규정이 없는 중국합동법과 구별된다. 또한 언제나 강제이행이 인정되는 것은 아니고, 강제이행이 인정되지 않는 경우와 관련하여, 중국합동법은 한국민법에 비하여 비교적 구체적으로 규정하고 있다. 그러나 PECL 제9:102조 제2항에서 규정하고 있는 강제이행을 청구할 수 없는 경우와 관련하여, 동조 제2항 (a)에서 규정하고 있는 '이행이 채무자에게 불합리한 노력이나 비용을 야기하는 경우'가 한국민법에서도 많은 경우에 불능의 한 태양인 '사회관념상 불능' 또는 집행단계에서 집행불능으로 처리될 것이라는 견해에 따른다면, 중국합동법이 규정하고 있는 강제이행이 인정되지 않는 경우도 한국민법에서 대부분 인정될 수 있을 것이다. 그러나 중국합동법 제110조 제3호에 의하면, 합리적 기간 내에 강제이행을 청구하지 않으면 그러한 권리가 소멸하는데, 이는 한국민법에서는 인정되지 않는 것이다. 다만, 追完請求權과 관련하여, 상당한 기간 내에 청구하지 않으면 소멸시효와 관계없이 신의칙상 소멸한다는 견해가 있다.

追完請求權과 관련하여, 한국의 통설은 불완전이행(불완전급부)의 경우에 일반적으로 채권자의 追完請求權을 인정하고 있으나, 한국민법은 이에 관한 일반규정을 두고 있지 않다. 다만, 도급인의 하자보수청구권을 명시적으로 규정하고 있을 뿐이다(동법 제667조 제1항). 이에 비하여 중국합동법은 修理 등 追完請求權을 물건의 하자에 대한 일반적인 구제수단으로서 규정하고 있다. 또한 기타의 불완전급부의 경우에도 追完請求權이 인정되는 것으로 해석하여야 할 것이다.

2. 손해배상

1) 손해배상의 범위

손해배상의 범위와 관련하여, 중국합동법에서는 채무자의 '예견가능성'에 의해 손해배상의 범위가 확정된다. 즉 채무자는 계약체결시에 예견하였거나 또는 예견하였어야 할 손해에 대하여만 배상책임을 진다. 여기에는 일실이익의 상실도 포함된다. 또한 여기서 말하는 손해가 단지 그 유형만을 의미하는 것인지, 아니면 손해의 크기 내지 범위를 의미하는지에 대하여 학설이 대립하나, 손해의 범위를 의미하는 것으로 보는 것이 타당하다. 왜냐하면 그렇게 보지 않을 경우, 중국합동법 제113조 제1항에 의하여 손해배상의 범위를 확정하는 것이 종국적으로 불가능하게 되거나 손해배상범위의 확정을 위한 기준을 또 마련해야 하게 되며, 이는 손해배상의 범위를 예견할 수 없는 위험으로부터 채무자를 보호하는 데도 不利할 수 있기 때문이다. 그리고 중국합동법 제113조 제2항에 의하면, 소비자계약에서 경영자의 사기가 있는 때에 "消費者權益保護法"이 적용되는데, "消費者權益保護法" 제49조는 경영자의 倍額賠償을 인정하고 있다. 이는 한국법과 구별되는 점이다.

한국민법은 손해배상의 범위와 관련하여 통상손해와 특별손해로 나누어 규정하고 있는데, 통상손해에 대하여는 채무자가 그 전부를 배상할 책임을 지나, 특별손해에 대하여는 채무자가 그 손해를 초래한 특별한 사정을 알았거나 알 수 있었을 범위 내에서만 배상책임을 진다. 그리고 학설에 의하면, 특별손해에 대한 배상책임은 그 종류의 특별사정으로부터 통상 생기는 손해의 범위를 한도로 한다. 특별한 사정에 대한 예견시기에 대하여는 이행기를 기준으로 판단해야 한다는 견해와 계약체결시를 기준으로 판단해야 한다는 견해가 있는데, 판례는 전자의 견해를 취하고 있다.

2) 손해배상액의 조정

중국합동법에서 채권자는 손해의 확대를 방지할 의무가 있고, 그 의무를 이행하지 않는 경우에 채무자에게 확대손해에 대하여 배상을 청구하지 못한다. 또한 채무자의 계약위반으로 인한 손해의 발생에 대하여 채권자의 과실이 있는 경우에 학설은 일반적으로 과실상계가 인정된다고 하나, 그에 관한 명확한 법규정은 없다. 한국민법은 채무불이행에 관하여 채권자의 과실이 있는 경우에 과실상계가 인정된다고 규정하고 있고, 학설과 판례에 의하면 손해의 발생 또는 손해의 확대에 관하여만 채권자의 과실이 있는 경우에도 과실상계가 적용된다. 그리고 중국합동법과 한국민법은 손익상계에 관한 규정을 두고 있지 않으나, 모두 학설과 판례에서 이를 인정하고 있다.

3) 정신적 손해에 대한 계약책임

정신적 손해배상과 관련하여, 중국법과 한국민법 모두가 불법행위책임의 경우에는 인정되는 것으로 규정하고 있다. 다만, 중국법에서는 인격적 상징의미가 있는 물품이 침해되는 경우에 한하여 정신적 손해에 대한 배상책임을 인정하고 있고, 한국의 통설 및 판례는 재산권이 침해된 경우에는 일반적으로 그 재산적 손해가 배상되면 정신적 손해도 회복된다고 보고 있고, 또 정신적 손해는 특별손해이기에 가해자가 예견가능한 범위 내에서만 이에 대한 배상책임을 인정할 수 있는 것으로 보고 있다.

그리고 한국민법은 채무불이행으로 인한 정신적 손해에 대한 채무불이행책임 발생여부에 관하여 직접적인 규정은 두고 있지 않으나, 통설과 판례는 이를 인정하고 있다. 또한 허용기준과 범위에 관하여도 불법행위책임의 경우와 동일하게 보고 있다. 중국법에서는, 계약위반으로 인한 정신적 손해에 대한 배상책임을 인정할 것인가에 대하여 학설이 대립하고 있으며, 법원도 이에 관하여 일관된 입장을 보이고 있지 않다.

3. 위약금 및 계약금

1) 위약금

중국합동법과 한국민법에서 위약금의 약정은 손해배상액의 예정으로 추정된다. 그러나 손해배상액의 예정으로서의 위약금의 增減과 관련하여, 양국법은 구별된다. 중국합동법에서는 손해배상의 예정액과 계약위반으로 인하여 발생한 손해 간에 차이가 있을 경우, 그 增減이 인정될 수 있다. 여기서 손해배상의 예정액과 계약위반으로 인하여 발생한 손해 간의 차이가 과도하여야 할 것이다. 감액에 대하여는 그 차이가 과도할 것을 명문으로 규정하고 있고, 증액에 대하여는 이러한 언급이 없다. 손해배상액의 예정은 손해의 발생과 그 크기의 입증에 대한 불편을 없애기 위하여 계약당사자 간에 약정되는 것이라는 점을 감안할 때, 증액과 감액을 달리 볼 필요가 없으므로 증액도 그 차이가 과도한 경우에만 인정되는 것으로 해석하여야 할 것이다. 한국민법에서는 손해배상의 예정액이 부당히 과다한 경우에 법원은, 채무자의 감액청구가 없더라도, 직권으로 예정액을 감액할 수 있다. 또한 다수설에 의하면, 손해배상의 예정액의 증액은 인정되지 않는다. 그리고 감액에 있어서 부당히 과다하다고 함은, 채권자와 채무자의 각 지위, 계약의 목적 및 내용, 손해배상액을 예정한 동기, 채무액에 대한 예정액의 비율, 예상손해액의 크기, 그 당시의 거래관행 등 모든 사정을 참작하여 일반 사회 관념에 비추어 그 예정액의 지급이 경제적 약자의 지위에 있는 채무자에게 부당한 압박을 가하여 공정성을 잃는 결과를 초래한다고 인정되는 경우를 말한다. 즉 감액을 함에 있어서 예상손해액뿐만 아니라, 그 당시의 거래관행 등 여러 요소가 고려된다.

2) 계약금

계약을 체결하면서 계약당사자 간에 계약금이 수수되는 경우에 계약금의 성질은 당사자의 약정에 의하여 결정되어야 할 것이다. 계약금의 성질에 관한 약정이 없는 경우, 중국법(중국합동법 · "담보법" · "담보법에 관한 사법해석")과 한국민법에서는 서로 달리 처리된다. 즉 계약금의 성질에 관한 약정이 없는 경우, 중국법에 의하면 계약당사자는 계약금에 관련된 권리를 주장할 수 없기에("담보법에 관한 사법해석" 제118조), 계약금은 아무런 작용도 없게 된다. 그러나 실제 대부분의 경우에, 계약내용에 대한 해석을 통하여, 담보의 목적으로 계약금이 수수된 것으로 해석될 수 있기 때문에 위약계약금으로 처리될 가능성이 크다. 이에 비하여 한국민법에서는 이러한 경우에 해약금으로 추정된다(동법 제565조 제1항). 그리고 중국법에 의하면, 담보의 목적으로 수수되는 위약계약금은 손해배상액의 예정의 성질을 가지는 것이 아니라, 단순히 손해를 전보하는 기능을 가진 것으로 해석하여야 할 것이다.

4. 해 제

중국합동법은 '해제'에 대하여 규정하고 있으나, 내용상 한국민법에서의 해제와 해지를 모두 포섭한 개념이다.

중국합동법은 명문으로 계약당사자 간의 합의에 의하여 계약관계를 해소할 수 있다고 규정하고 있다. 한국민법에는 이러한 규정이 없으나, 학설과 판례에 의하면 계약당사자 간에 합의로써 계약관계를 해소하는 것이 가능하다.

중국합동법과 한국민법 모두에서 약정해제가 인정된다. 그리고 해제에 관한 대부분 규정이 약정해제와 법정해제에 동일하게 적용된다.

중국합동법과 한국민법 모두에서 계약위반 또는 채무불이행이 해제의 주된 법정사유로 된다. 그러나 중국합동법은, 해제는 계약당사자를 계약관계에서 해방시킨다는 이념 하에 '계약목적 달성의 불가능'을 기준으로 법정해제사유에 관하여 규정하고 있기 때문에 기본적으로 해제는 계약당사자의 귀책사유를 요건으로 하지 않는다. 반면에 한국민법에서는 이행불능의 경우에 채무자의 귀책사유가 있어야 채권자가 계약을 해제할 수 있고, 이행지체의 경우에는 학설이 대립하고 있다. 또한 채무자의 귀책사유 없는 이행불능의 경우에 한국민법에서 위험부담의 문제로 처리되는 데 비하여 중국합동법에서는 여전히 계약의 해제사유로 되며, 이 경우에 채권자의 해제권의 행사에 의해 계약이 해제된다.

중국합동법과 한국민법 모두에서 계약당사자의 상대방에 대한 해제의 의사표시, 즉 해제권의 행사가 있어야 계약이 해제된다. 그러나 중국합동법에는 한국민법과 달리 해제권의 불가분성에 관한 규정과 훼손 등으로 인한 해제권의 소멸에 관한 규정이 없다.

해제의 효과와 관련하여, 중국합동법과 한국민법 모두가 未履行債務의 소멸과 이미 급부된 부분에 대한 반환을 인정하고 있으며, 동시에 반환청구권과 손해배상청구권의 양립도 인정하고 있다. 그리고 해제의 효과를 어떻게 이론구성 할 것인가에 관하여 학설이 대립하고 있다. 한국민법에서와 같이 해제시의 제3자의 보호에 관한 규정을 두고 있지 않고, 물권행위의 독자성과 무인성이 인정되지 않는 중국합동법에서는 해제의 효과를 청산관계설에 따라 이론구성 하는 것이 타당할 것이다.

계약해제시의 손해배상의 범위에 관하여 중국합동법은 규정하고 있

지 않다. 이에 관하여 학설이 대립하고 있다. 이러한 학설의 쟁점은 계약
해제시의 손해배상은 채무불이행으로 인한 손해에 대한 배상, 즉 이행이
익배상인지, 아니면 계약의 성립 및 이행에 대한 채권자의 신뢰로부터
발생하는 손해에 대한 배상, 즉 신뢰이익배상인지와 만일 이행이익의 배
상을 인정할 경우에 소극적 손해의 배상도 포함되는가이다. 계약해제시
의 손해배상의 범위도 채무불이행으로 인한 손해배상의 범위와 동일한
것이며, 따라서 이행이익의 배상이 인정되어야 한다고 본다. 또한 이행
이익의 배상에는 소극적 손해의 배상도 포함된다. 다만, 배상범위에 있
어서 채무자가 계약체결시에 예견하였거나 예견하였어야 할 범위 내로
한정되어야 할 것이다.

한국민법도 계약해제시의 손해배상의 범위에 대하여 직접적으로 규
정하고 있지 않다. 통설에 의하면 해제시의 손해배상도 채무불이행의 성
질을 갖는 손해배상이기에 그 범위는 한국민법 제393조에 따라 정해진
다. 즉 이행이익의 배상이 인정된다. 판례는 초기에는 계약해제시에도
손해배상의 성질이 채무불이행책임에 기한 것이라고 보고, 그 손해배상
의 내용도 이행이익의 배상이라고 하였다. 최근에 대법원은 종전 대법원
판결들과는 달리 신뢰이익을 계약해제시의 손해배상의 범위에 포함시켰
다. 그러나 대법원에서 신뢰이익이 문제되었던 대부분의 사건에서 이행
이익을 계산하는 것이 어렵지 않았고, 이러한 경우에 신뢰이익이라는 개
념을 끌어들이지 않고도 문제를 해결하는 데 아무런 장애가 없다.[1]

---

1) 金載亨, "契約의 解除와 損害賠償의 範圍－履行利益과 信賴利益을 中心으
로－"『民法論』(Ⅱ), 博英社, 2005, 108면.

제2절 중국합동법에서의 계약책임에 대한 한국민법의 示唆

이상에서 중국합동법에서의 계약책임과 상응하는 한국민법의 내용을 비교·고찰하여 보았다. 이로부터 중국합동법에서의 계약책임과 관련하여, 해석론 또는 입법론으로 다음과 같은 점을 고려하여 볼 수 있다.

첫째, 중국합동법은 계약위반의 형태 및 계약위반의 구제수단에 관한 일반조항(제107조)을 두고 있으나, 여전히 한국민법에서와 같이 해석론으로 계약위반을 유형화할 필요가 있다. 왜냐하면 계약위반의 유형에 따라 계약책임의 내용이 달라질 수 있기 때문이다. 따라서 계약위반의 형태에 따른 법적 효과 및 요건을 계약위반을 유형화하는 기준으로 삼아야 할 것이다. 중국합동법에서는 계약위반을 이행불능, 이행지체, 이행거절, 불완전급부, 부수적 의무의 위반으로 나누는 것이 타당하다.

이행기와 관련하여, 중국합동법은 불확정기한을 정한 때에 채무자가 지체책임을 부담하는 시기에 관한 규정을 두고 있지 않는데, 법개정을 통하여 한국민법 제387조 제1항에서 정한 바와 같이 채무자가 기한이 도래함을 안 때로부터 지체책임이 있는 것으로 규정할 필요가 있다. 그리고 이행거절을 독립적인 채무불이행의 유형으로 인정하고 있는 한국의 학설과 같이 이행기 이후의 이행거절과 이행기 이전의 이행거절로 특별히 구분할 필요가 없다.

부수적 의무의 위반과 관련하여, 한국의 통설 및 판례에서 안전배려의무와 같은 부수적 의무를 인정하고 있는데, 중국합동법에서 이를 인정할 수 있는지 검토해 볼 수 있다.

둘째, 위에서 보다시피, 중국합동법 제64조는 제3자에 대한 이행의 약속에 대하여 규정한 것이지, 제3자를 위한 계약에 대하여 규정한 것이 아니다. 중국합동법에는 제3자를 위한 계약에 관한 규정이 없다. 따라서 중국합동법에서 제3자를 위한 계약의 유효여부가 문제된다. 그런데 중국합동법에서도 제3자를 위한 계약의 효력을 인정할 필요가 있다. 이는 제3자를 위한 계약에 관한 법률의 규정이 없더라도 계약당사자 간의 약정에 의하여 그러한 법률효과를 발생시킬 수 있는지와 관련된다. 사적자치 내지 계약자유의 원칙이 제3자를 위한 계약의 효력을 인정하는 근거가 될 수 있는가에 관하여 한국의 학설은 대립하고 있다. 즉 제3자를 위한 계약이 유효한 이유는 사적자치 내지 계약자유의 원칙상 계약당사자의 의사에 의하여 그러한 효력이 생긴다고 보는 견해[1]와 채권은 법률에 특별규정이 없는 한 당사자 사이의 계약에 의하여서만 성립할 수 있는 바, 계약당사자 아닌 자는 원칙적으로 그의 사전 동의 없이는 타인들이 체결한 계약에 기하여 채권을 취득할 수 없는 것이고, 따라서 역으로 계약당사자들에 의하여 행하여진 제3자에의 권리취득약정은 원칙적으로 유효할 수 없기에 제3자를 위한 계약의 효력도 법률의 규정이 없는 한 인정될 수 없다는 견해[2]가 있다. 그리고 설령 사적자치 내지 계약자유의 원칙을 근거로 제3자를 위한 계약의 효력을 인정하더라도 제3자의 권리의 발생 시기 등의 문제를 해결하여야 한다. 즉 제3자를 위한 계약에 관한 명문의 규정이 없는 상황에서 제3자를 위한 계약의 효력을 인정하게 되면 그 법적 근거가 문제될 뿐만 아니라, 제3자를 위한 계약과 관련되는 기타의 법적 문제도 발생한다. 따라서 법해석에 의하여 제3자를 위한 계약의 효력을 인정하기보다는 이를 인정하는 명문의 규정을 두는 것이 타당할 것이다.

셋째, 한국민법은 원칙적으로 타인의 행위에 대하여는 책임을 지지 않는다는 맥락에서 이행보조자의 고의 또는 과실을 채무자의 고의 또는 과실로 봄으로써 채무자의 책임범위를 확대하는 문제로 다루고 있다. 중

---

1) 郭潤直, 『債權各論』(第六版), 博英社, 2003, 71면.
2) 宋德洙, 『民法注解』(ⅩⅢ), 博英社, 1997, 124면.

국합동법 제121조는, 아무런 但書의 규정도 없이, 제3자로 인하여 계약을 위반하는 때에 채무자가 책임을 부담한다고 규정함으로써, 채무자의 계약위반이 제3자의 행위에 기인하는 경우에 채무자와 제3자의 관계를 고려함이 없이 채무자가 언제나 책임을 지는 것으로 해석할 수도 있게 하였다. 실제 제3자의 행위는 불가항력이 될 수 없다는 견해가 있다. 그러나 이러한 판단은, 적어도 위임계약에서는 타당하지 않다. 왜냐하면 위임계약에서 수임인은 위임사무를 처리하는 제3자의 선임 및 지시에 대하여만 책임을 지기 때문이다. 그리고 무엇보다 채무자와 제3자의 관계를 고려함이 없이 제3자로 인한 계약위반에 대하여 언제나 채무자로 하여금 책임을 지게 하는 것은 타당하지 않다고 본다. 특히, 채무자로 하여금 채무자의 통제밖에 있는 제3자, 더 나아가 채무이행을 보조하는 것이 아니라 단순히 채무이행의 전제조건을 마련하는 제3자의 행위에 대하여서까지 예외 없이 무조건 책임을 부담하게 하는 것은, 채무자가 제3자에 의하여 활동범위를 넓힘으로써 이익을 얻게 된다는 점을 고려하더라도, 채무자에게 너무 가혹한 결과가 발생하게 할 수 있을 것이다. 따라서 제3자의 행위를 불가항력에서 배제할 것이 아니라, 일정한 요건 하에 제3자의 행위도 불가항력으로 인정함으로써 제3자로 인한 계약위반의 경우에 채무자의 책임을 어느 정도 제한할 필요가 있다.

넷째, 중국합동법과 중국민사소송법은 강제이행에 대하여 규정하고 있으나, 각각의 강제이행방법이 적용되는 경우와 그 적용순서에 관하여 규정하고 있지 않다. 이 점에 관하여 한국의 학설을 참조할 수 있다.

다섯째, 채권자의 일정한 행위가 손해의 발생 또는 확대에 기여한 때에 신의칙 또는 공평의 원칙상 채권자는 이에 대하여 책임을 져야 할 것이고, 채무자의 책임은 경감되어야 한다. 여기서 채무자가 손해의 발생에 대하여 과실책임을 부담하는지 여부는 문제되지 않는다. 이러한 맥락에서 볼 때, 중국합동법에서 손해배상의 경우에 엄격책임을 원칙으로 하고 있으나, 확대손해뿐만 아니라 채권자의 기여 하에 발생한 손해에 대한 배상도 채권자의 기여도에 따른 범위 내에서 인정하지 말아야 할 것이다. 그런데 중국합동법은 이에 관한 직접적인 규정을 두고 있지 않기에 이를 명시적으로 규정할 필요가 있다. 한국민법에서 이러한 문제는 과실상계제도에 의하여 해결하고 있다. 그리고 중국합동법에서, 채권자가 손해확대방지의무를 이행함에 있어서 적당한 조치를 취하였는지 여부가 문제되는데, 여기서의 손해의 확대에 대한 주의의무의 위반은, 과실상계에서 과실의 의미에 관한 한국의 판례에서와 같이, 사회통념, 신의성실의 원칙 등을 기준으로 하여 판단할 수 있을 것이다. 또한 손해의 확대와 채권자의 주의의무위반 간의 因果關係를 相當因果關係로 보는 것이 타당할 것이다.

여섯째, 정신적 손해배상과 관련하여, 중국법과 한국민법 모두가 불법행위책임의 경우에는 인정되는 것으로 규정하고 있다. 그리고 한국민법은 채무불이행으로 인한 정신적 손해에 대한 채무불이행책임 발생여부에 관하여 직접적인 규정은 두고 있지 않으나, 통설과 판례는 이를 인정하고 있다. 또한 허용기준과 범위에 관하여도 불법행위책임의 경우와 동일하게 보고 있다. 중국법에서는, 계약위반으로 인한 정신적 손해에 대한 배상책임을 인정할 것인가에 대하여 학설이 대립하고 있으며, 법원도 이에 관하여 일관된 입장을 보이고 있지 않다.

중국법에서는 재산권침해의 경우에 제한적으로 정신적 손해에 대한 불법행위책임을 인정하고 있다. 그리고 중국법에서는 계약책임과 불법행위책임이 여러 면에서 구별되기에 어느 한 책임제도가 피해당사자에게 절대적으로 유리하다고 할 수 없다. 특히, 계약책임은 원칙적으로 엄격책임이고, 불법행위책임은 기본적으로 과실책임이라는 점을 감안할 때, 정신적 손해에 대한 계약책임을 인정하는 것이 채권자에게 유리할 수 있다. 그렇다면, 불법행위책임의 경우에는 정신적 손해에 대한 배상책임이 가능하고, 계약책임의 경우에는 언제나 불가능한 것으로 볼 이유가 없다. 오히려, 인격적 상징의미라는 다소 모호하고, 또 지나치게 좁은

범위 내에서 정신적 손해에 대한 불법행위책임 또는 계약책임을 인정할
것이 아니라, 정신적 손해가 발생하였다는 특별한 사정과 이에 대한 채
무자 또는 가해자의 예견가능성을 기준으로 판단하는 것이 타당하다고
본다.

일곱째, 한국의 통설에 의하면, 해제시의 손해배상은 채무불이행의 성
질을 가지므로 이행이익을 배상하여야 한다. 중국합동법에서도 계약해
제시의 손해배상의 범위에 계약의 성립 및 이행에 대한 채권자의 신뢰
로부터 발생하는 손해를 포함시킬 필요가 없고, 이행이익의 배상으로서
충분하다고 본다. 또한 이행이익배상에서 소극적 손해의 배상을 배제하
여서는 아니되며, 그 배상범위는 당사자의 예견가능성을 기준으로 확정
하여야 한다고 본다.

〈參考文獻〉

Ⅰ. 中國文獻

1. 單行本

"法學研究"編輯部, "新中國民法學研究綜述", 中國社會科學出版社, 1990.

江　平 主編, "中華人民共和國合同法精解", 中國政法大學出版社, 1999.

江　平 主編, 『民法學』, 中國政法大學出版社, 2000.

孔祥俊, 『合同法教程』, 中國人民公安大學出版社, 1999.

郭明瑞·房紹坤, 『新合同法原理』, 中國人民大學出版社, 2000.

柳經緯 主編, 『我國民事立法的回顧與展望』, 人民法院出版社, 2004.

林誠二, 『民法理論與問題研究』, 中國政法大學出版社, 2000.

林誠二, 『民法債編總論－体系化解說』, 中國人民大學出版社, 2003.

馬忠勤 主編, 『履行經濟合同中的法律問題』, 中國檢察出版社, 1996.

房紹坤·郭明瑞 主編, 『合同法要義與案例』(分則), 中國人民大學出版社, 2001.

房紹坤·楊紹濤 編著, 『違約損害賠償』, 人民法院出版社, 2000.

謝邦宇·李靜堂, 『民事責任』, 法律出版社, 1991.

史尚寬, 『債法總論』, 中國政法大學出版社, 2000.

隋彭生, 『合同法案例教程』, 中國法制出版社, 2003.

梁慧星, 『民法』, 四川人民出版社, 1989.

梁慧星, 『民法總論』(第二版), 法律出版社, 2001.

梁慧星, 『民法學說判例與立法研究』, 中國政法大學出版社, 1993.

梁慧星, 『中國民法經濟法諸問題』, 法律出版社, 1991.

嚴　建 主編, 『合同違約損害賠償計算標準』, 中國法制出版社, 2005.

呂伯濤 主編, 『適用合同法重大疑難問題研究』, 人民法院出版社, 2001.

王家福 主編, 『民法債權』, 法律出版社, 1991.

王家福等, 『合同法』, 中國社會科學出版社, 1986.

王利明,『違約責任論』, 中國政法大學出版社, 2003.

王利明 主編,『合同法要義與案例析解』(總則), 中國人民大學出版社, 2001.

王利明·崔建遠,『合同法新論·總則』, 中國政法大學出版社, 2000.

龍著華·王榮珍,『合同法專題研究』, 中國商務出版社, 2004.

魏振瀛 主編,『民法』, 北京大學出版社·高等敎育出版社, 2000.

尹忠顯 主編,『新合同法審判實務研究』, 人民法院出版社, 2006.

李新天,『違約形態比較研究』, 武漢大學出版社, 2005.

李永軍,『合同法』, 法律出版社, 2004.

張俊浩 主編,『民法學原理』, 中國政法大學出版社, 1997.

張晋藩,『中國法律史論』, 法律出版社, 1982.

全國人大常委會法制工作委員會民法室 編著, "中華人民共和國合同法"及其重
　　要草稿介紹, 法律出版社, 2000.

曹三明 외 16인,『合同法原理』, 法律出版社, 2000.

曾世雄,『損害賠償法原理』, 中國政法大學出版社, 2001.

陳靜嫻,『合同法比較研究』, 中國人民公安大學出版社, 2006.

崔建遠,『合同責任研究』, 吉林大學出版社, 1992.

崔建遠 主編,『合同法』(第三版), 法律出版社, 2004.

佟　柔 主編,『民法原理』, 法律出版社, 1983.

夏蔚·譚玲,『民事强制執行』, 中國檢察出版社, 2005.

韓世遠,『違約損害賠償研究』, 法律出版社, 1999.

韓世遠,『合同法總論』, 法律出版社, 2004.

邢建東,『合同法(總則)－學說與判例注釋』, 法律出版社, 2006.

黃松有 主編,『合同法司法解釋實例釋解』, 人民法院出版社, 2006.

黃　立,『民法債編總論』, 中國政法大學出版社, 2002.

胡康生 主編,『中華人民共和國合同法釋義』, 法律出版社, 1999.

鍾奇江,『合同法責任問題研究』, 經濟管理出版社, 2006.

2. 論 文

梁慧星, "關于實際履行原則的硏究"『法學硏究』 第2期, 1987.

梁慧星, "合同法的成功與不足(上)"『中外法學』第6期, 1999.

梁慧星, "合同法的成功與不足(下)"『中外法學』第1期, 2000.

梁慧星, "論出賣人的瑕疵擔保責任"『比較法研究』第3期, 1991.

梁慧星, "如何理解合同法第五十一條"『人民法院報』, 2000.1.8.

梁慧星, "從'三足鼎立'走向統一的合同法"『中國法學』第3期, 1995.

梁慧星, "從過錯責任到嚴格責任"『民商法論叢』第8卷, 法律出版社, 1997.

梁慧星, "中國合同法基礎過程中的爭論点"『法學』第2期, 1996.

梁慧星, "對物權法草案(征求意見稿)的不同意見及建議"『河南省政法管理干部
　　　學院學報』第1期, 2006.

梁慧星, "中國對外國民法的繼受", http://www.civillaw.com.cn/weizhang/default.
　　　asp?id=12761, 검색일자: 2006.11.30.

崔建遠, "解除權問題的疑問與釋答(上篇)"『政治與法律』第3期, 2005.

崔建遠, "解除權問題的疑問與釋答(下篇)"『政治與法律』第3期, 2005.

崔建遠, "海峽兩岸合同責任制度的比較研究－海峽兩岸合同法的比較研究之一"
　　　『清華大學學報』(哲學社會科學版) 第2期 第15卷, 2000.

崔建遠, "嚴格責任?過錯責任?"『民商法論叢』第11卷, 法律出版社, 1999.

韓世遠, "合同責任的爭點與反思"『人民法院報』, 2001.6.22~23.

韓世遠, "消費者合同與懲罰性賠償"『人民法院報』, 2004.1.16.

韓世遠, "違約金的理論問題___以合同法第114條爲中心的解釋論"『法學研究』
　　　第4期, 2003.

韓世遠, "責任競合的法理構造___以合同法第一佰二什二條爲中心"『人民法院
　　　報』, 2004.2.1.

韓世遠, "無權處分與合同效力"『人民法院報』, 1999.11.23.

韓世遠, "試論向第三人履行的合同－對我國'合同法'第64條的解釋"『法律科學』
　　　(西北政法學院報) 第6期, 2004.

韓世遠, "非財產上損害與合同責任"『法學』第6期, 1998.

王利明, "再論違約責任與侵權責任的競合"『中國對外貿易』, 2001.2.

王利明, "再論違約責任與侵權責任的競合(續)"『中國對外貿易』, 2001.4.

王利明, "論雙務合同中的同時履行抗辯權"『民商法論叢』第3卷, 法律出版社,
　　　1995.

江平·程合紅·申衛星, "論新合同法中的合同自由原則與誠實信用原則"『政法論壇』(中國政法大學學報) 第1期, 1999.

蔡立東, "論合同解除制度的重構"『法制與社會發展』第5期, 2001.

尹　田, "論涉他契約－兼評合同法第64條, 第65條之規定"『法學研究』第1期, 2001.

葉金强, "第三人利益合同研究"『比較法研究』第4期, 2001.

何建芳, "債權人遲延制度若干問題檢討"『延安大學學報』(社會科學版) 第4期, 2004.

唐啓光, "債權人受領遲延幾个問題的研究"『法學雜誌』第3期, 2005.

葉金强, "論違約導致的精神損害賠償"『民商法理論爭議問題－精神損害賠償』(王利明/總主編), 中國人民大學出版社, 2004.

程　嘯, "違約與非財產損害賠償"『民商法理論爭議問題－精神損害賠償』(王利明/總主編), 中國人民大學出版社, 2004.

王惠玲, "論合同解除責任性質及其救濟"『債法理論與適用Ⅰ』(總論及合同之債)(萬鄂湘/主編), 人民法院出版社, 2005.

譚　萍, "債務承擔與第三人履行之比較"『山西財經大學學報』vol.23, 2001.

鈴木賢, "中國的立法論與日本的解釋論－爲什麼日本民法可以沿用百多年之久"『中日民商法研究』(第二卷)

張秀芹·陳建偉, "論我國典權制度的歷史變遷"『鄂州大學學報』, 2004.4.

楊立新, "中國合同責任(上)"『河南省政法管理干部學院學報』第1期, 2000.

渠　濤, "中國民法典立法中的比較法問題", http://www.civillaw.com.cn/weizhang/default.asp?id=14488, 검색일자: 2006.11.30.

渠　濤, "從中國契約法的歷史和現狀看中·韓·日三國賣買法的統一問題－以民法的視點爲中心", http://www.civillaw.com.cn/weizhang/default.asp?id=13643, 검색일자: 2006.11.30.

柳經緯, "中國大陸合同法之制定與臺灣民法債編修訂之比較", http://www.civillaw.com.cn/weizhang/default.asp?id=24386, 검색일자: 2006.11.30.

張曉軍, "違約與精神損害賠償(一)", http://www.civillaw.com.cn/weizhang/default.asp?id=18249, 검색일자: 2006.11.30.

宁紅麗, "旅行合同硏究(下)", http://www.civillaw.com.cn/weizhang/default.asp?id=
　　8337, 검색일자: 2006.11.30.
蘇惠卿, "關于契約解除權立法之變革", http://www.civillaw.com.cn/weizhang/default.
　　asp?id=15299, 검색일자: 2006.11.30.

II. 韓國文獻

1. 單行本

郭潤直 編輯代表, 『民法注解』(IX), 博英社, 1995.
郭潤直 編輯代表, 『民法注解』(XIII), 博英社, 1997.
郭潤直 編輯代表, 『民法注解』(XIV), 博英社, 1997.
郭潤直 編輯代表, 『民法注解』(　　), 博英社, 1997.
郭潤直, 『物權法』(第七版), 博英社, 2002.
郭潤直, 『民法總則』(第七版), 博英社, 2002.
郭潤直, 『債權各論』(第六版), 博英社, 2003.
郭潤直, 「債權總論」(第六版), 博英社, 2003.
權五乘, 『民法特講』, 弘文社, 1994.
金載亨, 『民法論』 I · II, 博英社, 2004.
金疇洙, 『債權各論』(第2版), 三英社, 1997.
金疇洙, 『債權總論』(民法講義III), 三英社, 1984.
金曾漢 · 金學東, 『債權總論』(第6版), 博英社, 1998.
金亨培, 『民法學講義』(第3版), 新潮社, 2003.
金亨培, 『債權各論≪契約法≫』(新訂版), 博英社, 2001.
명순구 역, 『프랑스민법전』, 法文社, 2004.
민법(재산편)개정안, 법무부홈페이지(www.moj.go.kr), 공지사항 277번.
박영복, 『글로벌시대의 계약법-국제거래와 민법이론-』, 집문당, 2005.
朴駿緖 編輯代表, 『註釋民法』(債權各則(1) · (2) · (3)), 韓國司法行政學會, 1999.
朴駿緖 編輯代表, 『註釋民法』(債權總則(1) · (2)), 韓國司法行政學會, 2000.
法務部, 『民法(財産編)改正資料集』, 2004.

사법연수원, 『중국법』, 2002.

소재선, 『중국통일계약법(합동법)개론』, 경희대학교출판국, 2005.

梁彰洙 譯, 『독일민법전』(2005년판), 博英社, 2005.

梁彰洙, 『民法入門』(第4版), 博英社, 2006.

이상욱 역, 『중국계약법전』(中華人民共和國合同法), 영남대학교출판부, 2005.

李銀榮, 『民法』(第4版)Ⅱ(債權總論·債權各論·親族相續法), 博英社, 2005.

李銀榮, 『債權各論』(第5版), 博英社, 2005.

李銀榮, 『債權總論』(第3版), 博英社, 2006.

이정표, 『중국통일계약법』, 한울아카데미, 2002.

이호정, 『영국계약법』, 경문사, 2003.

鄭肯植, 『韓國近代法史攷』, 博英社, 2002.

존호놀드 著, 吳元奭 譯, 『UN統一賣買法』, 三英社, 1998.

콘라트 츠바이게르트·하인 쾨츠, 梁彰洙 譯, 『比較私法制度論』, 大光文化
　　　社, 1991.

페터슈레히트림 著, 金玫中 譯, 『유엔統一賣買法』, 斗聖社, 1995.

2. 論 文

郭宗勳, "債務不履行을 이유로 契約을 解除하기 위한 債務의 要件" 『대법원
　　　판례해설』 제28권, 1997 상반기.

權寧文, "履行補助者의 過失責任" 『判例研究』(釜山判例研究會) 제15권, 2004.

金相容, "북한과 중국의 매매법 비교" 『북한법연구』 제6권, 2003.

金相容, "사회주의 계약법 – 중국과 북한을 중심으로" 『북한법연구』 제5권,
　　　2002.

金相容, "韓國·中國·北韓民法의 基本原則과 主要內容의 比較" 『法學研究』
　　　(延世大) 제13권 제2호, 2003.

金相容, "韓國民法의 史的發展" 『法史學研究』 제9호, 1988.

金載亨, "2000년도 民法判例의 動向" 『民法論』 Ⅱ, 博英社, 2004.

金載亨, "契約의 解除와 損害賠償의 範圍 – 履行利益과 信賴利益을 中心으
　　　로 –" 『民法論』 Ⅱ, 博英社, 2004.

金載亨, "法律行爲 內容의 確定과 그 基準"『民法論』I, 博英社, 2004.

金載亨, "電子去來基本法에 관한 改正論議－私法的 側面을 중심으로－"『民法論』II, 博英社, 2004.

金載亨, "프로스포츠 選手契約의 不履行으로 인한 損害賠償責任"『人權과 正義』제345호, 2005.

金載亨, "韓藥業士의 說明義務－醫師의 說明義務 法理의 연장선상에 있는가?－"『民事法學』제26호, 2004.

金亨培, "契約責任論 批判"『考試界』, 1992.12.

金亨培, "우리 民法의 債務不履行法體系" 郭潤直 敎授 華甲紀念論文集『民法學論叢』, 1986.

金東勳, "履行拒絶과 契約解除"『考試研究』제30권 제9호, 2003.

金東勳, "채무불이행의 유형에 따른 계약해제 법리의 재구성"『人權과 正義』제328호, 2003.

김선국, "불가항력 및 사정변경의 원칙에 관한 계약과 관련한 주요 국제적인 규범들 규정의 비교·검토－UNIDROIT Principles, PECL 및 CISG를 중심으로－"『企業法研究』第13輯, 2003.

김영두, "이행청구권에 대한 비교법적 검토"『연세법학연구』제9권 제2호, 2003.

南孝淳, "契約金約定에 관한 몇 가지 爭點" 서울대학교『法學』제39권 제2호, 1998.

南孝淳, "擔保責任의 本質論(I)" 서울대학교『法學』제34권 제3·4호, 1993.

南孝淳, "擔保責任의 本質論(II)" 서울대학교『法學』제35권 제2호, 1994.

明淳龜, "契約金約定의 解釋"『法學論集』第35輯.

徐光民, "賣渡人의 瑕疵擔保責任－民法規定上의 問題點과 解釋論的 解決方法－"『民事法學』제11·12호, 1995.

徐光民, "債務不履行에 있어서의 歸責事由"『저스티스』제30권 제3호, 1997.

蘇在先, "中國 契約法上 契約自由의 原則－中國 合同法 제정 이전의 상황에서－"『國際法務研究』제6호, 2002.

安法榮, "代償請求權의 發展的 形成을 위한 小考－大法院判決例의 分析과 評價를 중심으로－"『韓國民法理論의 發展』(II), 博英社, 1999.

安春洙, "債務不履行責任 體系의 再檢討"『韓國民法理論의 發展』(Ⅱ), 博英社, 1999.

安春洙, "하자담보법상의 문제점 - 채무불이행책임설의 입장에서 특정물매매를 중심으로 -"『民事法學』제11·12호, 1995.

梁彰洙, "'유럽계약법원칙'에서의 채무불이행법리"『국제·지역연구』제10권 제1호, 2001.

梁彰洙, "獨自的인 債務不履行類型으로서의 履行拒絶"『厚巖郭潤直先生古稀紀念』(民法學論叢·第二), 1995.

梁彰洙, "민법개정작업의 경과와 채권편의 개정검토사항Ⅰ(채권총칙)"『민사법연구』제19호, 2001.

梁彰洙, "民法改正作業의 지금까지의 經過"『考試界』제523호, 2000.

梁彰洙, "民法의 歷史와 民法學"『民法研究』제3권, 博英社, 1995.

梁彰洙, "履行補助者의 意味와 區分에 관한 약간의 問題"『東泉金仁燮辯護士華甲紀念論文集』(法實踐의 諸問題), 博英社, 1996.

梁彰洙, "解除의 效果에 관한 學說들에 대한 所感"『考試研究』, 1991.4.

嚴東燮, "解除의 效果에 관한 一考察"『社會科學研究』(계명대) 제7권, 1988.12.

延和駿, "채무불이행에 있어서 손해배상의 범위"『牛岩論叢』vol.14, 1996.

吳宗根, "特定物賣買에서의 瑕疵擔保責任에 관한 學說史"『韓國民法理論의 發展』(Ⅱ), 博英社, 1999.

오호철, "유엔통일매매법과 우리민법개정법률안상의 계약책임의 비교"『비교사법』제12권 1호.

尹起澤, "債務不履行責任과 瑕疵擔保責任의 統合理論(유엔統一賣買法과의 比較를 중심으로)"『財産法研究』제16권 제1호, 韓國財産法學會, 1999.

尹眞秀, "契約 解釋의 方法에 관한 國際的 動向과 韓國法"『한국법과 세계화』, 法文社, 2006.

尹眞秀, "損害賠償의 方法으로서의 原狀回復 - 民法改正案을 계기로 하여"『比較私法』제10권 제1호, 2003.

李明奎, "中國 契約法制 研究"『嶺南大學校』, 博士學位論文, 2001.

李相旭, "履行補助者"『嶺南法學』제7권 제1·2호, 2001.

李相旭, "중국 계약법"『嶺南法學』제9권 제1호, 2002.

李相旭, "中國의 契約責任制度"『比較私法』제10권 제3호, 2003.

李相旭, "중국의 매매법"『嶺南法學』제9권 제2호, 2003.

李銀榮, "債務不履行責任의 基礎理論"『考試界』, 2001.9.

李銀榮, "UN統一賣買法의 契約責任과 民法改正意見"『民事法學』제15호, 1997.

李在睦, "債務不履行에 있어서 慰藉料賠償의 許容範圍와 基準"『人權과 正義』제318권, 2003.

李在睦, "請求權競合論의 再檢討 舊實體法說의 批判論을 中心으로"『現代民法의 課題와 展望: 南松 韓琫熙博士華甲紀念論文集』, 1994.

이정표, "중국 통일계약법의 위약책임체계"『國際商學』제19권 제3호, 2004.

이진기, "法定解除의 效果에 관한 硏究"『비교사법』제11권 제2호.

李太載, "不完全履行에 대한 再考"『考試界』, 1972.5.

張庚鶴, "不完全 履行의 검토"『考試硏究』, 1987.5.

田慶根, "契約解除로 인한 損害賠償의 範圍"『考試硏究』, 2004.4.

曺圭昌, "受給人의 重過失責任－서울地方法院 慰藉料判決의 法理構成－"『考試硏究』, 1996.9.

池元林, "債務不履行의 類型에 관한 硏究"『民事法學』제15호, 1997.

崔文基, "債務不履行에 있어서 慰藉料請求權에 관한 一考察"『比較私法』통권 제10호, 1999.

崔秀貞, "解除權을 발생시키는 債務不履行"『저스티스』, 2002.8.

崔興燮, "국제물품매매계약에 관한 유엔협약과 우리법의 비교법적 검토"『비교사법』제11권 3호·통권 26호, 2004.

崔興燮, "우리 法에서 '契約締結上의 過失' 責任의 問題點과 再構成 民事法學", 제11·12호, 1995.

崔興燮, "學說이 인정하는 소위 '規定外의 契約締結上의 過失'에 대한 判例의 태도"『民事法學』제13·14호, 1996.

하인 쾨츠, 정종휴 譯, "대륙법과 영미법의 계약상의 구제"『法學論叢』第24輯, 2004.

韓三寅, "契約解除의 效果"『考試界』, 2004.8.

Canaris, 金載亨 譯, "독일의 채권법 개정: 새로운 매매법" 서울대학교 『法學』
　　제43권 제4호, 2002.

Coester, 金載亨 譯, "독일의 채권법개정" 서울대학교 『法學』 제42권 제1호,
　　2001.

Lando, Ole · Beale, Hugh, 김재형 譯, "유럽契約法原則(PECL) 序說(1) · (2)"
　　『JURIST』 제393권 · 제394권, 2003.6·2003.7.

Ⅲ. 其 他

1. 歐美文獻

Chia-Jui Cheng, Basic Documents on International Trade Law, Kluwer Law
　　International, 1999.

Clayton P. Gillette and Steven D. WALT, Sales Law (Domestic and International),
　　New york Foundation Press, 1999.

J. W. CARTER, Breach of Contract(SECOND EDITION), THE LAW BOOK
　　COMPANY LIMITED, 1991.

Michael Joachim Bonell, The UNIDROIT Principles in Practice-Caselaw and
　　Bibliography on the Principles of Commercial Contracts, Transnational
　　Publishers, Inc. 2002.

OLE LANDO AND HUGH BEALE, PRINCIPLES OF EUROPEAN CONTRACT
　　LAW(PARTS Ⅰ AND Ⅱ), Kluwer Law International, 2000.

OLE LANDO, "Principles of European Contract Law: An Alternative to or a
　　Precursor of European Legislation?", the American Journal of Comparative
　　Law Vol.40, 1992.

PETER SCHLECHTRIEM, Commentary on the UN Convention of the International
　　Sale of Goods(CISG), C. H. Beck · Müchen, 1998.

UNIDROIT International Institute for the Unification of Private Law, UNIDROIT
　　PRINCIPLES OF INTERNATIONAL COMMERCIAL CONTRACTS, 2004.

2. 日本文獻

近江幸治,『契約法』, 成文堂, 2003.

牛田吉信,『契約法講義』, 信山社, 2005.

山本敬三,『民法講義』Ⅳ-1 契約, 有斐閣, 2005.

山本敬三,『民法講義Ⅰ總則』(第2版), 有斐閣, 2005.

円谷峻,『新・契約の成立と責任』, 成文堂, 2004.

瀬々敦子, "中國契約法の比較法的考察－日本, ドイツ, フランスと比較して(1)－(6完)"『國際商事法務』, 32(10)～33(3)(通号 508～513)(2004～2005)

錢偉榮, "中國契約法における法定解除權(上)・(下)－債務者側の事情の考慮は不要か"商事法務(通号698・699)(2000.10.1・2000.10.15)

<附 錄>

중국합동법
-번역 및 조문대조표*-

合同法	합동법(계약법)	韓國法
總 則	총 칙	
第一章 一般規定	제1장 일반규정	
第一條 爲了保護合同当事人的合法權益, 維護社會經濟秩序, 促進社會主義現代化建設, 制定本法.	제1조 계약당사자의 합법적 權益을 보호하고, 사회경제질서를 유지하며, 사회주의 현대화 건설을 촉진하기 위하여 본법을 제정한다.	
第二條 本法所称合同是平等主体的自然人, 法人, 其他組織之間設立, 變更, 終止民事權利義務關系的協議. 婚姻, 收養, 監護等有關身份關系的協議, 适用其他法律的規定.	제2조 본법에서 말하는 계약은 평등한 민사적 지위에 있는 자연인, 법인, 기타 조직 간의 민사상 권리의무관계를 성립, 변경, 소멸시키는 것을 내용으로 하는 합의이다. 혼인, 입양, 후견 등 신분관계에 관한 합의는 기타 법률의 적용을 받는다.	
第三條 合同当事人的法律地位平等, 一方不得將自己的意志强加給另一方.	제3조 계약당사자의 법적 지위는 평등하고, 당사자 일방은 상대방에게 자신의 의사를 따르도록 강요할 수 없다.	
第四條 当事人依法享有自愿訂立合同的權利, 任何單位和个人不得非法干預.	제4조 당사자는 법에 근거하여 자유의사로 계약을 체결할 권리를 가지며, 어떠한 단체나 개인도 위법하게 간섭할 수 없다.	

---

* 번역을 하면서 용어표현 등에서 이상욱 역, 『중국계약법전』, 영남대학교출판부, 2005, 27면 이하를 참조하였고, 중국합동법과 한국법의 대조 조문은 이글을 따랐다.

第五條 当事人應当遵循公平原則确定各方的權利和義務.	제5조 당사자는 공평의 원칙에 따라 쌍방당사자의 권리와 의무를 확정하여야 한다.	
第六條 当事人行使權利, 履行義務應当遵循誠實信用原則.	제6조 당사자는 권리를 행사하고, 의무를 이행함에 있어서 신의성실의 원칙을 따라야 한다.	제2조 (신의성실) ① 권리의 행사와 의무의 이행은 신의에 좇아 성실히 하여야 한다.
第七條 当事人訂立, 履行合同, 應当遵守法律, 行政法規, 尊重社會公德, 不得扰亂社會經濟秩序, 損害社會公共利益.	제7조 당사자는 계약을 체결하고 이행함에 있어서 법률, 행정법규를 준수하고, 사회공덕을 존중하여야 한다. 사회경제질서를 혼란시키거나 사회공공이익을 해하여서는 아니된다.	제103조 (반사회질서의 법률행위) 선량한 풍속 기타 사회질서에 위반한 사항을 내용으로 하는 법률행위는 무효로 한다.
第八條 依法成立的合同, 對当事人具有法律約束力. 当事人應当按照約定履行自己的義務, 不得擅自變更或者解除合同. 依法成立的合同, 受法律保護.	제8조 법에 따라 성립된 계약은 당사자에 대하여 법적 구속력이 있다. 당사자는 약정에 따라 자신의 의무를 이행하여야 하며, 일방적으로 계약을 변경 또는 해제하여서는 아니된다. 법에 따라 성립된 계약은 법률의 보호를 받는다.	
第二章 合同的訂立	제2장 계약의 체결	
第九條 当事人訂立合同, 應当具有相應的民事權利能力和民事行爲能力. 当事人依法可以委托代理人訂立合同.	제9조 당사자는 계약을 체결하기 위해서는 상응하는 민사권리능력과 민사행위능력을 가져야 한다. 당사자는 법에 따라 대리인에게 계약체결을 위임할 수 있다.	
第十條 当事人訂立合同, 有書面形式, 口頭形式和其他形式. 法律, 行政法規定采用書面形式的, 應当采用書面形式. 当事人約定采用書面形式的, 應当采用書面形式.	제10조 당사자는 서면, 구두 또는 기타의 방식으로 계약을 체결할 수 있다. 법률 또는 행정법규가 서면의 방식을 취하도록 규정한 때에는 서면으로 체결하여야 한다. 당사자가 서면에 의한 계약체결을 약정한 경	

	우에는 서면으로 체결하여야 한다.	
第十一條 書面形式是指合同書, 信件和數据電文(包括電報, 電傳, 傳眞, 電子數据交換和電子郵件) 等可以有形地表現所載內容的形式.	제11조 서면의 방식은 계약서, 서신과 전자통신(전보, 텔렉스, 팩스, 전자데이터교환 및 이메일을 포함) 등 유형적으로 내용을 표현할 수 있는 방법을 말한다.	
第十二條 合同的內容由当事人約定, 一般包括以下條款. (一) 当事人的名称或者姓名和住所 (二) 標的 (三) 數量 (四) 質量 (五) 价款或者報酬 (六) 履行期限, 地点和方式 (七) 違約責任 (八) 解決爭議的方法 当事人可以參照各類合同的示范文本訂立合同.	제12조 계약의 내용은 당사자가 약정한다. 일반적으로 다음과 같은 조항을 포함한다. (1) 당사자의 명칭 또는 성명과 주소 (2) 목적 (3) 수량 (4) 품질 (5) 대금 또는 보수 (6) 이행기, 이행장소와 이행방법 (7) 계약책임 (8) 분쟁 해결방법 당사자는 각종 계약의 표준계약서를 참조하여 계약을 체결할 수 있다.	
第十三條 当事人訂立合同, 采取要約, 承諾方式.	제13조 당사자는 청약과 승낙에 의하여 계약을 체결한다.	
第十四條 要約是希望和他人訂立合同的意思表示, 該意思表示應当符合下列規定. (一) 內容具体确定. (二) 表明經受要約人承諾, 要約人卽受該意思表示約束.	제14조 청약은 타인과의 계약체결을 바라는 의사표시이며, 다음과 같은 요건에 부합되어야 한다. (1) 내용이 구체적이고 확정적이어야 한다. (2) 청약자는 청약의 상대방이 승낙하는 때에 그 의사표시의 구속을 받을 것을 표명하여야 한다.	
第十五條 要約邀請是希望他人向自己發出要約的意思表示. 寄送的价目表, 拍賣公告,	제15조 청약의 유인은 타인이 자신에게 청약의 의사표시를 하기를 바라는 의사표	

招標公告, 招股說明書, 商業广告等爲要約邀請. 商業广告的內容符合要約規定的, 視爲要約.	시이다. 대금표의 송부, 경매공고, 입찰공고, 주식모집설명서, 상업광고 등은 청약의 유인이다. 청약의 요건에 부합하는 상업광고는 청약으로 본다.	
第十六條 要約到達受要約人時生效. 采用數据電文形式訂立合同, 收件人指定特定系統接收數据電文的, 該數据電文進入該特定系統的時間, 視爲到達時間 ; 未指定特定系統的, 該數据電文進入收件人的任何系統的首次時間, 視爲到達時間.	제16조 청약은 청약의 상대방에게 도달하는 때에 효력을 발생한다. 전자문서의 형식으로 계약을 체결하는 경우에 수취인이 전자문서를 받는 특정시스템을 지정하면, 전자문서가 그 특정시스템에 수신된 때를 청약의 도달시간으로 본다. 전자문서를 받는 시스템을 지정하지 않으면, 전자문서가 수취인의 임의의 한 시스템에 수신된 최초의 시간을 청약의 도달시간으로 본다.	제111조 (의사표시의 효력발생시기) ① 상대방 있는 의사표시는 그 통지가 상대방에 도달한 때로부터 그 효력이 생긴다.
第十七條 要約可以撤回. 撤回要約的通知應当在要約到達受要約人之前或者与要約同時到達受要約人.	제17조 청약은 철회할 수 있다. 청약철회의 통지는 청약이 청약의 상대방에게 도달하기 전에 또는 청약과 동시에 청약의 상대방에게 도달하여야 한다.	제527조 (계약의 청약의 구속력) 계약의 청약은 이를 철회하지 못한다.
第十八條 要約可以撤銷. 撤銷要約的通知應当在受要約人發出承諾通知之前到達受要約人.	제18조 청약은 최소할 수 있다. 청약최소의 통지는 청약의 상대방이 승낙의 통지를 발하기 전에 청약의 상대방에게 도달하여야 한다.	
第十九條 有下列情形之一的, 要約不得撤銷. (一) 要約人確定了承諾期限或者以其他形式明示要約不可撤銷 (二) 受要約人有理由認爲要約是不可撤銷的, 并已經爲履行合同作了准備工作	제19조 다음과 같은 경우에 청약은 철회할 수 없다. (1) 청약자가 승낙기한을 정하였거나 또는 기타의 형식으로 청약은 철회될 수 없음을 명시한 경우 (2) 청약의 상대방이 청약은 철회될 수 없는 것으로 인식	

	할 만한 이유가 있고, 이미 계약의 이행을 위한 준비 작업을 한 경우	
第二十條 有下列情形之一的, 要約失效. (一) 拒絶要約的通知到達要約人 (二) 要約人依法撤銷要約 (三) 承諾期限屆滿, 受要約人未作出承諾 (四) 受要約人對要約的內容作出實質性變更	제20조 다음과 같은 경우에 청약은 효력을 상실한다. (1) 청약을 거절하는 통지가 청약자에게 도달한 때 (2) 청약자가 법에 따라 청약을 최소한 때 (3) 승낙기한이 도래할 때까지 청약의 상대방이 승낙의 의사표시를 하지 아니한 때 (4) 청약의 상대방이 청약의 내용에 대하여 실질적인 변경을 가한 때	제528조 (승낙기간을 정한 계약의 청약) ① 승낙의 기간을 정한 계약의 청약은 청약자가 그 기간 내에 승낙의 통지를 받지 못한 때에는 그 효력을 잃는다. 제534조 (변경을 가한 승낙) 승낙자가 청약에 대하여 조건을 붙이거나 변경을 가하여 승낙한 때에는 그 청약의 거절과 동시에 새로 청약한 것으로 본다.
第二十一條 承諾是受要約人同意要約的意思表示.	제21조 승낙은 청약의 상대방이 청약에 동의하는 의사표시이다.	
第二十二條 承諾應当以通知的方式作出, 但根据交易習慣或者要約表明可以通過行爲作出承諾的除外.	제22조 승낙은 통지의 방식으로 하여야 한다. 다만 거래관습 또는 청약의 명시적 내용에 의하여 행위를 통한 승낙이 가능한 때에는 그러하지 아니하다.	
第二十三條 承諾應当在要約確定的期限內到達要約人. 要約沒有确定承諾期限的, 承諾應当依照下列規定到達. (一) 要約以對話方式作出的, 應当卽時作出承諾, 但当事人另有約定的除外. (二) 要約以非對話方式作出的, 承諾應当在合理期限內到達.	제23조 승낙은 청약에 정해진 기한 내에 청약자에게 도달하여야 한다. 청약에 승낙기한이 정해지지 아니하면, 승낙은 다음 각 호의 규정에 따라 도달하여야 한다. (1) 청약이 대화의 방식으로 행해진 경우에는 즉시 승낙하여야 한다. 다만 당사자 간에 달리 약정한 경우에는 그러하지 아니하다. (2) 청약이 대화의 방식으로 행해지지 아니한 경우에는 승낙은 합리적 기한 내에 청	제529조 (승낙기간을 정하지 아니한 계약의 청약) 승낙의 기간을 정하지 아니한 계약의 청약은 청약자가 상당한 기간 내에 승낙의 통지를 받지 못한 때에는 그 효력을 잃는다.

	약자에게 도달하여야 한다.	
第二十四條 要約以信件或者電報作出的, 承諾期限自信件載明的日期或者電報交發之日開始計算. 信件未載明日期的, 自投寄該信件的郵戳日期開始計算. 要約以電話, 傳眞等快速通訊方式作出的, 承諾期限自要約到達受要約人時開始計算.	제24조 청약이 서신 또는 전보로 행해진 경우에 승낙기한은 서신에 기재된 날 또는 전보를 발송한 날로부터 기산한다. 서신에 일자가 기재되지 않은 경우에는 그 서신의 소인일자부터 기산한다. 청약이 전화, 팩스 등 고속통신수단에 의하여 행해진 경우에는 승낙기한은 청약이 청약 상대방에게 도달한 때로부터 기산한다.	
第二十五條 承諾生效時合同成立.	제25조 승낙이 효력을 발생하는 때에 계약은 성립한다.	제531조 (격지자 간의 계약 성립시기) 격지자 간의 계약은 승낙의 통지를 발송한 때에 성립한다.
第二十六條 承諾通知到達要約人時生效. 承諾不需要通知的, 根據交易習慣或者要約的要求作出承諾的行爲時生效. 采用數据電文形式訂立合同的, 承諾到達的時間适用本法第十六條第二款的規定.	제26조 승낙은 승낙통지가 청약자에게 도달하는 때에 효력을 발생한다. 승낙이 통지를 필요로 하지 아니하면, 거래관습 또는 청약에 따라 승낙으로 볼 수 있는 행위를 하는 때에 효력을 발생한다. 전자문서의 형식으로 계약을 체결하는 경우에는 승낙의 도달 시기는 본법 제16조 2항에 의하여 정해진다.	
第二十七條 承諾可以撤回. 撤回承諾的通知應当在承諾通知到達要約人之前或者与承諾通知同時到達要約人.	제27조 승낙은 철회할 수 있다. 승낙철회의 통지는 승낙의 통지가 청약자에게 도달하기 전에 또는 승낙의 통지와 동시에 청약자에게 도달하여야 한다.	
第二十八條 受要約人超過承諾期限發出承諾的, 除要約人及時通知受要約人該承諾有效的以外, 爲新要約.	제28조 청약의 상대방이 승낙기한을 경과하여 승낙하는 경우, 청약자가 청약의 상대방에게 지체 없이 동 승낙이 유효함을 통지하지	제528조 (승낙기간을 정한 계약의 청약) ② 승낙의 통지가 전항의 기간 후에 도달한 경우에 보통 그 기간 내에 도달할 수

	아니한, 동 승낙은 새로운 청약으로 된다.	있는 발송인 때에는 청약자는 지체 없이 상대방에게 그 연착의 통지를 하여야 한다. 그러나 그 도달 전에 지연의 통지를 발송한 때에는 그러하지 아니하다. ③ 청약자가 전항의 통지를 하지 아니한 때에는 승낙의 통지는 연착되지 아니한 것으로 본다.
第二十九條 受要約人在承諾期限內發出承諾, 按照通常情形能够及時到達要約人, 但因其他原因承諾到達要約人時超過承諾期限的, 除要約人及時通知受要約人因承諾超過期限不接受該承諾的以外, 該承諾有效.	제29조 청약의 상대방이 승낙기한 내에 발한 승낙의 통지가 통상적인 상황에서는 적시에 청약자에게 도달할 수 있는 것이나, 승낙이 승낙기한이 경과된 후에 도달하였다면, 청약자가 지체 없이 청약의 상대방에게 승낙기한의 경과를 이유로 동 승낙을 받아들이지 않음을 통지하지 아니한, 동 승낙은 유효하다.	제530조 (연착된 승낙의 효력) 전2조의 경우에 연착된 승낙은 청약자가 이를 새 청약으로 볼 수 있다.
第三十條 承諾的內容應当与要約的內容一致. 受要約人對要約的內容作出實質性變更的, 爲新要約. 有關合同標的, 數量, 質量, 价款或者報酬, 履行期限, 履行地点和方式, 違約責任和解決爭議方法等的變更, 是對要約內容的實質性變更.	제30조 승낙은 내용상 청약과 일치하여야 한다. 청약의 상대방이 청약의 내용에 대하여 실질적인 변경을 가한 때에는 새로운 청약으로 된다. 계약의 목적, 수량, 품질, 대금 또는 보수, 이행기, 이행장소 및 이행방법, 계약책임과 분쟁해결방법 등에 대한 변경은 청약에 대한 실질적인 변경이다.	제534조 (변경을 가한 승낙) 승낙자가 청약에 대하여 조건을 붙이거나 변경을 가하여 승낙한 때에는 그 청약의 거절과 동시에 새로 청약한 것으로 본다.
第三十一條 承諾對要約的內容作出非實質性變更的, 除要約人及時表示反對或者要約表明承諾不得對要約的內容作出任何變更的以外, 該承諾有效, 合同的內容以承諾的內	제31조 청약에 대하여 실질적인 변경을 가하지 않은 승낙은, 청약자가 지체 없이 반대의 의사를 표시하거나 또는 청약에 승낙을 함에 있어서 청약에 대하여 어떠한	

容爲准.	변경도 가하여서는 아니된다고 명시되지 아니한, 동 승낙은 유효하다. 계약의 내용은 승낙을 기준으로 하여 정해진다.	
第三十二條 当事人采用合同書形式訂立合同的, 自双方当事人簽字或者盖章時合同成立.	제32조 당사자가 계약서 방식으로 계약을 체결하는 경우, 쌍방이 서명 또는 날인하는 때에 계약이 성립한다.	
第三十三條 当事人采用信件, 數据電文等形式訂立合同的, 可以在合同成立之前要求簽訂确認書. 簽訂确認書時合同成立.	제33조 당사자가 서신, 전자문서 등에 의하여 계약을 체결하는 경우, 계약이 성립하기 전에 확인서에 서명하도록 할 수 있다. 확인서에 서명하는 때에 계약이 성립한다.	
第三十四條 承諾生效的地点爲合同成立的地点. 采用數据電文形式訂立合同的, 收件人的主營業地爲合同成立的地点 ; 沒有主營業地的, 其經常居住地爲合同成立的地点. 当事人另有約定的, 按照其約定.	제34조 승낙이 효력을 발생한 장소가 계약이 성립한 장소이다. 전자문서에 의하여 계약을 체결하는 경우, 수취인의 주된 영업지가 계약이 성립한 장소이다. 주된 영업지가 없으면, 일상 거주지가 계약이 성립한 장소이다. 당사자 간에 달리 약정한 경우에는 그 약정에 따라야 한다.	
第三十五條 当事人采用合同書形式訂立合同的, 双方当事人簽字或者盖章的地点爲合同成立的地点.	제35조 당사자가 계약서에 의하여 계약을 체결하는 경우, 쌍방이 서명 또는 날인한 장소가 계약이 성립한 장소이다.	
第三十六條 法律, 行政法規規定或者当事人約定采用書面形式訂立合同, 当事人未采用書面形式但一方已經履行主要義務, 對方接受的, 該合同成立.	제36조 법률, 행정법규 또는 당사자 간의 약정에 따라 서면으로 계약을 체결하여야 하는 경우, 계약을 서면으로 체결하지 않았으나 당사자 일방이 이미 주된 의무를 이행하고, 상대방이 이를 받아들였다면, 계약은 성립한다.	

第三十七條 采用合同書形式訂立合同, 在簽字或者盖章之前, 当事人一方已經履行主要義務, 對方接受的, 該合同成立.	제37조 계약서에 의하여 계약을 체결하는 경우, 계약서에 서명 또는 날인하기 전에 당사자 일방이 이미 주된 의무를 이행하고, 상대방이 이를 받아들였다면, 계약은 성립한다.	
第三十八條 國家根据需要下達指令性任務或者國家訂貨任務的, 有關法人, 其他組織之間應当依照有關法律, 行政法規規定的權利和義務訂立合同.	제38조 국가가 수요에 따라 지령성 임무 또는 국가예매임무를 하달한 경우, 관련법인, 기타조직 간에 법률, 행정법규가 정한 권리와 의무에 따라 계약을 체결하여야 한다.	약관의 규제에 관한 법률 第3條(約款의 명시 說明義務) ① 事業者는 契約締結에 있어서 顧客에게 約款의 내용을 契約의 종류에 따라 일반적으로 예상되는 방법으로 명시하고, 顧客이 요구할 때에는 당해 約款의 寫本을 顧客에게 교부하여 이를 알 수 있도록 하여야 한다. 다만, 다른 法律의 規定에 의하여 行政官廳의 認可를 받은 約款으로서 去來의 신속을 위하여 필요하다고 인정되어 大統領令이 정하는 約款에 대하여는 그러하지 아니하다. ② 事業者는 約款에 정하여져 있는 중요한 내용을 顧客이 이해할 수 있도록 설명하여야 한다. 다만, 契約의 성질상 설명이 현저하게 곤란한 경우에는 그러하지 아니하다.
第三十九條 采用格式條款訂立合同的, 提供格式條款的一方應当遵循公平原則确定当事人之間的權利和義務, 并采取合理的方式提請對方注意免除或者限制其責任的條款, 按照對方的要求, 對該條款予以說明. 格式條款是当事人爲了重夏	제39조 약관조항에 의하여 계약을 체결하는 경우, 약관조항을 제공하는 당사자는 공평의 원칙에 따라 당사자간의 권리와 의무를 정하여야 하고, 합리적인 방식으로 상대방이 자신의 책임을 면제하거나 또는 제한하는 조항에 대하여 주의하도록 하	

	여야 하며, 상대방의 요구에 따라 동 조항에 대하여 설명하여야 한다.	
使用而預先擬定, 并在訂立合同時未与對方協商的條款.	약관조항은 당사자가 반복적으로 사용하기 위하여 사전에 작성해두고, 계약을 체결하는 때에 상대방과의 협의를 거치지 않는 조항이다.	
第四十條 格式條款具有本法第五十二條和第五十三條規定情形的, 或者提供格式條款一方免除其責任, 加重對方責任, 排除對方主要權利的, 該條款无效.	제40조 약관조항은 본법 제52조와 제53조가 규정한 경우에 속하거나 또는 약관조항을 제공하는 당사자가 자신의 책임을 면제하고, 상대방의 책임을 가중시키며, 상대방의 주된 권리를 배제하는 것이면 무효이다.	第6條(一般原則) ② 約款에 다음 各號의 1에 해당되는 내용을 정하고 있는 경우에는 당해 約款條項은 공정을 잃은 것으로 推定된다. 1. 顧客에 대하여 부당하게 불리한 條項 2. 顧客이 契約의 去來形態 등 諸般事情에 비추어 예상하기 어려운 條項 3. 契約의 目的을 달성할 수 없을 정도로 契約에 따르는 本質的 權利를 제한하는 條項 第7條(免責條項의 금지) 契約當事者의 責任에 관하여 정하고 있는 約款의 내용 중 다음 各號의 1에 해당하는 내용을 정하고 있는 條項은 이를 無效로 한다. 1. 事業者, 履行補助者 또는 被用者의 故意 또는 중대한 過失로 인한 法律上의 責任을 排除하는 條項 2. 상당한 이유 없이 事業者의 損害賠償範圍를 제한하거나 事業者가 부담하여야 할 위험을 顧客에게 移轉시키는 條項 3. 상당한 이유 없이 事業者의 擔保責任을 排除 또는

		제한하거나 그 擔保責任에 따르는 顧客의 權利行使의 요건을 加重하는 條項 또는 契約目的物에 관하여 見本이 제시되거나 品質·性能 등에 관한 표시가 있는 경우 그 보장된 내용에 대한 責任을 排除 또는 제한하는 條項
第四十一條 對格式條款的理解發生爭議的, 應当按照通常理解予以解釋. 對格式條款有兩种以上解釋的, 應当作出不利于提供格式條款一方的解釋. 格式條款和非格式條款不一致的, 應当采用非格式條款.	제41조 약관조항의 해석에 대하여 분쟁이 있는 경우, 통상적인 의미로 해석하여야 한다. 약관조항에 대하여 두 가지 이상의 해석이 있는 때에는 약관조항을 제공한 당사자에게 불리한 해석을 하여야 한다. 약관조항과 비약관조항이 일치하지 않은 때에는 비약관조항을 따라야 한다.	第4條(個別約定의 우선) 約款에서 정하고 있는 사항에 관하여 事業者와 顧客이 約款의 내용과 다르게 合意한 사항이 있을 때에는 당해 合意事項은 約款에 우선한다. 第5條(約款의 解釋) ② 約款의 뜻이 명백하지 아니한 경우에는 顧客에게 유리하게 解釋되어야 한다.
第四十二條 当事人在訂立合同過程中有下列情形之一, 給對方造成損失的, 應当承担損害賠償責任. (一) 假借訂立合同, 惡意進行磋商 (二) 故意隱瞞与訂立合同有關的重要事實或者提供虛假情況 (三) 有其他違背誠實信用原則的行爲	제42조 당사자가 계약을 체결하는 과정에 다음과 같은 행위에 의하여 상대방에게 손해가 발생하게 하는 경우에는 손해배상책임을 부담하여야 한다. (1) 계약체결을 빙자하여 악의적인 의도로 협상을 한 경우 (2) 고의로 계약체결에 관한 중요한 사실을 숨기거나 또는 허위의 정보를 제공한 경우 (3) 기타 신의성실의 원칙에 반하는 행위가 있는 경우	민 법 제535조 (계약체결상의 과실) ① 목적이 불능한 계약을 체결할 때에 그 불능을 알았거나 알 수 있었을 자는 상대방이 그 계약의 유효를 믿었음으로 인하여 받은 손해를 배상하여야 한다. 그러나 그 배상액은 계약이 유효함으로 인하여 생길 이익액을 넘지 못한다. ② 전항의 규정은 상대방이 그 불능을 알았거나 알 수 있었을 경우에는 적용하지 아니한다.
第四十三條 当事人在訂立合同過程中知悉的商業秘密, 无論合同是否成立, 不得泄露或者不正当地使用. 泄露或者不正当地使用該商業秘密給對	제43조 당사자가 계약을 체결하는 과정에 상대방의 상업비밀을 알게 된 경우, 계약의 성립여부를 불문하고 상업비밀을 누설하거나 또	

方造成損失的, 應当承担損害賠償責任.	는 부당하게 사용하여서는 아니된다. 상업비밀을 누설하거나 또는 부당하게 사용하여 상대방에게 손해가 발생하게 한 때에는 손해배상 책임을 부담하여야 한다.	
第三章 合同的效力	제3장 계약의 효력	
第四十四條 依法成立的合同, 自成立時生效. 法律, 行政法規定應当辦理批准, 登記等手續生效的, 依照其規定.	제44조 법에 따라 성립한 계약은 성립한 때로부터 효력이 있다. 법률, 행정법규가 허가, 등기 등을 계약의 효력발생요건으로 규정한 경우에는 이에 따라야 한다.	
第四十五條 当事人對合同的效力可以約定附條件. 附生效條件的合同, 自條件成就時生效. 附解除條件的合同, 自條件成就時失效. 当事人爲自己的利益不正当地阻止條件成就的, 視爲條件已成就 ; 不正当地促成條件成就的, 視爲條件不成就.	제45조 당사자는 계약의 효력에 대하여 조건을 부가할 수 있다. 정지조건부계약은 조건이 성취된 때로부터 효력을 발생한다. 해제조건부계약은 조건이 성취된 때로부터 효력을 상실한다. 당사자가 자신의 이익을 위하여 부당한 방법으로 조건의 성취를 방해하는 경우에는 조건이 성취된 것으로 본다. 부당한 방법으로 조건을 성취시킨 경우에는 조건이 성취되지 않은 것으로 본다.	제147조 (조건성취의 효과) ① 정지조건 있는 법률행위는 조건이 성취한 때부터 그 효력이 생긴다. ② 해제조건 있는 법률행위는 조건이 성취한 때로부터 그 효력을 잃는다. 제148조 (조건부권리의 침해금지) 조건 있는 법률행위의 당사자는 조건의 성부가 미정한 동안에 조건의 성취로 인하여 생길 상대방의 이익을 해하지 못한다.
第四十六條 当事人對合同的效力可以約定附期限. 附生效期限的合同, 自期限屆至時生效. 附終止期限的合同, 自期限屆滿時失效.	제46조 당사자는 계약의 효력에 대하여 기한을 부여할 수 있다. 시기부계약은 기한이 도래한 때로부터 효력을 발생한다. 종기부계약은 기한이 만료한 때로부터 효력을 상실한다.	제152조 (기한도래의 효과) ① 시기 있는 법률행위는 기한이 도래한 때로부터 그 효력이 생긴다. ② 종기 있는 법률행위는 기한이 도래한 때로부터 그 효력을 잃는다.
第四十七條 限制民事行爲能力人訂立的合同, 經法定代理人追認后, 該合同有效, 但純獲利益的合同或者与其年齡,	제47조 한정민사행위능력자가 체결한 계약은 그자의 법정대리인의 추인을 받은 때로부터 효력을 발생한다. 다	제112조 (의사표시의 수령능력) 의사표시의 상대방이 이를 받은 때에 무능력자인 경우에는 그 의사표시로써 대

		항하지 못한다. 그러나 법정대리인이 그 도달을 안 후에는 그러하지 아니하다.
智力, 精神健康狀況相适應而訂立的合同, 不必經法定代理人追認. 相對人可以催告法定代理人在一个月內予以追認. 法定代理人未作表示的, 視爲拒絶追認. 合同被追認之前, 善意相對人有撤銷的權利. 撤銷應当以通知的方式作出.	만, 이익만을 얻는 계약이거나 또는 그자의 나이, 지능, 정신적 건강상태에 적합하게 체결된 계약이면, 법정대리인의 추인을 요하지 아니한다. 상대방은 법정대리인에게 1월내에 추인할 것을 최고할 수 있다. 법정대리인이 그 기간 내에 확답을 하지 않으면, 추인을 거절한 것으로 본다. 계약이 추인되기 전에 선의의 상대방은 계약을 취소할 수 있다. 취소는 통지의 방식으로 행하여져야 한다.	제15조 (무능력자의 상대방의 최고권) ① 무능력자의 상대방은 무능력자가 능력자가 된 후에 이에 대하여 1월 이상의 기간을 정하여 그 취소할 수 있는 행위의 추인여부의 확답을 최고할 수 있다. 능력자로 된 자가 그 기간 내에 확답을 발하지 아니한 때에는 그 행위를 추인한 것으로 본다. ② 무능력자가 아직 능력자가 되지 못한 때에는 그 법정대리인에 대하여 전항의 최고를 할 수 있고 법정대리인이 그 기간 내에 확답을 발하지 아니한 때에는 그 행위를 추인한 것으로 본다.
第四十八條 行爲人沒有代理權, 超越代理權或者代理權終止后以被代理人名義訂立的合同, 未經被代理人追認, 對被代理人不發生效力, 由行爲人承担責任. 相對人可以催告被代理人在一个月內予以追認. 被代理人未作表示的, 視爲拒絶追認. 合同被追認之前, 善意相對人有撤銷的權利. 撤銷應当以通知的方式作出.	제48조 계약을 체결하는 자가 대리권을 갖고 있지 않거나 또는 자신의 대리권한을 넘어서 계약을 체결하거나 또는 자신의 대리권이 소멸된 후에 본인의 명의로 계약을 체결하는 경우, 본인의 추인이 없는 한, 계약은 본인에 대하여 구속력이 없으며, 계약을 체결하는 자가 책임을 부담한다. 상대방은 본인에게 1월내에 추인할 것을 최고할 수 있다. 본인이 그 기간 내에 확답을 하지 않으면, 추인을 거절한 것으로 본다. 계약이 추인되기 전에 선의의 상대방은 계약을 최소할 수 있	제130조 (무권대리) 대리권 없는 자가 타인의 대리인으로 한 계약은 본인이 이를 추인하지 아니하면 본인에 대하여 효력이 없다. 제131조 (상대방의 최고권) 대리권 없는 자가 타인의 대리인으로 계약을 한 경우에 상대방은 상당한 기간을 정하여 본인에게 그 추인여부의 확답을 최고할 수 있다. 본인이 그 기간 내에 확답을 발하지 아니한 때에는 추인을 거절한 것으로 본다.

	다. 최소는 통지의 방식으로 행하여져야 한다.	
第四十九條 行爲人沒有代理權, 超越代理權或者代理權終止后以被代理人名義訂立合同, 相對人有理由相信行爲人有代理權的, 該代理行爲有效.	제49조 계약을 체결하는 자가 대리권을 갖고 있지 않거나 또는 자신의 대리권한을 넘어서 계약을 체결하거나 또는 자신의 대리권이 소멸된 후에 본인의 명의로 계약을 체결하는 경우에 상대방이 그 자에게 대리권이 있다고 믿을만한 사유가 있으면 그 대리행위는 유효하다.	제130조 (무권대리) 대리권 없는 자가 타인의 대리인으로 한 계약은 본인이 이를 추인하지 아니하면 본인에 대하여 효력이 없다. 제131조 (상대방의 최고권) 대리권 없는 자가 타인의 대리인으로 계약을 한 경우에 상대방은 상당한 기간을 정하여 본인에게 그 추인여부의 확답을 최고할 수 있다. 본인이 그 기간 내에 확답을 발하지 아니한 때에는 추인을 거절한 것으로 본다.
第五十條 法人或者其他組織的法定代表人, 負責人超越權限訂立的合同, 除相對人知道或者應當知道其超越權限的以外, 該代表行爲有效.	제50조 법인 또는 기타조직의 법정대표자나 책임자가 자신의 권한을 넘어서 계약을 체결하는 경우에 상대방이 월권행위를 알았거나 알았어야 하지 않는 한, 그 대표행위는 유효하다.	제59조 (이사의 대표권) ② 법인의 대표에 관하여는 대리에 관한 규정을 준용한다.
第五十一條 无處分權的人處分他人財産, 經權利人追認或者无處分權的人訂立合同后取得處分權的, 該合同有效.	제51조 무권리자가 타인의 재산을 처분하는 경우, 재산권자의 추인이 있거나 또는 무권리자가 계약체결 후에 재산에 대하여 처분권을 얻으면 계약은 유효한 것으로 된다.	제249조 (선의취득) 평온, 공연하게 동산을 양수한 자가 선의이며 과실 없이 그 동산을 점유한 경우에는 양도인이 정당한 소유자가 아닌 때에도 즉시 그 동산의 소유권을 취득한다.
第五十二條 有下列情形之一的, 合同无效. (一) 一方以欺詐, 脅迫的手段訂立合同, 損害國家利益 (二) 惡意串通, 損害國家, 集体或者第三人利益 (三) 以合法形式掩盖非法目的 (四) 損害社會公共利益	제52조 다음과 같은 경우에 계약은 무효이다. (1) 계약체결에 관하여 계약당사자 간의 사기, 강박이 존재하고, 그로 인하여 국가이익에 해가 된 경우 (2) 계약당자자 간의 악의에 의한 통정행위가 국가, 집단 또는 제3자의 이익을 해한	제108조 (통정한 허위의 의사표시) ① 상대방과 통정한 허위의 의사표시는 무효로 한다. 제110조 (사기, 강박에 의한 의사표시) ① 사기나 강박에 의한 의사표시는 취소할 수 있다. ② 상대방 있는 의사표시에

(五) 違反法律, 行政法規的 強制性規定	경우 (3) 합법적인 형태로 가장하여 비합법적인 목적을 숨긴 경우 (4) 사회공공이익을 해한 경우 (5) 법률, 행정법규 상의 강제규정을 위반한 경우	관하여 제삼자가 사기나 강박을 행한 경우에는 상대방이 그 사실을 알았거나 알 수 있었을 경우에 한하여 그 의사표시를 취소할 수 있다. ③ 전2항의 의사표시의 취소는 선의의 제삼자에게 대항하지 못한다.
第五十三條 合同中的下列免責條款无效. (一) 造成對方人身傷害的 (二) 因故意或者重大過失造成對方財產損失的	제53조 다음과 같은 계약상의 면책조항은 무효이다. (1) 신체적 상해에 대한 면책조항 (2) 고의 또는 중과실에 의한 재산침해에 대한 면책조항	
第五十四條 下列合同, 当事人一方有權請求人民法院或者仲裁机構變更或者撤銷. (一) 因重大誤解訂立的. (二) 在訂立合同時顯失公平的 一方以欺詐, 脅迫的手段或者乘人之危, 使對方在違背眞實意思的情況下訂立的合同, 受損害方有權請求人民法院或者仲裁机构變更或者撤銷. 当事人請求變更的, 人民法院或者仲裁机构不得撤銷.	제54조 다음과 같은 계약에 대하여 당사자는 인민법원이나 중재기구에 계약의 변경 또는 취소를 청구할 수 있다. (1) 중대한 착오에 의하여 체결된 계약 (2) 계약체결시에 현저하게 공정을 잃은 계약 당사자 일방이 상대방에 대한 사기, 강박에 의하여서거나 또는 상대방의 궁박을 이용하여 상대방의 진의에 반하는 계약을 체결한 경우에 상대방은 인민법원이나 중재기구에 계약의 변경 또는 취소를 청구할 수 있다. 당사자가 계약의 변경을 청구한 경우에 인민법원이나 중재기구는 계약을 취소할 수 없다.	제109조 (착오로 인한 의사표시) ① 의사표시는 법률행위의 내용의 중요부분에 착오가 있는 때에는 취소할 수 있다. 그러나 그 착오가 표의자의 중대한 과실로 인한 때에는 취소하지 못한다. 제104조 (불공정한 법률행위) 당사자의 궁박, 경솔 또는 무경험으로 인하여 현저하게 공정을 잃은 법률행위는 무효로 한다.
第五十五條 有下列情形之一的, 撤銷權消滅. (一) 具有撤銷權的当事人自知道或者應当知道撤銷事由	제55조 다음과 같은 경우에 취소권은 소멸한다. (1) 취소권자가 취소사유를 알았거나 알았어야 할 날로	제146조 (취소권의 소멸) 취소권은 추인할 수 있는 날로부터 3년 내에 법률행위를 한 날로부터 10년 내에 행사

之日起一年內沒有行使撤銷權 (二) 具有撤銷權的当事人知道撤銷事由后明確表示或者以自己的行爲放弃撤銷權	부터 1년 내에 취소권을 행사하지 아니한 경우 (2) 취소권자가 최소사유를 안후에 명확한 의사표시 또는 자신의 행위로써 취소권을 포기한 경우	하여야 한다.
第五十六條 无效的合同或者被撤銷的合同自始沒有法律約束力. 合同部分无效, 不影響其他部分效力的, 其他部分仍然有效.	제56조 무효인 계약 또는 취소된 계약은 처음부터 법적 구속력이 없다. 부분적으로 무효인 계약에서 무효부분이 나머지 부분의 효력에 영향이 없으면, 나머지 부분은 여전히 유효하다.	제137조 (법률행위의 일부무효) 법률행위의 일부분이 무효인 때에는 그 전부를 무효로 한다. 그러나 그 무효부분이 없더라도 법률행위를 하였을 것이라고 인정될 때에는 나머지 부분은 무효가 되지 아니한다.
第五十七條 合同无效, 被撤銷或者終止的, 不影響合同中獨立存在的有關解決爭議方法的條款的效力.	제57조 계약이 무효이거나 취소되거나 또는 소멸되어도 그 계약에서 독립하여 존재하는 분재해결방법에 관한 조항의 효력에는 영향을 주지 않는다.	
第五十八條 合同无效或者被撤銷后, 因該合同取得的財産, 應当予以返還 ; 不能返還或者沒有必要返還的, 應当折价補償. 有過錯的一方應当賠償對方因此所受到的損失, 双方都有過錯的, 應当各自承担相應的責任.	제58조 계약이 무효이거나 또는 최소된 후에 계약에 의하여 얻은 재산은 반환되어야 한다. 반환할 수 없거나 또는 반환할 필요가 없는 경우에는 금전으로 환산하여 보상하여야 한다. 과실이 있는 당사자는 상대방이 이로 인하여 받은 손해를 배상하여야 하며, 쌍방에게 모두 과실이 있으면, 각자가 상응하는 책임을 부담하여야 한다.	제141조 (취소의 효과) 취소한 법률행위는 처음부터 무효인 것으로 본다. 그러나 무능력자는 그 행위로 인하여 받은 이익이 현존하는 한도에서 상환할 책임이 있다. 제396조 (과실상계) 채무불이행에 관하여 채권자에게 과실이 있는 때에는 법원은 손해배상의 책임 및 그 금액을 정함에 이를 참작하여야 한다.
第五十九條 当事人惡意串通, 損害國家, 集体或者第三人利益的, 因此取得的財産收歸國家所有或者返還集体, 第三人.	제59조 당사자가 악의로 통정하여 국가, 집체 또는 제3자의 이익을 해한 경우, 이로 인하여 얻은 재산은 국가에 귀속되거나 또는 집체나 제3자에게 반환되어야 한다.	

第四章 合同的履行	제4장 계약의 이행	
第六十條 当事人應当按照約定全面履行自己的義務. 当事人應当遵循誠實信用原則, 根据合同的性質, 目的和交易習慣履行通知, 協助, 保密等義務.	제60조 당사자는 약정에 따라 자신의 의무를 완전하게 이행하여야 한다. 당사자는 신의성실의 원칙에 따라야 하고, 계약의 성질, 목적 및 거래관습에 의하여 통지, 협력, 비밀유지 등 의무를 이행하여야 한다.	
第六十一條 合同生效后, 当事人就質量, 价款或者報酬, 履行地点等內容沒有約定或者約定不明的, 可以協議補充 ; 不能達成補充協議的, 按照合同有關條款或者交易習慣確定.	제61조 계약이 효력을 발생한 후, 품질, 대금 또는 보수, 이행장소 등 내용에 관한 당사자 간의 약정이 없거나 또는 약정이 명확하지 아니한 경우에 당사자는 합의하여 상응하는 내용을 보충할 수 있다. 보충내용에 관하여 합의하지 못하면, 계약상의 관련조항이나 거래관습에 의하여 확정한다.	
第六十二條 当事人就有關合同內容約定不明确, 依照本法第六十一條的規定仍不能确定的, 适用下列規定. (一) 質量要求不明确的, 按照國家標准, 行業標准履行 ; 沒有國家標准, 行業標准的, 按照通常標准或者符合合同目的的特定標准履行. (二) 价款或者報酬不明确的, 按照訂立合同時履行地的市場价格履行 ; 依法應当執行政府定价或者政府指導价的, 按照規定履行. (三) 履行地点不明确, 給付貨幣的, 在接受貨幣一方所在地履行 ; 交付不動産的, 在不動産所在地履行 ; 其他標的, 在履行義務一方所在地履行.	제62조 계약의 관련내용에 관한 당사자 간의 약정이 명확하지 아니한 경우, 본법 제61조의 규정에 의하여도 여전히 확정할 수 없으면, 아래의 규정을 적용한다. (1) 품질에 관한 약정이 명확하지 않으면, 국가표준, 업계표준에 따라 이행한다. 국가표준, 업계표준이 없으면, 통상적인 표준 또는 계약의 목적에 부합하는 특정표준에 따라 이행한다. (2) 대금 또는 보수에 관한 약정이 명확하지 않으면, 계약체결시의 이행지의 시장가격에 따라 이행한다. 법에 따라 국가가 지정한 가격 또는 국가가 정한 가격범위에	

	따라 가격을 정하여야 하는 때에는 그 규정에 따라 이행한다. (3) 이행장소에 관한 약정이 명확하지 않으면, 금전의 지급은 금전을 수령하는 당사자의 소재지에서 하고, 부동산의 인도는 부동산의 소재지에서 하며, 기타의 급부는 의무를 이행하는 당사자의 소재지에서 한다.
(四) 履行期限不明确的, 債務人可以隨時履行, 債權人也可以隨時要求履行, 但應当給對方必要的准備時間. (五) 履行方式不明确的, 按照有利于實現合同目的的方式履行. (六) 履行費用的負担不明确的, 由履行義務一方負担.	(4) 이행기에 관한 약정이 명확하지 않으면, 채무자는 언제든지 이행할 수 있으며, 채권자도 언제든지 이행을 청구할 수 있다. 다만 상대방에게 이행에 필요한 준비시간을 주어야 한다. (5) 이행방법에 관한 약정이 명확하지 않으면, 계약의 목적달성에 유리한 방법으로 이행한다. (6) 이행비용의 부담에 관한 약정이 명확하지 않으면, 의무를 이행하는 당사자가 부담한다.
第六十三條 執行政府定价或者政府指導价的, 在合同約定的交付期限內政府价格調整時, 按照交付時的价格計价. 逾期交付標的物的, 遇价格上漲時, 按照原价格執行 ; 价格下降時, 按照新价格執行. 逾期提取標的物或者逾期付款的, 遇价格上漲時, 按照新价格執行 ; 价格下降時, 按照原价格執行.	제63조 국가가 지정한 가격 또는 국가가 정한 가격범위에 따라 가격을 정하는 경우, 계약에서 정해진 인도기 전에 정부가 가격을 조정하면, 인도시기의 가격으로 대금을 계산한다. 기한을 경과하여 목적물을 인도하는 경우, 가격이 상승하면 기존의 가격에 따라 대금을 계산하고, 가격이 하락하면 조정된 가격에 따라 대금을 계산한다. 기한을 경과하여 목적물

	을 수령하거나 또는 대금을 지급하는 경우, 가격이 상승하면 조정된 가격에 따라 대금을 계산하고, 가격이 하락하면 기존의 가격에 따라 대금을 계산한다.	
第六十四條 当事人約定由債務人向第三人履行債務的, 債務人未向第三人履行債務或者履行債務不符合約定, 應当向債權人承担違約責任.	제64조 당사자 간에 채무자가 제3자에게 채무를 이행하도록 약정한 경우, 채무자가 제3자에게 채무를 이행하지 않거나 또는 채무이행이 약정에 부합하지 않으면, 채무자는 채권자에 대하여 계약책임을 부담하여야 한다.	제469조 (제삼자의 변제) ① 채무의 변제는 제삼자도 할 수 있다. 그러나 채무의 성질 또는 당사자의 의사표시로 제삼자의 변제를 허용하지 아니하는 때에는 그러하지 아니하다. ② 이해관계 없는 제삼자는 채무자의 의사에 반하여 변제하지 못한다. 제539조 (제삼자를 위한 계약) ① 계약에 의하여 당사자일방이 제삼자에게 이행할 것을 약정한 때에는 그 제삼자는 채무자에게 직접 그 이행을 청구할 수 있다.
第六十五條 当事人約定由第三人向債權人履行債務的, 第三人不履行債務或者履行債務不符合約定, 債務人應当向債權人承担違約責任.	제65조 당사자 간에 제3자가 채권자에 대하여 채무를 이행하도록 약정한 경우, 제3자가 채무를 이행하지 않거나 또는 채무이행이 약정에 부합하지 않으면, 채무자는 채권자에 대하여 계약책임을 부담하여야 한다.	
第六十六條 当事人互負債務, 沒有先后履行順序的, 應当同時履行. 一方在對方履行之前有權拒絶其履行要求. 一方在對方履行債務不符合約定時, 有權拒絶其相應的履行要求.	제66조 당사자 간에 상호 채무를 부담하고 있고, 이행시기에 있어서 선후순서가 없는 경우, 쌍방은 채무를 동시에 이행하여야 한다. 당사자 일방은 상대방이 채무를 이행할 때까지 자신의 채무이행을 거절할 수 있다. 당사자 일방은 상대방의 채무	제536조 (동시이행의 항변권) ① 쌍무계약의 당사자일방은 상대방이 그 채무이행을 제공할 때까지 자기의 채무이행을 거절할 수 있다. 그러나 상대방의 채무가 변제기에 있지 아니하는 때에는 그러하지 아니하다.

	이행이 약정에 부합하지 않으면, 그에 상응하는 자신의 채무이행을 거절할 수 있다.	
第六十七條 当事人互負債務, 有先后履行順序, 先履行一方未履行的, 后履行一方有權拒絶其履行要求. 先履行一方履行債務不符合約定的, 后履行一方有權拒絶其相應的履行要求.	제67조 당사자 간에 상호 채무를 부담하고 있고, 이행시기에 있어서 선후순서가 있는 경우, 먼저 이행해야 하는 당사자가 이행하지 않으면, 나중에 이행해야 하는 당사자는 자신의 채무이행을 거절할 수 있다. 먼저 이행하여야 하는 당사자의 채무이행이 약정에 부합하지 않으면, 나중에 이행하여야 하는 당사자는 그에 상응하는 자신의 채무이행을 거절할 수 있다.	
第六十八條 應当先履行債務的当事人, 有确切証据証明對方有下列情形之一的, 可以中止履行. (一) 經營狀況嚴重惡化 (二) 轉移財産, 抽逃資金, 以逃避債務 (三) 喪失商業信譽 (四) 有喪失或者可能喪失履行債務能力的其他情形 当事人沒有确切証据中止履行的, 應当承担違約責任.	제68조 먼저 채무를 이행하여야 하는 당사자는 상대방에게 다음과 같은 사유가 존재함을 입증할 수 있는 확실한 증거가 있으면, 자신의 채무이행을 중단할 수 있다. (1) 경영상황이 심각하게 악화된 경우 (2) 채무를 면하기 위하여 재산을 이전하거나 자금을 은닉한 경우 (3) 상업신용을 상실한 경우 (4) 채무변제능력을 상실하거나 또는 상실할 가능성이 있는 기타의 경우 당사자가 확실한 증거가 없이 이행을 중단한 경우, 계약책임을 부담하여야 한다.	제536조 (동시이행의 항변권) ② 당사자일방이 상대방에게 먼저 이행하여야 할 경우에 상대방의 이행이 곤란할 현저한 사유가 있는 때에는 전항 본문과 같다.
第六十九條 当事人依照本法第六十八條的規定中止履行的, 應当及時通知對方. 對方提供适当担保時, 應当恢夏履	제69조 당사자가 본법 제68조의 규정에 따라 채무이행을 중단한 경우, 상대방에게 지체 없이 통지하여야 한다.	

行. 中止履行后, 對方在合理期限內未恢夏履行能力幷且未提供适당担保的, 中止履行的一方可以解除合同.	상대방이 적절한 담보를 제공하면, 다시 채무이행을 개시하여야 한다. 채무이행을 중단한 후, 상대방이 합리적 기간 내에 채무변제능력을 회복하지 못하거나 또는 적절한 담보를 제공하지 못하면, 채무이행을 중단한 당사자는 계약을 해제할 수 있다.
第七十條 債權人分立, 合幷或者變更住所沒有通知債務人, 致使履行債務發生困難的, 債務人可以中止履行或者將標的物提存.	제70조 채권자가 분할, 합병 또는 변경된 주소를 채무자에게 통지 하지 아니하여 채무이행이 곤란하게 되는 경우, 채무자는 채무이행을 중단하거나 또는 목적물을 공탁할 수 있다.
第七十一條 債權人可以拒絶債務人提前履行債務, 但提前履行不損害債權人利益的除外. 債務人提前履行債務給債權人增加的費用, 由債務人負担.	제71조 채권자는 채무자가 이행기 전에 채무를 이행하는 것을 거절할 수 있다. 다만 이행기 전의 채무이행이 채권자이익에 해가 되지 아니하는 경우에는 그러하지 아니하다. 채무자의 이행기 전의 채무이행으로 인하여 채권자가 부담하게 될 비용이 발생하는 경우에 채무자가 그 비용을 부담한다.
第七十二條 債權人可以拒絶債務人部分履行債務, 但部分履行不損害債權人利益的除外. 債務人部分履行債務給債權人增加的費用, 由債務人負担.	제72조 채권자는 채무자가 채무를 부분적으로 이행하는 것을 거절할 수 있다. 다만 채무를 부분적으로 이행하여도 채권자의 이익에 해가 되지 아니하는 경우에는 그러하지 아니하다. 채무의 부분적 이행으로 인하여 채권자가 부담하게 될 비용이 발생하는 경우에 채무자가 그 비용을 부담한다.

		제404조 (채권자대위권) ① 채권자는 자기의 채권을 보전하기 위하여 채무자의 권리를 행사할 수 있다. 그러나 일신에 전속한 권리는 그러하지 아니하다. ② 채권자는 그 채권의 기한이 도래하기 전에는 법원의 허가 없이 전항의 권리를 행사하지 못한다. 그러나 보전행위는 그러하지 아니하다.
第七十三條 因債務人怠于行使其到期債權, 對債權人造成損害的, 債權人可以向人民法院請求以自己的名義代位行使債務人的債權, 但該債權專屬于債務人自身的除外. 代位權的行使範圍以債權人的債權爲限. 債權人行使代位權的必要費用, 由債務人負担.	제73조 채무자가 기한이 도래한 자신의 채무이행을 해태하여 채권자에게 손해가 발생하게 하는 경우, 채권자는 인민법원에 자신의 명의로 채무자의 채권을 대위 행사할 것을 청구할 수 있다. 다만 채무자의 일신에 전속하는 채권인 경우에는 그러하지 아니하다. 채권자대위권의 행사범위는 채권자의 채권을 한도로 한다. 채권자가 대위권을 행사하는 데 필요한 비용은 채무자가 부담한다.	제405조 (채권자대위권행사의 통지) ① 채권자가 전조 제1항의 규정에 의하여 보전행위이외의 권리를 행사한 때에는 채무자에게 통지하여야 한다.
第七十四條 因債務人放弃其到期債權或者无償轉讓財産, 對債權人造成損害的, 債權人可以請求人民法院撤銷債務人的行爲. 債務人以明顯不合理的低价轉讓財産, 對債權人造成損害, 并且受讓人知道該情形的, 債權人也可以請求人民法院撤銷債務人的行爲. 撤銷權的行使範圍以債權人的債權爲限. 債權人行使撤銷權的必要費用, 由債務人負担.	제74조 채무자가 기한이 도래한 자신의 채권을 포기하거나 또는 재산을 무상으로 양도하여 채권자에게 손해가 발생하게 하는 경우, 채권자는 인민법원에 채무자의 행위를 최소할 것을 청구할 수 있다. 채무자가 현저하게 불합리하게 낮은 가격으로 재산을 양도하여 채권자에게 손해가 발생하게 하고, 양수인이 이를 아는 경우, 채권자는 인민법원에 채무자의 행위를 취소할 것을 청구할 수 있다. 채권자취소권의 행사범위는 채권자의 채권을 한도로 한다. 채권자가 취소권을 행사하는 데 필요한 비용은 채무자가 부담한다.	제406조 (채권자취소권) ① 채무자가 채권자를 해함을 알고 재산권을 목적으로 한 법률행위를 한 때에는 채권자는 그 취소 및 원상회복을 법원에 청구할 수 있다. 그러나 그 행위로 인하여 이익을 받은 자나 전득한 자가 그 행위 또는 전득당시에 채권자를 해함을 알지 못한 경우에는 그러하지 아니하다.
第七十五條 撤銷權自債權人知道或者應当知道撤銷事由	제75조 채권자취소권은 채권자가 취소사유를 알았거	제406조 (채권자취소권) ② 전항의 소는 채권자가 취

之日起一年內行使. 自債務人的行爲發生之日起五年內沒有行使撤銷權的, 該撤銷權消滅.	나 또는 알았어야 하는 날로부터 1년 내에 행사하여야 한다. 채권자취소권은 채무자의 행위가 발생한 날로부터 5년 내에 행사하지 않으면 소멸한다.	소원인을 안 날로부터 1년, 법률행위 있은 날로부터 5년 내에 제기하여야 한다.
第七十六條 合同生效后, 当事人不得因姓名, 名稱的變更或者法定代表人, 負責人, 承辦人的變動而不履行合同義務.	제76조 계약이 효력을 발생한 후, 당사자는 성명이나 명칭이 변경되거나 또는 법정대리인, 책임자, 담당자가 바뀌어도 채무를 이행하지 아니 하여서는 아니된다.	
第五章 合同的變更和轉讓	**제5장 계약의 변경과 양도**	
第七十七條 当事人協商一致, 可以變更合同. 法律, 行政法規規定變更合同應当辦理批准, 登記等手續的, 依照其規定.	제77조 당사자는 합의에 의하여 계약을 변경할 수 있다. 법률 또는 행정법규가 계약의 변경은 허가, 등기 등 절차를 밟아야 한다고 규정한 경우에는 그에 따라야 한다.	
第七十八條 当事人對合同變更的內容約定不明确的, 推定爲未變更.	제78조 계약의 변경내용에 관한 당사자 간의 약정이 명확하지 아니한 경우, 계약을 변경하지 아니한 것으로 추정한다.	
第七十九條 債權人可以將合同的權利全部或者部分轉讓給第三人, 但有下列情形之一的除外. (一) 根據合同性質不得轉讓 (二) 按照当事人約定不得轉讓 (三) 依照法律規定不得轉讓	제79조 채권자는 계약상의 권리를 전부 또는 부분적으로 제3자에게 양도할 수 있다. 다만 다음과 같은 경우에는 계약상의 권리를 양도할 수 없다. (1) 계약의 성질상 양도할 수 없는 경우 (2) 당사자 간의 약정에 의하여 양도가 금지된 경우 (3) 법률이 양도를 금지한 경우	제449조 (채권의 양도성) ① 채권은 양도할 수 있다. 그러나 채권의 성질이 양도를 허용하지 아니하는 때에는 그러하지 아니하다. ② 채권은 당사자가 반대의 의사를 표시한 경우에는 양도하지 못한다. 그러나 그 의사표시로써 선의의 제삼자에게 대항하지 못한다.
第八十條 債權人轉讓權利的, 應当通知債務人. 未經通知, 該轉讓對債務人不發生效力.	제80조 채권자는 계약상의 권리의 양도를 채무자에게 통지하여야 한다. 이를 통지	제450조 (지명채권양도의 대항요건) ① 지명채권의 양도는 양도인이 채무자에게 통

債權人轉讓權利的通知不得撤銷, 但經受讓人同意的除外.	하지 아니하면 권리의 양도는 채무자에 대하여 효력을 발생하지 아니한다. 채권자의 권리양도의 통지는 취소할 수 없다. 다만 권리 양수인의 동의가 있는 때에는 가능하다.	지하거나 채무자가 승낙하지 아니하면 채무자 기타 제삼자에게 대항하지 못한다. ② 전항의 통지나 승낙은 확정일자 있는 증서에 의하지 아니하면 채무자이외의 제삼자에게 대항하지 못한다.
第八十一條 債權人轉讓權利的, 受讓人取得与債權有關的從權利, 但該從權利專屬于債權人自身的除外.	제81조 채권의 양수인은 채권의 종된 권리도 취득한다. 다만, 종된 권리가 채권자의 일신에 전속하는 때에는 그러하지 아니하다.	
第八十二條 債務人接到債權轉讓通知后, 債務人對讓与人的抗辯, 可以向受讓人主張.	제82조 채무자는 채권양도의 통지를 받은 후, 양수인에게 양도인에 대한 자신의 항변을 주장할 수 있다.	제451조 (승낙, 통지의 효과) ① 채무자가 이의를 보류하지 아니하고 전조의 승낙을 한 때에는 양도인에게 대항할 수 있는 사유로써 양수인에게 대항하지 못한다. 그러나 채무자가 채무를 소멸하게 하기 위하여 양도인에게 급여한 것이 있으면 이를 회수할 수 있고 양도인에 대하여 부담한 채무가 있으면 그 성립되지 아니함을 주장할 수 있다. ② 양도인이 양도통지만을 한 때에는 채무자는 그 통지를 받은 때까지 양도인에 대하여 생긴 사유로써 양수인에게 대항할 수 있다.
第八十三條 債務人接到債權轉讓通知時, 債務人對讓与人享有債權, 幷且債務人的債權先于轉讓的債權到期或者同時到期的, 債務人可以向受讓人主張抵銷.	제83조 채무자가 채권양도의 통지를 수령하는 때에 채무자가 양도인에 대하여 채권을 갖고 있고, 채무자의 채권이 양도채권보다 기한이 먼저 도래하거나 또는 양도채권과 동시에 기한이 도래한다면, 채무자는 양수인에게 상계를 주장할 수 있다.	

第八十四條 債務人將合同的義務全部或者部分轉移給第三人的, 應当經債權人同意.	제84조 채무자가 계약상의 의무를 전부 또는 부분적으로 제3자에게 이전하는 경우, 이에 대한 채권자의 동의가 있어야 한다.	제454조 (채무자와의 계약에 의한 채무인수) ① 제삼자가 채무자와의 계약으로 채무를 인수한 경우에는 채권자의 승낙에 의하여 그 효력이 생긴다. ② 채권자의 승낙 또는 거절의 상대방은 채무자나 제삼자이다.
第八十五條 債務人轉移義務的, 新債務人可以主張原債務人對債權人的抗辯.	제85조 채무자가 채무를 이전하는 경우, 신채무자는 채권자에 대한 전채무자의 항변을 주장할 수 있다.	제458조 (전채무자의 항변사유) 인수인은 전채무자의 항변할 수 있는 사유로 채권자에게 대항할 수 있다.
第八十六條 債務人轉移義務的, 新債務人應当承担与主債務有關的從債務, 但該從債務專屬于原債務人自身的除外.	제86조 채무자가 채무를 이전하는 경우, 신채무자는 주된 채무의 종된 채무를 부담하여야 한다. 다만 전채무자의 일신에 전속하는 종된 채무는 부담하지 아니한다.	
第八十七條 法律, 行政法規規定轉讓權利或者轉移義務應当辦理批准, 登記等手續的, 依照其規定.	제87조 법률 또는 행정법규가 계약상의 권리의 양도나 의무의 이전은 허가, 등기 등 절차를 밟아야 한다고 규정한 경우에는 그에 따라야 한다.	
第八十八條 当事人一方經對方同意, 可以將自己在合同中的權利和義務一并轉讓給第三人.	제88조 당사자 일방은 상대방의 동의를 얻어 자신의 계약상의 권리와 의무를 제3자에게 일괄적으로 이전할 수 있다.	
第八十九條 權利和義務一并轉讓的, 适用本法第七十九條, 第八十一條至第八十三條, 第八十五條至第八十七條的規定.	제89조 계약상의 권리와 의무를 일괄적으로 이전하는 경우, 본법 제79조, 제81조 내지 제83조, 제85조 내지 제87조의 적용을 받는다.	
第九十條 当事人訂立合同后合并的, 由合并后的法人或者其他組織行使合同權利, 履行合同義務. 当事人訂立合同后	제90조 당사자가 계약을 체결한 후에 합병된 경우, 합병된 법인 또는 기타 권리의 무주체가 계약상의 권리를	

分立的, 除債權人和債務人另有約定的以外, 由分立的法人或者其他組織對合同的權利和義務享有連帶債權, 承担連帶債務.	행사하고 의무를 이행한다. 당사자가 계약을 체결한 후에 분할된 경우, 채권자와 채무자가 달리 약정하지 않는 한, 분할된 법인 또는 기타 권리의무주체가 계약상의 권리와 의무에 대하여 연대채권을 가지거나 연대채무를 부담한다.	
第六章 合同的權利義務終止	제6장 계약상의 권리와 의무의 소멸	
第九十一條 有下列情形之一的, 合同的權利義務終止. (一) 債務已經按照約定履行 (二) 合同解除 (三) 債務相互抵銷 (四) 債務人依法將標的物提存 (五) 債權人免除債務 (六) 債權債務同歸于一人 (七) 法律規定或者当事人約定終止的其他情形	제91조 다음과 같은 경우에 계약상의 권리와 의무는 소멸한다. (1) 채무가 약정에 따라 이행된 경우 (2) 계약이 해제된 경우 (3) 채무가 상계된 경우 (4) 채무자가 법에 따라 목적물을 공탁한 경우 (5) 채권자가 채무를 면제한 경우 (6) 채권채무가 동일인에게 귀속된 경우 (7) 법률 또는 당사자 간의 약정에 의한 기타 소멸 사유가 발생한 경우	제506조 (면제의 요건, 효과) 채권자가 채무자에게 채무를 면제하는 의사를 표시한 때에는 채권은 소멸한다. 그러나 면제로써 정당한 이익을 가진 제삼자에게 대항하지 못한다. 제507조 (혼동의 요건, 효과) 채권과 채무가 동일한 주체에 귀속한 때에는 채권은 소멸한다. 그러나 그 채권이 제삼자의 권리의 목적인 때에는 그러하지 아니하다.
第九十二條 合同的權利義務終止后, 当事人應当遵循誠實信用原則, 根据交易習慣履行通知, 協助, 保密等義務.	제92조 계약상의 권리와 의무가 소멸된 후에 당사자는 신의성실의 원칙에 따라야 하고, 거래관습에 따라 통지, 협력, 비밀유지 등 의무를 이행하여야 한다.	
第九十三條 当事人協商一致, 可以解除合同. 当事人可以約定一方解除合同的條件. 解除合同的條件成立時, 解除權人可以解除合同.	제93조 당사자는 합의에 의하여 계약을 해제할 수 있다. 당사자는 당사자 일방에 의한 계약해제의 조건에 관하여 약정할 수 있다. 계약해제조건이 성취하는 경우에	제543조 (해지, 해제권) ① 계약 또는 법률의 규정에 의하여 당사자의 일방이나 쌍방이 해지 또는 해제의 권리가 있는 때에는 그 해지 또는 해제는 상대방에 대한

	해제권자는 계약을 해제할 수 있다.	의사표시로 한다. ② 전항의 의사표시는 철회하지 못한다.
第九十四條 有下列情形之一的, 当事人可以解除合同. (一) 因不可抗力致使不能實現合同目的 (二) 在履行期限屆滿之前, 当事人一方明确表示或者以自己的行爲表明不履行主要債務 (三) 当事人一方遲延履行主要債務, 經催告后在合理期限內仍未履行 (四) 当事人一方遲延履行債務或者有其他違約行爲致使不能實現合同目的 (五) 法律規定的其他情形	제94조 다음과 같은 경우에 당사자는 계약을 해제할 수 있다. (1) 불가항력으로 인하여 계약의 목적을 달성할 수 없는 경우 (2) 이행기가 도래하기 전에 당사자 일방이 주된 채무를 이행하지 아니할 것을 명확한 의사표시 또는 자신의 행위에 의하여 표명하는 경우 (3) 당사자 일방이 주된 채무의 이행을 지체한 후, 채무이행을 최고 받은 후에도 합리적 기간 내에 여전히 이행하지 아니한 경우 (4) 당사자 일방이 채무이행을 지체하거나 또는 기타 계약위반 행위를 하여 계약의 목적이 실현될 수 없게 한 경우 (5) 법률이 규정한 기타의 경우	제544조 (이행지체와 해제) 당사자일방이 그 채무를 이행하지 아니하는 때에는 상대방은 상당한 기간을 정하여 그 이행을 최고하고 그 기간 내에 이행하지 아니한 때에는 계약을 해제할 수 있다. 그러나 채무자가 미리 이행하지 아니할 의사를 표시한 경우에는 최고를 요하지 아니한다. 제545조 (정기행위와 해제) 계약의 성질 또는 당사자의 의사표시에 의하여 일정한 시일 또는 일정한 기간 내에 이행하지 아니하면 계약의 목적을 달성할 수 없을 경우에 당사자일방이 그 시기에 이행하지 아니한 때에는 상대방은 전조의 최고를 하지 아니하고 계약을 해제할 수 있다. 제546조 (이행불능과 해제) 채무자의 책임 있는 사유로 이행이 불능하게 된 때에는 채권자는 계약을 해제할 수 있다. 제547조 (해지, 해제권의 불가분성) ① 당사자의 일방 또는 쌍방이 수인인 경우에는 계약의 해지나 해제는 그 전원으로부터 또는 전원에 대하여 하여야 한다. ② 전항의 경우에 해지나 해제의 권리가 당사자 1인에 대하여 소멸한 때에는 다른 당

		사자에 대하여도 소멸한다.
第九十五條 法律規定或者当事人約定解除權行使期限, 期限屆滿当事人不行使的, 該權利消滅. 法律沒有規定或者当事人沒有約定解除權行使期限, 經對方催告后在合理期限內不行使的, 該權利消滅.	제95조 해제권의 행사기간에 관하여 법률이 규정하거나 또는 당사자가 약정한 경우, 그 기간 내에 해제권자가 해제권을 행사하지 않으면 해제권은 소멸한다. 해제권의 행사기간에 관한 법률의 규정이나 당사자의 약정이 없는 경우, 해제권자가 상대방으로부터 해제권의 행사를 최고 받은 때로부터 합리적 기간 내에 해제권을 행사하지 않으면 해제권은 소멸한다.	제552조 (해제권행사여부의 최고권) ① 해제권의 행사의 기간을 정하지 아니한 때에는 상대방은 상당한 기간을 정하여 해제권행사여부의 확답을 해제권자에게 최고할 수 있다. ② 전항의 기간 내에 해제의 통지를 받지 못한 때에는 해제권은 소멸한다.
第九十六條 当事人一方依照本法第九十三條第二款, 第九十四條的規定主張解除合同的, 應当通知對方. 合同自通知到達對方時解除. 對方有异議的, 可以請求人民法院或者仲裁机构确認解除合同的效力. 法律, 行政法規規定解除合同應当辦理批准, 登記等手續的, 依照其規定.	제96조 당사자 일방이 본법 제93조 2항 또는 제94조의 규정에 의하여 계약을 해제하려면, 상대방에게 계약의 해제를 통지하여야 한다. 계약은 해제의 통지가 상대방에게 도달하는 때에 해제된다. 상대방은 이의가 있으면 인민법원이나 중재기구에 계약해제 효력의 확인을 청구할 수 있다. 법률 또는 행정법규가 계약해제에 허가나 등기 등 절차가 필요하다고 규정한 경우에는 그에 따라야 한다.	제547조 (해지, 해제권의 불가분성) ① 당사자의 일방 또는 쌍방이 수인인 경우에는 계약의 해지나 해제는 그 전원으로부터 또는 전원에 대하여 하여야 한다. ② 전항의 경우에 해지나 해제의 권리가 당사자 1인에 대하여 소멸한 때에는 다른 당사자에 대하여도 소멸한다.
第九十七條 合同解除后, 尙未履行的, 終止履行 ; 已經履行的, 根据履行情況和合同性質, 当事人可以請求恢夏原狀, 采取其他補救措施, 幷有權要求賠償損失.	제97조 계약이 해제된 후, 아직 이행되지 아니한 것은 이행하지 않는다. 이미 이행된 것은 당사자가 이행상황과 계약의 성질에 따라 원상회복을 요구하거나 기타 구제수단을 취할 것을 요구할 수 있고, 동시에 손해배상을 청구할 수 있다.	제548조 (해제의 효과, 원상회복의무) ① 당사자일방이 계약을 해제한 때에는 각 당사자는 그 상대방에 대하여 원상회복의 의무가 있다. 그러나 제삼자의 권리를 해하지 못한다. ② 전항의 경우에 반환할 금전에는 그 받은 날로부터

	이자를 가하여야 한다.	
第九十八條 合同的權利義務終止, 不影響合同中結算和淸理條款的效力.	제98조 계약상의 권리와 의무의 소멸은 결산 및 청산에 관한 계약조항의 효력에 영향을 미치지 아니한다.	
第九十九條 當事人互負到期債務, 該債務的標的物種類, 品質相同的, 任何一方可以將自己的債務與對方的債務抵銷, 但依照法律規定或者按照合同性質不得抵銷的除外. 當事人主張抵銷的, 應当通知對方. 通知自到達對方時生效. 抵銷不得附條件或者附期限.	제99조 당사자 간에 목적물의 종류와, 품질이 동등한 기한도래의 채무를 상호 부담하고 있는 경우, 당사자 일방은 자신의 채무를 상대방의 채무와 상계할 수 있다. 다만, 법률 또는 계약의 성질에 의하여 상계가 허용되지 않은 경우에는 그러하지 아니하다. 당사자는 상계하려면 상대방에게 상계의 의사를 통지하여야 한다. 상계의 통지가 상대방에게 도달하는 때에 효력을 발생한다. 상계에는 조건이나 기한을 붙이지 못한다.	제492조 (상계의 요건) ① 쌍방이 서로 같은 종류를 목적으로 한 채무를 부담한 경우에 그 쌍방의 채무의 이행기가 도래한 때에는 각 채무자는 대등액에 관하여 상계할 수 있다. 그러나 채무의 성질이 상계를 허용하지 아니할 때에는 그러하지 아니하다. ② 전항의 규정은 당사자가 다른 의사를 표시한 경우에는 적용하지 아니한다. 그러나 그 의사표시로써 선의의 제삼자에게 대항하지 못한다.
第一百條 当事人互負債務, 標的物种類, 品質不相同的, 經双方協商一致, 也可以抵銷.	제100조 당사자 간에 목적물의 종류나 품질이 동일하지 않은 채무를 상호 부담하고 있는 경우, 쌍방의 합의에 의하여 상계할 수 있다.	
第一百零一條 有下列情形之一, 難以履行債務的, 債務人可以將標的物提存. (一) 債權人无正当理由拒絶受領 (二) 債權人下落不明 (三) 債權人死亡未确定継承人或者喪失民事行爲能力未确定監護人 (四) 法律規定的其他情形 標的物不适于提存或者提存費用過高的, 債務人依法可以	제101조 다음과 같은 사유로 채무이행이 곤란한 경우, 채무자는 목적물을 공탁할 수 있다. (1) 채권자가 정당한 이유 없이 수령을 거절하는 경우 (2) 채권자가 행방불명인 경우 (3) 채권자가 사망한 후에 상속인이 확정되지 아니한 경우나 채권자가 행위능력을 상실한 후에 후견인이 확정	제487조 (변제공탁의 요건, 효과) 채권자가 변제를 받지 아니하거나 받을 수 없는 때에는 변제자는 채권자를 위하여 변제의 목적물을 공탁하여 그 채무를 면할 수 있다. 변제자가 과실 없이 채권자를 알 수 없는 경우에도 같다.

拍賣或者變賣標的物, 提存所得的价款	되지 아니한 경우 (4) 법률이 규정한 기타 경우 목적물이 공탁하기에 적합하지 않거나 또는 공탁에 과다한 비용이 요구되는 경우에 채무자는 법에 따라 목적물을 경매하거나 또는 환매하여 얻은 대금을 공탁할 수 있다.	
第一百零二條 標的物提存后, 除債權人下落不明的以外, 債務人應当及時通知債權人或者債權人的継承人, 監護人.	제102조 목적물을 공탁한 후, 채권자가 행방불명인 경우를 제외하고, 채무자는 지체 없이 채권자 또는 채권자의 상속인, 후견인에게 통지하여야 한다.	제488조 (공탁의 방법) ③ 공탁자는 지체 없이 채권자에게 공탁통지를 하여야 한다.
第一百零三條 標的物提存后, 毁損, 減失的風險由債權人承担. 提存期間, 標的物的孳息歸債權人所有. 提存費用由債權人負担.	제103조 목적물을 공탁한 때로부터 훼손, 멸실의 위험은 채권자가 부담한다. 공탁 중에 발생한 목적물의 과실은 채권자에게 귀속한다. 공탁비용은 채권자가 부담한다.	제490조 (자조매각금의 공탁) 변제의 목적물이 공탁에 적당하지 아니하거나 멸실 또는 훼손될 염려가 있거나 공탁에 과다한 비용을 요하는 경우에는 변제자는 법원의 허가를 얻어 그 물건을 경매하거나 시가로 방매하여 대금을 공탁할 수 있다.
第一百零四條 債權人可以隨時領取提存物, 但債權人對債務人負有到期債務的, 在債權人未履行債務或者提供担保之前, 提存部門根據債務人的要求應当拒絶其領取提存物. 債權人領取提存物的權利, 自提存之日起五年內不行使而消滅, 提存物扣除提存費用后歸國家所有.	제104조 채권자는 언제든지 공탁물을 수령할 수 있다. 다만 채권자가 채무자에 대하여 기한도래의 채무를 부담하고 있는 때에는 채권자가 그 채무를 이행하거나 또는 담보를 제공하기 전에 공탁기관은 채무자의 요구대로 채권자의 공탁물 수령을 거절하여야 한다. 채권자가 공탁물을 수령할 수 있는 권리는 공탁한 날로부터 5년 내에 행사하지 않으면 소멸하며, 공탁물은 공	제491조 (공탁물수령과 상대의무이행) 채무자가 채권자의 상대의무이행과 동시에 변제할 경우에는 채권자는 그 의무이행을 하지 아니하면 공탁물을 수령하지 못한다.

	탁비용을 공제한 후에 국가에 귀속된다.	
第一百零五條 債權人免除債務人部分或者全部債務的, 合同的權利義務部分或者全部終止.	제105조 채권자가 채무의 채무를 부분적으로 또는 전부 면제하는 경우, 계약상의 권리의무는 부분적으로 또는 전부 소멸한다.	제506조 (면제의 요건, 효과) 채권자가 채무자에게 채무를 면제하는 의사를 표시한 때에는 채권은 소멸한다. 그러나 면제로써 정당한 이익을 가진 제삼자에게 대항하지 못한다.
第一百零六條 債權和債務同歸于一人的, 合同的權利義務終止, 但涉及第三人利益的除外.	제106조 채권과 채무가 동일인에게 귀속하는 경우에 계약상의 권리의무는 소멸한다. 다만 제3자의 이익에 관계되는 것은 그러하지 아니하다.	제507조 (혼동의 요건, 효과) 채권과 채무가 동일한 주체에 귀속한 때에는 채권은 소멸한다. 그러나 그 채권이 제삼자의 권리의 목적인 때에는 그러하지 아니하다.
第七章 違約責任	제7장 계약책임	
第一百零七條 当事人一方不履行合同義務或者履行合同義務不符合約定的, 應当承担継續履行, 采取補救措施或者賠償損失等違約責任.	제107조 당사자 일방은 계약상의 의무를 이행하지 않거나 또는 계약상의 의무이행이 약정에 부합하지 않는 경우에 급부를 계속하거나 보완조치를 취하거나 또는 손해배상을 하는 등의 계약책임을 부담한다.	제390조 (채무불이행과 손해배상) 채무자가 채무의 내용에 좇은 이행을 하지 아니한 때에는 채권자는 손해배상을 청구할 수 있다. 그러나 채무자의 고의나 과실 없이 이행할 수 없게 된 때에는 그러하지 아니하다.
第一百零八條 当事人一方明確表示或者以自己的行爲表明不履行合同義務的, 對方可以在履行期限屆滿之前要求其承担違約責任.	제108조 당사자 일방이 계약상의 의무를 이행하지 않을 것을 명확한 의사표시 또는 자신의 행위에 의하여 표명하는 경우, 상대방은 이행기가 도래하기 전에 계약책임을 물을 수 있다.	
第一百零九條 当事人一方未支付价款或者報酬的, 對方可以要求其支付价款或者報酬.	제109조 당사자 일방이 대금 또는 보수를 지급하지 않는 경우에 상대방은 그 당사자에게 대금 또는 보수의 지급을 청구할 수 있다.	제397조 (금전채무불이행에 대한 특칙) ① 금전채무불이행의 손해배상액은 법정이율에 의한다. 그러나 법령의 제한에 위반하지 아니한 약정이율이 있으면 그 이율에 의한다. ② 전항의 손해배상에 관하

		여는 채권자는 손해의 증명을 요하지 아니하고 채무자는 과실 없음을 항변하지 못한다.
		제389조 (강제이행) ① 채무자가 임의로 채무를 이행하지 아니한 때에는 채권자는 그 강제이행을 법원에 청구할 수 있다. 그러나 채무의 성질이 강제이행을 하지 못할 것인 때에는 그러하지 아니하다.
		② 전항의 채무가 법률행위를 목적으로 한 때에는 채무자의 의사표시에 가름할 재판을 청구할 수 있고 채무자의 일신에 전속하지 아니한 작위를 목적으로 한 때에는 채무자의 비용으로 제삼자에게 이를 하게 할 것을 법원에 청구할 수 있다.
		③ 그 채무가 부작위를 목적으로 한 경우에 채무자가 이에 위반한 때에는 채무자의 비용으로써 그 위반한 것을 제각하고 장래에 대한 적당한 처분을 법원에 청구할 수 있다.
第一百一十條 当事人一方不履行非金錢債務或者履行非金錢債務不符合約定的, 對方可以要求履行, 但有下列情形之一的除外. (一) 法律上或者事實上不能履行 (二) 債務的標的不適于强制履行或者履行費用過高 (三) 債權人在合理期限內未要求履行	제110조 당사자 일방이 비금전채무를 이행하지 않거나 또는 비금전채무의 이행이 약정에 부합하지 않는 경우, 상대방은 채무의 이행을 청구할 수 있다. 다만 다음과 같은 경우에는 그러하지 아니하다. (1) 법률상 또는 사실상 이행할 수 없는 경우 (2) 채무가 이행을 강제하	

	기에 적합하지 않거나 또는 채무이행에 과다한 비용이 요구되는 경우 (3) 채권자가 합리적 기간 내에 이행을 청구하지 않은 경우	
第一百一十一條 質量不符合約定的, 應当按照当事人的約定承担違約責任. 對違約責任沒有約定或者約定不明确, 依照本法第六十一條的規定仍不能确定的, 受損害方根据標的的性質以及損失的大小, 可以合理選擇要求對方承担修理, 更換, 重作, 退貨, 減少价款或者報酬等違約責任.	제111조 계약목적물의 품질이 약정에 부합하지 않는 경우에 당사자는 약정에 따라 계약책임을 부담하여야 한다. 계약책임에 관한 약정이 없거나 또는 약정이 명확하지 않은 경우에는 본법 제61조에 의하여 여전히 확정할 수 없으면, 피해당사자는 계약목적의 성질 및 손해의 크기에 따라 상대방에게 수리, 교환, 재제작, 반품, 대금이나 보수의 감액 등을 청구할 수 있다.	
第一百一十二條 当事人一方不履行合同義務或者履行合同義務不符合約定的, 在履行義務或者采取補救措施后, 對方還有其他損失的, 應当賠償損失.	제112조 당사자 일방이 계약상의 의무를 이행하지 않거나 또는 계약상의 의무이행이 약정에 부합하지 않는 경우, 의무를 이행하거나 보완조치를 취한 후에도 상대방에게 여전히 손해가 잔존하는 때에는 그 손해를 배상하여야 한다.	
第一百一十三條 当事人一方不履行合同義務或者履行合同義務不符合約定, 給對方造成損失的, 損失賠償額應当相当于因違約所造成的損失, 包括合同履行后可以獲得的利益, 但不得超過違反合同一方訂立合同時預見到或者應当預見到的因違反合同可能造成的損失.	제113조 당사자 일방이 계약상의 의무를 이행하지 않거나 또는 계약상의 의무이행이 약정에 부합하지 않아 상대방에게 손해가 발생하게 한 경우, 손해배상액은 계약위반으로 인하여 발생한 손해와 대등하며, 계약의 이행에 의하여 얻을 수 있는 이익도 이에 포함된다. 다만 손	제393조 (손해배상의 범위) ① 채무불이행으로 인한 손해배상은 통상의 손해를 그 한도로 한다. ② 특별한 사정으로 인한 손해는 채무자가 그 사정을 알았거나 알 수 있었을 때에 한하여 배상의 책임이 있다.

	해배상의 범위에 있어서 계약을 위반한 당사자가 계약 체결시에 알았거나 또는 알았어야 할 계약위반으로 인한 손해의 범위를 초과하여서는 아니된다.	
經營者對消費者提供商品或者服務有欺詐行爲的, 依照≪中華人民共和國消費者權益保護法≫的規定承担損償賠責任.	경영자가 소비자에게 상품이나 서비스를 제공함에 있어서 사기가 있는 경우, "中華人民共和國消費者權益保護法"의 규정에 따라 손해배상책임을 부담한다.	
第一百一十四條 当事人可以約定一方違約時應当根据違約情況向對方支付一定數額的違約金, 也可以約定因違約產生的損失賠償額的計算方法. 約定的違約金低于造成的損失的, 当事人可以請求人民法院或者仲裁机构予以增加 ; 約定的違約金過分高于造成的損失的, 当事人可以請求人民法院或者仲裁机构予以适当減少. 当事人就遲延履行約定違約金的, 違約方支付違約金后, 還應当履行債務.	제114조 당사자 간에 일방이 계약을 위반하는 경우에 계약위반의 정도에 따라 상대방에게 일정한 액수의 위약금을 지급할 것을 약정하거나 또는 계약위반으로 인한 손해배상액을 산정하는 방법에 대하여 약정할 수 있다. 약정된 위약금이 실손해보다 적은 경우에 당사자는 인민법원이나 중재기구에 위약금의 증액을 청구할 수 있다. 약정된 위약금이 실손해보다 과다한 경우에 당사자는 인민법원이나 중재기구에 위약금의 감액을 청구할 수 있다. 당사자 간에 이행지체에 대하여 위약금을 약정한 경우, 계약을 위반한 당사자가 위약금을 지급한 후에도 채무를 이행하여야 한다.	제398조 (배상액의 예정) ① 당사자는 채무불이행에 관한 손해배상액을 예정할 수 있다. ② 손해배상의 예정액이 부당히 과다한 경우에는 법원은 적당히 감액할 수 있다.
第一百一十五條 当事人可以依照≪中華人民共和國担保法≫約定一方向對方給付定金作爲債權的担保. 債務人履行債務后, 定金應当抵作价款	제115조 당사자 간에 "중화인민공화국담보법"에 따라 채권담보를 목적으로 하는 계약금의 지급을 약정할 수 있다. 채무자가 채무를 이행한	제566조 (매매계약의 비용의 부담) 매매계약에 관한 비용은 당사자쌍방이 균분하여 부담한다.

或者收回. 給付定金的一方不履行約定的債務的, 无權要求返還定金 ; 收受定金的一方不履行約定的債務的, 應当双倍返還定金.	후, 계약금은 대금으로 충당되거나 또는 반환되어야 한다. 계약금을 지급한 당사자가 채무를 이행하지 아니한 때에는 계약금의 반환을 요구할 수 없으며, 계약금을 수령한 당사자가 채무를 이행하지 아니한 때에는 상대방에게 계약금의 배액을 반환하여야 한다.	
第一百一十六條 当事人旣約定違約金, 又約定定金的, 一方違約時, 對方可以選擇适用違約金或者定金條款.	제116조 당사자 간에 위약금과 계약금을 모두 약정한 경우, 당사자 일방이 계약을 위반하면, 상대방은 위약금 또는 계약금을 선택하여 그 적용을 주장할 수 있다.	
第一百一十七條 因不可抗力不能履行合同的, 根据不可抗力的影響, 部分或者全部免除責任, 但法律另有規定的除外. 当事人遲延履行后發生不可抗力的, 不能免除責任. 本法所称不可抗力, 是指不能預見, 不能避免幷不能克服的客觀情况.	제117조 불가항력으로 인하여 계약을 이행할 수 없는 경우, 불가항력이 미친 영향에 따라 부분적으로 또는 전부 면책된다. 다만 법률이 달리 규정한 경우에는 그러하지 아니하다. 당사자가 이행지체에 빠진 후에 불가항력이 발생한 경우에는 면책되지 않는다. 본법에서 말하는 불가항력이란 예견할 수 없고, 회피할 수 없으며, 극복할 수 없는 객관적인 상황을 의미한다.	
第一百一十八條 当事人一方因不可抗力不能履行合同的, 應当及時通知對方, 以減輕可能給對方造成的損失, 幷應当在合理期限內提供証明.	제118조 당사자 일방이 불가항력으로 인하여 계약을 이행할 수 없는 경우, 지체 없이 상대방에게 통지하여 상대방에게 발생할 수 있는 손해를 경감시켜야 하며, 합리적 기간 내에 불가항력으로 인한 이행불능을 입증하여야 한다.	

第一百一十九條 当事人一方違約后, 對方應当采取适当措施防止損失的擴大 ; 沒有采取适当措施致使損失擴大的, 不得就擴大的損失要求賠償. 当事人因防止損失擴大而支出的合理費用, 由違約方承担.	제119조 당사자 일방이 계약을 위반한 경우에 상대방은 적당한 조치를 취하여 계약위반으로 인한 손해의 확대를 막아야 한다. 적당한 조치를 취하지 않아 손해가 확대되는 경우에는 확대된 부분에 대하여 손해배상을 청구할 수 없다. 당사자가 손해의 확대를 막기 위하여 지출한 합리적인 비용은 계약을 위반한 당사자가 부담한다.	
第一百二十條 当事人双方都違反合同的, 應当各自承担相應的責任.	제120조 당사자 쌍방이 모두 계약을 위반하는 경우, 각자가 상응하는 책임을 부담하여야 한다.	제396조 (과실상계) 채무불이행에 관하여 채권자에게 과실이 있는 때에는 법원은 손해배상의 책임 및 그 금액을 정함에 이를 참작하여야 한다.
第一百二十一條 当事人一方因第三人的原因造成違約的, 應当向對方承担違約責任. 当事人一方和第三人之間的糾紛, 依照法律規定或者按照約定解決.	제121조 당사자 일방이 제3자로 인하여 계약을 위반하는 경우, 상대방에 대하여 계약책임을 부담하여야 한다. 당사자 일방과 제3자 간의 분쟁은 법률 또는 약정에 의하여 해결한다.	
第一百二十二條 因当事人一方的違約行爲, 侵害對方人身, 財産權益的, 受損害方有權選擇依照本法要求其承担違約責任或者依照其他法律要求其承担侵權責任.	제122조 당사자 일방의 계약위반의 행위가 상대방의 신체, 재산이익을 침해하는 경우, 피해당사자는 본법에 따른 계약책임의 부담 또는 기타의 법률에 따른 불법행위책임의 부담을 선택하여 청구할 수 있다.	
第八章 其他規定	제8장 기타 규정	
第一百二十三條 其他法律對合同另有規定的, 依照其規定.	제123조 기타의 법률에서 계약에 관하여 달리 규정한 경우에는 그 규정에 따른다.	
第一百二十四條 本法分則或	제124조 본법의 분칙 또는 기	

者其他法律沒有明文規定的合同, 適用本法總則的規定, 并可以參照本法分則或者其他法律最相類似的規定.	타 법률이 명문으로 규정하지 아니한 계약은 본법의 총칙의 적용을 받으며, 이런 계약과 가장 유사한 계약에 관한 본법의 분칙 또는 기타 법률의 규정을 참조할 수 있다.
第一百二十五條 当事人對合同條款的理解有爭議的, 應当按照合同所使用的詞句, 合同的有關條款, 合同的目的, 交易習慣以及誠實信用原則, 确定該條款的眞實意思. 合同文本采用兩种以上文字訂立并約定具有同等效力的, 對各文本使用的詞句推定具有相同含義. 各文本使用的詞句不一致的, 應当根据合同的目的予以解釋.	제125조 당사자 간에 계약조항의 해석을 놓고 분쟁이 있는 경우, 계약서의 문구, 관련계약조항, 계약의 목적, 거래관습 및 신의성실의 원칙에 따라 그 조항의 진정한 의미를 확정하여야 한다. 계약서가 동등한 효력을 가지는 두 가지 이상의 언어로 작성된 경우, 각 언어로 작성된 계약의 문구가 동등한 의미를 가지는 것으로 추정된다. 각 언어로 작성된 계약문구가 일치하지 아니한 경우에는 계약의 목적에 따라 계약의 내용을 해석하여야 한다.
第一百二十六條 涉外合同的当事人可以選擇處理合同爭議所適用的法律, 但法律另有規定的除外. 涉外合同的当事人沒有選擇的, 適用与合同有最密切聯系的國家的法律. 在中華人民共和國境內履行的中外合資經營企業合同, 中外合作經營企業合同, 中外合作勘探開發自然資源合同, 適用中華人民共和國法律.	제126조 섭외계약의 당사자는 계약상의 분쟁에 적용되는 법률을 선택할 수 있다. 다만 법률이 달리 규정한 경우에는 그러하지 아니하다. 섭외계약의 당사자가 계약상의 분쟁에 적용되는 법률을 선택하지 아니한 경우에는 계약과 가장 밀접한 관계가 있는 국가의 법률을 적용한다. 중화인민공화국 내에서 이행해야 할 중외합자경영기업계약, 중외합작경영기업계약, 중외합작자원탐사개발계약에 대해서는 중화인민공화

	국의 법률을 적용한다.	
第一百二十七條 工商行政管理部門和其他有關行政主管部門在各自的職權范圍內, 依照法律, 行政法規的規定, 對利用合同危害國家利益, 社會公共利益的違法行爲, 負責監督處理; 构成犯罪的, 依法追究刑事責任.	제127조 공상행정관리기관과 기타 행정관리부서는 각각 권한범위 내에서 법률, 행정법규에 따라 계약을 이용하여 국가이익, 사회공공이익을 해하는 위법행위를 감독, 처리한다. 그 행위가 범죄를 구성하는 경우에는 법에 따라 형사책임을 부과한다.	
第一百二十八條 当事人可以通過和解或者調解解決合同爭議. 当事人不愿和解, 調解或者和解, 調解不成的, 可以根据仲裁協議向仲裁机构申請仲裁. 涉外合同的当事人可以根据仲裁協議向中國仲裁机构或者其他仲裁机构申請仲裁. 当事人沒有訂立仲裁協議或者仲裁協議无效的, 可以向人民法院起訴. 当事人應当履行發生法律效力的判決, 仲裁裁決, 調解書; 拒不履行的, 對方可以請求人民法院執行.	제128조 당사자는 화해 또는 조정에 의하여 계약상의 분쟁을 해결할 수 있다. 당사자가 화해나 조정을 원하지 않거나 또는 화해나 조정이 합의에 도달하지 아니할 경우에는 중재합의에 의하여 중재기구에 중재를 신청할 수 있다. 섭외계약의 당사자는 중재합의에 의하여 중국의 중재기구 또는 그 밖의 중재기구에 중재를 신청할 수 있다. 당사자 간에 중재합의가 없거나 또는 중재합의가 무효인 경우에는 인민법원에 제소할 수 있다. 당사자는 법적 효력이 있는 판결, 중재판정, 조정서를 이행하여야 한다. 이행을 거부하는 경우에는 상대방은 인민법원에 강제집행을 청구할 수 있다.	제731조 (화해의 의의) 화해는 당사자가 상호 양보하여 당사자 간의 분쟁을 종지할 것을 약정함으로써 그 효력이 생긴다.
第一百二十九條 因國際貨物買賣合同和技術進出口合同爭議提起訴訟或者申請仲裁的期限爲四年, 自当事人知道或者應当知道其權利受到侵害之日起計算. 因其他合同爭議提起訴訟或者申請仲裁的	제129조 국제물품매매계약 및 기술수출입계약상의 분쟁으로 인한 제소기간 또는 중재신청기간은 4년으로서, 당사자가 권리침해 사실을 알았거나 또는 알았어야 할 날로부터 기산한다. 그 밖의 계	

期限, 依照有關法律的規定.	약상의 분쟁으로 인한 제소기간 또는 중재신청기간은 관련 법률의 규정에 따라 확정된다.	
分 則	**분 칙**	
第九章 買賣合同	**제9장 매매계약**	
第一百三十條 買賣合同是出賣人轉移標的物的所有權于買受人, 買受人支付价款的合同.	제130조 매매계약은 매도인이 목적물의 소유권을 매수인에게 이전하고, 매도인이 대금을 지급하는 계약이다.	제563조 (매매의 의의) 매매는 당사자일방이 재산권을 상대방에게 이전할 것을 약정하고 상대방이 그 대금을 지급할 것을 약정함으로써 그 효력이 생긴다.
第一百三十一條 買賣合同的內容除依照本法第十二條的規定以外, 還可以包括包裝方式, 檢驗標准和方法, 結算方式, 合同使用的文字及其效力等條款.	제131조 매매계약은 내용상 본법 제12조가 규정하고 있는 것 이외에도 포장방법, 검사기준과 방법, 결산방식, 계약에 사용하는 언어 및 그 효력 등 조항을 포함한다.	
第一百三十二條 出賣的標的物, 應当屬于出賣人所有或者出賣人有權處分. 法律, 行政法規禁止或者限制轉讓的標的物, 依照其規定.	제132조 매매목적물은 매도인의 소유이거나 또는 매도인이 처분할 수 있는 것이어야 한다. 법률 또는 행정법규에 의하여 목적물의 양도가 금지되거나 제한된 경우에는 그 규정에 따라야 한다.	제569조 (타인의 권리의 매매) 매매의 목적이 된 권리가 타인에게 속한 경우에는 매도인은 그 권리를 취득하여 매수인에게 이전하여야 한다. 제570조 (동전－매도인의 담보책임) 전조의 경우에 매도인이 그 권리를 취득하여 매수인에게 이전할 수 없는 때에는 매수인은 계약을 해제할 수 있다. 그러나 매수인이 계약당시 그 권리가 매도인에게 속하지 아니함을 안 때에는 손해배상을 청구하지 못한다. 제571조 (동전－선의의 매도인의 담보책임) ① 매도인이 계약당시에 매매의 목적이 된 권리가 자기에게 속하지 아니함을 알지 못한 경우에

		그 권리를 취득하여 매수인에게 이전할 수 없는 때에는 매도인은 손해를 배상하고 계약을 해제할 수 있다. ② 전항의 경우에 매수인이 계약당시 그 권리가 매도인에게 속하지 아니함을 안 때에는 매도인은 매수인에 대하여 그 권리를 이전할 수 없음을 통지하고 계약을 해제할 수 있다.
第一百三十三條 標的物的所有權自標的物交付時起轉移, 但法律另有規定或者当事人另有約定的除外.	제133조 목적물의 소유권은 목적물의 인도시에 이전한다. 다만 법률이 달리 규정하거나 또는 당사자가 달리 약정한 경우에는 그러하지 아니하다.	
第一百三十四條 当事人可以在買賣合同中約定買受人未履行支付价款或者其他義務的, 標的物的所有權屬于出賣人.	제134조 매매계약에서 당사자 간에 매수인이 대금을 지급하지 않거나 또는 기타 의무를 이행하지 아니하는 경우에 목적물의 소유권이 매도인에게 귀속하는 것으로 약정할 수 있다.	
第一百三十五條 出賣人應当履行向買受人交付標的物或者交付提取標的物的單証, 并轉移標的物所有權的義務.	제135조 매도인은 매수인에게 목적물을 인도하거나 또는 목적물의 수령에 필요한 서류를 교부하고, 목적물의 소유권을 이전하여야 할 의무가 있다.	제568조 (매매의 효력) ① 매도인은 매수인에 대하여 매매의 목적이 된 권리를 이전하여야 하며 매수인은 매도인에게 그 대금을 지급하여야 한다. ② 전항의 쌍방의무는 특별한 약정이나 관습이 없으면 동시에 이행하여야 한다.
第一百三十六條 出賣人應当按照約定或者交易習慣向買受人交付提取標的物單証以外的有關單証和資料.	제136조 매도인은 당사자 간의 약정 또는 거래관습에 따라 매수인에게 목적물의 수령에 필요한 서류 이외의 관련 서류와 자료를 교부하여야 한다.	

第一百三十七條 出賣具有知識産權的計算机軟件等標的物的, 除法律另有規定或者當事人另有約定的以外, 該標的物的知識産權不屬于買受人.	제137조 지적재산권을 구비한 컴퓨터 소프트웨어 등 목적물을 매도하는 경우, 법률이 달리 규정하거나 또는 당사자 간에 달리 약정하지 아니한, 그 목적물의 지적재산권은 매수인에게 귀속하지 아니한다.	
第一百三十八條 出賣人應当按照約定的期限交付標的物. 約定交付期間的, 出賣人可以在該交付期間內的任何時間交付.	제138조 매도인은 약정된 이행기에 목적물을 인도하여야 한다. 인도시기가 기간으로 약정된 경우에는 매도인은 그 기간 내에 언제든지 목적물을 인도할 수 있다.	
第一百三十九條 当事人沒有約定標的物的交付期限或者約定不明確的, 適用本法第六十一條, 第六十二條第四項的規定.	제139조 당사자 간에 목적물의 인도시기에 관하여 약정하지 않거나 또는 약정이 명확하지 아니한 경우, 본법 제61조, 제62조 4항의 규정을 적용한다.	
第一百四十條 標的物在訂立合同之前已爲買受人占有的, 合同生效的時間爲交付時間.	제140조 계약이 성립되기 전에 매수인이 이미 목적물을 점유하고 있는 경우, 계약의 효력 발생 시점은 목적물의 인도시기이다.	제188조 (동산물권양도의 효력, 간이인도) ② 양수인이 이미 그 동산을 점유한 때에는 당사자의 의사표시만으로 그 효력이 생긴다.
第一百四十一條 出賣人應当按照約定的地点交付標的物. 当事人沒有約定交付地点或者約定不明確, 依照本法第六十一條的規定仍不能確定的, 適用下列規定. (一) 標的物需要運輸的, 出賣人應当將標的物交付給第一承運人以運交給買受人. (二) 標的物不需要運輸, 出賣人和買受人訂立合同時知道標的物在某一地点的, 出賣人應当在該地点交付標的物; 不知道標的物在某一地点的,	제141조 매도인은 약정된 장소에서 목적물을 인도하여야 한다. 당사자 간에 인도 장소에 대하여 약정하지 않거나 또는 약정이 명확하지 아니한 경우, 다음 각 호의 규정을 적용한다. (1) 목적물을 운송하여야 하는 경우, 매도인은 제1운송인에게 목적물을 인도함으로써 매수인에게 목적물을 인도할 의무를 이행한다. (2) 목적물을 운송할 필요가	제467조 (변제의 장소) ① 채무의 성질 또는 당사자의 의사표시로 변제장소를 정하지 아니한 때에는 특정물의 인도는 채권성립당시에 그 물건이 있던 장소에서 하여야 한다. ② 전항의 경우에 특정물인도이외의 채무변제는 채권자의 현주소에서 하여야 한다. 그러나 영업에 관한 채무의 변제는 채권자의 현영업소에서 하여야 한다.

應当在出賣人訂立合同時的 營業地交付標的物.	없는 경우, 매도인과 매수인이 계약체결시에 목적물이 어느 장소에 있는지를 알았다면, 그 장소에서 목적물을 인도하여야 한다. 목적물이 어느 장소에 있는지를 몰랐다면, 매도인은 계약체결시의 영업지에서 목적물을 인도하여야 한다.	
第一百四十二條 標的物毀損, 減失的風險, 在標的物交付之前由出賣人承担, 交付之后由買受人承担, 但法律另有規定或者当事人另有約定的除外.	제142조 목적물의 훼손, 멸실의 위험은 목적물이 인도되기 전에는 매도인이 부담하고, 목적물이 인도된 후에는 매수인이 부담한다. 다만, 법률이 달리 규정하거나 또는 당사자 간에 달리 약정한 경우에는 그러하지 아니하다.	제537조 (채무자위험부담주의) 쌍무계약의 당사자일방의 채무가 당사자쌍방의 책임 없는 사유로 이행할 수 없게 된 때에는 채무자는 상대방의 이행을 청구하지 못한다.
第一百四十三條 因買受人的原因致使標的物不能按照約定的期限交付的, 買受人應当自違反約定之日起承担標的物毀損, 減失的風險.	제143조 매수인으로 인하여 목적물을 약정된 시기에 인도할 수 없는 경우, 매수인은 약정을 위반한 날로부터 목적물의 훼손, 멸실의 위험을 부담하여야 한다.	제538조 (채권자귀책사유로 인한 이행불능) ① 쌍무계약의 당사자일방의 채무가 채권자의 책임 있는 사유로 이행할 수 없게 된 때에는 채무자는 상대방의 이행을 청구할 수 있다. 채권자의 수령지체중에 당사자 쌍방의 책임 없는 사유로 이행할 수 없게 된 때에도 같다. ② 전항의 경우에 채무자는 자기의 채무를 면함으로써 이익을 얻은 때에는 이를 채권자에게 상환하여야 한다.
第一百四十四條 出賣人出賣交由承運人運輸的在途標的物, 除当事人另有約定的以外, 毀損, 減失的風險自合同成立時起由買受人承担.	제144조 매도인이 운송인에게 인도하여 운송 중에 있는 목적물을 매도하는 경우, 당사자가 달리 약정하지 않은 한, 훼손 및 멸실의 위험은 계약이 성립한 때로부터 매수인이 부담한다.	
第一百四十五條 当事人沒有	제145조 당사자 간에 인도	

約定交付地点或者約定不明確, 依照本法第一百四十一條第二款第一項的規定標的物需要運輸的, 出賣人將標的物交付給第一承運人后, 標的物毀損, 滅失的風險由買受人承担.	장소에 대하여 약정하지 않거나 또는 약정이 명확하지 아니한 경우, 본법 제141조 2항 1호의 규정에 따라 목적물을 운송해야 하는 때에는 매도인이 제1운송인에게 목적물을 인도한 때로부터 목적물의 훼손 및 멸실의 위험을 매수인이 부담한다.	
第一百四十六條 出賣人按照約定或者依照本法第一百四十一條第二項的規定將標的物置于交付地点, 買受人違反約定沒有收取的, 標的物毀損, 滅失的風險自違反約定之日起由買受人承担.	제146조 매도인이 당사자 간의 약정 또는 본법 제141조 2항 2호에 의하여 목적물을 인도 장소에 준비하여 두었으나 매수인이 약정을 위반하여 목적물을 수령하지 아니한 경우에는 목적물의 훼손 및 멸실의 위험은 매수인이 약정을 위반한 날로부터 부담한다.	제538조 (채권자귀책사유로 인한 이행불능) ① 쌍무계약의 당사자일방의 채무가 채권자의 책임 있는 사유로 이행할 수 없게 된 때에는 채무자는 상대방의 이행을 청구할 수 있다. 채권자의 수령지체중에 당사자 쌍방의 책임 없는 사유로 이행할 수 없게 된 때에도 같다. ② 전항의 경우에 채무자는 자기의 채무를 면함으로써 이익을 얻은 때에는 이를 채권자에게 상환하여야 한다.
第一百四十七條 出賣人按照約定未交付有關標的物的單証和資料的, 不影響標的物毀損, 滅失風險的轉移.	제147조 매도인이 약정에 따라 목적물 관련 서류와 자료를 교부하지 아니 하더라도 목적물의 훼손 및 멸실의 위험의 이전은 영향을 받지 아니한다.	
第一百四十八條 因標的物質量不符合質量要求, 致使不能實現合同目的的, 買受人可以拒絶接受標的物或者解除合同. 買受人拒絶接受標的物或者解除合同的, 標的物毀損, 滅失的風險由出賣人承担.	제148조 목적물의 품질이 품질기준에 부합하지 아니하여 계약의 목적을 달성할 수 없게 된 경우, 매수인은 목적물의 수령을 거절하거나 또는 계약을 해제할 수 있다. 매수인이 목적물의 수령을 거절하거나 또는 계약을 해제하는 때에는 목적물의 훼손 및 멸실의 위험은 매도	

	인이 부담한다.	
第一百四十九條 標的物毀損, 減失的風險由買受人承擔的, 不影響因出賣人履行債務不符合約定, 買受人要求其承擔違約責任的權利.	제149조 목적물의 훼손 및 멸실의 위험을 매수인이 부담하더라도 매도인의 채무이행이 약정에 부합하지 아니하여 매수인이 매도인에게 계약책임을 물을 수 있는 권리는 영향을 받지 아니한다.	
第一百五十條 出賣人就交付的標的物, 負有保証第三人不得向買受人主張任何權利的義務, 但法律另有規定的除外.	제150조 매도인은 매수인에게 인도된 목적물에 대하여 제3자가 매수인에게 어떠한 권리도 주장하지 아니하도록 보장할 의무가 있다. 다만 법률이 달리 규정한 경우에는 그러하지 아니하다.	제569조 (타인의 권리의 매매) 매매의 목적이 된 권리가 타인에게 속한 경우에는 매도인은 그 권리를 취득하여 매수인에게 이전하여야 한다.
第一百五十一條 買受人訂立合同時知道或者應当知道第三人對買賣的標的物享有權利的, 出賣人不承擔本法第一百五十條規定的義務.	제151조 매수인이 계약체결시에 제3자가 매매목적물에 대하여 권리를 갖고 있음을 알았거나 또는 알았어야 하는 경우, 매도인은 본법 제150조가 규정하고 있는 의무를 부담하지 않는다.	제570조 (동전-매도인의 담보책임) 전조의 경우에 매도인이 그 권리를 취득하여 매수인에게 이전할 수 없는 때에는 매수인은 계약을 해제할 수 있다. 그러나 매수인이 계약당시 그 권리가 매도인에게 속하지 아니함을 안 때에는 손해배상을 청구하지 못한다.
第一百五十二條 買受人有确切証据証明第三人可能就標的物主張權利的, 可以中止支付相應的价款, 但出賣人提供适当担保的除外.	제152조 매수인은 확실한 증거에 의하여 제3자가 목적물에 대하여 권리를 주장할 가능성이 있음을 입증하는 경우에 그에 상응하는 대금의 지급을 중단할 수 있다. 다만 매도인이 적당한 담보를 제공하는 때에는 그러하지 아니하다.	
第一百五十三條 出賣人應当按照約定的質量要求交付標的物. 出賣人提供有關標的物質量說明的, 交付的標的物應当符合該說明的質量要求.	제153조 매도인은 약정된 품질기준에 따라 목적물을 인도하여야 한다. 매도인이 목적물의 품질기준에 관한 설명을 제공한 경우에는 인도	제580조 (매도인의 하자담보책임) ① 매매의 목적물에 하자가 있는 때에는 제575조 제1항의 규정을 준용한다. 그러나 매수인이 하자있는

	된 목적물은 매도인이 설명한 품질기준에 부합하여야 한다.	것을 알았거나 과실로 인하여 이를 알지 못한 때에는 그러하지 아니하다.
第一百五十四條 当事人對標的物的質量要求沒有約定或者約定不明确, 依照本法第六十一條的規定仍不能确定的, 适用本法第六十二條第一項的規定.	제154조 당사자 간에 목적물의 품질기준에 관하여 약정하지 않거나 또는 약정이 명확하지 아니한 경우, 본법 제61조에 의하여 여전히 확정할 수 없으면, 본법 제62조 1항을 적용한다.	
第一百五十五條 出賣人交付的標的物不符合質量要求的, 買受人可以依照本法第一百一十一條的規定要求承擔違約責任.	제155조 매도인이 인도한 목적물이 품질기준에 부합하지 아니한 경우, 매수인은 본법 제151조가 규정한 기준에 의하여 매도인에게 계약책임을 물을 수 있다.	제581조 (종류매매와 매도인의 담보책임) ② 전항의 경우에 매수인은 계약의 해제 또는 손해배상의 청구를 하지 아니하고 하자 없는 물건을 청구할 수 있다.
第一百五十六條 出賣人應当按照約定的包裝方式交付標的物. 對包裝方式沒有約定或者約定不明确, 依照本法第六十一條的規定仍不能确定的, 應当按照通用的方式包裝, 沒有通用方式的, 應当采取足以保護標的物的包裝方式.	제156조 매도인은 약정된 포장방법을 사용하여 목적물을 인도하여야 한다. 포장방법에 대하여 약정하지 않거나 또는 약정이 명확하지 아니한 경우, 본법 제61조에 의하여 여전히 확정할 수 없으면 통상적인 포장방법을 사용하여야 하고, 통상적인 포장방법이 없으면 목적물을 충분히 보호할 수 있는 포장방법을 사용하여야 한다.	
第一百五十七條 買受人收到標的物時應当在約定的檢驗期間內檢驗. 沒有約定檢驗期間的, 應当及時檢驗.	제157조 매수인은 목적물을 수령한 때로부터 약정된 검사기간 내에 목적물을 검사하여야 한다. 검사기간을 약정하지 않은 경우에는 지체 없이 검사하여야 한다.	상 법 第69條(買受人의 目的物의 檢査와 瑕疵通知義務) ① 商人間의 賣買에 있어서 買受人이 目的物을 受領한 때에는 遲滯없이 이를 檢査하여야 하며 瑕疵 또는 數量의 不足을 發見한 境遇에는 即時 賣渡人에게 그 通知를 發送하지 아니하면 이로 因한 契約解除, 代金減額 또

		는 損害賠償을 請求하지 못한다. 賣買의 目的物에 卽時 發見할 수 없는 瑕疵가 있는 境遇에 買受人이 6月內에 이를 發見한 때에도 같다.
第一百五十八條 当事人約定檢驗期間的, 買受人應当在檢驗期間內將標的物的數量或者質量不符合約定的情形通知出賣人. 買受人怠于通知的, 視爲標的物的數量或者質量符合約定. 当事人沒有約定檢驗期間的, 買受人應当在發現或者應当發現標的物的數量或者質量不符合約定的合理期間內通知出賣人. 買受人在合理期間內未通知或者自標的物收到之日起兩年內未通知出賣人的, 視爲標的物的數量或者質量符合約定, 但對標的物有質量保証期的, 适用質量保証期, 不适用該兩年的規定. 出賣人知道或者應当知道提供的標的物不符合約定的, 買受人不受前兩款規定的通知時間的限制.	제158조 당사자 간에 검사기간을 약정한 경우에 매수인은 검사기간 내에 매도인에게 목적물의 수량 또는 품질이 약정에 부합하지 않는 사실을 통지하여야 한다. 매수인이 통지를 해태한 때에는 목적물의 수량 또는 품질이 약정에 부합하는 것으로 본다. 당사자 간에 검사기간을 약정하지 않은 경우, 매수인은 목적물의 수량 또는 품질이 약정에 부합하지 않는 사실을 알거나 또는 알았어야 하는 때로부터 합리적 기간 내에 통지하여야 한다. 매수인이 합리적 기간 내에 통지하지 않거나 또는 목적물을 수령한 날로부터 2년 내에 통지하지 아니한 경우에는 목적물의 수량 또는 품질이 약정에 부합하는 것으로 본다. 다만 목적물의 품질보증기간이 명시되어 있는 경우에는 보증기간이 적용되며 2년 기간은 적용되지 아니한다. 매도인이 목적물이 약정에 부합하지 않는 사실을 알았거나 또는 알았어야 하는 때에는 매수인은 전2항이 규정한 통지기간의 제한을 받지 아니한다.	第70條(買受人의 目的物保管, 供託義務) ① 第69條의 境遇에 買受人이 契約을 解除한 때에도 賣渡人의 費用으로 賣買의 目的物을 保管 또는 供託하여야 한다. 그러나 그 目的物이 滅失 또는 毁損될 念慮가 있는 때에는 法院의 許可를 얻어 競賣하여 그 代價를 保管 또는 供託하여야 한다.<改正 1984.4.10> ② 第1項의 規定에 의하여 買受人이 競賣한 때에는 遲滯없이 賣渡人에게 그 通知를 發送하여야 한다.<改正 1984.4.10> ③ 第1項 및 第2項의 規定은 目的物의 引渡場所가 賣渡人의 營業所 또는 住所와 동일한 特別市·廣域市·市·郡에 있는 때에는 이를 適用하지 아니한다.<改正 1995.12.29>
第一百五十九條 買受人應当按照約定的數額支付价款. 對	제159조 매수인은 약정된 금액의 대금을 지급하여야 한	민 법 제568조 (매매의 효력)

价款沒有約定或者約定不确的, 适用本法第六十一條, 第六十二條第二項的規定.	다. 대금에 대하여 약정하지 않거나 또는 약정이 명확하지 아니한 경우에는 본법 제61조, 제62조 2항을 적용한다.	① 매도인은 매수인에 대하여 매매의 목적이 된 권리를 이전하여야 하며 매수인은 매도인에게 그 대금을 지급하여야 한다.
第一百六十條 買受人應当照約定的地点支付价款. 對支付地点沒有約定或者約定不明确, 依照本法第六十一條的規定仍不能确定的, 買受人應当在出賣人的營業地支付, 但約定支付价款以交付標的物或者交付提取標的物單証爲條件的, 在交付標的物或者交付提取標的物單証的所在地支付.	제160조 매수인은 약정된 장소에서 대금을 지급하여야 한다. 대금지급 장소에 관하여 약정하지 않거나 또는 약정이 명확하지 아니한 경우, 본법 제61조에 의하여 여전히 확정할 수 없으면, 매수인은 매도인의 영업지에서 대금을 지급하여야 한다. 다만 목적물의 인도 또는 목적물의 수령에 관한 서류의 교부를 대금의 지급 조건으로 하는 경우에는 목적물을 인도하는 장소 또는 목적물의 수령에 관한 서류를 교부하는 장소에서 대금을 지급하여야 한다.	제586조 (대금지급장소) 매매의 목적물의 인도와 동시에 대금을 지급할 경우에는 그 인도장소에서 이를 지급하여야 한다.
第一百六十一條 買受人應当按照約定的時間支付价款. 對支付時間沒有約定或者約定不明确, 依照本法第六十一條的規定仍不能确定的, 買受人應当在收到標的物或者提取標的物單証的同時支付.	제161조 매수인은 약정된 시기에 대금을 지급하여야 한다. 대금지급시기에 관하여 약정하지 않거나 또는 약정이 명확하지 아니한 경우, 본법 제61조에 의하여 여전히 확정할 수 없으면, 매수인은 목적물 또는 목적물의 수령에 관한 서류를 수령함과 동시에 대금을 지급하여야 한다.	
第一百六十二條 出賣人多交標的物的, 買受人可以接收或者拒絶接收多交的部分. 買受人接收多交部分的, 按照合同的价格支付价款 ; 買受人拒絶接收多交部分的, 應当及時通知出賣人.	제162조 매도인이 실제 제공해야 하는 목적물의 수량보다 더 많이 인도한 경우, 매수인은 초과된 부분을 수령하거나 또는 수령을 거절할 수 있다. 매수인은 초과된 부분을 수령하는 때에 계약에	상 법 第71條(同前－數量超過等의 境遇) 前條의 規定은 賣渡人으로부터 買受人에게 引渡한 物件이 賣買의 目的物과 相違하거나 數量이 超過한 境遇에 그 相違 또는 超過한

	서 정한 가격에 따라 대금을 지급한다. 매수인은 초과된 부분의 수령을 거절하는 때에는 지체 없이 매도인에게 통지하여야 한다.	部分에 對하여 準用한다.
第一百六十三條 標的物在交付之前産生的孳息, 歸出賣人所有, 交付之后産生的孳息, 歸買受人所有.	제163조 목적물이 인도되기 전에 생긴 과실은 매도인에게 귀속하고, 목적물이 인도된 후에 생긴 과실은 매수인에게 귀속한다.	민 법 제587조 (과실의 귀속, 대금의 이자) 매매계약 있은 후에도 인도하지 아니한 목적물로부터 생긴 과실은 매도인에게 속한다. 매수인은 목적물의 인도를 받은 날로부터 대금의 이자를 지급하여야 한다. 그러나 대금의 지급에 대하여 기한이 있는 때에는 그러하지 아니하다.
第一百六十四條 因標的物的主物不符合約定而解除合同的, 解除合同的效力及于從物. 因標的物的從物不符合約定被解除的, 解除的效力不及于主物.	제164조 목적물의 주물과 관련된 채무이행이 약정에 부합하지 않아 계약이 해제된 경우에 해제의 효력은 종물에 대하여도 미친다. 목적물의 종물과 관련된 채무이행이 약정에 부합하지 않아 계약이 해제된 경우에 해제의 효력은 주물에 미치지 아니한다.	제100조 (주물, 종물) ① 물건의 소유자가 그 물건의 상용에 공하기 위하여 자기소유인 다른 물건을 이에 부속하게 한 때에는 그 부속물은 종물이다. ② 종물은 주물의 처분에 따른다.
第一百六十五條 標的物爲數物, 其中一物不符合約定的, 買受人可以就該物解除, 但該物与他物分离使標的物的价值顯受損害的, 当事人可以就數物解除合同.	제165조 목적물이 다수인 경우에 그 중의 하나가 약정에 부합하지 않으면 매수인은 그 목적물에 대해서 해제할 수 있다. 다만 그 목적물을 다른 목적물과 분리하게 되면 목적물의 가치가 현저하게 감소하는 경우에는 당사자는 다수의 목적물 모두에 대해서 계약을 해제할 수 있다.	
第一百六十六條 出賣人分批交付標的物的, 出賣人對其中一批標的物不交付或者交付	제166조 매도인이 목적물을 몇 차례로 나누어 인도하는 경우, 일부를 인도하지 않거	

	나 또는 인도한 것이 약정에 부합하지 않아 그 일부에 대해서 계약의 목적을 달성할 수 없는 때에는 매수인은 그 일부에 대해서 계약을 해제할 수 있다.	
不符合約定, 致使該批標的物不能實現合同目的的, 買受人可以就該批標的物解除. 出賣人不交付其中一批標的物或者交付不符合約定, 致使今后其他各批標的物的交付不能實現合同目的的, 買受人可以就該批以及今后其他各批標的物解除. 買受人如果就其中一批標的物解除, 該批標的物与其他各批標的物相互依存的, 可以已經交付和未交付的各批標的物解除.	매도인이 어느 한차례 목적물을 인도하지 않거나 또는 인도한 것이 약정에 부합하지 않아 그 이후에 인도되는 각각의 목적물에 대해서 계약의 목적을 달성할 수 없는 경우, 매수인은 그 목적물 및 그 이후에 인도되는 각각의 목적물에 대해서 계약을 해제할 수 있다. 매수인은 어느 한차례 목적물에 대해서 계약을 해제하는 경우, 그 목적물과 다른 목적물이 상호 의존하는 관계이면, 이미 인도된 목적물과 아직 인도되지 않은 목적물에 대해서 계약을 해제할 수 있다.	
第一百六十七條 分期付款的買受人未支付到期价款的金額達到全部价款的五分之一的, 出賣人可以要求買受人支付全部价款或者解除合同. 出賣人解除合同的, 可以向買受人要求支付該標的物的使用費.	제167조 매수인이 대금을 분할하여 지급하는 경우, 기한 도래의 미지급 대금의 금액이 대금 전액의 5분의 1에 달하는 때에 매도인은 매수인에게 대금 전액을 지급할 것을 요구하거나 또는 계약을 해제할 수 있다. 매도인은 계약을 해제하는 때에 매수인에게 목적물의 사용료를 지급할 것을 요구할 수 있다.	
第一百六十八條 凭樣品買賣的当事人應当封存樣品, 幷可以對樣品質量予以說明. 出賣	제168조 견본매매의 당사자는 견본을 봉인하여 보존하여야 하고, 견본의 품질에 대	

人交付的標的物應当与樣品及其說明的質量相同.	한 설명을 제공할 수 있다. 매도인이 인도한 목적물은 견본 및 그 품질에 대한 설명과 일치하여야 한다.	
第一百六十九條 凭樣品買賣的買受人不知道樣品有隱蔽瑕疵的, 即使交付的標的物与樣品相同, 出賣人交付的標的物的質量仍然應当符合同种物的通常標准.	제169조 견본매매의 매수인이 견본에 숨은 하자가 있다는 사실을 모른 경우에 인도된 목적물이 견본과 동일하다고 하더라도 매도인이 인도한 목적물의 품질은 여전히 同種의 목적물의 통상적인 품질기준에 부합하여야 한다.	
第一百七十條 試用買賣的当事人可以約定標的物的試用期間. 對試用期間沒有約定或者約定不明确, 依照本法第六十一條的規定仍不能确定的, 由出賣人确定.	제170조 시험매매의 당사자간에 목적물의 시험기간을 약정할 수 있다. 시험기간을 약정하지 않거나 또는 그 약정이 명확하지 아니한 경우, 본법 제61조에 의하여 여전히 확정할 수 없으면, 매도인이 시험기간을 정한다.	
第一百七十一條 試用買賣的買受人在試用期內可以購買標的物, 也可以拒絶購買. 試用期間屆滿, 買受人對是否購買標的物未作表示的, 視爲購買.	제171조 시험매매의 매수인은 시험기간 중에 목적물을 구매하거나 또는 구매를 거절할 수 있다. 시험기간이 만료할 때까지 매수인이 구매여부의 의사를 표시하지 않는 때에는 구매한 것으로 본다.	
第一百七十二條 招標投標買賣的当事人的權利和義務以及招標投標程序等, 依照有關法律, 行政法規的規定.	제172조 입찰에 의한 매매에서 당사자의 권리와 의무, 입찰절차 등은 관련 법률 및 행정법규에 의한다.	
第一百七十三條 拍賣的当事人的權利和義務以及拍賣程序等, 依照有關法律, 行政法規的規定.	제173조 경매에서의 당사자의 권리와 의무, 경매절차 등은 관련 법률 및 행정법규에 의한다.	
第一百七十四條 法律對其他有償合同有規定的, 依照其規定 ; 沒有規定的, 參照買賣合	제174조 기타 유상계약에 대하여 법률에 규정이 있는 경우에는 그 규정에 의하고, 법	제567조 (유상계약에의 준용) 본절의 규정은 매매이외의 유상계약에 준용한다. 그러

	률에 규정이 없는 경우에는 매매계약의 관련 규정을 참조한다.	나 그 계약의 성질이 이를 허용하지 아니하는 때에는 그러하지 아니하다.
同的有關規定.		
第一百七十五條 当事人約定易貨交易, 轉移標的物的所有權的, 參照買賣合同的有關規定.	제175조 당사자 간에 물건의 교환을 약정하여 목적물의 소유권을 이전하는 경우에 매매계약의 관련 규정을 참조한다.	제596조 (교환의 의의) 교환은 당사자쌍방이 금전이외의 재산권을 상호 이전할 것을 약정함으로써 그 효력이 생긴다. 제597조 (금전의 보충지급의 경우) 당사자일방이 전조의 재산권이전과 금전의 보충지급을 약정한 때에는 그 금전에 대하여는 매매대금에 관한 규정을 준용한다.
第十章 供用電, 水, 气, 熱力合同	제10장 전기, 물, 가스, 열에너지 공급계약	
第一百七十六條 供用電合同是供電人向用電人供電, 用電人支付電費的合同.	제176조 전기공급계약은 전기공급자가 전기사용자에게 전기를 공급하고, 전기사용자가 그에 상응하는 요금을 지급하는 계약이다.	
第一百七十七條 供用電合同的內容包括供電的方式, 質量, 時間, 用電容量, 地址, 性質, 計量方式, 電价, 電費的結算方式, 供用電設施的維護責任等條款.	제177조 전기공급계약은 내용상 전기공급방식, 품질, 기간, 전기사용량, 주소, 사용의 성질, 계량방법, 전기가격과 전기요금의 결산방법, 전기공급시설의 유지보호책임 등 조항을 포함한다.	
第一百七十八條 供用電合同的履行地点, 按照当事人約定; 当事人沒有約定或者約定不明确的, 供電設施的產權分界處爲履行地点.	제178조 전기공급계약의 이행장소는 당사자 간의 약정에 의한다. 당사자 간에 약정하지 않거나 또는 그 약정이 명확하지 않은 경우, 전기공급시설에서 재산권을 기준으로 나누어지는 경계지가 이행장소이다.	
第一百七十九條 供電人應当按照國家規定的供電質量標准和約定安全供電. 供電人未	제179조 전기공급자는 국가가 정한 전기공급 품질기준과 약정에 따라 안전하게 전	

按照國家規定的供電質量標准和約定安全供電, 造成用電人損失的, 應当承担損害賠償責任.	기를 공급하여야 한다. 전기 공급자는 국가가 전기공급 품질기준과 약정에 따라 안전하게 전기를 공급하지 않아 전기사용자가 손해를 입은 경우에 손해배상책임을 부담하여야 한다.	
第一百八十條 供電人因供電設施計划檢修, 臨時檢修, 依法限電或者用電人違法用電等原因, 需要中斷供電時, 應当按照國家有關規定事先通知用電人. 未事先通知用電人中斷供電, 造成用電人損失的, 應当承担損害賠償責任.	제180조 전기공급자는, 전기 공급시설에 대한 사전에 계획된 또는 임시적인 정기 점검·수리, 법에 의한 전기사용 제한, 전기사용자의 위법한 전기사용 등 이유로 전기 공급을 중단할 필요가 있는 경우에 국가의 관련 규정에 따라 사전에 그 사실을 전기 공급자에게 통지하여야 한다. 전기 공급 중단 사실을 사전에 전기사용자에게 통지하지 않아 전기사용자가 손해를 입은 경우에는 손해배상책임을 부담하여야 한다.	
第一百八十一條 因自然灾害等原因斷電, 供電人應当按照國家有關規定及時搶修. 未及時搶修, 造成用電人損失的, 應当承担損害賠償責任.	제181조 자연재해 등으로 인하여 전기 공급이 중단되는 경우, 전기공급자는 국가의 관련 규정에 따라 지체 없이 수리하여야 한다. 제때에 수리하지 않아 전기사용자가 손해를 입은 경우에는 전기 공급자는 손해배상책임을 부담하여야 한다.	
第一百八十二條 用電人應当按照國家有關規定和当事人的約定及時交付電費. 用電人逾期不交付電費的, 應当按照約定支付違約金. 經催告用電人在合理期限內仍不交付電費和違約金的, 供電人可以按照國家規定的程序中止供電.	제182조 전기사용자는 국가의 관련 규정 및 당사자 간의 약정에 따라 지체 없이 전기요금을 지급하여야 한다. 전기사용자는 기한이 경과되어도 전기요금을 지급하지 않는 경우에 약정에 따라 위약금을 지급하여야 한	

	다. 전기사용자가 전기공급자로부터 지급최고를 받은 때로부터 합리적 기간 내에 여전히 전기요금과 위약금을 지급하지 않는 경우, 전기공급자는 국가가 정한 절차에 따라 전기 공급을 중단할 수 있다.	
第一百八十三條 用電人應当按照國家有關規定和当事人的約定安全用電. 用電人未按照國家有關規定和当事人的約定安全用電, 造成供電人損失的, 應当承担損害賠償責任.	제183조 전기사용자는 국가의 관련 규정 및 당사자 간의 약정에 따라 안전하게 전기를 사용하여야 한다. 전기사용자가 국가의 관련 규정 및 당사자 간의 약정에 따라 안전하게 전기를 사용하지 않아 전기공급자가 손해를 입는 경우, 전기사용자는 손해배상책임을 부담하여야 한다.	
第一百八十四條 供用水, 供用气, 供用熱力合同, 參照供用電合同的有關規定.	제184조 물, 가스, 열에너지의 공급계약은 전기공급계약의 관련 규정을 참조하여 규율한다.	
第十一章 贈与合同	제11장 증여계약	
第一百八十五條 贈与合同是贈与人將自己的財産无償給予受贈人, 受贈人表示接受贈与的合同.	제185조 증여계약은 증여자가 자신의 재산을 무상으로 수증자에게 수여하는 의사를 표시하고, 수증자가 그에 대한 수령의사를 표시하는 계약이다.	제554조 (증여의 의의) 증여는 당사자일방이 무상으로 재산을 상대방에 수여하는 의사를 표시하고 상대방이 이를 승낙함으로써 그 효력이 생긴다.
第一百八十六條 贈与人在贈与財産的權利轉移之前可以撤銷贈与. 具有救灾, 扶貧等社會公益, 道德義務性質的贈与合同或者經過公証的贈与合同, 不适用前款規定.	제186조 증여자는 증여재산의 권리를 상대방에게 이전하기 전에 증여를 취소할 수 있다. 이재민 구원이나 빈민구제 등 사회공익 또는 도의적인 성격을 가지는 증여계약이나 공증절차를 거친 증여계약에 대하여는 전항의 규정을 적용하지 아니한다.	제555조 (서면에 의하지 아니한 증여와 해제) 증여의 의사가 서면으로 표시되지 아니한 경우에는 각 당사자는 이를 해제할 수 있다.

第一百八十七條 贈与的財產依法需要辦理登記等手續的, 應当辦理有關手續.	제187조 증여재산에 법에 의한 등기 등 절차가 필요한 경우에 관련 절차를 밟아야 한다.	
第一百八十八條 具有救災, 扶貧等社會公益, 道德義務性質的贈与合同或者經過公証的贈与合同, 贈与人不交付贈与的財產的, 受贈人可以要求交付.	제188조 이재민 구원이나 빈민구제 등 사회공익 또는 도의적인 성격을 가지는 증여계약이나 공증절차를 거친 증여계약에서 증여자가 증여재산을 인도하지 않는 경우, 수증자는 증여자에게 증여재산의 인도를 청구할 수 있다.	
第一百八十九條 因贈与人故意或者重大過失致使贈与的財產毁損, 減失的, 贈与人應当承担損害賠償責任.	제189조 증여자의 고의나 중대한 과실에 의하여 증여재산이 훼손 또는 멸실된 경우에 증여자는 손해배상책임을 부담하여야 한다.	
第一百九十條 贈与可以附義務. 贈与附義務的, 受贈人應当按照約定履行義務.	제190조 증여에 의무를 부과할 수 있다. 증여에 의무가 부과된 경우, 수증자는 약정에 따라 의무를 이행하여야 한다.	제561조 (부담부증여) 상대부담 있는 증여에 대하여는 본절의 규정 외에 쌍무계약에 관한 규정을 적용한다.
第一百九十一條 贈与的財產有瑕疵的, 贈与人不承担責任. 附義務的贈与, 贈与的財產有瑕疵的, 贈与人在附義務的限度內承担与出賣人相同的責任. 贈与人故意不告知瑕疵或者保証无瑕疵, 造成受贈人損失的, 應当承担損害賠償責任.	제191조 증여재산의 하자에 대하여 증여자는 책임을 부담하지 아니한다. 부담부증여의 경우에 증여자는 증여재산의 하자에 대하여 상대방이 부담하는 의무의 한도 내에서 매도인과 동일한 책임을 부담한다. 증여자가 고의로 증여재산의 하자를 수증자에게 고지하지 아니하거나 또는 하자가 없음을 보증하여 수증자가 손해를 입는 경우, 증여자는 손해배상책임을 부담하여야 한다.	제559조 (증여자의 담보책임) ① 증여자는 증여의 목적인 물건 또는 권리의 하자나 흠결에 대하여 책임을 지지 아니한다. 그러나 증여자가 그 하자나 흠결을 알고 수증자에게 고지하지 아니한 때에는 그러하지 아니하다. ② 상대부담 있는 증여에 대하여는 증여자는 그 부담의 한도에서 매도인과 같은 담보의 책임이 있다.
第一百九十二條 受贈人有下	제192조 수증자에게 다음 각	제556조 (수증자의 행위와

列情形之一的, 贈与人可以撤銷贈与. (一) 嚴重侵害贈与人或者贈与人的近親屬 (二) 對贈与人有扶養義務而不履行 (三) 不履行贈与合同約定的義務 贈与人的撤銷權, 自知道或者應当知道撤銷原因之日起一年內行使.	호의 사유가 있는 때에 증여자는 증여를 취소할 수 있다. (1) 증여자 또는 증여자의 근친자에게 중대한 침해행위를 한 때 (2) 증여자에 대하여 부양의무가 있으나, 이를 이행하지 아니한 때 (3) 증여계약에서 정한 의무를 이행하지 아니한 때 증여자는 전항의 취소권을 취소사유를 알았거나 또는 알았어야 하는 날로부터 1년 내에 행사하여야 한다.	증여의 해제) ① 수증자가 증여자에 대하여 다음 각 호의 사유가 있는 때에는 증여자는 그 증여를 해제할 수 있다. 1. 증여자 또는 그 배우자나 직계혈족에 대한 범죄행위가 있는 때 2. 증여자에 대하여 부양의무 있는 경우에 이를 이행하지 아니하는 때 ② 전항의 해제권은 해제원인 있음을 안 날로부터 6월을 경과하거나 증여자가 수증자에 대하여 용서의 의사를 표시한 때에는 소멸한다.
第一百九十三條 因受贈人的違法行爲致使贈与人死亡或者喪失民事行爲能力的, 贈与人的継承人或者法定代理人可以撤銷贈与. 贈与人的継承人或者法定代理人的撤銷權, 自知道或者應当知道撤銷原因之日起六个月內行使.	제193조 수증자의 위법행위로 인하여 증여자가 사망하거나 또는 민사행위능력을 상실하는 경우, 증여자의 상속인 또는 법정대리인은 증여를 취소할 수 있다. 증여자의 상속인 또는 법정대리인의 취소권은 취소사유를 알았거나 또는 알았어야 하는 날로부터 6월내에 행사하여야 한다.	
第一百九十四條 撤銷權人撤銷贈与的, 可以向受贈人要求返還贈与的財産.	제194조 증여를 취소할 수 있는 자는 증여를 취소하는 경우에 수증자에게 증여재산의 반환을 청구할 수 있다.	
第一百九十五條 贈与人的經濟狀況顯著惡化, 嚴重影響其生產經營或者家庭生活的, 可以不再履行贈与義務.	제195조 증여자의 재산상태가 현저히 악화되어 생산경영 또는 가정생활에 중대한 영향을 미치게 된 경우에 증여자는 증여의무를 더 이상 이행하지 않을 수 있다.	제557조 (증여자의 재산상태변경과 증여의 해제) 증여계약 후에 증여자의 재산상태가 현저히 변경되고 그 이행으로 인하여 생계에 중대한 영향을 미칠 경우에는 증여자는 증여를 해제할 수 있다.

第十二章　借款合同	제12장 금전소비대차계약	
第一百九十六條　借款合同是借款人向貸款人借款, 到期返還借款幷支付利息的合同.	제196조 금전소비대차계약은 차주가 대주로부터 금전을 차용하고, 기한이 도래하면 원금과 이자를 대주에게 지급하는 계약이다.	제598조 (소비대차의 의의) 소비대차는 당사자일방이 금전 기타 대체물의 소유권을 상대방에게 이전할 것을 약정하고 상대방은 그와 같은 종류, 품질 및 수량으로 반환할 것을 약정함으로써 그 효력이 생긴다.
第一百九十七條　借款合同采用書面形式, 但自然人之間借款另有約定的除外. 借款合同的內容包括借款种類, 幣种, 用途, 數額, 利率, 期限和還款方式等條款.	제197조 금전소비대차계약은 서면으로 체결되어야 한다. 다만 자연인 간의 금전소비대차에서 당사자 간에 달리 약정한 경우에는 그러하지 아니하다. 금전소비대차계약은 내용상 금전소비대차의 유형, 화폐의 종류, 용도, 금액, 이율, 기한과 변제방법 등 조항을 포함한다.	
第一百九十八條　訂立借款合同, 貸款人可以要求借款人提供担保. 担保依照≪中華人民共和國担保法≫的規定.	제198조 금전소비대차계약을 체결하는 경우에 대주는 차주에게 담보를 제공할 것을 요구할 수 있다. 담보에 대하여는 "중화인민공화국담보법"의 규정을 적용한다.	
第一百九十九條　訂立借款合同, 借款人應当按照貸款人的要求提供与借款有關的業務活動和財務狀況的眞實情況.	제199조 금전소비대차계약을 체결하는 경우에 차주는 대주의 요구에 따라 금전소비대차와 관련된 업무 및 재상상황에 관한 진실 된 정보를 제공하여야 한다.	
第二百條　借款的利息不得預先在本金中扣除. 利息預先在本金中扣除的, 應当按照實際借款數額返還借款幷計算利息.	제200조 금전소비대차에서 이자를 사전에 원금에서 공제하여서는 아니된다. 이자를 사전에 원금에서 공제한 경우에는 실제 차용한 금액을 원금으로 하여 변제하고 이자를 계산하여야 한다.	

第二百零一條 貸款人未按照約定的日期, 數額提供借款, 造成借款人損失的, 應当賠償損失. 借款人未按照約定的日期, 數額收取借款的, 應当按照約定的日期, 數額支付利息.	제201조 대주가 약정된 기일 및 금액에 따라 금전을 제공하지 아니하여 차주가 손해를 입는 경우에 대주는 그 손해를 배상하여야 한다. 차주가 약정된 기일 및 금액에 따라 금전을 수령하지 않은 경우에도 약정된 기일 및 금액에 따라 이자를 지급하여야 한다.	
第二百零二條 貸款人按照約定可以檢查, 監督借款的使用情況. 借款人應当按照約定向貸款人定期提供有關財務會計報表等資料.	제202조 대주는 약정에 따라 차용한 금전의 사용상황을 검사, 감독할 수 있다. 차주는 약정에 따라 대주에게 재무회계장부 등 자료를 정기적으로 제공하여야 한다.	
第二百零三條 借款人未按照約定的借款用途使用借款的, 貸款人可以停止發放借款, 提前收回借款或者解除合同.	제203조 차주가 약정된 대차용도에 따라 차용한 금전을 사용하지 않는 경우, 대주는 자금의 지급을 중단하고, 기한이 도래하기 전에 회수하거나 또는 계약을 해제할 수 있다.	제601조 (무이자소비대차와 해제권) 이자 없는 소비대차의 당사자는 목적물의 인도 전에는 언제든지 계약을 해제할 수 있다. 그러나 상대방에게 생긴 손해가 있는 때에는 이를 배상하여야 한다.
第二百零四條 辦理貸款業務的金融机构貸款的利率, 應当按照中國人民銀行規定的貸款利率的上下限确定.	제204조 대출을 업으로 하는 금융기관의 대출 이율은 중국인민은행이 정한 대출 이율의 상한과 하한에 따라 결정하여야 한다.	
第二百零五條 借款人應当按照約定的期限支付利息. 對支付利息的期限沒有約定或者約定不明确, 依照本法第六十一條的規定仍不能确定, 借款期間不滿一年的, 應当在返還借款時一幷支付 ; 借款期間一年以上的, 應当在每屆滿一年時支付, 剩余期間不滿一年的, 應当在返還借款時一幷支付.	제205조 차주는 약정된 기한에 이자를 지급하여야 한다. 이자의 지급기한에 관하여 약정하지 않거나 또는 그 약정이 명확하지 아니한 경우, 본법 제61조에 의하여 여전히 확정할 수 없으면, 대차기간이 1년 미만인 때에는 원금을 반환하는 때에 일괄 지급하여야 하며, 대차기간이 1년 이상인 때에는 1년	제600조 (이자계산의 시기) 이자있는 소비대차는 차주가 목적물의 인도를 받은 때로부터 이자를 계산하여야 하며 차주가 그 책임 있는 사유로 수령을 지체할 때에는 대주가 이행을 제공한 때로부터 이자를 계산하여야 한다.

	만기마다 이자를 지급하여 고, 잔여 대차기간이 1년 미만이면 원금을 반환하는 때에 일괄 지급하여야 한다.	
第二百零六條 借款人應当按 照約定的期限返還借款. 對借 款期限沒有約定或者約定不 明确, 依照本法第六十一條的 規定仍不能確定的, 借款人可 以隨時返還 ; 貸款人可以催 告借款人在合理期限內返還.	제206조 차주는 약정된 기한 에 차용금을 반환하여야 한 다. 대차기한에 관하여 약정 하지 않거나 또는 그 약정이 명확하지 아니한 경우, 본법 제61조에 의하여 여전히 확 정할 수 없으면, 차주는 언 제든지 반환할 수 있다. 대 주는 차주에게 합리적 기한 내에 반환할 것을 최고할 수 있다.	제603조 (반환시기) ① 차주 는 약정시기에 차용물과 같 은 종류, 품질 및 수량의 물 건을 반환하여야 한다. ② 반환시기의 약정이 없는 때에는 대주는 상당한 기간 을 정하여 반환을 최고하여 야 한다. 그러나 차주는 언 제든지 반환할 수 있다.
第二百零七條 借款人未按照 約定的期限返還借款的, 應当 按照約定或者國家有關規定 支付逾期利息.	제207조 차주가 약정된 기한 에 차용금을 반환하지 아니 하는 경우, 당사자 간의 약 정 또는 국가의 관련 규정에 따라 지연이자를 지급하여 야 한다.	
第二百零八條 借款人提前償 還借款的, 除当事人另有約定 的以外, 應当按照實際借款的 期間計算利息.	제208조 차주가 기한이 도래 하기 전에 차용금을 반환하 는 경우, 당사자 간에 달리 약정하지 않은 한, 실제 차 용한 기간에 따라 이자를 계 산하여야 한다.	
第二百零九條 借款人可以在 還款期限屆滿之前向貸款人 申請展期. 貸款人同意的, 可 以展期.	제209조 차주는 기한이 도래 하기 전에 대주에게 대차기 간의 연장을 요구할 수 있 다. 대주의 동의가 있으면, 대차기간이 연장될 수 있다.	
第二百一十條 自然人之間的 借款合同, 自貸款人提供借款 時生效.	제210조 자연인간의 금전소 비대차계약은 대주가 차주 에게 금전을 인도한 때로부 터 효력을 발생한다.	
第二百一十一條 自然人之間 的借款合同對支付利息沒有 約定或者約定不明确的, 視爲	제211조 자연인간의 금전소 비대차계약에서 이자의 지 급에 대하여 약정하지 않거	

	나 또는 그 약정이 명확하지 아니한 경우, 이자를 지급하지 않는 것으로 본다.	
不支付利息. 自然人之間的借款合同約定支付利息的, 借款的利率不得違反國家有關限制借款利率的規定.	자연인간의 금전소비대차계약에서 이자의 지급을 약정한 경우, 그 이자의 이율이 국가의 이율제한 관련 규정에 위반되어서는 아니된다.	
第十三章 租賃合同	제13장 임대차계약	
第二百一十二條 租賃合同是出租人將租賃物交付承租人使用, 收益, 承租人支付租金的合同.	제212조 임대차계약은 임대인이 임차인에게 임차물을 인도하여 사용, 수익하게 하고, 임차인이 차임을 지급하는 계약이다.	제618조 (임대차의 의의) 임대차는 당사자일방이 상대방에게 목적물을 사용, 수익하게 할 것을 약정하고 상대방이 이에 대하여 차임을 지급할 것을 약정함으로써 그 효력이 생긴다.
第二百一十三條 租賃合同的內容包括租賃物的名稱, 數量, 用途, 租賃期限, 租金及其支付期限和方式, 租賃物維修等條款.	제213조 임대차계약은 내용상 임차물의 명칭, 수량, 용도, 임대차기간, 차임 및 지급기한과 지급방법, 임차물의 유지와 보수 등 조항을 포함한다.	
第二百一十四條 租賃期限不得超過二十年. 超過二十年的, 超過部分无效. 租賃期間屆滿, 當事人可以續訂租賃合同, 但約定的租賃期限自續訂之日起不得超過二十年.	제214조 임대차 기간은 20년을 초과할 수 없다. 20년을 초과하는 경우에 20년 이후부터 임대차계약은 효력이 없다. 임대차 기간이 만료하는 때에 당사자는 임대차계약을 갱신할 수 있다. 다만 임대차 기간은 갱신한 날로부터 20년을 초과할 수 없다.	제651조 (임대차존속기간) ① 석조, 석회조, 연와조 또는 이와 유사한 견고한 건물 기타 공작물의 소유를 목적으로 하는 토지임대차나 식목, 채염을 목적으로 하는 토지임대차의 경우를 제한 외에는 임대차의 존속기간은 20년을 넘지 못한다. 당사자의 약정기간이 20년을 넘는 때에는 이를 20년으로 단축한다. ② 전항의 기간은 이를 갱신할 수 있다. 그 기간은 갱신한 날로부터 10년을 넘지 못한다. 제623조 (임대인의 의무) 임

		대인은 목적물을 임차인에게 인도하고 계약존속 중 그 사용, 수익에 필요한 상태를 유지하게 할 의무를 부담한다.
第二百一十五條 租賃期限六个月以上的, 應当采用書面形式. 当事人未采用書面形式的, 視爲不定期租賃.	제215조 임대차 기간이 6월 이상이면 서면으로 계약을 체결하여야 한다. 서면으로 계약을 체결하지 않는 때에는 기간을 정하지 아니한 임대차로 본다.	
第二百一十六條 出租人應当按照約定將租賃物交付承租人, 并在租賃期間保持租賃物符合約定的用途.	제216조 임대인은 약정에 따라 임차물을 임차인에게 인도하고, 임대차 기간 중에 약정된 임차용도에 부합하도록 임차물을 유지하여야 한다.	
第二百一十七條 承租人應当按照約定的方法使用租賃物. 對租賃物的使用方法沒有約定或者約定不明確, 依照本法第六十一條的規定仍不能确定的, 應当按照租賃物的性質使用.	제217조 임차인은 약정된 방법에 따라 임차물을 사용하여야 한다. 임차물의 사용방법에 대하여 약정하지 않거나 또는 그 약정이 명확하지 아니한 경우, 본법 제61조에 의하여 여전히 확정할 수 없으면, 임차물의 성질에 따라 사용하여야 한다.	
第二百一十八條 承租人按照約定的方法或者租賃物的性質使用租賃物, 致使租賃物受到損耗的, 不承担損害賠償責任.	제218조 임차인이 약정된 방법 또는 임차물의 성질에 따라 임차물을 사용한 때에는 임차물이 소모되어도 그에 대하여 손해배상책임을 부담하지 아니한다.	
第二百一十九條 承租人未按照約定的方法或者租賃物的性質使用租賃物, 致使租賃物受到損失的, 出租人可以解除合同并要求賠償損失.	제219조 임차인이 약정된 방법 또는 임차물의 성질에 따라 임차물을 사용하지 않아 임차물에 손해가 발생한 때에 임대인은 계약을 해제하고, 동시에 손해배상을 청구할 수 있다.	
第二百二十條 出租人應当履行租賃物的維修義務, 但当事	제220조 임대인은 임차물을 유지하고 보수할 의무가 있	

	다. 다만 당사자 간에 달리 약정한 경우에는 그러하지 아니하다.	
人另有約定的除外.		
第二百二十一條 承租人在租賃物需要維修時可以要求出租人在合理期限內維修. 出租人未履行維修義務的, 承租人可以自行維修, 維修費用由出租人負担. 因維修租賃物影響承租人使用的, 應当相應減少租金或者延長租期.	제221조 임차인은 임차물을 보수할 필요가 있는 경우에 임대인에게 합리적 기간 내에 보수할 것을 청구할 수 있다. 임대인이 보수의무를 이행하지 아니하는 때에는 임차인 스스로 보수할 수 있고, 그 보수비용은 임대인이 부담한다. 임차물 보수로 인하여 임차인의 임차물사용에 영향을 주는 경우에는 그에 상응하는 차임을 감액하거나 또는 임차기간을 연장하여야 한다.	제626조 (임차인의 상환청구권) ① 임차인이 임차물의 보존에 관한 필요비를 지출한 때에는 임대인에 대하여 그 상환을 청구할 수 있다. ② 임차인이 유익비를 지출한 경우에는 임대인은 임대차 종료시에 그 가액의 증가가 현존한 때에 한하여 임차인의 지출한 금액이나 그 증가액을 상환하여야 한다. 이 경우에 법원은 임대인의 청구에 의하여 상당한 상환기간을 허여할 수 있다.
第二百二十二條 承租人應当妥善保管租賃物, 因保管不善造成租賃物毁損, 減失的, 應当承担損害賠償責任.	제222조 임차인은 임차물을 적절하게 보관하여야 한다. 적절하게 보관하지 못하여 임차물이 훼손 또는 멸실되는 경우에는 손해배상책임을 부담하여야 한다.	제653조 (일시사용을 위한 임대차의 특례) 제628조, 제638조, 제640조, 제646조 내지 제648조, 제650조 및 전조의 규정은 일시사용하기 위한 임대차 또는 전대차인 것이 명백한 경우에는 적용하지 아니한다. 제610조 (차주의 사용, 수익권) ① 차주는 계약 또는 그 목적물의 성질에 의하여 정하여진 용법으로 이를 사용, 수익하여야 한다.
第二百二十三條 承租人經出租人同意, 可以對租賃物進行改善或者增設他物. 承租人未經出租人同意, 對租賃物進行改善或者增設他物的, 出租人可以要求承租人恢夏原狀或者賠償損失.	제223조 임차인은 임대인의 동의를 얻어 임차물을 개량하거나 또는 다른 물건을 부속할 수 있다. 임차인이 임대인의 동의 없이 임차물을 개량하거나 또는 다른 물건을 부속한 경우에 임대인은 임차인에게 원상회복 또는 손해배상을 청	제646조 (임차인의 부속물매수청구권) ① 건물 기타 공작물의 임차인이 그 사용의 편익을 위하여 임대인의 동의를 얻어 이에 부속한 물건이 있는 때에는 임대차의 종료시에 임대인에 대하여 그 부속물의 매수를 청구할 수 있다.

		② 임대인으로부터 매수한 부속물에 대하여도 전항과 같다.
	구할 수 있다.	
第二百二十四條 承租人經出租人同意, 可以將租賃物轉租給第三人. 承租人轉租的, 承租人与出租人之間的租賃合同繼續有效, 第三人對租賃物造成損失的, 承租人應当賠償損失. 承租人未經出租人同意轉租的, 出租人可以解除合同.	제224조 임차인은 임대인의 동의를 얻어 임차물을 제3자에게 전대할 수 있다. 임차인이 전대하여도 임차인과 임대인 간의 임대차계약은 계속 유효하며, 제3자가 임차물에 손해가 발생하게 한 때에는 임차인이 그 손해를 배상하여야 한다. 임차인이 임대인의 동의 없이 전대한 경우에 임대인은 계약을 해제할 수 있다.	제629조 (임차권의 양도, 전대의 제한) ① 임차인은 임대인의 동의 없이 그 권리를 양도하거나 임차물을 전대하지 못한다. ② 임차인이 전항의 규정에 위반한 때에는 임대인은 계약을 해지할 수 있다.
第二百二十五條 在租賃期間因占有, 使用租賃物獲得的收益, 歸承租人所有, 但当事人另有約定的除外.	제225조 임대차 기간 중에 임차물의 점유나 사용으로 취득한 이익은 임차인의 소유에 속한다. 다만 당사자 간에 달리 약정한 경우에는 그러하지 아니하다.	
第二百二十六條 承租人應当按照約定的期限支付租金. 對支付期限沒有約定或者約定不明確, 依照本法第六十一條的規定仍不能確定, 租賃期間不滿一年的, 應当在租賃期間屆滿時支付 ; 租賃期間一年以上的, 應当在每屆滿一年時支付, 剩余期間不滿一年的, 應当在租賃期間屆滿時支付.	제226조 임차인은 약정된 기한에 차임을 지급하여야 한다. 차임 지급기한에 관하여 약정하지 않거나 또는 그 약정이 명확하지 아니한 경우, 본법 제61조에 의하여 여전히 확정할 수 없으면, 임대차 기간이 1년 미만인 때에는 임대차 기간이 만료하는 때에 지급하여야 하고, 임대차 기간이 1년 이상인 때에는 1년 만기마다 지급하며, 임대차 잔여기간이 1년 미만인 때에는 임대차 기간이 만료하는 때에 지급하여야 한다.	제633조 (차임지급의 시기) 차임은 동산, 건물이나 대지에 대하여는 매월 말에, 기타 토지에 대하여는 매년 말에 지급하여야 한다. 그러나 수확기 있는 것에 대하여는 그 수확 후 지체 없이 지급하여야 한다.
第二百二十七條 承租人无正当理由未支付或者遲延支付租金的, 出租人可以要求承租	제227조 임차인이 정당한 사유 없이 차임을 지급하지 않거나 또는 지급을 지체하는	제649조 (임차지상의 건물에 대한 법정저당권) 토지임대인이 변제기를 경과한 최후

人在合理期限內支付. 承租人逾期不支付的, 出租人可以解除合同.	경우, 임대인은 임차인에게 합리적 기간 내에 지급할 것을 청구할 수 있다. 임차인이 그 기간을 경과하여도 지급하지 않으면, 임대인은 계약을 해제할 수 있다.	2년의 차임채권에 의하여 그 지상에 있는 임차인소유의 건물을 압류한 때에는 저당권과 동일한 효력이 있다.
第二百二十八條 因第三人主張權利, 致使承租人不能對租賃物使用, 收益的, 承租人可以要求減少租金或者不支付租金. 第三人主張權利的, 承租人應当及時通知出租人.	제228조 제3자가 임차물에 대한 권리를 주장하여 임차인이 임차물을 사용, 수익할 수 없는 경우, 임차인은 차임을 감액하거나 또는 차임을 지급하지 않을 것을 청구할 수 있다. 제3자가 임차물에 대하여 권리를 주장하는 경우에 임차인은 지체 없이 이를 임대인에게 통지하여야 한다.	
第二百二十九條 租賃物在租賃期間發生所有權變動的, 不影響租賃合同的效力.	제229조 임대차 기간 중에 임차물의 소유권이 변동되어도 임대차계약의 효력에는 영향을 미치지 아니한다.	제621조 (임대차의 등기) ② 부동산임대차를 등기한 때에는 그때부터 제삼자에 대하여 효력이 생긴다.
第二百三十條 出租人出賣租賃房屋的, 應当在出賣之前的合理期限內通知承租人, 承租人享有以同等條件优先購買的權利.	제230조 임대인이 임대건물을 매도하는 경우에 매도하기 전 합리적 기간 내에 그 사실을 임차인에게 통지하여야 하며, 임차인은 동일한 조건에서 우선적으로 임차물을 매수할 권리가 있다.	
第二百三十一條 因不可歸責于承租人的事由, 致使租賃物部分或者全部毁損, 減失的, 承租人可以要求減少租金或者不支付租金 ; 因租賃物部分或者全部毁損, 減失, 致使不能實現合同目的的, 承租人可以解除合同.	제231조 임차인의 책임 없는 사유로 임차물이 부분적으로 또는 전부 훼손되거나 멸실된 경우에 임차인은 차임을 감액하거나 또는 차임을 지급하지 않을 것을 청구할 수 있다. 임차물이 부분적으로 또는 전부 훼손되거나 멸실되어 계약의 목적을 달성할 수 없는 경우에 임차인은 계약을 해제할 수 있다.	제627조 (일부멸실등과 감액청구, 해지권) ① 임차물의 일부가 임차인의 과실 없이 멸실 기타 사유로 인하여 사용, 수익할 수 없는 때에는 임차인은 그 부분의 비율에 의한 차임의 감액을 청구할 수 있다. ② 전항의 경우에 그 잔존부분으로 임차의 목적을 달성할 수 없는 때에는 임차인

		은 계약을 해지할 수 있다.
第二百三十二條 当事人對租賃期限沒有約定或者約定不明确, 依照本法第六十一條的規定仍不能确定的, 視爲不定期租賃. 当事人可以隨時解除合同, 但出租人解除合同應当在合理期限之前通知承租人.	제232조 당사자 간에 임대차기간에 관하여 약정하지 않거나 또는 그 약정이 확하지 아니한 경우, 본법 제61조에 의하여 여전히 확정할 수 없으면, 기한을 정하지 아니한 임대차로 본다. 당사자는 언제든지 계약을 해제할 수 있다. 다만 임대인이 계약을 해제하는 때에는 합리적 기간 전에 임차인에게 이를 통지하여야 한다.	제635조 (기간의 약정 없는 임대차의 해지통고) ① 임대차기간의 약정이 없는 때에는 당사자는 언제든지 계약해지의 통고를 할 수 있다. ② 상대방이 전항의 통고를 받은 날로부터 다음 각 호의 기간이 경과하면 해지의 효력이 생긴다. 1. 토지, 건물 기타 공작물에 대하여는 임대인이 해지를 통고한 경우에는 6월, 임차인이 해지를 통고한 경우에는 1월 2. 동산에 대하여는 5일
第二百三十三條 租賃物危及承租人的安全或者健康的, 即使承租人訂立合同時明知該租賃物質量不合格, 承租人仍然可以隨時解除合同.	제233조 임차물이 임차인의 안전이나 건강을 위태롭게 하는 경우, 임차인이 계약체결시에 임차물의 하자를 명백히 알았더라도, 임차인은 언제든지 계약을 해제할 수 있다.	
第二百三十四條 承租人在房屋租賃期間死亡的, 与其生前共同居住的人可以按照原租賃合同租賃該房屋.	제234조 건물임대차 기간 중에 임차인이 사망하는 경우, 임차인의 공동거주자는 원임대차계약에 따라 그 건물을 임차할 수 있다.	
第二百三十五條 租賃期間屆滿, 承租人應当返還租賃物. 返還的租賃物應当符合按照約定或者租賃物的性質使用后的狀態.	제235조 임대차 기간이 만료하는 때에 임차인은 임차물을 반환하여야 한다. 반환되는 임차물은 당사자 간의 약정 또는 계약의 성질에 따라 사용된 후의 상태이어야 한다.	
第二百三十六條 租賃期間屆滿, 承租人継續使用租賃物, 出租人沒有提出异議的, 原租賃合同継續有效, 但租賃期限爲不定期.	제236조 임대차 기간이 만료한 후에도 임차인이 임차물을 계속 사용하고 있고, 임대인이 이에 대하여 이의를 재기하지 않는 때에는 원 임	제639조 (묵시의 갱신) ① 임대차기간이 만료한 후 임차인이 임차물의 사용, 수익을 계속하는 경우에 임대인이 상당한 기간 내에 이의

		를 하지 아니한 때에는 전임대차와 동일한 조건으로 다시 임대차한 것으로 본다. 그러나 당사자는 제635조의 규정에 의하여 해지의 통고를 할 수 있다. ② 전항의 경우에 전임대차에 대하여 제삼자가 제공한 담보는 기간의 만료로 인하여 소멸한다.
대차계약은 계속 유효하다. 다만 기한을 정하지 아니한 임대차계약으로 된다.		
第十四章 融資租賃合同	제14장 금융리스계약	
第二百三十七條 融資租賃合同是出租人根据承租人對出賣人, 租賃物的選擇, 向出賣人購買租賃物, 提供給承租人使用, 承租人支付租金的合同.	제237조 금융리스계약은 대여자가 이용자가 선택한 리스물건을 그자가 정한 매도인으로부터 매수하여 이용자로 하여금 사용하게 하고, 이용자가 대여료를 지급하는 계약이다.	여신전문금융업법 제2조(정의) 이 법에서 사용하는 용어의 정의는 다음과 같다. 10. "시설대여"라 함은 대통령령이 정하는 물건(이하 "특정물건"이라 한다)을 새로이 취득하거나 대여 받아 거래상대방에게 대통령령이 정하는 일정기간 이상 사용하게 하고, 그 기간에 걸쳐 일정대가를 정기적으로 분할하여 지급받으며, 그 기간 종료 후의 물건의 처분에 대하여는 당사자 간의 약정으로 정하는 방식의 금융을 말한다.
第二百三十八條 融資租賃合同的內容包括租賃物名稱, 數量, 規格, 技術性能, 檢驗方法, 租賃期限, 租金构成及其支付期限和方式, 幣种, 租賃期間屆滿租賃物的歸屬等條款. 融資租賃合同應当采用書面形式.	제238조 금융리스계약은 내용상 리스물건의 명칭, 수량, 규격, 기술성능, 검사방법, 리스기간, 대여료의 구성 및 그 지급기한과 지급방법, 화폐의 종류, 리스기간 만료 후의 리스물건의 소유권 귀속 등에 관한 조항을 포함한다. 금융리스계약은 서면으로 체결하여야 한다.	
第二百三十九條 出租人根据	제239조 금융리스의 대여자	

承租人對出賣人, 租賃物的選擇訂立的買賣合同, 出賣人應当按照約定向承租人交付標的物, 承租人享有与受領標的物有關的買受人的權利.	가 이용자가 정한 리스물건 및 매도인에 따라 매매계약을 체결하는 경우에 매도인은 약정에 따라 이용자에게 목적물을 인도하여야 하며, 이용자는 목적물의 수령과 관련하여 매수인과 동일한 권리를 가진다.	
第二百四十條 出租人, 出賣人, 承租人可以約定, 出賣人不履行買賣合同義務的, 由承租人行使索賠的權利. 承租人行使索賠權利的, 出租人應当協助.-	제240조 금융리스의 대여자, 매도인, 이용자 간에 매도인이 계약상의 의무를 이행하지 아니하는 경우에 이용자가 손해배상을 청구할 수 있다는 약정을 할 수 있다. 이용자가 손해배상을 청구하는 때에 대여자가 협력하여야 한다.	
第二百四十一條 出租人根据承租人對出賣人, 租賃物的選擇訂立的買賣合同, 未經承租人同意, 出租人不得變更与承租人有關的合同內容.	제241조 금융리스의 대여자가 이용자가 정한 리스물건 및 매도인에 따라 매매계약을 체결하는 경우에 이용자의 동의가 없으면 이용자와 관련되는 계약내용을 변경할 수 없다.	
第二百四十二條 出租人享有租賃物的所有權. 承租人破產的, 租賃物不屬于破產財產.	제242조 금융리스의 대여자는 리스물건의 소유권을 가진다. 이용자가 파산하는 경우에도 리스물건은 파산재단에 귀속되지 아니한다.	
第二百四十三條 融資租賃合同的租金, 除当事人另有約定的以外, 應当根据購買租賃物的大部分或者全部成本以及出租人的合理利潤确定.	제243조 금융리스계약의 대여료는, 당사자 간에 달리 약정하지 아니한, 리스물건을 구입한 금액 전부 또는 일부와 대여자의 합리적인 이윤에 따라 결정하여야 한다.	
第二百四十四條 租賃物不符合約定或者不符合使用目的, 出租人不承担責任, 但承租人依賴出租人的技能确定	제244조 금융리스에서 리스물건이 당사자 간의 약정에 부합하지 않거나 또는 사용목적에 적합하지 아니하는	

	경우에 대여자는 책임을 지지 아니한다. 다만 이용자가 대여자의 기술에 의존하여 리스물건을 확정하거나 또는 대여자가 리스물건의 선택에 관여한 경우에는 그리하지 아니하다.	
租賃物或者出租人干預選擇租賃物的除外.		
第二百四十五條 出租人應当保証承租人對租賃物的占有和使用.	제245조 금융리스의 대여자는 리스물건에 대한 이용자의 점유와 사용을 보장하여야 한다.	
第二百四十六條 承租人占有租賃物期間, 租賃物造成第三人的人身傷害或者財產損害的, 出租人不承担責任.	제246조 금융리스의 이용자가 리스물건을 점유하는 기간 중에 리스물건에 의하여 제3자의 신체 또는 재산에 손해가 발생하더라도 대여자는 책임을 지지 아니한다.	
第二百四十七條 承租人應当安善保管, 使用租賃物. 承租人應当履行占有租賃物期間的維修義務.	제247조 금융리스의 이용자는 리스물건을 적절하게 보관·사용하여야 한다. 금융리스의 이용자는 리스물건을 점유하는 기간 중에 수선할 의무가 있다.	
第二百四十八條 承租人應当按照約定支付租金. 承租人經催告后在合理期限內仍不支付租金的, 出租人可以要求支付全部租金 ; 也可以解除合同, 收回租賃物.	제248조 금융리스의 이용자는 약정에 따라 대여료를 지급하여야 한다. 이용자가 대여자로부터 대여료 지급 최고를 받은 때로부터 합리적 기간 내에 대여료를 지급하지 아니하는 경우, 대여자는 대여료 전액을 지급할 것을 청구하거나 또는 계약을 해제하고 리스물건을 회수할 수 있다.	
第二百四十九條 当事人約定租賃期間屆滿租賃物歸承租人所有, 承租人已經支付大部分租金, 但无力支付剩余租金, 出租人因此解除合同收回租	제249조 금융리스계약에서 당사자 간에 리스기간이 만료한 후에 임차물을 대여자가 소유하기로 약정한 경우, 이용자가 대여료 대부분을 지	

賃物的, 收回的租賃物的价值超過承租人欠付的租金以及其他費用的, 承租人可以要求部分返還.	급하였으나 잔여금을 지급할 능력이 없어서 대여자가 이를 이유로 계약을 해제하고 리스물건을 회수하는 때에 회수한 리스물건의 가치가 이용자가 미납한 대여료 및 기타 비용의 총액을 초과한다면, 대여자가 그 금액을 부분적으로 반환할 것을 청구할 수 있다.	
第二百五十條 出租人和承租人可以約定租賃期間屆滿租賃物的歸屬. 對租賃物的歸屬沒有約定或者約定不明确, 依照本法第六十一條的規定仍不能确定的, 租賃物的所有權歸出租人.	제250조 금융리스의 대여자와 이용자 간에 리스기간 후의 리스물건의 귀속에 대하여 약정할 수 있다. 리스물건의 귀속에 대하여 약정하지 않거나 또는 그 약정이 명확하지 아니한 경우, 본법 제61조에 의하여 여전히 확정할 수 없으면, 리스물건의 소유권은 대여자에게 귀속한다.	
第十五章 承攬合同	**제15장 도급계약**	
第二百五十一條 承攬合同是承攬人按照定作人的要求完成工作, 交付工作成果, 定作人給付報酬的合同. 承攬包括加工, 定作, 修理, 复制, 測試, 檢驗等工作.	제251조 도급계약은 수급인이 도급인의 요구에 따라 일을 완성하여 그 성과물을 도급인에게 인도하고, 도급인이 보수를 지급하는 계약이다. 도급에는 가공, 주문제작, 수리, 복제, 측정, 검사 등 일이 포함된다.	민 법 제664조 (도급의 의의) 도급은 당사자일방이 어느 일을 완성할 것을 약정하고 상대방이 그 일의 결과에 대하여 보수를 지급할 것을 약정함으로써 그 효력이 생긴다.
第二百五十二條 承攬合同的內容包括承攬的標的, 數量, 質量, 報酬, 承攬方式, 材料的提供, 履行期限, 驗收標准和方法等條款.	제252조 도급계약은 내용상 도급의 목적, 수량, 품질, 보수, 도급방식, 재료제공, 이행기한, 검사기준과 방법 등 조항을 포함한다.	
第二百五十三條 承攬人應当以自己的設備, 技術和勞力, 完成主要工作, 但当事人另有約定的除外.	제253조 수급인은 자신의 설비, 기술과 노동력에 의하여 주된 일을 완성하여야 한다. 다만 당사자 간에 달리 약정	

承攬人將其承攬的主要工作交由第三人完成的, 應当就該第三人完成的工作成果向定作人負責 ; 未經定作人同意的, 定作人也可以解除合同.	한 경우에는 그러하지 아니하다. 수급인이 도급의 주된 일을 제3자로 하여금 완성하게 한 경우에 제3자가 완성한 성과물에 대하여 도급인에게 책임을 져야 한다. 제3자에 의한 일의 완성에 대한 도급인의 동의가 없었던 경우에 도급인은 계약을 해제할 수 있다.
第二百五十四條 承攬人可以將其承攬的輔助工作交由第三人完成. 承攬人將其承攬的輔助工作交由第三人完成的, 應当就該第三人完成的工作成果向定作人負責.	제254조 수급인은 자신이 맡은 보조적인 일을 제3자로 하여금 완성하게 할 수 있다. 수급인이 자신이 맡은 보조적인 일을 제3로 하여금 완성하게 하는 경우, 제3자가 완성한 일의 결과에 대하여 도급인에게 책임을 져야 한다.
第二百五十五條 承攬人提供材料的, 承攬人應当按照約定選用材料, 并接受定作人檢驗.	제255조 수급인이 재료를 제공하는 경우, 수급인은 약정에 따라 재료를 선택하여 사용하고, 도급인의 검사를 받아야 한다.
第二百五十六條 定作人提供材料的, 定作人應当按照約定提供材料. 承攬人對定作人提供的材料, 應当及時檢驗, 發現不符合約定時, 應当及時通知定作人更換, 補齊或者采取其他補救措施. 承攬人不得擅自更換定作人提供的材料, 不得更換不需要修理的零部件.	제256조 도급인이 재료를 제공하는 경우에 약정에 따라 제공하여야 한다. 수급인은 도급인이 제공한 재료를 지체 없이 검사하여야 하고, 약정에 부합하지 않는 것을 발견하면, 지체 없이 도급인에게 재료를 교환, 보충 또는 기타 조치를 취하도록 통지하여야 한다. 수급인은 도급인이 제공한 재료를 임의로 교환할 수 없으며, 수리를 요하지 않는 부품을 교환하여서도 아니된다.
第二百五十七條 承攬人發現	제257조 수급인은 도급인이

定作人提供的圖紙或者技術要求不合理的, 應当及時通知定作人. 因定作人怠于答夏等原因造成承攬人損失的, 應当賠償損失.	제공한 설계도면이나 기술상의 요구가 합리적이지 못한 것을 발견한 경우에 지체없이 도급인에게 이를 통지하여야 한다. 도급인이 회답을 해태하는 등 이유로 수급인이 손해를 입는 경우에 도급인은 그 손해를 배상하여야 한다.
第二百五十八條 定作人中途變更承攬工作的要求, 造成承攬人損失的, 應当賠償損失.	제258조 도급인이 중도에 도급에 대한 요구를 변경하여 수급인에게 손해가 발생하게 한 경우에 도급인은 그 손해를 배상하여야 한다.
第二百五十九條 承攬工作需要定作人協助的, 定作人有協助的義務. 定作人不履行協助義務致使承攬工作不能完成的, 承攬人可以催告定作人在合理期限內履行義務, 并可以順延履行期限 ; 定作人逾期不履行的, 承攬人可以解除合同.	제259조 일의 완성에 도급인의 협력을 요하는 경우에 도급인은 협력할 의무가 있다. 도급인이 협력의무를 이행하지 아니하여 일을 완성할 수 없게 된 경우에 수급인은 도급인에게 합리적 기간 내에 협력의무를 이행할 것을 최고하고, 자신의 채무이행기한을 연장할 수 있다. 도급인이 기한이 경과되어도 협력의무를 이행하지 않는 경우에 수급인은 계약을 해제할 수 있다.
第二百六十條 承攬人在工作期間, 應当接受定作人必要的監督檢驗. 定作人不得因監督檢驗妨碍承攬人的正常工作.	제260조 수급인은 일을 완성하는 동안에 도급인의 필요한 감독과 검사를 받아야 한다. 다만 도급인은 수급인의 정상적인 일의 진행을 방해해서는 아니된다.
第二百六十一條 承攬人完成工作的, 應当向定作人交付工作成果, 并提交必要的技術資料和有關質量証明. 定作人應当驗收該工作成果.	제261조 수급인은 일을 완성한 후에 일의 성과를 도급인에게 인도하고, 필요한 기술자료 및 품질 관련 증명을 제공하여야 한다. 도급인은 일

	의 성과를 檢收하여야 한다.	
第二百六十二條 承攬人交付的工作成果不符合質量要求的, 定作人可以要求承攬人承擔修理, 重作, 減少報酬, 賠償損失等違約責任.	제262조 수급인이 인도한 일이 성과가 품질 기준에 부합하지 않는 경우, 도급인은 수급인에게 수리, 재제작, 보수의 감액, 손해배상 등 계약책임을 부담할 것을 청구할 수 있다.	제667조 (수급인의 담보책임) ① 완성된 목적물 또는 완성 전의 성취된 부분에 하자가 있는 때에는 도급인은 수급인에 대하여 상당한 기간을 정하여 그 하자의 보수를 청구할 수 있다. 그러나 하자가 중요하지 아니한 경우에 그 보수에 과다한 비용을 요할 때에는 그러하지 아니하다. ② 도급인은 하자의 보수에 가름하여 또는 보수와 함께 손해배상을 청구할 수 있다. ③ 전항의 경우에는 제536조의 규정을 준용한다. 제668조 (동전－도급인의 해제권) 도급인이 완성된 목적물의 하자로 인하여 계약의 목적을 달성할 수 없는 때에는 계약을 해제할 수 있다. 그러나 건물 기타 토지의 공작물에 대하여는 그러하지 아니하다.
第二百六十三條 定作人應当按照約定的期限支付報酬. 對支付報酬的期限沒有約定或者約定不明确, 依照本法第六十一條的規定仍不能确定的, 定作人應当在承攬人交付工作成果時支付 ; 工作成果部分交付的, 定作人應当相應支付.	제263조 도급인은 약정된 기한에 보수를 지급하여야 한다. 보수지급 기한에 관하여 약정하지 않거나 또는 그 약정이 명확히 아니한 경우, 본법 제61조에 의하여 여전히 확정할 수 없으면, 도급인은 수급인이 일의 성과를 인도하는 때에 보수를 지급하여야 한다. 일의 성과의 일부를 인도하는 경우에 도급인은 그에 상응하는 보수를 지급하여야 한다.	제665조 (보수의 지급시기) ① 보수는 그 완성된 목적물의 인도와 동시에 지급하여야 한다. 그러나 목적물의 인도를 요하지 아니하는 경우에는 그 일을 완성한 후 지체 없이 지급하여야 한다. ② 전항의 보수에 관하여는 제656조 제2항의 규정을 준용한다.
第二百六十四條 定作人未向承攬人支付報酬或者材料費	제264조 도급인이 수급인에게 보수 또는 재료비 등 금	제666조 (수급인의 목적 부동산에 대한 저당권설정청구

等价款的, 承攬人對完成的工作成果享有留置權, 但当事人另有約定的除外.	액을 지급하지 아니한 경우, 수급인은 일의 성과에 대하여 유치권을 행사할 수 있다. 다만 당사자 간에 달리 약정한 경우에는 그러하지 아니하다.	권) 부동산공사의 수급인은 전조의 보수에 관한 채권을 담보하기 위하여 그 부동산을 목적으로 한 저당권의 설정을 청구할 수 있다.
第二百六十五條 承攬人應当安善保管定作人提供的材料以及完成的工作成果, 因保管不善造成毀損, 減失的, 應当承擔損害賠償責任.	제265조 수급인은 도급인이 제공한 재료 및 완성된 일의 성과를 적절하게 보관하여야 한다. 적절하지 못한 보관으로 인하여 훼손, 멸실되는 경우에 수급인은 손해배상책임을 부담하여야 한다.	
第二百六十六條 承攬人應当按照定作人的要求保守秘密, 未經定作人許可, 不得留存夏制品或者技術資料.	제266조 수급인은 도급인의 요구에 따라 비밀을 유지하여야 하고, 도급인의 허락 없이 복제품 또는 기술 자료를 보존할 수 없다.	
第二百六十七條 共同承攬人對定作人承擔連帶責任, 但当事人另有約定的除外.	제267조 공동수급인은 도급인에 대하여 연대책임을 부담한다. 다만 당사자 간에 달리 약정한 경우에는 그러하지 아니하다.	
第二百六十八條 定作人可以隨時解除承攬合同, 造成承攬人損失的, 應当賠償損失.	제268조 도급인은 언제든지 도급계약을 해제할 수 있다. 해제로 인하여 수급인이 손해를 입는 경우에 그 손해를 배상하여야 한다.	제673조 (완성전의 도급인의 해제권) 수급인이 일을 완성하기 전에는 도급인은 손해를 배상하고 계약을 해제할 수 있다.
第十六章 建設工程合同	제16장 건설공사계약	
第二百六十九條 建設工程合同是承包人進行工程建設, 發包人支付价款的合同. 建設工程合同包括工程勘察, 設計, 施工合同.	제269조 건설공사계약은 수급인이 건설공사를 하고, 도급인이 대금을 지급하는 계약이다. 건설공사계약은 내용상 현장조사, 설계, 시공계약을 포함한다.	건설산업기본법 제1조(목적) 이 법은 건설공사의 조사·설계·시공·감리·유지관리·기술관리등에 관한 기본적인 사항과 건설업의 등록, 건설공사의 도급등에 관하여 필요한 사항을 규정함으로써 건설공사의 적정한 시공과 건설산업의 건전한 발전을 도모함을 목

		적으로 한다. <개정 1999.4.15>
		제22조(건설공사에 관한 도급계약의 원칙) ② 건설공사에 관한 도급계약의 당사자는 그 계약의 체결에 있어서 도급금액·공사기간 기타 대통령령이 정하는 사항을 계약서에 명시하여야 하며, 서명·날인한 계약서를 서로 교부하여 보관하여야 한다.
第二百七十條 建設工程合同應当采用書面形式.	제270조 건설공사계약은 서면으로 체결하여야 한다.	
第二百七十一條 建設工程的招標投標活動, 應当依照有關法律的規定公開, 公平, 公正進行.	제271조 건설공사계약의 입찰과 응찰은 관련 법률에 따라 공개적으로, 공평하게, 또 공정하게 이루어져야 한다.	
第二百七十二條 發包人可以与總承包人訂立建設工程合同, 也可以分別与勘察人, 設計人, 施工人訂立勘察, 設計, 施工承包合同. 發包人不得將應当由一个承包人完成的建設工程肢解成若干部分發包給几个承包人. 總承包人或者勘察, 設計, 施工承包人經發包人同意, 可以將自己承包的部分工作交由第三人完成. 第三人就其完成的工作成果与總承包人或者勘察, 設計, 施工承包人向發包人承担連帶責任. 承包人不得將其承包的全部建設工程轉包給第三人或者將其承包的全部建設工程肢解以后以分包的名義分別轉包給第三人. 禁止承包人將工程分包給不具備相應資質條件的單位. 禁止分包單位將其承包的工程	제272조 도급인은 대표수급인과 건설공사계약을 체결하거나 또는 현장조사자, 설계자, 시공자와 각각 현장조사계약, 설계계약, 시공계약을 체결할 수 있다. 도급인은 수급인 1인이 완성하여야 하는 건설공사를 여러 부분으로 나누어 몇 명의 도급인에게 도급할 수 없다. 대표수급인 또는 현장조사, 설계, 시공 등의 수급인은 도급인의 동의를 얻어 자신이 완성할 일의 일부를 제3자가 완성하도록 할 수 있다. 제3자는 자신이 완성한 일의 결과에 대하여 대표수급인 또는 현장조사, 설계, 시공 등의 수급인과 더불어 도급인에게 연대책임을 부담한다. 수급인은 완성할 건설공사 전체를 제3자에게 하도급을 주거나 또는 전체 건설공사	제25조(수급인등의 자격제한) ① 발주자 또는 수급인은 공사내용에 상응한 업종의 등록을 한 건설업자에게 도급 또는 하도급 하여야 한다. <개정 1999.4.15>

	를 여러 부분으로 나누어 각 각 분할도급이라는 명목으로 제3자에게 하도급을 줄 수 없다. 수급인은 공사에 상응하는 자질과 조건을 갖추지 못한 자에게 공사를 분할하여 하도급을 줄 수 없다. 공사를 하도급 받은 자는 다시 제3 자에게 분할 하도급을 줄 수 없다. 건설공사의 주된 구조 의 시공은 반드시 수급인 자 신이 완성하여야 한다.	
再分包. 建設工程主體結构的 施工必須由承包人自行完成.		
第二百七十三條 國家重大建 設工程合同, 應当按照國家規 定的程序和國家批准的投資 計划, 可行性研究報告等文件 訂立.	제273조 국가의 중대한 건설 공사계약은 국가가 정한 절 차 및 국가의 허가를 받은 투자계획, 타당성 연구보고 서 등 문서에 따라 체결하여 야 한다.	
第二百七十四條 勘察, 設計 合同的內容包括提交有關基 礎資料和文件(包括槪預算)的 期限, 質量要求, 費用以及其 他協作條件等條款.	제274조 현장조사계약 및 설 계계약은 내용상 관련 기초 자료와 문서(견적예산 포함) 의 제출기한, 품질에 대한 요 구, 비용 및 기타 협력조건 등 조항을 포함한다.	
第二百七十五條 施工合同的 內容包括工程范圍, 建設工期, 中間交工工程的開工和竣工 時間, 工程質量, 工程造价, 技 術資料交付時間, 材料和設備 供應責任, 撥款和結算, 竣工 驗收, 質量保修范圍和質量保 證期, 双方相互協作等條款.	제275조 시공계약은 내용상 공사범위, 공사기간, 중간인 도 공사의 착공과 준공 일자, 공사의 품질, 공사대금, 기술 자료의 인도기일, 재료와 설 비의 공급책임, 자금공급과 결산, 준공 및 檢收, 품질보 증범위와 품질보증기간, 상 호협력 등 조항을 포함한다.	
第二百七十六條 建設工程實 行監理的, 發包人應当与監理 人采用書面形式訂立委托監 理合同. 發包人与監理人的權 利和義務以及法律責任, 應当	제276조 건설공사에 대하여 監理를 하는 경우, 도급인은 감리인과 서면으로 감리위임 계약을 체결하여야 한다. 도 급인과 감리인의 권리, 의무	

依照本法委托合同以及其他有關法律, 行政法規的規定.	및 법적 책임은 본법의 위임계약 및 기타 관련 법률, 행정법규에 의한다.	
第二百七十七條 發包人在不妨碍承包人正常作業的情況下, 可以隨時對作業進度, 質量進行檢查.	제277조 도급인은 수급인의 정상적인 작업을 방해하지 아니하는 범위 내에서 언제든지 일의 진척상황과 품질에 대하여 검사할 수 있다.	
第二百七十八條 隱蔽工程在隱蔽以前, 承包人應当通知發包人檢查. 發包人沒有及時檢查的, 承包人可以順延工程日期, 并有權要求賠償停工, 窩工等損失.	제278조 은폐되는 공사의 경우 수급인은 은폐하기 전에 도급인에게 검사하도록 통지하여야 한다. 도급인이 지체 없이 검사하지 아니한 경우, 수급인은 공사기한을 연장할 수 있고, 공사의 중단, 인력낭비 등으로 인한 손해의 배상을 청구할 수 있다.	
第二百七十九條 建設工程竣工后, 發包人應当根据施工圖紙及說明書, 國家頒發的施工驗收規范和質量檢驗標准及時進行驗收. 驗收合格的, 發包人應当按照約定支付价款, 并接收該建設工程. 建設工程竣工經驗收合格后, 方可交付使用 ; 未經驗收或者驗收不合格的, 不得交付使用.	제279조 건설공사 준공 후, 도급인은 시공도면 및 설명서, 국가가 공포한 施工檢收規範과 품질검사기준에 따라 지체 없이 檢收하여야 한다. 검사에 합격한 때에 도급인은 약정에 따라 대금을 지급하고, 그 건설공사 목적물을 수령하여야 한다. 건설공사는 준공된 후에 검사에 합격하여야 인도하여 사용될 수 있다. 검사를 하지 아니하거나 또는 검사에 불합격한 때에는 인도하여 사용될 수 없다.	
第二百八十條 勘察, 設計的質量不符合要求或者未按照期限提交勘察, 設計文件拖延工期, 造成發包人損失的, 勘察人, 設計人應当継續完善勘察, 設計, 減收或者免收勘察, 設計費并賠償損失.	제280조 현장조사, 설계가 요구에 부합하지 않거나 또는 기한 내에 현장조사, 설계에 관한 문서의 교부를 지체하여 도급인이 손해를 입은 경우, 현장조사업자, 설계업자는 현장조사, 설계를 보완하	☾

	고, 검사비용, 설계비용을 감액하여 받거나 면제를 하며, 손해도 배상하여야 한다.	
第二百八十一條 因施工人的原因致使建設工程質量不符合約定的, 發包人有權要求施工人在合理期限內无償修理或者返工, 改建. 經過修理或者返工, 改建后, 造成逾期交付的, 施工人應当承擔違約責任.	제281조 시공업자로 인하여 건설공사의 품질이 약정에 부합하지 않는 경우, 도급인은 시공업자에게 합리적 기간 내에 무상으로 수리하거나 또는 재공사 또는 개축할 것을 청구할 수 있다. 수리 또는 재공사나 개축으로 인하여 인도가 지체된 경우에 시공업자는 계약책임을 부담하여야 한다.	제44조(건설업자의 손해배상 책임) ① 건설업자가 고의 또는 과실로 건설공사의 시공을 조잡하게 하여 타인에게 손해를 가한 때에는 그 손해를 배상할 책임이 있다.
第二百八十二條 因承包人的原因致使建設工程在合理使用期限內造成人身和財產損害的, 承包人應当承担損害賠償責任.	제282조 수급인으로 인하여 건설공사 완성물이 합리적으로 사용되는 기간 중에 신체나 재산에 손해가 발생하게 한 경우에 수급인은 손해배상책임을 부담하여야 한다.	
第二百八十三條 發包人未按照約定的時間和要求提供原材料, 設備, 場地, 資金, 技術資料的, 承包人可以順延工程日期, 并有權要求賠償停工, 窩工等損失.	제283조 도급인이 약정된 시기와 요구에 따라 원자재, 설비, 장소, 자금, 기술자료를 제공하지 아니한 경우, 수급인은 공사기한을 연장할 수 있고, 공사중단, 인력낭비 등으로 인한 손해를 배상할 것을 청구할 수 있다.	
第二百八十四條 因發包人的原因致使工程中途停建, 緩建的, 發包人應当采取措施弥補或者減少損失, 賠償承包人因此造成的停工, 窩工, 倒運, 机械設備調遷, 材料和构件積壓等損失和實際費用.	제284조 도급인으로 인하여 공사가 중도에 중단되거나 지연되는 경우, 도급인은 조치를 취하여 손해를 줄이거나 메워야 하며, 그로 인하여 초래된 공사 중단, 인력낭비, 반송, 기계설비의 이동, 재료와 부재의 재고 증가 등으로 인한 수급인의 손해와 지출한 실제비용을 배상하여야 한다.	

第二百八十五條 因發包人變更計划, 提供的資料不准确, 或者未按照期限提供必需的勘察, 設計工作條件而造成勘察, 設計的返工, 停工或者修改設計, 發包人應当按照勘察人, 設計人實際消耗的工作量增付費用.	제285조 도급인이 건설공사에 관한 계획을 변경하거나 정확하지 못한 자료를 제공하거나 또는 기한 내에 현장조사나 설계에 필요한 조건을 제공하지 아니하여 현장조사 또는 설계를 다시하게 하거나, 공사가 중단되게 하거나 또는 설계를 수정하게 하는 경우, 도급인은 현장조사업자나 설계업자가 실제로 수행한 작업량을 기준으로 대금을 지급하여야 한다.	
第二百八十六條 發包人未按照約定支付价款的, 承包人可以催告發包人在合理期限內支付价款. 發包人逾期不支付的, 除按照建設工程的性質不宜折价, 拍賣的以外, 承包人可以与發包人協議將該工程折价, 也可以申請人民法院將該工程依法拍賣. 建設工程的价款就該工程折价或者拍賣的价款优先受償.	제286조 도급인이 약정에 따라 대금을 지급하지 아니한 경우, 수급인은 도급인에게 합리적 기간 내에 대금을 지급할 것을 최고할 수 있다. 도급인이 대금의 지급을 지체하는 경우, 건설공사의 성질이 환가나 경매가 용이하지 아니한 경우를 제외하고, 수급인은 도급인과 협의하여 그 공사를 환가하거나 또는 인민법원에 그 공사를 법에 따라 경매할 것을 청구할 수 있다. 건설공사의 대금은 공사에 대한 환가 또는 경매대금에서 우선변제 된다.	
第二百八十七條 本章沒有規定的, 适用承攬合同的有關規定.	제287조 본 장에 규정이 없는 때에는 도급계약에 관한 규정을 적용한다.	
第十七章 運輸合同	제17장 운송계약	
第一節 一般規定	제1절 일반규정	
第二百八十八條 運輸合同是承運人將旅客或者貨物從起運地点運輸到約定地点, 旅客, 托運人或者收貨人支付票款或者運輸費用的合同.	제288조 운송계약은 운송인이 여객이나 화물을 운송 출발지에서 약정된 장소에 운송하고, 여객이나 송하인 또는 수하인이 승차요금 또는	상 법 第780條(運送契約의 種類) 物件의 運送契約은 다음의 2種으로 한다. 1. 船舶의 全部 또는 一部

	운송비를 지급하는 계약이다.	를 物件의 運送에 提供함을 目的으로 하는 傭船契約 2. 個個의 物件의 運送을 目的으로 하는 契約
第二百八十九條 從事公共運輸的承運人不得拒絶旅客, 托運人通常, 合理的運輸要求.	제289조 공공운송에 종사하는 운송인은 여객이나 송하인의 통상적이고 합리적인 운송요구를 거절하지 못한다.	
第二百九十條 承運人應当在約定期間或者合理期間內將旅客, 貨物安全運輸到約定地点.	제290조 운송인은 약정한 기간 또는 합리적 기간 내에 여객이나 화물을 안전하게 약정된 장소에 운송하여야 한다.	
第二百九十一條 承運人應当按照約定的或者通常的運輸路線將旅客, 貨物運輸到約定地点.	제291조 운송인은 약정된 운송노선 또는 통상적인 운송노선에 따라 여객이나 화물을 약정된 장소에 운송하여야 한다.	
第二百九十二條 旅客, 托運人或者收貨人應当支付票款或者運輸費用. 承運人未按照約定路線或者通常路線運輸增加票款或者運輸費用的, 旅客, 托運人或者收貨人可以拒絶支付增加部分的票款或者運輸費用.	제292조 여객이나 송하인 또는 수하인은 승차요금 또는 운송비용을 지급하여야 한다. 운송인이 약정된 노선 또는 통상적인 노선에 따라 운송하지 아니하고 추가의 승차요금이나 운송비용이 발생하는 경우, 여객이나 송하인 또는 수하인은 추가된 승차요금이나 운송비용의 지급을 거절할 수 있다.	
第二節 客運合同	제2절 여객운송계약	
第二百九十三條 客運合同自承運人向旅客交付客票時成立, 但当事人另有約定或者另有交易習慣的除外.	제293조 여객운송계약은 운송인이 여객에게 승차권을 교부하는 때에 성립한다. 다만 당사자 간에 달리 약정하거나 또는 이와 다른 거래관습이 있는 경우에는 그러하지 아니하다.	
第二百九十四條 旅客應当持有效客票乘運. 旅客无票乘運,	제294조 여객은 유효한 승차권을 소지하고 승차하여야	

超程乘運, 越級乘運或者持失效客票乘運的, 應当補交票款, 承運人可以按照規定加收票款. 旅客不交付票款的, 承運人可以拒絶運輸.	한다. 여객은 승차권 없이 승차하거나, 승차거리를 초과하여 승하거나, 소지한 승차권의 등급보다 높은 등급으로서 승차하거나 또는 무효가 된 승차권을 소지하고 승차하는 경우에 부족한 승차요금을 지급하여야 하며, 운송인은 규정에 따라 추가요금을 받을 수 있다.	
第二百九十五條 旅客因自己的原因不能按照客票記載的時間乘坐的, 應当在約定的時間內辦理退票或者變更手續. 逾期辦理的, 承運人可以不退票款, 并不再承担運輸義務.	제295조 여객은 자신의 사유로 승차권에 기재된 승차시간에 승차할 수 없는 경우에 약정된 기간 내에 승차권의 환불이나 변경절차를 밟아야 한다. 기간을 경과하여 승차권의 환불을 요구하는 경우에 운송인은 환불하지 아니할 수 있고, 운송의무를 부담하지 아니한다.	第826條(旅客의 契約解除의 運賃) 旅客이 發航前에 契約을 解除하는 境遇에는 運賃의 半額을 支給하고 發航後에 契約을 解除하는 境遇에는 運賃의 全額을 支給하여야 한다.
第二百九十六條 旅客在運輸中應当按照約定的限量携帶行李. 超過限量携帶行李的, 應当辦理托運手續.	제296조 여객은 약정된 화물양의 범위 내에서 화물을 휴대하여야 한다. 그 이상의 화물을 운송하고자 하는 때에는 탁송절차를 밟아야 한다.	第824條(手荷物無賃運送義務) 旅客이 契約에 依하여 船內에서 携帶할 수 있는 手貨物에 對하여는 運送人은 다른 約定이 없으면 따로 運賃을 請求하지 못한다.<改正 1991.12.31>
第二百九十七條 旅客不得隨身携帶或者在行李中夾帶易燃, 易爆, 有毒, 有腐蝕性, 有放射性以及有可能危及運輸工具上人身和財產安全的危險物品或者其他違禁物品. 旅客違反前款規定的, 承運人可以將違禁物品卸下, 銷毀或者送交有關部門. 旅客堅持携帶或者夾帶違禁物品的, 承運人應当拒絶運輸.	제297조 여객은 인화성, 폭발성, 유독성, 부식성, 방사성 등이 있는 물품이나 운송과정에서 신체와 재산의 안전을 위협할 수 있는 위험물 또는 기타 운송이 금지된 물품을 휴대하거나 또는 기타 화물과 함께 운송하여서는 아니된다. 여객이 전항의 규정을 위반하는 경우, 운송인인은 운송이 금지된 물품을 하역하기	

	나, 폐기하거나 또는 관련 기관에 인도할 수 있다. 여객이 운송이 금지된 물품의 휴대나 기타 화물과의 운송을 요구하는 경우, 운송인은 이를 거절하여야 한다.	
第二百九十八條 承運人應当向旅客及時告知有關不能正常運輸的重要事由和安全運輸應当注意的事項.	제298조 운송인은 지체 없이 여객에 정상적으로 운송할 수 없는 주요사유와 안전한 운송을 위한 주의사항에 관하여 고지하여야 한다.	
第二百九十九條 承運人應当按照客票載明的時間和班次運輸旅客. 承運人遲延運輸的, 應当根据旅客的要求安排改乘其他班次或者退票.	제299조 운송인은 승차권에 기재된 시간과 운행편수에 따라 여객을 운송하여야 한다. 운송인이 운송을 지체한 경우에 여객의 요구에 따라 여객이 다른 편수의 운송수단에 승차하게 하거나 또는 환불해 주어야 한다.	
第三百條 承運人擅自變更運輸工具而降低服務標准的, 應当根据旅客的要求退票或者減收票款 ; 提高服務標准的, 不應当加收票款.	제300조 운송인이 임의로 운송수단을 바꾸어 서비스 기준이 낮추어진 경우, 운송인은 여객의 청구에 따라 환불해 주거나 요금을 감액하여야 한다. 운송인에 의하여 서비스 기준이 향상된 경우에는 운송인은 추가의 승차요금을 받아서는 아니된다.	
第三百零一條 承運人在運輸過程中, 應当盡力救助患有急病, 分娩, 遇險的旅客.	제301조 운송인은 운송 중에 병세가 위급하거나, 분만하거나, 조난을 당한 여객을 최선을 다하여 구조하여야 한다.	
第三百零二條 承運人應当對運輸過程中旅客的傷亡承担損害賠償責任, 但傷亡是旅客自身健康原因造成的或者承運人証明傷亡是旅客故意, 重大過失造成的除外.	제302조 운송인은 운송 중에 발생한 여객의 상해와 사망에 대하여 손해배상책임을 부담하여야 한다. 다만 여객 자신의 건강상의 문제에 기인하거나 또는 운송인이 여	

前款規定适用于按照規定免票, 持优待票或者經承運人許可搭乘的无票旅客.	객의 고의나 중대한 과실에 의하여 발생한 것임을 입증할 수 있는 경우에는 그러하지 아니하다. 전항의 규정은 규정에 따라 무임승차를 한 자, 우대권을 소지한 자 또는 운송인의 동의를 얻어 승차권 없이 승차한 자에게도 적용한다.	
第三百零三條　在運輸過程中旅客自帶物品毁損, 減失, 承運人有過錯的, 應当承担損害賠償責任. 旅客托運的行李毁損, 減失的, 适用貨物運輸的有關規定.	제303조 운송인은 운송 중에 자신의 고의나 과실에 의하여 여객이 휴대한 물품이 훼손 또는 멸실되는 경우에 손해배상책임을 부담하여야 한다. 여객이 탁송한 물품이 훼손 또는 멸실되는 경우에 화물운송의 관련 규정을 적용한다.	
第三節　貨運合同	제3절 화물운송계약	
第三百零四條　托運人辦理貨物運輸, 應当向承運人准确表明收貨人的名称或者姓名或者凭指示的收貨人, 貨物的名称, 性質, 重量, 數量, 收貨地点等有關貨物運輸的必要情況. 因托運人申報不實或者遺漏重要情況, 造成承運人損失的, 托運人應当承担損害賠償責任.	제304조 송하인이 화물을 탁송할 때에는 운송인에게 수하인의 명칭이나 성명 또는 지정수령인, 화물의 명칭, 성질, 무게, 수량, 수하장소 등 화물운송에 필요한 정보를 정확하게 명시하여야 한다. 송하인이 정확하게 신고하지 않거나 또는 중요한 사항을 누락하여 운송인에게 손해가 발생한 경우, 송하인은 손해배상책임을 부담하여야 한다.	
第三百零五條　貨物運輸需要辦理審批, 檢驗等手續的, 托運人應当將辦理完有關手續的文件提交承運人.	제305조 화물운송에 인가나 검사 등 절차가 필요한 경우에 송하인은 운송인에게 절차의 완료를 입증하는 서류를 교부하여야 한다.	
第三百零六條　托運人應当按照約定的方式包裝貨物. 對包裝方式沒有約定或者約定不	제306조 송하인은 약정된 방법에 따라 화물을 포장하여야 하고, 화물의 포장방식에	

明确的, 适用本法第一百五十六條的規定. 托運人違反前款規定的, 承運人可以拒絶運輸.	관하여 약정하지 않거나 또는 그 약정이 명확하지 아니한 경우, 본법 제156조를 적용한다. 송하인이 전항의 규정을 위반한 경우에 운송인은 운송을 거절할 수 있다.	
第三百零七條 托運人托運易燃, 易爆, 有毒, 有腐蝕性, 有放射性等危險物品的, 應当按照國家有關危險物品運輸的規定對危險物品妥善包裝, 作出危險物標志和標簽, 并將有關危險物品的名稱, 性質和防范措施的書面材料提交承運人. 托運人違反前款規定的, 承運人可以拒絶運輸, 也可以采取相應措施以避免損失的發生, 因此産生的費用由托運人承担.	제307조 송하인이 가연성, 폭발성, 유독성, 부식성, 방사성 등이 있는 위험한 물품을 탁송하는 경우에 국가가 정한 위험물 운송에 관한 규정에 따라 위험물을 적절하게 포장하여 위험물 표시와 꼬리표를 부착하고 위험물의 명칭, 성질과 비상조치에 관한 서면자료를 운송인에게 교부하여야 한다. 송하인이 전항의 규정을 위반한 경우에 운송인은 운송을 거절하거나 또는 손해의 발생을 막기 위하여 상응하는 조치를 취할 수 있고, 그로 인하여 발생하는 비용은 송하인이 부담한다.	第791條(違法船積物의 處分) ② 船長이 第1項의 物件을 運送하는 때에는 船積한 때와 곳에서의 同種運送物의 最高運賃의 支給을 請求할 수 있다.<改正 1991.12.31>
第三百零八條 在承運人將貨物交付收貨人之前, 托運人可以要求承運人中止運輸, 返還貨物, 變更到達地或者將貨物交給其他收貨人, 但應当賠償承運人因此受到的損失.	제308조 운송인이 수하인에게 화물을 인도하기 전에 송하인은 운송인에게 운송의 중단, 화물의 반환, 목적지의 변경 또는 화물을 다른 수하인에게 인도할 것을 요구할 수 있다. 다만 송하인은 그로 인하여 운송인이 입은 손해를 배상하여야 한다.	
第三百零九條 貨物運輸到達后, 承運人知道收貨人的, 應当及時通知收貨人, 收貨人應当及時提貨. 收貨人逾期提貨的, 應当向承運人支付保管費	제309조 화물이 도착된 후, 운송인은 수하인을 알고 있는 경우에는 지체 없이 수한에게 통지하여야 하며, 수하인은 지체 없이 화물을 수령하여야	

	한다. 수하인이 기한이 경과된 후에 화물을 수령하는 경우에 운송인에게 화물보관비용을 지급하여야 한다.	
等費用.		
第三百一十條 收貨人提貨時應当按照約定的期限檢驗貨物. 對檢驗貨物的期限沒有約定或者約定不明确, 依照本法第六十一條的規定仍不能确定的, 應当在合理期限內檢驗貨物. 收貨人在約定的期限或者合理期限內對貨物的數量, 毁損等未提出异議的, 視爲承運人已經按照運輸單証的記載交付的初步証据.	제310조 수하인은 화물을 수령하는 때에 약정된 기한 내에 화물을 검사하여야 한다. 화물검사기한에 관하여 약정하지 않거나 또는 그 약정이 명확하지 아니한 경우, 본법 제61조에 의하여 여전히 확정할 수 없으면, 합리적 기간 내에 화물을 검사하여야 한다. 수하인이 약정된 기간 또는 합리적 기간 내에 화물의 수량, 훼손여부 등에 관하여 이의를 제기하지 아니한 때에는 이를 운송인이 운송장에 기재된 내용에 따라 화물을 인도한 일차적인 증거로 본다.	
第三百一十一條 承運人對運輸過程中貨物的毁損, 減失承担損害賠償責任, 但承運人証明貨物的毁損, 減失是因不可抗力, 貨物本身的自然性質或者合理損耗以及托運人, 收貨人的過錯造成的, 不承担損害賠償責任.	제311조 운송인은 운송 과정에 발생한 화물의 훼손 또는 멸실에 대하여 손해배상책임을 부담한다. 다만 운송인은 화물의 훼손이나 멸실이 불가항력, 화물자체의 자연적인 성질, 합리적인 소모 또는 송하인이나 수하인의 과실에 의하여 발생한 것임을 입증하는 경우에는 손해배상책임을 부담하지 아니한다.	第788條(運送物에 관한 注意義務) ① 運送人은 자기 또는 船員 기타의 船舶使用人이 運送物의 受領, 船積, 積付, 運送, 保管, 揚陸과 引渡에 관하여 주의를 懈怠하지 아니하였음을 증명하지 아니하면 運送物의 滅失, 毁損 또는 延着으로 인한 損害를 賠償할 責任이 있다. ② 運送人은 船長, 海員, 導船士 기타의 船舶使用人의 航海 또는 船舶의 管理에 관한 행위 또는 火災로 인하여 생긴 運送物에 관한 損害를 賠償할 責任을 免한다. 그러나 運送人의 故意 또는 過失로 인한 火災의 경우에는 그

		러하지 아니하다.
第三百一十二條 貨物的毀損, 減失的賠償額, 当事人有約定的, 按照其約定 ; 沒有約定或者約定不明确, 依照本法第六十一條的規定仍不能确定的, 按照交付或者應当交付時貨物到達地的市場价格計算. 法律, 行政法規對賠償額的計算方法和賠償限額另有規定的, 依照其規定.	제312조 화물이 훼손 또는 멸실되는 경우에 손해배상액은 당사자 간의 약정에 따라 확정한다. 당사자 간의 약정이 없거나 또는 그 약정이 명확하지 아니한 경우, 본법 제61조에 의하여 확정할 수 없으면, 인도하거나 인도하였어야 하는 때의 목적지의 시장가격에 따라 계산한다. 법률 또는 행정법규에 배상액의 계산방법과 배상한도액에 관하여 달리 규정된 경우에는 그 규정에 따른다.	
第三百一十三條 兩个以上承運人以同一運輸方式聯運的, 与托運人訂立合同的承運人應当對全程運輸承担責任. 損失發生在某一運輸區段的, 与托運人訂立合同的承運人和該區段的承運人承担連帶責任.	제313조 2인 이상의 운송인이 동일한 운송방법에 의하여 순차로 운송하는 경우, 송하인과 계약을 체결한 운송인이 운송의 전 과정에 대하여 책임을 부담하여야 한다. 특정한 운송구간에서 손해가 발생한 경우에 송하인과 계약을 체결한 운송인과 그 구간의 운송을 책임진 운송인이 연대하여 책임을 부담한다.	
第三百一十四條 貨物在運輸過程中因不可抗力減失, 未收取運費的, 承運人不得要求支付運費 ; 已收取運費的, 托運人可以要求返還.	제314조 화물이 운송 중에 불가항력으로 인하여 멸실되고, 운임이 지급되지 아니한 경우, 운송인은 운임의 지급을 청구할 수 없다. 운임이 지급된 경우에는 송하인은 운임의 반환을 청구할 수 있다.	
第三百一十五條 托運人或者收貨人不支付運費, 保管費以及其他運輸費用的, 承運人對相應的運輸貨物享有留置權,	제315조 송하인이나 수하인이 운임, 보관비용 및 기타 운송비용을 지급하지 아니한 경우에 운송인은 상응하	

但当事人另有約定的除外.	는 범위 내에서 화물에 대하여 유치권을 행사할 권리가 있다. 다만 당사자 간에 달리 약정한 경우에는 그러하지 아니하다.	
第三百一十六條 收貨人不明或者收貨人无正当理由拒絶受領貨物的, 依照本法第一百零一條的規定, 承運人可以提存貨物.	제316조 수하인이 분명하지 아니하거나 또는 수하인이 정당한 사유 없이 화물의 수령을 거절하는 경우에 운송인은 본법 제101조에 따라 화물을 공탁할 수 있다.	
第四節 多式聯運合同	제4절 복합운송계약	
第三百一十七條 多式聯運經營人負責履行或者組織履行多式聯運合同, 對全程運輸享有承運人的權利, 承担承運人的義務.	제317조 복합운송업자는 복합운송계약을 스스로 이행하거나 또는 다른 운송업자에 의한 운송을 조직하며, 전 구간의 운송에 대하여 운송인으로서의 권리와 의무가 있다.	
第三百一十八條 多式聯運經營人可以与參加多式聯運的各區段承運人就多式聯運合同的各區段運輸約定相互之間的責任, 但該約定不影響多式聯運經營人對全程運輸承担的義務.	제318조 복합운송업자는 복합운송에 참가하는 각 구간의 운송인과 각각 상응하는 구간의 운송과 관련하여 상호 간의 책임에 관하여 약정할 수 있다.	
第三百一十九條 多式聯運經營人收到托運人交付的貨物時, 應当簽發多式聯運單据. 按照托運人的要求, 多式聯運單据可以是可轉讓單据, 也可以是不可轉讓單据.	제319조 복합운송업자는 송하인으로부터 화물을 수령하는 때에 복합운송장을 발행하여야 한다. 송하인의 요구에 의하여 복합운송장을 양도 가능한 것으로 발행하거나 또는 양도가 금지된 것으로 발생할 수 있다.	
第三百二十條 因托運人托運貨物時的過錯造成多式聯運經營人損失的, 即使托運人已經轉讓多式聯運單据, 托運人仍然應当承担損害賠償責任.	제320조 화물탁송시의 송하인의 과실로 인하여 복합운송업자에게 손해가 발생하는 경우, 송하인은 복합운송장을 양도하였더라도 손해배상	

	책임을 부담하여야 한다.	
第三百二十一條 貨物的毀損, 減失發生于多式聯運的某一運輸區段的, 多式聯運經營人的賠償責任和責任限額, 适用調整該區段運輸方式的有關法律規定. 貨物毀損, 減失發生的運輸區段不能确定的, 依照本章規定承担損害賠償責任.	제321조 복합운송의 특정 구간에서 화물이 훼손되거나 멸실되는 경우에 복합운송업자의 손해배상책임과 배상한도액은 그 구간의 운송방법을 규율하는 관련 법률의 적용을 받는다. 화물이 훼손 또는 멸실된 운송구간을 확정할 수 없는 경우에는 본장의 규정에 따라 손해배상책임을 부담한다.	
第十八章 技術合同	제18장 기술계약	
第一節 一般規定	제1절 일반규정	
第三百二十二條 技術合同是当事人就技術開發, 轉讓, 咨詢或者服務訂立的确立相互之間權利和義務的合同.	제322조 기술계약은 당사자 간에 기술개발, 기술양도, 기술자문 또는 기술서비스에 관하여 상호 간의 권리와 의무를 약정하는 계약이다.	
第三百二十三條 訂立技術合同, 應当有利于科學技術的進步, 加速科學技術成果的轉化, 應用和推广.	제323조 기술계약의 체결은 과학기술의 진보, 과학기술성과의 轉用, 활용과 보급을 추진하는 데 기여할 수 있어야 한다.	기술개발촉진법 제1조(목적) 이 법은 신기술의 개발을 촉진하고 그 성과를 보급하여 기업의 국제경쟁력을 강화함으로써, 국민경제의 발전에 이바지함을 목적으로 한다.
第三百二十四條 技術合同的內容由当事人約定, 一般包括以下條款. (一) 項目名称 (二) 標的的內容, 范圍和要求 (三) 履行的計划, 進度, 期限, 地点, 地域和方式 (四) 技術情報和資料的保密 (五) 風險責任的承担 (六) 技術成果的歸屬和收益的分成辦法 (七) 驗收標准和方法	제324조 기술계약의 내용은 당사자 간에 약정하며, 일반적으로 다음과 같은 조항을 포함한다. (1) 프로젝트 명칭 (2) 계약목적의 내용, 범위와 요구 (3) 이행계획, 진도, 기한, 장소, 지역과 방식 (4) 기술정보와 자료의 비밀유지 (5) 위험부담 (6) 기술성과의 귀속과 수	

(八) 价款, 報酬或者使用費及其支付方式 (九) 違約金或者損失賠償的計算方法 (十) 解決爭議的方法 (十一) 名詞和術語的解釋 与履行合同有關的技術背景資料, 可行性論証和技術評价報告, 項目任務書和計划書, 技術標准, 技術規范, 原始設計和工藝文件, 以及其他技術文檔, 按照当事人的約定可以作爲合同的組成部分. 技術合同涉及專利的, 應当注明發明創造的名称, 專利申請人和專利權人, 申請日期, 申請号, 專利号以及專利權的有效期限.	익의 분배방법 (7) 검사기준과 검사방법 (8) 대금, 보수 또는 사용료 및 그 지급방법 (9) 위약금 또는 손해배상의 계산방법 (10) 분쟁해결 방법 (11) 용어해석 계약의 이행에 관한 기술참고자료, 타당성 연구와 기술평가보고, 프로젝트의 과제와 계획, 기술기준, 기술규범, 최초의 설계와 기술문서 및 기타의 기술문서를 당사자 간의 약정에 의하여 계약의 내용으로 할 수 있다. 기술계약이 특허와 관련되는 경우에 발명의 명칭, 특허신청자 및 특허권자, 신청일자, 신청번호, 특허번호 및 특허권의 유효기간을 명기하여야 한다.
第三百二十五條 技術合同价款, 報酬或者使用費的支付方式由当事人約定, 可以采取一次總算, 一次總付或者一次總算, 分期支付, 也可以采取提成支付或者提成支付附加預付入門費的方式. 約定提成支付的, 可以按照產品价格, 實施專利和使用技術秘密后新增的產值, 利潤或者產品銷售額的一定比例提成, 也可以按照約定的其他方式計算. 提成支付的比例可以采取固定比例, 逐年遞增比例或者逐年遞減比例. 約定提成支付的, 当事人應当在合同中約定查閱有關會計	제325조 기술계약의 대금, 보수 또는 사용료의 지급방법은 당사자 간에 약정하며, 일괄계산 1회 지급 또는 일괄계산 분할지급의 방법을 채택하거나, 공제금을 지급하거나 또는 공제금에 입회비를 추가하여 지급하는 방법을 채택할 수 있다. 공제금의 지급을 약정하는 경우에 제품가격, 특허권실시와 기술비밀 사용 후에 증가한 생산액, 이윤 또는 제품판매액의 일정한 비율로 공제하거나 약정된 기타의 방법에 따라 계산할 수 있다. 공제금의 지급 비율은

帳目的辦法.	고정비율 또는 매년 증가하는 비율이나 매년 감소하는 비율을 채택할 수 있다. 공제금의 지급을 약정한 경우, 당사자 간에 회계장부를 열람하는 방법을 약정하여야 한다.	
第三百二十六條 職務技術成果的使用權, 轉讓權屬于法人或者其他組織的, 法人或者其他組織可以就該項職務技術成果訂立技術合同. 法人或者其他組織應当從使用和轉讓該項職務技術成果所取得的收益中提取一定比例, 對完成該項職務技術成果的个人給予獎勵或者報酬. 法人或者其他組織訂立技術合同轉讓職務技術成果時, 職務技術成果的完成人享有以同等條件优先受讓的權利. 職務技術成果是執行法人或者其他組織的工作任務, 或者主要是利用法人或者其他組織的物質技術條件所完成的技術成果.	제326조 직무상 기술성과의 사용권 또는 양도권이 법인 또는 비법인 주체에 속하는 경우에 법인 또는 비법인 주체는 그 직무상 기술성과에 대하여 기술계약을 체결할 수 있다. 법인 또는 비법인 주체는 그 직무상 기술성과의 사용과 양도에 의한 수익에서 일정한 비율로 그 직무상 기술성과를 완성한 자에게 장려금이나 보수를 지급하여야 한다. 법인 또는 비법인 주체가 기술계약에 의하여 직무상 기술성과를 양도하는 경우에 그 직무상 기술계약을 완성한 자는 동일한 조건에서 우선적으로 양수할 권리가 있다. 직무상 기술성과는 법인 또는 비법인 주체에서 업무를 완성한 결과이거나 또는 주로 법인이나 비법인 주체의 물질적 기술조건을 이용하여 완성한 기술성과이다.	
第三百二十七條 非職務技術成果的使用權, 轉讓權屬于完成技術成果的个人, 完成技術成果的个人可以就該項非職務技術成果訂立技術合同.	제327조 비직무상 기술성과의 사용권 또는 양도권은 기술성과를 완성한 개인에게 속한다. 기술성과를 완성한 비직무상 기술성과에 대하여 기술계약을 체결할 수 있다.	
第三百二十八條 完成技術成	제328조 기술성과를 완성한	

果的个人有在有關技術成果文件上寫明自己是技術成果完成者的權利和取得榮譽証書, 獎勵的權利.	개인은 기술성과의 관련 문서에 자신이 기술성과를 완성한 자임을 기재할 권리와 명예증서나 포상을 받을 권리가 있다.	
第三百二十九條 非法壟斷技術, 妨碍技術進步或者侵害他人技術成果的技術合同无效.	제329조 불법으로 기술을 독점하거나, 기술진보를 방해하거나 또는 타인의 기술성과를 침해하는 기술계약은 무효이다.	
第二節 技術開發合同	제2절 기술개발계약	
第三百三十條 技術開發合同是指当事人之間就新技術, 新產品, 新工藝或者新材料及其系統的研究開發所訂立的合同. 技術開發合同包括委托開發合同和合作開發合同. 技術開發合同應当采用書面形式. 当事人之間就具有產業應用价值的科技成果實施轉化訂立的合同, 參照技術開發合同的規定.	제330조 기술개발계약은 당사자 간에 신기술, 신제품, 신공업기술 또는 신소재 및 그 체계의 연구개발에 관하여 체결하는 계약이다. 기술개발계약은 위탁개발계약과 공동개발계약을 포함한다. 기술개발계약은 서면으로 체결하여야 한다. 당사자 간에 산업적 응용가치가 있는 과학기술성과의 轉用에 관하여 체결한 계약은 기술개발계약에 관한 규정을 참조한다.	
第三百三十一條 委托開發合同的委托人應当按照約定支付研究開發經費和報酬 ; 提供技術資料, 原始數據 ; 完成協作事項 ; 接受研究開發成果.	제331조 위탁개발계약의 위탁자는 약정에 따라 연구개발비와 보수를 지급하고, 기술 자료와 원 데이터를 제공하여야 하며, 협력사항을 완성하고 연구개발성과를 수령하여야 한다.	
第三百三十二條 委托開發合同的研究開發人應当按照約定制定和實施研究開發計划 ; 合理使用研究開發經費 ; 按期完成研究開發工作, 交付研究開發成果, 提供有關的技術	제332조 위탁개발계약의 연구개발자는 약정에 따라 연구개발계획을 작성하여 실행하고, 연구개발비를 합리적으로 사용하고, 기한 내에 연구개발사업을 완성하여 연구	

資料和必要的技術指導, 帮助委托人掌握研究開發成果.	성과를 인도하고, 관련 기술자료와 필요한 기술지도를 제공하며, 위탁인이 연구개발성과를 장악하도록 도와야 한다.
第三百三十三條 委托人違反約定造成研究開發工作停滯, 延誤或者失敗的, 應当承擔違約責任.	제333조 위탁인이 약정을 위반하여 연구개발사업이 중단, 지연 또는 실패되는 경우에 위탁인은 계약책임을 부담하여야 한다.
第三百三十四條 研究開發人違反約定造成研究開發工作停滯, 延誤或者失敗的, 應当承担違約責任.	제334조 연구개발자가 약정을 위반하여 연구개발사업이 중단, 지체 또는 실패되는 경우에 연구개발자는 계약책임을 부담하여야 한다.
第三百三十五條 合作開發合同的当事人應当按照約定進行投資, 包括以技術進行投資 ; 分工參与研究開發工作 ; 協作配合研究開發工作.	제335조 공동개발계약 당사자는 약정에 따라 기술투자를 포함한 투자를 하고, 분공하여 연구개발을 하며, 연구개발을 협력하여야 한다.
第三百三十六條 合作開發合同的当事人違反約定造成研究開發工作停滯, 延誤或者失敗的, 應当承担違約責任.	제336조 공동개발계약 당사자는 약정을 위반하여 연구개발사업이 중단, 지연 또는 실패되는 경우에 계약책임을 부담하여야 한다.
第三百三十七條 因作爲技術開發合同標的的技術已經由他人公開, 致使技術開發合同的履行沒有意義的, 当事人可以解除合同.	제337조 기술개발계약의 목적인 기술이 이미 타인에 의하여 공개되어 기술개발계약을 이행할 의미가 상실된 경우에 당사자는 계약을 해제할 수 있다.
第三百三十八條 在技術開發合同履行過程中, 因出現无法克服的技術困難, 致使研究開發失敗或者部分失敗的, 該風險責任由当事人約定. 沒有約定或者約定不明確, 依照本法第六十一條的規定仍不能確定的, 風險責任由当事人合理	제338조 기술개발계약을 이행하는 과정에 극복할 수 없는 기술상의 어려움이 발생하여 연구개발이 전부 또는 일부가 실패되는 경우에 그 위험부담은 당사자 간에 약정한다. 그러한 약정이 없거나 또는 그 약정이 명확하지

分担. 当事人一方發現前款規定的可能致使硏究開發失敗或者部分失敗的情形時, 應当及時通知另一方幷采取适当措施减少損失. 沒有及時通知幷采取适当措施, 致使損失擴大的, 應当就擴大的損失承担責任.	아니한 때에 본법 제61조에 의하여 여전히 확정할 수 없으면 그 위험은 당사자 간에 합리적으로 분담한다. 당사자 일방이 전항이 규정한 연구개발이 전부 또는 일부가 실패할 수 있는 상황을 발견하는 경우에 지체 없이 상대방에게 통지하고, 적절한 조치를 취하여 손해를 감소시켜야 한다.
第三百三十九條 委托開發完成的發明創造, 除当事人另有約定的以外, 申請專利的權利屬于硏究開發人. 硏究開發人取得專利權的, 委托人可以免費實施該專利. 硏究開發人轉讓專利申請權的, 委托人享有以同等條件优先受讓的權利.	제339조 위탁개발에 의하여 완성된 발명의 특허출원권은 당사자 간에 달리 약정하지 아니한, 연구개발자에게 속한다. 연구개발자가 특허권을 취득한 경우에 위탁자는 무상으로 특허권을 실시할 수 있다. 연구개발자가 특허출원권을 양도하는 경우에 위탁자는 동일한 조건에서 우선적으로 양수받을 권리가 있다.
第三百四十條 合作開發完成的發明創造, 除当事人另有約定的以外, 申請專利的權利屬于合作開發的当事人共有. 当事人一方轉讓其共有的專利申請權的, 其他各方享有以同等條件优先受讓的權利. 合作開發的当事人一方聲明放弃其共有的專利申請權的, 可以由另一方單獨申請或者由其他各方共同申請. 申請人取得專利權的, 放弃專利申請權的一方可以免費實施該專利. 合作開發的当事人一方不同意申請專利的, 另一方或者其	제340조 공동개발에 의하여 완성된 발명의 특허출원권은 당사자 간에 달리 약정하지 아니한 공동으로 개발한 자가 공유한다. 당사자 일방이 자신이 공유한 특허출원권을 양도하는 경우에 상대방은 동일한 조건에서 우선적으로 양수받을 권리가 있다. 공공개발 당사자 일방이 자신이 공유한 특허출원권을 포기하는 의사를 표시하는 경우에 상대방은 단독으로 또는 다른 공유자와 공동으로 특허를 출원할 수 있다. 출원자가 특허권을 취득하

他各方不得申請專利.	는 경우에 특허출원권을 포기한 당사자는 무상으로 특허권을 실시할 수 있다. 공동개발 당사자 일방이 특허출원을 동의하지 않는 경우에 상대방 또는 다른 공동개발자는 특허를 출원할 수 없다.	
第三百四十一條 委托開發或者合作開發完成的技術秘密成果的使用權, 轉讓權以及利益的分配辦法, 由当事人約定. 沒有約定或者約定不明確, 依照本法第六十一條的規定仍不能确定的, 当事人均有使用和轉讓的權利, 但委托開發的研究開發人不得在向委托人交付研究開發成果之前, 將研究開發成果轉讓給第三人.	제341조 위탁개발 또는 공동개발에 의하여 완성된 기술비밀성과의 사용권, 양도권 및 이익의 분배방법은 당사자 간에 약정한다. 그에 관한 약정이 없거나 또는 그 약정이 명확하지 아니한 경우, 본법 제61조에 의하여 확정할 수 없으면, 모든 당사자가 기술성과를 사용하거나 또는 양도할 권리가 있다. 다만 위탁개발의 연구개발자는 위탁자에게 연구개발성과를 인도하기 전에 연구개발성과를 제3자에게 양도할 수 없다.	
第三節 技術轉讓合同	제3절 기술양도계약	
第三百四十二條 技術轉讓合同包括專利權轉讓, 專利申請權轉讓, 技術秘密轉讓, 專利實施許可合同. 技術轉讓合同應当采用書面形式.	제342조 기술양도계약에는 특허권양도계약, 특허출원권양도계약, 기술비밀양도계약, 특허권실시허락계약 등이 있다. 기술양도계약은 서면으로 체결하여야 한다.	
第三百四十三條 技術轉讓合同可以約定讓与人和受讓人實施專利或者使用技術秘密的范圍, 但不得限制技術競爭和技術發展.	제343조 기술양도계약에서 양도인과 양수인 간에 특허권실시 또는 기술비밀사용의 범위를 약정할 수 있다. 다만 기술경쟁과 기술발전을 제한하는 약정을 하여서는 아니된다.	
第三百四十四條 專利實施許	제344조 특허권실시허락계	

可合同只在該專利權的存續期間內有效. 專利權有效期限屆滿或者專利權被宣布无效的, 專利權人不得就該專利与他人訂立專利實施許可合同.	약은 그 특허권이 존속하는 기간에만 유효하다. 특허권의 유효기간이 만료하거나 또는 특허권의 무효가 선언되는 경우에 특허권자는 그 특허권에 대하여 타인과 특허권실시허락계약을 체결하여서는 아니된다.	
第三百四十五條 專利實施許可合同的讓与人應当按照約定許可受讓人實施專利, 交付實施專利有關的技術資料, 提供必要的技術指導.	제345조 특허권실시를 허락하는 특허권자는 약정에 따라 상대방의 특허권실시를 허락하고, 특허권실시와 관련되는 기술자료를 교부하며, 필요한 기술지도를 제공하여야 한다.	
第三百四十六條 專利實施許可合同的受讓人應当按照約定實施專利, 不得許可約定以外的第三人實施該專利 ; 并按照約定支付使用費.	제346조 특허권실시를 허락받은 자는 약정에 따라 특허권을 실시하여야 하고, 약정한 자 이외의 제3자에게 특허권실시를 허락하여서는 아니되며, 약정에 따라 사용료를 지급하여야 한다.	
第三百四十七條 技術秘密轉讓合同的讓与人應当按照約定提供技術資料, 進行技術指導, 保証技術的實用性, 可靠性, 承担保密義務.	제347조 기술비밀양도계약의 양도인은 약정에 따라 기술자료를 제공하고, 기술지도를 하며, 기술의 실용성과 신뢰성을 보장하고 비밀을 유지할 의무가 있다.	
第三百四十八條 技術秘密轉讓合同的受讓人應当按照約定使用技術, 支付使用費, 承担保密義務.	제348조 기술비밀양도계약의 양수인은 약정에 따라 기술을 사용하고, 사용료를 지급하며, 비밀을 유지할 의무가 있다.	
第三百四十九條 技術轉讓合同的讓与人應当保証自己是所提供的技術的合法擁有者, 并保証所提供的技術完整, 无誤, 有效, 能够達到約定的目標.	제349조 기술양도계약의 양도인은 자신이 합법적 기술소유자라는 점을 보증하여야 하며, 기술이 완전한 것으로 오류가 없고 유효한 것이며 약정한 목적을 달성할	

	수 있다는 점을 보증하여야 한다.	
第三百五十條 技術轉讓合同 的受讓人應当按照約定的范 圍和期限, 對讓与人提供的技 術中尚未公開的秘密部分, 承 担保密義務.	제350조 기술양도계약의 양 수인은 약정한 범위와 기한 에 따라 양도인이 제공한 기 술 중에 공개되지 않은 비밀 적인 요소에 대해서 비밀을 유지할 의무가 있다.	
第三百五十一條 讓与人未按 照約定轉讓技術的, 應当返還 部分或者全部使用費, 并應当 承担違約責任 ; 實施專利或 者使用技術秘密超越約定的 范圍的, 違反約定擅自許可第 三人實施該項專利或者使用 該項技術秘密的, 應当停止違 約行爲, 承担違約責任 ; 違反 約定的保密義務的, 應当承担 違約責任.	제351조 양도인은 약정에 따 라 기술을 양도하지 아니한 경우에 사용료의 일부 또는 전부를 반환하고, 계약책임 을 부담하여야 한다. 특허권 을 실시하거나 기술비밀을 사용하면서 약정된 범위를 초과하거나 또는 약정을 위 반하고 무단으로 제3자의 특 허권실시나 기술비밀의 사용 을 허락한 경우에 그러한 위 법행위를 중지하고 계약책임 을 부담하여야 한다. 양도인 은 약정에 의한 비밀유지의 무를 위반하는 경우에 계약 책임을 부담하여야 한다.	
第三百五十二條 受讓人未按 照約定支付使用費的, 應当補 交使用費并按照約定支付違 約金 ; 不補交使用費或者支 付違約金的, 應当停止實施專 利或者使用技術秘密, 交還技 術資料, 承担違約責任 ; 實施 專利或者使用技術秘密超越 約定的范圍的, 未經讓与人同 意擅自許可第三人實施該專 利或者使用該技術秘密的, 應 当停止違約行爲, 承担違約責 任 ; 違反約定的保密義務的, 應当承担違約責任.	제352조 양수인은 약정에 따 라 사용료를 지급하지 아니 한 경우에 부족한 사용료를 지급하고 약정에 따라 위약 금을 지급하여야 한다. 부족 한 사용료 또는 위약금을 지 급하지 아니하는 경우, 특허 권실시 또는 기술비밀의 사 용을 중지하고, 기술자료를 반환하며, 계약책임을 부담 하여야 한다. 특허권을 실시 하거나 기술비밀을 사용하 면서 약정된 범위를 초과하 거나 또는 양도인의 동의 없 이 무단으로 제3자의 특허권	

	실시나 기술비밀의 사용을 허락한 경우에 그러한 위법행위를 중지하고 계약책임을 부담하여야 한다. 양수인은 약정에 의한 비밀유지의무를 위반하는 경우에 계약책임을 부담하여야 한다.	
第三百五十三條 受讓人按照約定實施專利, 使用技術秘密侵害他人合法權益的, 由讓与人承担責任, 但当事人另有約定的除外.	제353조 특허권의 실시권자 또는 기술비밀의 양수인의 약정에 따른 특허권실시나 기술비밀의 사용에 의하여 타인의 합법적 권익이 침해되는 경우에 특허권자 또는 기술비밀의 양도인이 책임을 부담한다. 다만 당사자 간에 달리 약정한 경우에는 그러하지 아니하다.	
第三百五十四條 当事人可以按照互利的原則, 在技術轉讓合同中約定實施專利, 使用技術秘密后續改進的技術成果的分享辦法. 沒有約定或者約定不明确, 依照本法第六十一條的規定仍不能确定的, 一方后續改進的技術成果, 其他各方无權分享.	제354조 당사자는 상호이익의 원칙에 따라 기술양도계약에서 특허실시나 기술비밀사용 후에 개량된 기술성과의 권리귀속을 약정할 수 있다. 약정을 하지 아니하거나 또는 그 약정이 명확하지 아니한 경우, 본법 제61조에 의하여 여전히 확정할 수 없으면, 당사자 일방이 개량한 기술성과에 대해서 그 밖의 당사자는 아무런 권리도 가지지 아니한다.	
第三百五十五條 法律, 行政法規對技術進出口合同或者專利, 專利申請合同另有規定的, 依照其規定.	제355조 법률 또는 행정법규에서 기술수출입계약 또는 특허나 특허출원계약에 관하여 달리 규정한 경우에 그 규정을 적용한다.	
第四節 技術咨詢合同和技術服務合同	제4절 기술자문계약 및 기술서비스계약	
第三百五十六條 技術咨詢合同包括就特定技術項目提供	제356조 기술자문계약은 특정 기술과제에 대한 타당성	

可行性論証, 技術預測, 專題技術調査, 分析評价報告等合同. 技術服務合同是指当事人一方以技術知識爲另一方解決特定技術問題所訂立的合同, 不包括建設工程合同和承攬合同.	연구, 기술예측, 특정분야의 기술조사, 분석평가보고 등을 제공하는 계약을 포함한다. 기술서비스계약은 당사자 일방이 자신이 갖고 있는 기술에 대한 지식으로 상대방의 특정한 기술적인 문제를 해결하기 위하여 체결하는 계약이다. 건설공사계약과 도급계약은 포함되지 아니한다.
第三百五十七條 技術咨詢合同的委托人應当按照約定闡明咨詢的問題, 提供技術背景材料及有關技術資料, 數据 ; 接受受托人的工作成果, 支付報酬.	제357조 기술자문계약의 위탁자는 약정에 따라 자문을 구하는 문제를 확실하게 설명하고, 기술배경자료 및 관련 기술자료와 데이터를 제공하며, 수탁자의 사업성과를 수령하고 보수를 지급하여야 한다.
第三百五十八條 技術咨詢合同的受托人應当按照約定的期限完成咨詢報告或者解答問題 ; 提出的咨詢報告應当達到約定的要求.	제358조 기술자문계약의 수탁자는 약정한 기간 내에 자문보고를 완성하거나 또는 문제에 대한 해답을 하여야 한다. 제출된 자문보고는 약정된 요구에 부합하여야 한다.
第三百五十九條 技術咨詢合同的委托人未按照約定提供必要的資料和數据, 影響工作進度和質量, 不接受或者逾期接受工作成果的, 支付的報酬不得追回, 未支付的報酬應当支付. 技術咨詢合同的受托人未按期提出咨詢報告或者提出的咨詢報告不符合約定的, 應当承担減收或者免收報酬等違約責任. 技術咨詢合同的委托人按照受托人符合約定要求的咨詢報告和意見作出決策所造成	제359조 기술자문계약의 위탁자는 약정에 따라 필요한 자료와 데이터를 제공하지 아니하여 자문의 진행과 질에 영향을 미치거나 또는 자문의 성과를 수령하지 아니하거나 기한을 경과하여 수령하는 경우, 지급한 보수의 반환을 요구할 수 없으며, 지급하지 아니한 보수는 지급하여야 한다. 기술자문계약의 수탁자는 기한 내에 자문보고를 제출하지 아니하거나 또는 제출한 자문보고가 약정에 부합하

	지 아니한 경우에 보수의 감액이나 면제 등 계약책임을 부담하여야 한다.	
的損失, 由委托人承担, 但当事人另有約定的除外.	기술자문계약의 위탁자가 수탁자의 약정된 요구에 부합하는 자문보고 및 의견에 따른 결정을 하여 발생한 손해는 위탁자가 부담한다. 다만 당사자 간에 달리 약정한 경우에는 그러하지 아니하다.	
第三百六十條 技術服務合同的委托人應当按照約定提供工作條件, 完成配合事項 ; 接受工作成果并支付報酬.	제360조　기술서비스계약의 위탁자는 약정에 따라 업무조건을 마련하고, 협력사항을 완성하며, 사업성과를 수령하고 보수를 지급하여야 한다.	
第三百六十一條 技術服務合同的受托人應当按照約定完成服務項目, 解決技術問題, 保証工作質量, 并傳授解決技術問題的知識.	제361조　기술서비스계약의 수탁자는 약정에 따라 서비스계약을 이행하고, 기술적 문제를 해결하며, 서비스의 질을 보장하고 기술적 문제의 해결에 관한 지식을 전수하여야 한다.	
第三百六十二條 技術服務合同的委托人不履行合同義務或者履行合同義務不符合約定, 影響工作進度和質量, 不接受或者逾期接受工作成果的, 支付的報酬不得追回, 未支付的報酬應当支付. 技術服務合同的受托人未按照合同約定完成服務工作的, 應当承担免收報酬等違約責任.	제362조　기술서비스계약의 위탁자가 계약상의 의무를 이행하지 아니하거나 계약상의 의무이행이 약정에 부합하지 아니하여 수탁자의 일의 진행과 질에 영향을 주거나 또는 사업성과를 수령하지 아니하거나 기한을 경과하여 수령하는 경우, 위탁자는 보수의 반환을 요구할 수 없고, 미지급 보수를 지급하여야 한다. 기술서비스계약의 수탁자는 약정에 따라 계약을 이행하지 아니하는 경우에 보수의	

	지급을 청구할 수 없는 등 계약책임을 부담하여야 한다.	
第三百六十三條 在技術咨詢合同, 技術服務合同履行過程中, 受托人利用委托人提供的技術資料和工作條件完成的新的技術成果, 屬于受托人. 委托人利用受托人的工作成果完成的新的技術成果, 屬于委托人. 當事人另有約定的, 按照其約定.	제363조 기술자문계약 또는 기술서비스계약을 이행하는 과정에 수탁자가 위탁자가 제공한 기술자료 및 업무조건을 이용하여 얻은 새로운 기술성과는 수탁자에게 속한다. 위탁자가 수탁자의 사업성과를 이용하여 얻은 새로운 기술성과는 위탁자에게 속한다. 당사자 간에 달리 약정한 경우에는 그 약정에 따른다.	
第三百六十四條 法律, 行政法規對技術中介合同, 技術培訓合同另有規定的, 依照其規定.	제364조 법률 또는 행정법규에서 기술중개계약, 기술연수계약에 관하여 달리 규정한 경우에는 그 규정을 적용한다.	
第十九章 保管合同	제19장 임치계약	
第三百六十五條 保管合同是保管人保管寄存人交付的保管物, 并返還該物的合同.	제365조 임치계약은 수치인이 임치인이 인도한 물건을 보관하고, 나중에 그 물건을 반환하는 계약이다.	민 법 제693조 (임치의 의의) 임치는 당사자일방이 상대방에 대하여 금전이나 유가증권 기타 물건의 보관을 위탁하고 상대방이 이를 승낙함으로써 효력이 생긴다.
第三百六十六條 寄存人應当按照約定向保管人支付保管費. 當事人對保管費沒有約定或者約定不明確, 依照本法第六十一條的規定仍不能確定的, 保管是无償的.	제366조 임치인은 약정에 따라 수치인에게 보관료를 지급하여야 한다. 당사자 간에 보관료에 대하여 약정하지 아니하거나 또는 그 약정이 명확하지 아니한 경우, 본법 제61조에 의하여 여전히 확정할 수 없으면, 임치는 무상으로 한다.	
第三百六十七條 保管合同自保管物交付時成立, 但当事人另有約定的除外.	제367조 임치계약은 임치물이 인도되는 때에 성립한다. 다만 당사자 간에 달리 약정	

	한 경우에는 그러하지 아니하다.	
第三百六十八條 寄存人向保管人交付保管物的, 保管人應当給付保管凭証, 但另有交易習慣的除外.	제368조 임치인이 수치인에게 임치물을 인도하는 때에 수치인은 보관증서를 교부하여야 한다. 다만 이와 다른 거래관습이 있는 경우에는 그러하지 아니하다.	
第三百六十九條 保管人應当安善保管保管物. 当事人可以約定保管場所或者方法. 除緊急情況或者爲了維護寄存人利益的以外, 不得擅自改變保管場所或者方法.	제369조 수치인은 임치물을 적절하게 보관하여야 한다. 당사자 간에 보관장소 또는 보관방법을 약정할 수 있다. 긴급한 상황이거나 또는 임치인의 이익을 보호하는 경우가 아닌 한, 보관장소 또는 보관방법을 임의로 변경하지 못한다.	제695조 (무상수치인의 주의의무) 보수 없이 임치를 받은 자는 임치물을 자기재산과 동일한 주의로 보관하여야 한다.
第三百七十條 寄存人交付的保管物有瑕疵或者按照保管物的性質需要采取特殊保管措施的, 寄存人應当將有關情況告知保管人. 寄存人未告知, 致使保管物受損失的, 保管人不承担損害賠償責任 ; 保管人因此受損失的, 除保管人知道或者應当知道并且未采取補救措施的以外, 寄存人應当承担損害賠償責任.	제370조 임치인이 인도한 임치물에 하자가 있거나 또는 임치물의 성질상 특별한 보관조치가 필요한 경우에 임치인은 관련 사실을 수치인에게 고지하여야 한다. 임치인이 고지하지 아니하여 임치물에 손해가 발생하는 경우에 수치인은 손해배상책임을 부담하지 아니한다. 수치인이 이로 인하여 손해를 입는 경우, 수치인이 그 사실을 알았거나 또는 알았어야 함에도 불구하고 구제조치를 취하지 아니한 경우를 제외하고는, 임치인은 손해배상책임을 부담하여야 한다.	제697조 (임치물의 성질, 하자로 인한 임치인의 손해배상의무) 임치인은 임치물의 성질 또는 하자로 인하여 생긴 손해를 수치인에게 배상하여야 한다. 그러나 수치인이 그 성질 또는 하자를 안 때에는 그러하지 아니하다.
第三百七十一條 保管人不得將保管物轉交第三人保管, 但当事人另有約定的除外. 保管人違反前款規定, 將保管物轉交第三人保管, 對保管物	제371조 수치인은 임치물을 제3자에게 인도하여 보관하게 하지 못한다. 다만 당사자 간에 달리 약정한 경우에는 그러하지 아니하다.	

造成損失的, 應当承担損害賠償責任.	수치인은 전항의 규정을 위반하여 임치물을 제3자에게 인도하여 보관하게 한 결과 임치물에 손해가 발생한 경우에 손해배상책임을 부담하여야 한다.	
第三百七十二條 保管人不得使用或者許可第三人使用保管物, 但当事人另有約定的除外.	제372조 수치인은 임치물을 직접 사용하거나 또는 제3자가 사용하도록 하지 못한다. 다만 당사자 간에 달리 약정한 경우에는 그러하지 아니하다.	제694조 (수치인의 임치물사용금지) 수치인은 임치인의 동의 없이 임치물을 사용하지 못한다.
第三百七十三條 第三人對保管物主張權利的, 除依法對保管物采取保全或者執行的以外, 保管人應当履行向寄存人返還保管物的義務. 第三人對保管人提起訴訟或者對保管物申請扣押的, 保管人應当及時通知寄存人.	제373조 제3자가 임치물에 대하여 권리를 주장하는 경우, 법에 의한 임치물에 대한 보전처분 또는 집행이 아닌 한, 수치인은 임치인에게 임치물을 반환하여야 한다. 제3자가 수치인을 상대로 소를 제기하거나 또는 임치물에 대하여 압류신청을 하는 경우에 수치인은 지체 없이 이를 임치인에게 통지하여야 한다.	제696조 (수치인의 통지의무) 임치물에 대한 권리를 주장하는 제삼자가 수치인에 대하여 소를 제기하거나 압류한 때에는 수치인은 지체 없이 임치인에게 이를 통지하여야 한다.
第三百七十四條 保管期間, 因保管人保管不善造成保管物毀損, 滅失的, 保管人應当承担損害賠償責任, 但保管是无償的, 保管人証明自己沒有重大過失的, 不承担損害賠償責任.	제374조 임치기간 중에 수치인의 적절하지 못한 보관으로 인하여 임치물이 훼손 또는 멸실 되는 경우, 수치인은 손해배상책임을 부담하여야 한다. 다만 무상임치의 경우, 수치인이 자신에게 중대한 과실이 없음을 입증하는 경우에는 손해배상책임을 부담하지 아니한다.	
第三百七十五條 寄存人寄存貨幣, 有价証券或者其他貴重物品的, 應当向保管人聲明, 由保管人驗收或者封存. 寄存人未聲明的, 該物品毀損, 滅失	제375조 임치인이 화폐나 유가증권 도는 기타 귀중품을 임치하는 경우에 수치인에게 이를 고지하여야 하고, 수치인이 임치물을 檢收하거나	

	또는 봉인한다. 임치인이 이를 고지하지 아니한 경우에는 임치물의 훼손 또는 멸실되는 때에 수치인은 일반물품의 가치를 기준으로 손해배상책임을 부담한다.	
后, 保管人可以按照一般物品予以賠償.		
第三百七十六條 寄存人可以隨時領取保管物. 当事人對保管期間沒有約定或者約定不明確的, 保管人可以隨時要求寄存人領取保管物 ; 約定保管期間的, 保管人无特別事由, 不得要求寄存人提前領取保管物.	제376조 임치인은 언제든지 임치물의 반환을 청구할 수 있다. 당사자 간에 임치기간을 약정하지 아니하거나 또는 그 약정이 명확하지 아니한 경우, 수치인은 언제든지 임치인에게 임치물을 수령할 것을 청구할 수 있다. 임치기간을 약정한 경우에는 수치인은 특별한 사유가 없는 한 기한 전에 임치인에게 임치물의 수령을 청구할 수 없다.	제699조 (기간의 약정 없는 임치의 해지) 임치기간의 약정이 없는 때에는 각 당사자는 언제든지 계약을 해지할 수 있다.
第三百七十七條 保管期間屆滿或者寄存人提前領取保管物的, 保管人應当將原物及其孳息歸還寄存人.	제377조 임치기간이 만료하거나 또는 임치인이 기한 전에 임치물을 수령하는 경우에 수치인은 원물과 그 과실을 임치인에게 반환하여야 한다.	
第三百七十八條 保管人保管貨幣的, 可以返還相同种類, 數量的貨幣. 保管其他可替代物的, 可以按照約定返還相同种類, 品質, 數量的物品.	제378조 수치인은 화폐를 보관하는 경우에 동일한 종류와 금액의 화폐로써 반환할 수 있다. 기타 대체가능한 물건을 보관하는 경우에는 약정에 따라 동일한 종류와 품질 및 수량의 물건으로써 반환할 수 있다.	제702조 (소비임치) 수치인이 계약에 의하여 임치물을 소비할 수 있는 경우에는 소비대차에 관한 규정을 준용한다. 그러나 반환시기의 약정이 없는 때에는 임치인은 언제든지 그 반환을 청구할 수 있다.
第三百七十九條 有償的保管合同, 寄存人應当按照約定的期限向保管人支付保管費. 当事人對支付期限沒有約定或者約定不明確, 依照本法第六十一條的規定仍不能確定	제379조 유상임치의 경우, 임치인은 약정된 시기에 수치인에게 보관료를 지급하여야 한다. 당사자 간에 보관료의 지급기를 약정하지 아니하거나	제701조 (준용규정) 제687조 (수임인의 비용선급청구권) 위임사무의 처리에 비용을 요하는 때에는 위임인은 수임인의 청구에 의하여 이를 선급하여야 한다.

的, 應当在領取保管物的同時支付.	또는 그 약정이 명확하지 아니한 경우, 본법 제61조에 의하여 여전히 확정할 수 없으면 임치물을 수령하는 때에 지급하여야 한다.	
第三百八十條 寄存人未按照約定支付保管費以及其他費用的, 保管人對保管物享有留置權, 但当事人另有約定的除外.	제380조 임치인이 약정에 따라 보관료 및 기타 비용을 지급하지 아니하는 경우에 수치인은 임치물을 유치할 수 있다. 다만 당사자 간에 달리 약정한 경우에는 그러하지 아니하다.	
第二十章 倉儲合同	제20장 창고보관계약	
第三百八十一條 倉儲合同是保管人儲存存貨人交付的倉儲物, 存貨人支付倉儲費的合同.	제381조 창고보관계약은 창고업자가 임치인이 인도한 물건을 보관하고, 임치인이 보관료를 지급하는 계약이다.	상 법 第155條(意義) 他人을 爲하여 倉庫에 物件을 保管함을 營業으로 하는 者를 倉庫業者라 한다.
第三百八十二條 倉儲合同自成立時生效.	제382조 창고보관계약은 성립한 때로부터 효력을 발생한다.	
第三百八十三條 儲存易燃, 易爆, 有毒, 有腐蝕性, 有放射性等危險物品或者易變質物品, 存貨人應当說明該物品的性質, 提供有關資料. 存貨人違反前款規定的, 保管人可以拒收倉儲物, 也可以采取相應措施以避免損失的發生, 因此產生的費用由存貨人承担. 保管人儲存易燃, 易爆, 有毒, 有腐蝕性, 有放射性等危險物品的, 應当具備相應的保管條件.	제383조 임치인은 인화성, 폭발성, 유독성, 부식성, 방사성 등이 있는 위험한 물품 또는 쉽게 변질하는 물품을 임치하는 경우에 그 물품의 성질을 설명하고, 관련 자료를 제공하여야 한다. 임치인이 전항의 규정을 위반하는 경우에 창고업자는 임치물의 수령을 거절하거나 또는 손해의 발생을 막기 위하여 적절한 조치를 취할 수 있다. 이로 인하여 발생하는 비용은 임치인이 부담한다. 창고업자가 인화성, 폭발성, 유독성, 부식성, 방사성 등이 있는 위험한 물품을 보관하	

	는 경우에는 그 물건을 보관하는 데 상응하는 조건을 갖추어야 한다.	
第三百八十四條 保管人應当按照約定對入庫倉儲物進行驗收. 保管人驗收時發現入庫倉儲物与約定不符合的, 應当及時通知存貨人. 保管人驗收后, 發生倉儲物的品种, 數量, 質量不符合約定的, 保管人應当承担損害賠償責任.	제384조 창고업자는 약정에 따라 입고하는 임치물을 檢收하여야 한다. 창고업자는 檢收하는 때에 임치물이 약정에 부합하지 아니하는 경우에는 지체 없이 임치인에게 이를 통지하여야 한다. 창고업자가 檢收한 후에 임치물의 종류, 수량 또는 품질이 약정에 부합하지 않는 것에 대하여 창고업자가 손해배상책임을 부담하여야 한다.	第161條(任置物의 檢查, 見品摘取, 保存處分權) 任置人 또는 倉庫證券所持人은 營業時間內에 언제든지 倉庫業者에 對하여 任置物의 檢查 또는 見品의 摘取를 要求하거나 그 保存에 必要한 處分을 할 수 있다. 第156條(倉庫證券의 發行) ① 倉庫業者는 任置人의 請求에 依하여 倉庫證券을 交付하여야 한다.
第三百八十五條 存貨人交付倉儲物的, 保管人應当給付倉單.	제385조 임치인이 임치물을 인도하는 때에 창고업자는 창고증권을 교부하여야 한다.	第156條(倉庫證券의 發行) ① 倉庫業者는 任置人의 請求에 依하여 倉庫證券을 交付하여야 한다.
第三百八十六條 保管人應当在倉單上簽字或者盖章. 倉單包括下列事項. (一) 存貨人的名称或者姓名和住所 (二) 倉儲物的品种, 數量, 質量, 包裝, 件數和標記 (三) 倉儲物的損耗標准 (四) 儲存場所 (五) 儲存期間 (六) 倉儲費 (七) 倉儲物已經辦理保險的, 其保險金額, 期間以及保險人的名称 (八) 填發人, 填發地和填發日期	제386조 창고업자는 창고증권에 서명 또는 날인하여야 한다. 창고증권은 다음 각 호의 사항을 포함한다. (1) 임치인의 명칭 또는 성명 및 주소 (2) 임치물의 종류, 수량, 품질, 포장, 건수, 표시 (3) 임치물의 소모기준 (4) 보관장소 (5) 보관기간 (6) 보관료 (7) 임치물이 보험에 가입된 경우, 보험금액, 보험기간 및 보험자의 명칭 (8) 발행인, 발행지 및 발행일자	第156條(倉庫證券의 發行) ② 倉庫證券에는 다음의 事項을 記載하고 倉庫業者가 記名捺印 또는 署名하여야 한다.<改正 1995.12.29> 1. 任置物의 種類, 品質, 數量, 包裝의 種別, 個數와 記號 2. 任置人의 姓名 또는 商號, 營業所 또는 住所 3. 保管場所 4. 保管料 5. 保管期間을 定한 때에는 그 期間 6. 任置物을 保險에 붙인 때에는 保險金額, 保險期間과 保險者의 姓名 또는 商號, 營業所 또는 住所 7. 倉庫證券의 作成地와 作成年月日
第三百八十七條 倉單是提取	제387조 창고증권은 임치물	第157條(準用規定) 第129條

倉儲物的凭証. 存貨人或者倉單持有人在倉單上背書并經保管人簽字或者盖章的, 可以轉讓提取倉儲物的權利.	의 수령을 위한 증서이다. 임치인 또는 창고증권의 소지인은 창고증권에 배서하고 창고업자의 서명 또는 날인을 받아 임치물을 수령할 수 있는 권리를 양도할 수 있다.	乃至 第133條의 規定은 倉庫證券에 準用한다. 第130條(貨物相換證의 當然한 指示證券性) 貨物相換證은 記名式인 境遇에도 背書에 依하여 讓渡할 수 있다. 그러나 貨物相換證에 背書를 禁止하는 뜻을 記載한 때에는 그러하지 아니하다.
第三百八十八條 保管人根據存貨人或者倉單持有人的要求, 應당同意其檢查倉儲物或者提取樣品.	제388조 창고업자는 임치인 또는 창고증권의 소지인의 요구에 의하여 그자가 임치물을 검사하거나 또는 견본을 출고하는 것을 허락하여야 한다.	
第三百八十九條 保管人對入庫倉儲物發現有變質或者其他損坏的, 應당及時通知存貨人或者倉單持有人.	제389조 창고업자는 입고된 임치물의 변질이나 기타 손상을 발견하는 경우에 지체 없이 임치인 또는 창고증권의 소지인에게 통지하여야 한다.	
第三百九十條 保管人對入庫倉儲物發現有變質或者其他損坏, 危及其他倉儲物的安全和正常保管的, 應당催告存貨人或者倉單持有人作出必要的處置. 因情況緊急, 保管人可以作出必要的處置, 但事后應당將該情況及時通知存貨人或者倉單持有人.	제390조 창고업자는 입고된 임치물의 변질이나 기타 손상이 다른 임치물의 안전과 정상적인 보관에 악영향을 미치고 있음을 발견하는 경우에 임치인 또는 창고증권의 소지인에게 필요한 조치를 취할 것을 최고하여야 한다. 상황이 긴급한 경우에는 창고업자는 필요한 조치를 취할 수 있다. 다만 사후에 임치인 또는 창고증권의 소지인에게 지체 없이 그 사실을 통지하여야 한다.	
第三百九十一條 당事人對儲存期間沒有約定或者約定不明確的, 存貨人或者倉單持有人可以隨時提取倉儲物, 保管人也可以隨時要求存貨人或	제391조 당사자 간에 보관기간을 약정하지 아니하거나 또는 그 약정이 명확하지 아니한 경우, 임치인 또는 창고증권의 소지인은 언제든	第163條(任置期間) ① 당事者가 任置期間을 定하지 아니한 때에는 倉庫業者는 任置物을 받은 날로부터 6月을 經過한 後에는 언제든지

		이를 返還할 수 있다.
		② 前項의 境遇에 任置物을 返還함에는 2週間前에 豫告하여야 한다.
	지 임치물을 수령할 수 있고, 창고업자도 언제든지 임치인 또는 창고증권의 소지인에게 임치물의 수령을 청구할 수 있다. 다만 필요한 준비기간을 주어야 한다.	第164條(同前－不得已한 事由가 있는 境遇) 不得已한 事由가 있는 境遇에는 倉庫業者는 前條의 規定에 不拘하고 언제든지 任置物을 返還할 수 있다.
者倉單持有人提取倉儲物, 但應当給予必要的准備時間.		
第三百九十二條 儲存期間屆滿, 存貨人或者倉單持有人應当憑倉單提取倉儲物. 存貨人或者倉單持有人逾期提取的, 應当加收倉儲費 ; 提前提取的, 不減收倉儲費.	제392조 보관기간이 만료하는 때에 임치인 또는 창고증권의 소지인은 창고증권의 제시에 의하여 임치물을 수령할 수 있다. 임치인 또는 창고증권의 소지인이 기한을 경과하여 임치물을 수령하는 경우에 추가의 보관료를 지급하여야 하며, 기한전에 임치물을 수령하는 경우에는 보관료를 감액하지 아니한다.	第162條(保管料請求權) ① 倉庫業者는 任置物을 出庫할 때가 아니면 保管料 其他의 費用과 替當金의 支給을 請求하지 못한다. 그러나 保管期間 經過後에는 出庫前이라도 이를 請求할 수 있다. ② 任置物의 一部出庫의 境遇에는 倉庫業者는 그 比率에 따른 保管料 其他의 費用과 替當金의 支給을 請求할 수 있다.
第三百九十三條 儲存期間屆滿, 存貨人或者倉單持有人不提取倉儲物的, 保管人可以催告其在合理期限內提取, 逾期不提取的, 保管人可以提存倉儲物.	제393조 보관기간이 만료하는 때에 임치인 또는 창고증권의 소지인이 임치물을 수령하지 아니하는 경우, 창고업자는 합리적 기간 내에 임치물을 수령할 것을 최고할 수 있으며, 그 기간에 수령하지 아니하면 창고업자는 임치물을 공탁할 수 있다.	
第三百九十四條 儲存期間, 因保管人保管不善造成倉儲物毀損, 滅失的, 保管人應当承担損害賠償責任. 因倉儲物的性質, 包裝不符合約定或者超過有效儲存期造成倉儲物變質, 損坏的, 保管人不承担損害賠償責任.	제394조 보관기간 중에 창고업자의 적절하지 못한 보관으로 인하여 임치물이 훼손 또는 멸실 되는 경우, 창고업자는 손해배상책임을 부담하여야 한다. 임치물의 자연적인 특성, 약정에 부합하지 않는 포장 또	第160條(損害賠償責任) 倉庫業者는 自己 또는 使用人이 任置物의 保管에 關하여 注意를 懈怠하지 아니하였음을 證明하지 아니하면 任置物의 滅失 또는 毀損에 對하여 損害를 賠償할 責任을 免하지 못한다.

	는 임치물 품질유효기의 경과 등으로 인하여 임치물이 변질 또는 손상되는 경우에 창고업자는 손해배상책임을 부담하지 아니한다.	
第三百九十五條 本章没有規定的, 适用保管合同的有關規定.	제395조 본장에서 규정하지 아니한 것은 임치계약의 관련 규정을 적용한다.	第168條(準用規定) 第108條와 第146條의 規定은 倉庫業者에 準用한다. <改正 1962.12.12>
第二十一章 委托合同	제21장 위임계약	
第三百九十六條 委托合同是委托人和受托人約定, 由受托人處理委托人事務的合同.	제396조 위임계약은 위임인과 수임인 간의 약정에 의하여 수임인이 위임인의 처리하는 계약이다.	민 법 제680조 (위임의 의의) 위임은 당사자일방이 상대방에 대하여 사무의 처리를 위탁하고 상대방이 이를 승낙함으로써 그 효력이 생긴다.
第三百九十七條 委托人可以特別委托受托人處理一項或者數項事務, 也可以概括委托受托人處理一切事務.	제397조 위임인은 수임인에게 특별히 한 건 또는 복수의 사무의 처리를 위임하거나 또는 일괄적으로 모든 사무의 처리를 위임할 수 있다.	
第三百九十八條 委托人應当預付處理委托事務的費用. 受托人爲處理委托事務墊付的必要費用, 委托人應当償還該費用及其利息.	제398조 위임인은 사전에 위임사무의 처리비용을 지급하여야 한다. 수임인이 위임사무의 처리에 필요한 비용을 대납한 경우에 위임인은 그 비용 및 이자를 상환하여야 한다.	제687조 (수임인의 비용선급청구권) 위임사무의 처리에 비용을 요하는 때에는 위임인은 수임인의 청구에 의하여 이를 선급하여야 한다. 제688조 (수임인의 비용상환청구권등) ① 수임인이 위임사무의 처리에 관하여 필요비를 지출한 때에는 위임인에 대하여 지출한 날 이후의 이자를 청구할 수 있다. ② 수임인이 위임사무의 처리에 필요한 채무를 부담한 때에는 위임인에게 자기에 가름하여 이를 변제하게 할 수 있고 그 채무가 변제기에 있지 아니한 때에는 상당한 담보를 제공하게 할 수 있다.

		③ 수임인이 위임사무의 처리를 위하여 과실 없이 손해를 받은 때에는 위임인에 대하여 그 배상을 청구할 수 있다. 제681조 (수임인의 선관의무) 수임인은 위임의 본지에 따라 선량한 관리자의 주의로써 위임사무를 처리하여야 한다.
第三百九十九條 受托人應当按照委托人的指示處理委托事務. 需要變更委托人指示的, 應当經委托人同意 ; 因情況緊急, 難以和委托人取得聯系的, 受托人應当妥善處理委托事務, 但事后應当將該情況及時報告委托人.	제399조 수임인은 위임인의 지시에 따라 위임사무를 처리하여야 한다. 위임인의 지시 내용을 변경할 필요가 있는 때에는 위임인의 동의를 받아야 한다. 긴급한 상황이고 위임인과의 연락이 어려운 경우에 수임인은 적절하게 위임사무를 처리하여야 한다. 다만 사후에 그 사실을 위임인에게 보고하여야 한다.	
第四百條 受托人應当親自處理委托事務. 經委托人同意, 受托人可以轉委托. 轉委托經同意的, 委托人可以就委托事務直接指示轉委托的第三人, 受托人僅就第三人的選任及其對第三人的指示承担責任. 轉委托未經同意的, 受托人應当對轉委托的第三人的行爲承担責任, 但在緊急情況下受托人爲維護委托人的利益需要轉委托的除外.	제400조 수임인은 직접 위임사무를 처리하여야 한다. 수임인은 위임인의 동의를 얻어 복위임을 할 수 있다. 위임인의 동의를 거친 복위임에서 위임인은 복위임한 제3자의 위임사무의 처리를 직접 지시할 수 있으며, 수임인은 제3자의 선임 및 그에 대한 지시에 대해서만 책임을 부담한다. 위임인의 동의를 거치지 아니한 복위임에서 수임인은 복위임한 제3자의 행위에 대하여 책임을 져야 한다. 다만 긴급한 상황에서 수임인이 위임인의 이익을 보호하기 위하여 복위임을 할 필요가 있는 경우에는 그러하지 아니하다.	제682조 (복임권의 제한) ① 수임인은 위임인의 승낙이나 부득이한 사유 없이 제삼자로 하여금 자기에 가름하여 위임사무를 처리하게 하지 못한다. ② 수임인이 전항의 규정에 의하여 제삼자에게 위임사무를 처리하게 한 경우에는 제121조, 제123조의 규정을 준용한다.

第四百零一條 受托人應当按照委托人的要求, 報告委托事務的處理情況. 委托合同終止時, 受托人應当報告委托事務的結果.	제401조 수임인은 위임인의 요구에 따라 위임사무의 처리상황을 보고하여야 한다. 위임계약이 종료하는 때에 수임인은 위임사무의 처리결과를 보고하여야 한다.	제683조 (수임인의 보고의무) 수임인은 위임인의 청구가 있는 때에는 위임사무의 처리상황을 보고하고 위임이 종료한 때에는 지체 없이 그 전말을 보고하여야 한다.
第四百零二條 受托人以自己的名義, 在委托人的授權范圍內与第三人訂立的合同, 第三人在訂立合同時知道受托人与委托人之間的代理關系的, 該合同直接約束委托人和第三人, 但有确切証据証明該合同只約束受托人和第三人的除外.	제402조 수임인이 자신의 명의로 위임인의 수권범위 내에서 제3자와 계약을 체결하는 경우, 제3자가 계약체결 시에 수임인과 위임인 간의 대리관계를 안 때에는 그 계약은 위임인과 제3자를 직접 구속한다. 다만 그 계약이 수임인과 제3자만을 구속한다는 것을 확실한 증거에 의하여 입증할 수 있는 경우에는 그러하지 아니하다.	
第四百零三條 受托人以自己的名義与第三人訂立合同時, 第三人不知道受托人与委托人之間的代理關系的, 受托人因第三人的原因對委托人不履行義務, 受托人應当向委托人披露第三人, 委托人因此可以行使受托人對第三人的權利, 但第三人与受托人訂立合同時如果知道該委托人就不會訂立合同的除外. 受托人因委托人的原因對第三人不履行義務, 受托人應当向第三人披露委托人, 第三人因此可以選擇受托人或者委托人作爲相對人主張其權利, 但第三人不得變更選定的相對人. 委托人行使受托人對第三人的權利的, 第三人可以向委托人主張其對受托人的抗辯. 第	제403조 수임인이 자신의 명의로 제3자와 계약을 체결하는 때에 제3자가 수임인과 위임인 간의 대리관계를 알지 못한 경우에 수임인이 제3자로 인하여 위임인에 대한 의무를 이행하지 아니하면, 수임인은 위임인에게 제3자의 존재를 밝혀야 한다. 위임인은 이 경우에 제3자에 대한 수임인의 권리를 행사할 수 있다. 다만 제3자가 수임인과 계약을 체결하는 때에 위임인과 수임인 간의 대리관계를 알았다면 계약을 체결하지 아니하였을 경우에는 그러하지 아니하다. 수임인은 위임인으로 인하여 제3자에 대한 의무를 이행하지 아니한 경우에 제3자에게 위임인의 존재를 밝혀	

	야 한다. 제3자는 이 경우에 수임인 또는 위임인을 권리주장의 상대방으로 선택하여 자신의 권리를 행사할 수 있다. 다만 권리주장의 상대방은 선택된 후에는 다른 당사자로 변경하지 못한다.	
三人選定委托人作爲其相對人的, 委托人可以向第三人主張其對受托人的抗辯以及受托人對第三人的抗辯.	위임인이 제3자에 대한 수임인의 권리를 행사하는 경우에 제3자는 위임인에 대하여 수임인에 대한 자신의 항변권을 행사할 수 있다. 제3자가 위임인을 권리주장의 상대방으로 선택하여 권리를 주장하는 경우에 위임인은 제3자에 대하여 수임인에 대한 자신의 항변권 및 제3자에 대한 수임인의 항변권을 행사할 수 있다.	
第四百零四條 受托人處理委托事務取得的財産, 應当轉交給委托人.	제404조 수임인은 위임사무를 처리하여 취득한 재산을 위임인에게 인도하여야 한다.	제684조 (수임인의 취득물등의 인도, 이전의무) ① 수임인은 위임사무의 처리로 인하여 받은 금전 기타의 물건 및 그 수취한 과실을 위임인에게 인도하여야 한다. ② 수임인이 위임인을 위하여 자기의 명의로 취득한 권리는 위임인에게 이전하여야 한다.
第四百零五條 受托人完成委托事務的, 委托人應当向其支付報酬. 因不可歸責于受托人的事由, 委托合同解除或者委托事務不能完成的, 委托人應当向受托人支付相應的報酬. 当事人另有約定的, 按照其約定.	제405조 수임인이 위임사무를 완성하는 때에 위임인은 보수를 지급하여야 한다. 수임인의 귀책 없는 사유로 인하여 위임계약이 해제되거나 또는 위임사무를 완성할 수 없게 된 경우에 위임인은 수임인에게 상응하는 보수를 지급하여야 한다. 당사자 간	제686조 (수임인의 보수청구권) ① 수임인은 특별한 약정이 없으면 위임인에 대하여 보수를 청구하지 못한다. ② 수임인이 보수를 받을 경우에는 위임사무를 완료한 후가 아니면 이를 청구하지 못한다. 그러나 기간으로 보수를 정한 때에는 그 기간

		이 경과한 후에 이를 청구할 수 있다. ③ 수임인이 위임사무를 처리하는 중에 수임인의 책임 없는 사유로 인하여 위임이 종료된 때에는 수임인은 이미 처리한 사무의 비율에 따른 보수를 청구할 수 있다.
第四百零六條 有償的委托合同, 因受托人的過錯給委托人造成損失的, 委托人可以要求賠償損失. 无償的委托合同, 因受托人的故意或者重大過失給委托人造成損失的, 委托人可以要求賠償損失. 受托人超越權限給委托人造成損失的, 應当賠償損失.	제406조 유상위임계약에서 수임인의 과실로 위임인에게 손해가 발생한 경우에 위임인은 그 손해를 배상할 것을 청구할 수 있다. 무상위임계약에서 수임인의 고의나 중대한 과실로 위임인에게 손해가 발생한 경우에 위임인은 그 손해를 배상할 것을 청구할 수 있다. 수임인의 越權行爲에 의하여 위임인에게 손해가 발생한 경우에 수임인은 그 손해를 배상하여야 한다.	제685조 (수임인의 금전소비의 책임) 수임인이 위임인에게 인도할 금전 또는 위임인의 이익을 위하여 사용할 금전을 자기를 위하여 소비한 때에는 소비한 날 이후의 이자를 지급하여야 하며 그 외에 손해가 있으면 배상하여야 한다.
第四百零七條 受托人處理委托事務時, 因不可歸責于自己的事由受到損失的, 可以向委托人要求賠償損失.	제407조 수임인은 위임사무를 처리하는 과정에 자신의 귀책 없는 사유로 인하여 손해를 입는 경우에 위임인에게 손해배상을 청구할 수 있다.	제688조 (수임인의 비용상환청구권등) ① 수임인이 위임사무의 처리에 관하여 필요비를 지출한 때에는 위임인에 대하여 지출한 날 이후의 이자를 청구할 수 있다. ② 수임인이 위임사무의 처리에 필요한 채무를 부담한 때에는 위임인에게 자기에 가름하여 이를 변제하게 할 수 있고 그 채무가 변제기에 있지 아니한 때에는 상당한 담보를 제공하게 할 수 있다. ③ 수임인이 위임사무의 처리를 위하여 과실 없이 손해를 받은 때에는 위임인에 대

	하여 그 배상을 청구할 수 있다.	
第四百零八條 委托人經受托人同意, 可以在受托人之外委托第三人處理委托事務. 因此給受托人造成損失的, 受托人可以向委托人要求賠償損失.	제408조 위임인이 수임인의 동의를 얻어 수임인 이외의 제3자에게 위임사무의 처리를 위임할 수 있다. 이로 인하여 수임인에게 손해가 발생하는 경우에 수임인은 위임인에게 손해배상을 청구할 수 있다.	
第四百零九條 兩个以上的受托人共同處理委托事務的, 對委托人承担連帶責任.	제409조 2인 이상의 수임인이 공동으로 위임사무를 처리하는 경우에 위임인에 대하여 연대책임을 진다.	
第四百一十條 委托人或者受托人可以隨時解除委托合同. 因解除合同給對方造成損失的, 除不可歸責于該当事人的事由以外, 應当賠償損失.	제410조 위임인 또는 수임인은 언제든지 계약을 해제할 수 있다. 계약의 해제로 인하여 상대방에게 손해가 발생한 경우에 계약의 해제가 계약을 해제한 자의 귀책 없는 사유로 인한 경우를 제외하고는 그 손해를 배상하여야 한다.	제689조 (위임의 상호해지의 자유) ① 위임계약은 각 당사자가 언제든지 해지할 수 있다. ② 당사자일방이 부득이한 사유 없이 상대방의 불리한 시기에 계약을 해지한 때에는 그 손해를 배상하여야 한다.
第四百一一條 委托人或者受托人死亡, 喪失民事行爲能力或者破產的, 委托合同終止, 但当事人另有約定或者根据委托事務的性質不宜終止的除外.	제411조 위임인 또는 수임인이 사망하거나 행위능력을 상실하거나 또는 파산하는 경우에 위임계약은 소멸한다. 다만 당사자 간에 달리 약정하거나 또는 위임사무의 성질상 위임계약을 소멸시키는 것이 적당하지 아니한 경우에는 그러하지 아니하다.	제690조 (사망, 파산등과 위임의 종료) 위임은 당사자일방의 사망 또는 파산으로 인하여 종료한다. 수임인이 금치산선고를 받은 때에도 같다.
第四百一二條 因委托人死亡, 喪失民事行爲能力或者破產, 致使委托合同終止將損害委托人利益的, 在委托人的繼承人, 法定代理人或者清算組織承受委托事務之前, 受托人	제412조 위임인의 사망, 행위능력 상실 또는 파산에 의한 위임계약의 소멸로 인하여 위임인의 이익이 침해되게 되는 경우에 위임인의 상속인, 법정대리인 또는 청산	제691조 (위임종료시의 긴급처리) 위임종료의 경우에 급박한 사정이 있는 때에는 수임인, 그 상속인이나 법정대리인은 위임인, 그 상속인이나 법정대리인이 위임사무를

應当繼續處理委托事務.	인이 위임사무를 승계할 때까지 수임인은 계속하여 위임사무를 처리하여야 한다.	처리할 수 있을 때까지 그 사무의 처리를 계속하여야 한다. 이 경우에는 위임의 존속과 동일한 효력이 있다.
第四百一十三條 因受托人死亡, 喪失民事行爲能力或者破產, 致使委托合同終止的, 受托人的繼承人, 法定代理人或者淸算組織應当及時通知委托人. 因委托合同終止將損害委托人利益的, 在委托人作出善后處理之前, 受托人的繼承人, 法定代理人或者淸算組織應当采取必要措施.	제413조 위임인의 사망, 행위능력 상실 또는 파산으로 인하여 위임계약이 소멸하는 경우에 수임인의 상속인, 법정대리인 또는 청산인은 지체 없이 위임인에게 통지하여야 한다. 위임계약의 소멸로 인하여 위임인의 이익이 침해되게 되는 경우에 위임인이 사후처리를 할 때까지 수임인의 상속인, 법정대리인 또는 청산인은 필요한 조치를 취하여야 한다.	
第二十二章 行紀合同	제22장 위탁매매계약	
第四百一十四條 行紀合同是行紀人以自己的名義爲委托人從事貿易活動, 委托人支付報酬的合同.	제414조 위탁매매계약은 위탁매매인이 자신의 명의로 위탁자를 위한 거래활동에 종사하고 위탁자가 보수를 지급하는 계약이다.	상 법 第101條(意義) 自己名義로써 他人의 計算으로 物件 또는 有價證券의 賣買를 營業으로 하는 者를 委託賣買人이라 한다.
第四百一十五條 行紀人處理委托事務支出的費用, 由行紀人負担, 但当事人另有約定的除外.	제415조 위탁매매인이 위탁사무를 처리하는 데 지출한 비용은 위탁매매인 자신이 부담한다. 다만 당사자 간에 달리 약정한 경우에는 그러하지 아니하다.	
第四百一十六條 行紀人占有委托物的, 應当妥善保管委托物.	제416조 위탁매매인이 위탁물을 점유하고 있는 때에는 위탁물을 적절하게 보관하여야 한다.	
第四百一十七條 委托物交付給行紀人時有瑕疵或者容易腐爛, 變質的, 經委托人同意, 行紀人可以處分該物 ; 和委托人不能及時取得聯系的,	제417조 위탁물이 위탁매매인에게 인도될 때에 하자가 있거나 또는 부패하거나 변질하기 쉬운 물건인 경우에 위탁매매인은 위탁자의 동의	第108條(委託物의 毁損, 瑕疵等의 效果) ① 委託賣買人이 委託賣買의 目的物을 引渡받은 後에 그 物件의 毁損 또는 瑕疵를 發見하거나 그

		物件이 腐敗할 念慮가 있는 때 또는 價格低落의 商況을 안 때에는 遲滯없이 委託者에게 그 通知를 發送하여야 한다.
行紀人可以合理處分.	를 얻어 위탁물을 처분할 수 있다. 위탁자와 빠른 시일 내에 연락할 수 없는 경우에는 위탁매매인은 위탁물을 적절하게 처분할 수 있다.	② 前項의 境遇에 委託者의 指示를 받을 수 없거나 그 指示가 遲延되는 때에는 委託賣買人은 委託者의 利益을 爲하여 適當한 處分을 할 수 있다.
第四百一十八條 行紀人低于委託人指定的价格賣出或者高于委託人指定的价格買入的, 應当經委託人同意. 未經委託人同意, 行紀人補償其差額的, 該買賣對委託人發生效力. 行紀人高于委託人指定的价格賣出或者低于委託人指定的价格買入的, 可以按照約定增加報酬. 沒有約定或者約定不明確, 依照本法第六十一條的規定仍不能確定的, 該利益屬于委託人. 委託人對价格有特別指示的, 行紀人不得違背該指示賣出或者買入.	제418조 위탁매매인은 위탁물을 위탁자가 지정한 가격보다 낮은 가격으로 매도하거나 또는 위탁자가 지정한 가격보다 높은 가격으로 구입하는 경우에 위탁자의 동의를 얻어야 한다. 위탁자의 동의를 얻지 아니한 경우에는 위탁매매인이 그 차액을 보상하는 때에 그 매매는 위탁자에 대하여 효력을 발생한다. 위탁매매인이 위탁물을 위탁자가 지정한 가격보다 높은 가격으로 매도하거나 또는 위탁자가 지정한 가격보다 낮은 가격으로 구입한 경우에 약정에 따라 보수를 증액할 수 있다. 이에 관하여 약정하지 아니하거나 또는 그 약정이 명확하지 아니한 경우, 본법 제61조에 의하여 여전히 확정할 수 없으면, 그 이익은 위탁자에게 귀속한다. 위탁자가 가격에 대하여 특별히 지시한 경우에는 그 지시에 반하여 매도하거나 구입할 수 없다.	第106條(指定價額遵守義務) ① 委託者가 指定한 價額보다 廉價로 賣渡하거나 高價로 買受한 境遇에도 委託賣買人이 그 差額을 負擔한 때에는 그 賣買는 委託者에 對하여 效力이 있다. ② 委託者가 指定한 價額보다 高價로 賣渡하거나 廉價로 買受한 境遇에는 그 差額은 다른 約定이 없으면 委託者의 利益으로 한다.
第四百一十九條 行紀人賣出	제419조 위탁매매인은 고정	第107條(委託賣買人의 介入

		權) ① 委託賣買人이 去來所의 時勢있는 物件의 賣買를 委託받은 때에는 直接 그 賣渡人이나 買受人이 될 수 있다. 이 境遇의 賣買代價는 委託賣買人이 賣買의 通知를 發送한 때의 去來所의 時勢에 依한다.
或者買入具有市場定价的商品, 除委托人有相反的意思表示的以外, 行紀人自己可以作爲買受人或者出賣人. 行紀人有前款規定情形的, 仍然可以要求委托人支付報酬.	시가의 상품을 매도하거나 구입하는 경우에 위탁자가 반대의 의사를 표시한 경우를 제외하고는 자신이 위탁물의 매수인 또는 매도인이 될 수 있다. 위탁매매인은 전항의 경우에도 위탁자에게 보수지급을 청구할 수 있다.	② 前項의 境遇에도 委託賣買人은 委託者에 對하여 報酬를 請求할 수 있다. 第109條(買受物의 供託, 競賣權) 第67條의 規定은 委託賣買人이 買受의 委託을 받은 境遇에 委託者가 買受한 物件의 受領을 拒否하거나 이를 受領할 수 없는 때에 準用한다.
第四百二十條 行紀人按照約定買入委托物, 委托人應当及時受領. 經行紀人催告, 委托人无正当理由拒絶受領的, 行紀人依照本法第一百零一條的規定可以提存委托物. 委托物不能賣出或者委托人撤回出賣, 經行紀人催告, 委托人不取回或者不處分該物的, 行紀人依照本法第一百零一條的規定可以提存委托物.	제420조 위탁매매인이 약정에 따라 위탁물을 구입한 경우에는 위탁자는 지체 없이 위탁물을 수령하여야 한다. 위탁매매인이 수령을 최고하여도 위탁자가 정당한 사유 없이 수령을 거절하는 경우에 위탁매매인은 본법 제101조에 따라 위탁물을 공탁할 수 있다. 위탁물을 매도할 수 없거나 또는 위탁자가 매도의 의사를 철회한 경우에 위탁매매인이 위탁물의 수령을 최고하였음에도 불구하고 위탁자가 위탁물을 수령하지 아니하거나 또는 처분하지 아니하는 때에는 위탁매매인은 본법 제101조에 따라 위탁물을 공탁할 수 있다.	
第四百二十一條 行紀人与第	제421조 위탁매매인과 제3	第102條(委託賣買人의 地位)

三人訂立合同的, 行紀人對該合同直接享有權利, 承担義務. 第三人不履行義務致使委托人受到損害的, 行紀人應当承担損害賠償責任, 但行紀人与委托人另有約定的除外.	자가 계약을 체결하는 경우에 위탁매매인은 직접 그 계약으로부터 권리를 취득하고 의무를 부담한다. 제3자가 의무를 이행하지 아니하여 위탁자가 손해를 입는 경우에 위탁매매인은 손해배상책임을 부담하여야 한다. 다만 위탁매매인과 위탁자 간에 달리 약정한 경우에는 그러하지 아니하다.	委託賣買人은 委託者를 爲한 賣買로 因하여 相對方에 對하여 直接 權利를 取得하고 義務를 負擔한다.
第四百二十二條 行紀人完成或者部分完成委托事務的, 委托人應当向其支付相應的報酬. 委托人逾期不支付報酬的, 行紀人對委托物享有留置權, 但当事人另有約定的除外.	제422조 위탁매매인이 위탁사무의 전부 또는 일부를 완성한 경우에 위탁자는 위탁매매인에게 그에 상응하는 보수를 지급하여야 한다. 위탁자가 기한이 경과되어도 보수를 지급하지 아니하는 경우에 위탁매매인은 위탁물을 유치할 권리가 있다. 다만 당사자 간에 달리 약정한 경우에는 그러하지 아니하다.	
第四百二十三條 本章沒有規定的, 适用委托合同的有關規定.	제423조 본장에 규정되어 있지 아니한 경우에는 위임계약의 관련규정을 적용한다.	第112條(委任에 關한 規定의 適用) 委託者와 委託賣買人 間의 關係에는 本章의 規定 外에 委任에 關한 規定을 適用한다.
第二十三章 居間合同	제23장 중개계약	
第四百二十四條 居間合同是居間人向委托人報告訂立合同的机會或者提供訂立合同的媒介服務, 委托人支付報酬的合同.	제424조 중개계약은 중개인이 의뢰인에게 계약을 체결할 기회를 보고하거나 또는 계약체결의 중개서비스를 제공하고 의뢰인이 보수를 지급하는 계약이다.	
第四百二十五條 居間人應当就有關訂立合同的事項向委托人如實報告. 居間人故意隱瞞与訂立合同有關的重要事實或者提供虛	제425조 중개인은 계약체결에 관한 사항을 의뢰인에게 여실히 보고하여야 한다. 중개인은 계약체결에 관한 중요한 사실을 고의로 숨기	

假情況, 損害委託人利益的, 不得要求支付報酬幷應当承担損害賠償責任.	거나 또는 허위의 정보를 제공하여 의뢰인의 이익을 침해하는 경우에 보수지급을 청구할 수 없으며, 손해배상책임을 부담하여야 한다.	
第四百二十六條 居間人促成合同成立的, 委託人應当按照約定支付報酬. 對居間人的報酬沒有約定或者約定不明确, 依照本法第六十一條的規定仍不能确定的, 根据居間人的勞務合理确定. 因居間人提供訂立合同的媒介服務而促成合同成立的, 由該合同的当事人平均負担居間人的報酬. 居間人促成合同成立的, 居間活動的費用, 由居間人負担.	제426조 중개인이 계약체결을 성사시킨 경우에 의뢰인은 약정에 따라 보수를 지급하여야 한다. 중개인에 대한 보수를 약정하지 아니하거나 또는 그 약정이 명확하지 아니한 경우, 본법 제61조에 의하여 여전히 확정할 수 없으면, 중개인의 노무에 따라 합리적으로 확정하여야 한다. 중개인이 제공한 중개서비스에 의하여 계약이 체결된 경우에 그 계약의 쌍방당사자가 중개인의 보수를 균등하게 부담한다.	
第四百二十七條 居間人未促成合同成立的, 不得要求支付報酬, 但可以要求委託人支付從事居間活動支出的必要費用.	제427조 중개인이 계약체결을 성사시키지 못한 경우에는 보수지급을 청구할 수 없다. 다만 의뢰인에게 중개활동을 하면서 지출한 필요비용을 지급할 것을 청구할 수 있다.	
附 則	부 칙	
第四百二十八條 本法自1999年10月 1日 起施行, ≪中華人民共和國經濟合同法≫, ≪中華人民共和國涉外經濟合同法≫, ≪中華人民共和國技術合同法≫同時廢止.	제428조 본법은 1999년 10월 1일부터 시행한다. "중화인민공화국 경제합동법", "중화인민공화국 섭외경제합동법", "중화인민공화국 기술합동법"은 동시에 폐지한다.	

찾아보기

채 성 국 蔡成國

중국 북경중앙민족대학교(2000.7)
서울대학교 대학원 법학석사학위 취득(2002.8)
서울대학교 대학원 법학박사학위 취득(2007.2)
중국 사법고시 합격(2007.10)
중국 법무법인 덕형 청도사무소 근무(2007.10~)
중국해양대학 법정학원 전임강사(2008.9~)

중국의 계약책임법

값 22,000원

2008년 9월 29일   초판 인쇄
2008년 10월 6일   초판 발행

저　　자 : 채 성 국
발 행 인 : 한 정 희
발 행 처 : 경인문화사
편　　집 : 김 하 림
서울특별시 마포구 마포동 324-3
전화 : 718-4831~2, 팩스 : 703-9711
이메일 : kyunginp@chol.com
홈페이지 : http://www.kyunginp.co.kr
: 한국학서적.kr
등록번호 : 제10-18호(1973. 11. 8)

ISBN : 978-89-499-0583-9 94360